JN290400

科学哲学の展開……1

分析哲学の誕生
フレーゲ・ラッセル

Origins of Analytical Philosophy : Frege and Russell

日本科学哲学会[編]
野本和幸[責任編集]

勁草書房

はしがき

　本書は，まず序論において，フレーゲ・ラッセルの論理・数学・言語の哲学の概要紹介により「分析哲学の誕生」の経緯を辿った上で，フレーゲ・ラッセルを，日本の研究者がこのほぼ100年間にどのように受容し研究してきたのかを振り返る．ついで戦後から最近までに公刊された，フレーゲ・ラッセルに関するごく代表的な10余編の論文を再録する．また再録論文数の僅少を補う意味で，詳細なフレーゲ・ラッセル書誌を付して読者の検索に資するという構成になっている．

　日本科学哲学会が，こうしたアンソロジーを発刊しうるに至った経緯について，若干記しておきたい．本学会会員，理事，評議員として，また学会誌編集委員長として尽力頂いた，故石本新氏のご遺志として，ご遺族より日本科学哲学会ならびに会員の研究発展のため，多額のご寄付を頂いた．そのご厚志に応えるべく，本学会理事会の下に，「石本基金運営委員会」を組織し，学会賞，若手研究者研究助成を既に実施に移してきた．が，運営委員会としては，最大の事業として，特に中堅研究者を中心に，科学哲学・論理学関連の貴重な研究に対し，出版助成を行いたいという案を検討してきた．そしてほぼ成案をえて，公募開始の時も近づきつつあるが，応募，審査その他，その現実化には，少なくともなお半年の時を要すると思われる．そこで，運営委員会としては，その間，出版助成費の一部を割いて頂き，2冊のアンソロジーを編むこととした．まず第1巻は石本氏の研究領域に近い分野から，『分析哲学の誕生——フレーゲ・ラッセル』（責任編集：野本和幸）を編集することとした．（第2巻としては『科学哲学の現在——物理学と生物学の哲学』（仮称）を予定している．）

　さて本アンソロジーの編集方針として，第一に寄付者のご厚志になるべく早く報いるべく，出版を急ぐこととし，それには，本学会会員の執筆による既刊

の論文から精選・編集すること，第二に石本基金運営上，他の出版助成とのバランスという財政上の問題から，採用本数を 10 本程度に制限せざるをえなかったこと，第三に，上述のように第 1 巻は，基金提供くださった故石本新氏のご研究関心を考慮し，編者によるフレーゲ・ラッセルの論理・数学・言語の哲学の概要紹介と，フレーゲ・ラッセルを，日本の哲学者・論理学者，ないし数学者がこのほぼ 100 年間どのように受容し研究してきたのかを振り返り，「分析哲学の誕生」の経緯を辿る編者序論を付加することとした．また第四に，採用本数がわずかであるため，重要な多くの業績が組み込めなかった憾みを，20 世紀初頭からの，日本のフレーゲ・ラッセル研究の主要な業績の書誌を用意するという形で補足するという方針を採った．そのため，やや回顧的歴史的となったが，再録されたどの論考も現在のホットな論争点に深く結びついているものである．

　本書に再録した論文の構成について簡単に一言すると，フレーゲ，ラッセルについて，(1) それぞれ戦後の比較的早い時期に研究を公表し始めていた，ヴェテランによる概括的な紹介論文，石本新「フレーゲ革命とそのインパクト」(1979)，吉田夏彦「ラッセルの数理哲学と論理学」(1970) を配し，次にそれぞれについて (2) 相当専門的な概観的論述，大出晁「Principia Mathematica における命題関数 I」(1958)，野本和幸「フレーゲ論理哲学的探究の全体的構成とメタ理論の可能性」(2005) を置き，ついで (3) 一層各論的なテーマについてヴェテラン，中堅の立ち入った論考を，それぞれ配置した．フレーゲの場合には，処女作『概念記法』に関する横田栄一論文 (1988)・飯田隆論文 (2003)，「概念記法」の計算機科学への応用という観点からの佐藤雅彦論文 (2005)，そして意味論関係では土屋俊論文 (1979)，命題・判断論の岡本賢吾論文 (2003) を配した．フレーゲの数学の哲学についてやや手薄な点は，編者の「序論」中でのフレーゲ紹介部分や，白石早出雄論考，大出論文の内容紹介によって補うことにした．他方，ラッセルの場合には，ラッセルのパラドクス回避の根幹をなす「悪循環原理」と「分岐タイプ論」についての戸田山和久論文 (1997)，初期ラッセルの意味論についての中川大論文 (2001)，そして近年話題の，フレーゲ・ラッセル両者を立ち入って比較・吟味する松阪論文「フレーゲの Gedanke とラッセルの Proposition」(2005) という構成を採用した．

結果的に，最初予定していた，最近の若い研究者たちの論文を採用する余地がなくなってしまったことは大変残念なことであった．また日本でのフレーゲ・ラッセル研究にはかなり蓄積があって，関連論文は相当数にのぼり，本学会会員のヴェテラン・中堅の論文選択に限っても，取捨選択には難渋した．そこで飯田隆氏とも相談し，本学会への寄金であることを考慮し，執筆者を本学会会員に限定し，また各人の単著に収録されているものはすべて除き，その代わりに，先述のように，巻末に四津雅英・荒磯敏文両君（東京都立大学大学院博士課程）による綿密な調査に基づく詳しい文献目録を付した．この文献目録が，今回は偶々掲載されていない多くの重要論文が存在することを示し，それらを読者が検索するのに，資するならば幸いである．（両君のご好意ご労苦にこの場を借りて謝意を表する．）また「序論」では（冗長すぎる惧れ無しとしないが），戦前の先駆的業績には概略の紹介を行い，また採用すべきだが紙幅の関係でそうはできなかった重要論文についてはやや丁寧な論点紹介を，また文献目録中の論考のいくつかについてはごく簡略な紹介を付して，再録論文数の不足を補うこととした．ご諒承を乞いたいと思う．また索引作成に当ってくれた渡辺大地君（桜美林大学非常勤講師），本書の出版を快諾された勁草書房，および編集上の様々の仕事を丁寧に進めて下さった勁草書房の土井美智子さんに，それぞれ感謝申し上げたい．

2007 年 9 月 25 日

野本和幸

分析哲学の誕生

フレーゲ・ラッセル

目　次

はしがき

序論　論理思想の革命と日本における
　　フレーゲ・ラッセル——論理・言語・数学の哲学 ………… 野本和幸　1
　　　1　現代の論理学・論理思想の革命——フレーゲとラッセル　1
　　　2　日本におけるフレーゲ・ラッセル　20

　　A　フレーゲ

フレーゲ革命とそのインパクト ………………………… 石本　新　37
　　——「概念文字」百周年を記念して

フレーゲ論理哲学的探究の全体的構成と
　メタ理論の可能性——《認識論的》位相に留意しつつ ……野本和幸　51

言語と計算 …………………………………………………… 横田榮一　77
　　——フレーゲの「概念記法」を巡って

『概念記法』の式言語とはどんな言語なのか ……………… 飯田　隆　89

フレーゲにおける固有名の意味について ………………… 土屋　俊　111
　　——「意味と指されるものについて」論文冒頭箇所の解釈をめぐって

フレーゲの計算機科学への影響 …………………………… 佐藤雅彦　127

「命題」・「構成」・「判断」の論理哲学 ……………………… 岡本賢吾　143
　　——フレーゲ／ウィトゲンシュタインの「概念記法」をどう見るか

B　ラッセル

ラッセルの数理哲学と論理学 ……………………………吉田夏彦　179

Principia Mathematica における命題函数　I ………大出　晁　191

悪循環原理，分岐タイプ，
　そして「ラッセルの構成主義」 ……………………戸田山和久　221

初期ラッセルにおける「表示」の概念………………………中川　大　241
　——1903〜1904 年の草稿を中心に

フレーゲの Gedanke とラッセルの Proposition ………松阪陽一　257
　——"On Denoting" の意義について

C　日本におけるフレーゲ・ラッセル文献目録

フレーゲ文献目録………………………………………荒磯敏文編　280

ラッセル文献目録………………………………………四津雅英編　296

初出一覧 ……………………………………………………………326

人名索引 ……………………………………………………………327

事項索引 ……………………………………………………………330

凡　例
- 本書では，句読点を「，」「．」とし，漢数字を一部算用数字にするなど，若干の表記上の修正を行った．大出論文では，節末に置かれていた注を章末に移動し，注を通し番号に変更した．それ以外は，明らかな誤植を除いて，原則として初出一覧に示した論文をそのまま収録している．
- 著者の意向による加筆・修正がある場合は，各論文の注ないし後記においてその旨を明記した．

序論 論理思想の革命と日本における
フレーゲ・ラッセル——論理・言語・数学の哲学[*]

野本和幸

1 現代の論理学・論理思想の革命——フレーゲとラッセル

1.1 フレーゲ・ルネサンス

ゴットロープ・フレーゲ（Gottlob Frege, 1848-1925）は，ドイツの数学者・論理学者・哲学者である．しかし当時フレーゲの仕事の革命性を理解しうる者はほとんど皆無に近く，イエナ大学では正教授にも任ぜられず，数学科の私講師，員外教授，客員正教授として44年間ひたすら研究・教育にのみ専念した．1925年フレーゲの逝去に当り，学界では何の追悼もなされなかった．当時既に名を成していた数学，論理学，哲学の大方の学者たちは，フレーゲの著述に対し，酷評ないし無視をもって報いただけであった．

彼はアリストテレス以来2000年の論理学革命を遂行し，算術・解析学を論理によって基礎付けようという「論理主義」なる数学の哲学を提唱，同時に論理と言語を巡る深い哲学的考察を展開して，後には分析哲学の祖と称されるに至った．そして現在も依然，現代哲学に広範で深甚な影響を及ぼし続けている．フレーゲは日本では知名度が高いとはとても云えないが，欧米では既に哲学教育カリキュラムに不可欠の地位を占めており，ここにも彼我の現代哲学理解に大きな懸隔が見られるのである．

さてフレーゲの業績は，数学・論理学・哲学の境界領域に跨る全く斬新なもので，当時この3つのどの学界からも一般的な評価は得られなかった．それでも，フレーゲの仕事の革命性を理解し深い影響を受けたごく少数の若い俊英たちがいたのである．それは，現象学の開祖となる若きフッサール，数学者でイタリア・トリノ学派の祖ペアノ，フランスの哲学者クチュラ，ゲッティンゲン学派の数学者デデキント，ヒルベルト，英国の若きラッセル，より一層若い世

代のヴィトゲンシュタイン，フレーゲのごく少数のイエナ大学学生のカルナップ，あるいはモデル論の魁をなすレーヴェンハイムなどであった．そしてまさにこうした人々が 20 世紀前半の哲学・数学・論理学を領導していくのである．

ところが皮肉なことに，フッサール，ラッセル，ヴィトゲンシュタイン，カルナップといった人々が盛名を馳せていくにつれて，フレーゲは単に彼らに初発のインパクトを与えた人物にすぎず，そのうえ「論理主義」という数学の哲学は，ラッセル・パラドクスによって破産してしまった時代遅れの哲学として，ほとんど忘れさられていった．

フレーゲ復興が始まったのは，20 世紀もようやく後半になってからである．そのきっかけは，おそらく，オースティンの英訳『算術の基礎』(1950)，ギーチ＝ブラック編の英訳『フレーゲ哲学論文集』(1952) などの刊行であろう．

1960 年代に入り，アンスコム＝ギーチ『三人の哲学者――アリストテレス・トマス・フレーゲ』(1961)，ファースによる主著『算術の基本法則 I』英抄訳 (1964) の刊行と相まって，散逸していたドイツ語雑誌論文テキストがパーツィヒ編の論文集 2 編 (1962, 1966) として，また全公刊論文がアンゲレリ編『小論文集』(1967) として刊行された．さらに，第二次世界大戦下，ミュンスター空爆で大方の遺稿は灰燼に帰したが，H. ショルツ作成のタイプ・コピーが辛うじて相当数生き残り，その復元をはじめとする編者たちの粒々辛苦の編集作業によって『遺稿集』(1969)，『学術書簡集』(1976) が出版されるに及んで，フレーゲ・ルネサンスの気運は大いに高まった．それに拍車をかけたのは，プリンストンの若き鬼才クリプキの講演「名指しと必然性」(1972) のフレーゲ批判と，オックスフォードのダメットの大作『フレーゲ――言語哲学』(1974) の出現であったろう．

ところでフレーゲの論理と言語の哲学は，英語圏でも英国とアメリカでそれぞれ独自な展開を見せる．英国での復興にはどこかヴィトゲンシュタインの影が感じられ，言語の意味理解を重視する傾向が見られた．さらにオースティンらによる発語行為論，ストローソンの諸論考，あるいはギーチを継ぐダメット，そして近年ではダメットの影響下にある若いネオ・フレーゲアンたちによって新しい進展が見られる．一方アメリカでは，プリンストンの論理学者チャーチの先導下，フレーゲ論理学の技術的に一層の進展と厳密化を目指す方向で，既

に 1940 年代にラムダ計算論・帰納関数論が進展し，1950 年代にはチャーチの
「意義と表示の論理の定式化（A formulation of the logic of sense and denotation）」（1951）という特異なフレーゲ的内包論理学が（これは晩年に至るまで
改定が続けられた），また画期的な上級論理学書『数理論理学入門』vol.1
（1956）における 70 頁に亙る長大な「緒論」が公刊された．それらはいわばフ
レーゲ論理学を統語論・意味論に亙って，一層厳密に整備しようとするもので
ある．また西海岸ではナチス・ドイツから逃れたカルナップ（UCLA）の内包
論理や，ポーランドから亡命しバークレイに拠点をおいたタルスキのモデル論
が爆発的に展開され，1970 年代にはその弟子モンタギューらを代表とするい
わゆるカリファルニア・セマンティクスが全盛期を迎えていく．一方，ほぼ同
時期に，クワインの全体論を継承しつつ，タルスキの真理定義を逆転用するデ
イヴィドソンの真理条件的意味論もまたフレーゲの延長線上に配しうる．

　ドイツ語圏では，既に 1965 年に Ch. ティールの先駆的な論考『ゴットロー
プ・フレーゲの論理学における意義と意味』（*Sinn und Bedeutung in der
Logik Gottlob Freges*）が刊行されていたが，テキスト整備が完了した 70 年
代以降，堅実な文献的歴史的研究に重心がおかれて来た．そしていまやフレー
ゲ研究は全英語圏（英・米・加・豪・ニュージーランド等），北欧諸国（フィン
ランド，スウェーデン，ノルウェー等），西欧圏（独・仏・ベネルックス 3 国）・
中東欧圏（ポーランド・オーストリア・チェコ・ロシア等）・南欧（イタリア・
スペイン）の全欧州諸国，ブラジル等の南米・中東イスラエル，に拡大し，年々
話題のフレーゲ研究書が踵を接して刊行され，学術雑誌には依然多くのフレー
ゲ関連論文が掲載され，「フレーゲ・ルネサンス」に相応しい状況が続いてい
る．

1.2　フレーゲの生涯と業績抄

　ラッセルの華々しい活動（ラッセルの理論的な仕事についての理解ということ
になると，はなはだ覚束ないが，少なくともその啓蒙的著作や社会的政治的言動）
による知名度に比して，フレーゲは我が国では一般読書人のみならず，哲学研
究者の間でも，なおほとんど無名に等しいことに鑑み，本節では，フレーゲの
生涯を簡略に辿りつつ，同時代の諸家のフレーゲへの対応を瞥見し，フレーゲ

の生涯とその論理・数学・言語の哲学の形成過程の概要を粗描しておこう．

［生涯］フレーゲは，1848年バルト海沿岸のハンザ都市ヴィスマールに生まれ，イエナ，ゲッティンゲン両大学で数学，物理学，哲学等を学び，ガウス，ディリクレ，リーマンといった天才たちが築いた数学界のメッカ，ゲッティンゲンで幾何学と代数学の境界領域で博士号を取得，さらに半年後それを群論的に展開した教授資格請求論文がイエナで受理され，数学の私講師に採用される．

19世紀後半の数学はまさに革命期を迎えており，幾何学・解析学双方の一般化の線上において，虚数，複素数また虚点，複素平面，無限遠点といった新奇な対象が導入され，そうした対象に従来の演算操作・作図操作が矛盾なく適用可能なのか，またその存在論的ならびに認識論的身分如何？ といった問題が，数学者の間でも，激烈な論争点になっていた．当時の粗い「形式主義」は，そうした難題を回避するために，数学の対象を単に可視的な数記号と見なし，数学を記号の演算操作のゲームと解そうという立場であった．しかしフレーゲによれば，認識論的・存在論的問題は，虚の構成体において顕在化したにすぎず，実は最も初等的な自然数とその演算に関してさえ，数学者は自らの研究対象について何も説得的な説明を与えていないのである．

そこでフレーゲは数学の緊急課題が，数学そのものの基礎づけ，その認識源泉の究明にあると確信し，その探究を自らのライフワークに定める．幾何学は空間直観に基づくとフレーゲは考えたが，算術・解析学は「展開された論理学だ」という考えに同調する．このことは，カントに反しライプニッツと共に，算術的命題を「分析的」と見なすことである．しかしその実証には，全算術的命題を，いかなる直観にも訴えずに，純粋論理的な概念による定義や公理のみから，実際に導出しなければならない．だが従来の論理学は算術的命題を表現するには全く無力である．かくしてフレーゲにとって，日常言語の多義性や推論様式の多様性を免れ，数学的対象や概念・関係を一意的に確定できるような明晰で「見通しのよい」記号言語，「概念記法」の構成が急務となる．

［論理革命］処女作『概念記法』(1879)は近年でこそアリストテレス以来の論理学革命を齎した現代論理の画期と認められているが，当時は，無理解・酷評・無視に曝されたのであった．この僅々100頁に充たない小冊子において，驚くべきことに，今日の命題論理・高階述語論理の公理体系が史上初めて一挙

に与えられた．とりわけ，主語-述語分析に代わる関数-独立変項分析に基づく入れ子型の多重量化理論の展開は，まさに論理学史を画するものであった．この装置によって，例えば「どの自然数にもそれより大きい自然数がある」は，「誰でも誰かを愛する」と全く同じ論理構造をもつことが，明示されたのである．

その際，従来の「概念から判断へ」という「原子論的アプローチ」を逆転し，「判断優位テーゼ」が採用される．つまり「判断」から出発し，（主-述分析に代わる）「関数論的分析」によって判断の構成要素を析出するのである．こうしてごく少数の原初的論理語が確定され，それらから逆に関数表現の空所に名前を代入するという形成規則によって複合的表現が合成される．かくして少数の公理と唯一の推論規則による，高階述語論理がはじめて，しかもほぼ完成された形で一挙に公理体系化された．

イエナの数学の師 E. アッベは，この処女作が極めて独創的な着想を含み，非凡の才能を示すものと認め，同年フレーゲは員外教授に昇進する．しかしアッベはまた，数学者達がこの精緻な探究とその独創性をほとんど理解しないだろうとの懸念を表明している．不幸にしてこの予想は的中した．この著作に対する6本の批評はどれも，論理学上の革命に気付かず，無理解な批判を加えたにすぎなかった．とりわけイギリスの J. ヴェンとドイツの E. シュレーダーという当代切ってのブール派論理学者による酷評は痛恨事であった．彼らは，フレーゲの記号の新奇さと不便さを詰り，この仕事は既によりよい仕方で，G. ブールによって達成済みと見なした．これに対しフレーゲは，ブール論理学に対する自らの論理学の優位を説得的に展開した長大な反論を書くが，3つの数学の学術誌から掲載を拒否され，短い反論さえ斥けられて，僅かにごく短い一般的な反論が受理されただけであった．以後フレーゲの仕事は学界からほとんど顧みられず，フレーゲはしばしば意気阻喪し，挫折感に襲われるのである．

［論理主義］そこでフレーゲは，論理主義のテーゼを，特殊な記号を全く用いずに展開しようと試みる．それが第2作『算術の基礎』(1884)である．前半部において，デカルト，ライプニッツ，カント，ロック，ヒューム，ミル，また当時の数学者，論理学者ジュヴォンズ，シュレーダー，カントル，グラスマンらの数論を批判的に吟味し，しかる後に論理主義のプログラムを非形式的

に，しかし明快に展開している．彼の論敵は，19世紀後半の数学・論理学を支配していた3つの立場，(1) 心理主義（数は主観的表象であり，算術法則は心的過程の心理学的法則であるとする立場），(2) 形式主義（数とは単に数記号にすぎず，算術法則は記号の演算遊戯の規則であるとする立場），(3) 経験主義（算術の対象は観察可能な経験的対象の集積で，算術法則は帰納的一般化だとする立場）であった．これに対しフレーゲは，数という算術的対象は論理的概念のみを用いて定義可能な論理的対象であり，算術法則は論理学の基本法則から定義のみを用いて証明可能（その意味で，分析的でア・プリオリ）であると見なしたのである．

それでは論理主義は，例えば「太陽系の惑星はいくつか？」に答える「個数言明」をどう説明するのか．古来数え上げに関しては，（単一のイデアとそれを分有する多数の個々の事例という，「一と多」のパラドクスを想起させる）単位の一と多のアポリアが指摘されてきた．フレーゲによれば，「個数言明」は，確定した1つの概念〈太陽系の惑星〉に関する言明で，当の単一の概念に多でありうる対象がいくつ属するかを述べる言明である．しかもこのレベルでの「いくつある」は，数詞を使わずに純粋論理的に表現可能である．だが「$2^3+1=3^2$」といった数等式においては，数的表現 '2^3'，'1'，'3^2' は何らかの抽象的対象を名指す固有名のように使用されている．では，（イデアの一意的特定に通底する）数のような抽象的対象の同一性規準は何に求めるべきか？

ここでフレーゲが提起したのが，「語の意味は文という脈絡において問うべし」という「文脈原理」である．とりわけ注目すべき文の脈絡は 'a＝b' のような「等式，再認判断」で，この判断が成り立つ必要十分条件を，'a'，'b' を使用せずに再現しうるならば，それによって，'a'，'b' が名指す対象の「同一性規準」を獲得したことになる．フレーゲは，こうした規準を，例えば，19世紀革命的に展開されていた非ユークリッド幾何，アフィン幾何，射影幾何といったような，多様な幾何学の統一が，クラインのエアランゲン・プログラムが示したように，群論的に「各変換（transformation）における不変性（invariance）」に求められ，幾何学的図形の形（Gestalt）の同定が図形間の「相似性」に求められたように，「概念Fに帰属する基数［N(F)］」の場合には「概念間の同数性，つまりは一対一対応」という「同値関係」に求める．この

「抽象原理」(「ヒュームの原理 (HP)」と称される) の提唱が，ワイルの云うように，近年の「論理的抽象理論」の先駆となったのである．しかしフレーゲ自身は (HP) には満足せず，概念の外延に訴える明示的な定義を提案する．しかし，「概念の外延」という抽象的対象の同一性基準の問題は，主著に先送りされている．

しかし彼の期待に反して，第 2 の著作の反響は一層悪かった．カントルは論点を逸し，心理主義の主唱者 R. ホッペは極めて感情的な反発を示し，フレーゲ理論を実りがなく真面目な考察に値しないものと酷評した．僅かの例外は E. フッサールであり，彼は『算術の哲学』(1890) において真面目にフレーゲ批判を行っている．デデキントが「数とは何か，何であるべきか」(1887) の第 2 版 (1893) 序文において好意的に言及しているだけで，以後ラッセルの『数学の諸原理』(1903) 出現まで 20 年，透徹した見事な文体で書かれ，意味論上も豊かな可能性を内包するこの著作は，全く無視され続ける．

[絶頂期] こうした手痛い冷遇にも拘らず，フレーゲは自らの信じる途を更に前進し続け，主著『算術の基本法則』第 1 巻 (1893) 刊行までの 9 年間は，その生涯中最も実り多いものとなった．この時期同時に，「意義 (Sinn)」と「意味 (Bedeutung)」の区別をはじめ，意味論や言語哲学への主要な貢献がなされ，イタリアの数学者 G. ペアノやフッサールとの交渉が開始される．

だが，『算術の基本法則』に関しては，出版社を見出すのさえ困難を極めた．従来のフレーゲに対する反響，特殊な記号の羅列をみれば，どの出版社も進んで危険を買ってでようとはしなかった．結局イエナの出版業者との間で妥協が成り立ち，この本は第 I 部の途中で引き裂かれ，先ず第 1 巻のみ出版され，第 2 巻はその反響次第となった．しかし好意的とは云えないペアノとホッペの書評以外，学界は全くの沈黙を守った．結果として，第 2 巻は実に 10 年後の 1903 年に自費出版によってようやく日の目をみたのである．ペアノは，自らの論理学がフレーゲのそれより実用的で，より深いと主張した．しかしフレーゲの徹底的な論駁にあい，そのおかげでペアノの論理研究は非常に改良される．特に量化理論をペアノはフレーゲに負っている．ペアノを介してラッセルが，1900 年以後フレーゲの仕事を知るに及び，やがてその後の展開が準備されることになる．

高階述語論理において，必要な論理的定義を介し，隙間のない推論により，もし算術の公理体系が導出されるならば，「論理主義」は実証され，算術が「分析的」だと見なされてよいことになる．しかし算術が「分析的」だとすると，通常我々が数学に認める驚くべき新しい知見は，どう説明されるのか（「分析のパラドクス」）．これこそカントが算術的命題を「総合的・拡張的」と認めた一つの理由であった．だが第一に，例えば，解析学における「極限や無限過程」「関数の連続性」といった，数学的概念の定義は，従来の類と種差やクラス算によっては不可能である．「自然数」「有理数」「無理数」「実数」「複素数」の定義や，「後続」「系列」等の基礎的な算術的概念，それに密接する「数学的帰納法」もまた，複数の「すべて」「ある」を含む「多重量化」装置により，「祖先関係」「遺伝性」の定義を介してはじめて論理的に定義され，「実り豊かな概念形成」が可能になるのである．第二に，同一の内容や対象でさえ，その確定法には差異がありうる．同一性命題・等式も，'a＝a' の場合は自明でも，'a＝b' のような場合にはそうではなく，両者には「認識価値」に差異が認められる．つまり，後者の真理性を知るには，何らかの「特別な認識活動」（観察・実験を含む科学的探究や形式的証明）が必要であり，従って後者の形の等式は我々の認識を「拡張しうる」のである．しかし論理主義が正しければ，例えば「$2^3+1=3^2$」の真理性は，論理から帰結する分析的真理である．

　このアポリアをフレーゲは，やがて「意味（Bedeutung）と意義（Sinn）」の2つの意味論的因子の区別によって説明する．「2^3+1」「3^2」が同じ対象を表示・意味することは，論理的に証明される．しかし，この2つの表現は，同じ対象（意味）の非常に異なった「確定法・与えられ方」を表現しているので，2つの等式「$3^2=3^2$」と「$2^3+1=3^2$」との真理性を知るには，互いに大いに異なる証明過程を経て，実際に証明を遂行するという特別な認識活動を必要とする．「意味の与えられ方」を含む意味論的因子が「意義」と称され，（意味のレベルでは）分析的な論理的真理でも，（構成要素表現の意義の差異の故に）我々の認識を拡張する認識価値をもちうるのである．フレーゲはまた，修辞的・美学的差異や毀誉褒貶等の評価に関わる表現の「色合い」や（主張・質問・命令・依頼・願望のような）相手に何らかのインパクトを与え，反応を迫る文使用の「力」，語によって喚起される主観的な「表象」を，「意味／意義」から明確に区別し，

オースティンの「発語内行為（illocutionary act）論」への先駆となった．

　その間フレーゲは，1894年専ら研究教育のみに関わる客員正教授（ordentlicher Honorar Professor）の地位に就く．ところで師のE. アッベは，その光学的知識によりツァイスの光学器機工場設立を支援し，ツァイス社を世界的企業に成長させた．その功績により利益の45%を受け取っていた．またK. ツァイス財団を設立・支援していたアッベは，ツァイス財団から，ワイマール政府の「科学研究補助金」という名目で，当初フレーゲの年収が2,000マルクに達するように援助した．当人には伏せられたがフレーゲは，実質上一代限りの財団冠講座教授だったのである．

　［パラドクス］ところで主著『算術の基本法則』(1893)でフレーゲは，「数」より一層一般的に「関数の値域」「概念の外延」の同一性基準，集合論的な「抽象原理」（いわゆる「第Ⅴ公理」）を導入した．ところが1902年6月『算術の基本法則』第2巻出版間際になって，フレーゲの論理体系中集合論への橋渡しになる第Ⅴ公理に関し，ラッセルからパラドクス発見が知らされた．これは，論理主義の目論見を根底から揺り動かす重大事件であった．勿論このパラドクスは，ひとりフレーゲのみならず，カントル，デデキントの仕事に等しくあてはまる素朴集合論そのものの危機を告げるものであった．フレーゲは驚愕し，取り急ぎその後書きに第Ⅴ公理の修正案を提示した（しかし没後この修正もパラドクスを回避できないことが証明された）．こうして，ラッセルの型理論やブラウアーの直観主義，ヒルベルトの形式主義，ツェルメロらの公理的集合論といった数学基礎論が勃興したことは周知のことである．

　ところで「論理主義」が要請する，算術・解析学を導出すべきフレーゲの高階論理において，値域記号，外延記号のような原始記号の「意味」がときに不確定ないし，欠落しうることを示すこのパラドクスは，実はフレーゲ高階論理の意味論にも深刻な事態を招来する．つまり高階論理の言語は「文法的に正しく構成された記号はすべて有意味であるべし」という，フレーゲの「論理的に完全な言語」の条件を満たさないからである．だが後述のように，1980年代以降に，第Ⅴ公理を除く第一階述語論理の範囲では，『算術の基本法則』は，『概念記法』の体系同様，整合的で完全な論理体系を構成しているとの証明がなされた．

フレーゲは，書評・書簡によって，ペアノ，フッサールに影響を与えたが，20世紀に入り，先ずラッセルによりフレーゲの仕事の革命性が認識され，後述のように，10年後ラッセル・ホワイトヘッドの共著『数学原理』第Ⅰ巻 (1910) となって結実する．またフレーゲは，ヒルベルト，レーヴェンハイムらと論争的書簡を交換している．

さて，工学研究のため英国に留学中のヴィトゲンシュタインが，数学基礎論に関心を移し，1911年イエナにフレーゲを訪れ，フレーゲの助言に従ってケンブリッジのラッセルの許に赴くこととなる．『論理哲学論考』(1921) 序言にあるとおり，ヴィトゲンシュタインはフレーゲとラッセルから決定的な影響を受けており，『論考』はフレーゲの用語法の理解なしには読解困難であろう．

フレーゲは1883年から引退まで殆ど毎冬学期に「概念記法」の講義を続けた．1910年イエナ大学に入学したR. カルナップは，同年秋にフレーゲの「概念記法」の講義に，また1913年夏学期には「概念記法Ⅱ」に，1914年夏学期には「数学における論理」にも出席した（近年カルナップの講義筆記録が出版された．"Vorlesungen über Begriffsschrift," pp. 1-48 (ed.) by Gabriel, *History and philosophy of logic*, 17, 1996; *Frege's Lectures on Logic*, (tr. & ed.) by Reck & Awodey, 2004)．カルナップによれば，イエナ大学で最も実りある示唆を得たのは，哲学，数学プロパーのいずれの分野の講義でもなく，その境界地帯におけるフレーゲの講義であったという．とはいっても，カルナップは，その当時，フレーゲの論理体系には強い関心をもったが，その偉大な哲学的意味には気付かず，第一次大戦後はじめて，単に数学基礎論に関してのみならず哲学一般についてのフレーゲの仕事の価値が分かったと述べている．そして自分の哲学的思考に最も強い影響を与えた人物は，フレーゲとラッセルであったと述懐している ('Intellectual Autobiography' in *The philosophy of Rudolf Carnap*, ed. Schilpp, 1963)．

フレーゲは，1918年イエナ大学を退任，直ちにヴィスマールに近いバート・クライネンに隠棲し，1925年7月26日，77歳の生涯を終えた．彼の逝去は，学界消息にも載らなかった．

さて先述のように，フレーゲの「論理主義」は，ラッセル・パラドクスによって破産してしまった過去の遺物であるといった評価が，長期間定着していた．

ところが，1965年のアメリカのC. パーソンズの示唆が改めて注目され，1980年代に入ると，概念の外延・値域に訴えずに，(HP) のみから無矛盾な「フレーゲ算術」が形成可能とするネオ・フレーゲアンの提案がなされた．近年はさらに，解析学の導出を念頭に，公理 (V) にしかるべき制限を付して集合論を引き出す試みや，(V) はそのままにしてむしろ論理に修正を設ける試みなど，数学的プラトニズムの新しい可能性が探索され，数学の哲学に活発な論争を引き起こしている．

　[産学官協同] ところで，フレーゲの研究生活の実情を調査してみると，今日喧しい産学官協同や科学技術／純理論的研究の関係について，ある示唆的事例に出会うのである．先述のように，フレーゲのイエナ時代の数学・物理学の師アッベは，その数学・物理学の知識によってツァイス企業を世界的な光学器機メーカーに成長させた大学発ヴェンチャー・ビジネスの先駆である．同時に彼は財団を創設し，大学の設備ならびに若手教員の待遇改善のために多額の財政援助を惜しまなかった．その恩恵によりフレーゲのように当時は全く省みられなかった純粋理論的研究を生涯支え，遥かに100年後のコンピュータ時代の基礎を用意したのであった．

　[政治的見解] フレーゲ最晩年のいわゆる「日記」と称される個人メモには，長年の親ビスマルク保守中道支持から，ヴェルサイユ体制下，ヒットラーとは一線を画しつつも，当時の少なからざるドイツ民衆ともども（20％）極右化していく推移，あるいは理論的探究における悟性判断（Urteil）の重視に対し，政治的識見における先入見（Vorurteil），心情（Gemuet）の重視という，学問研究と政治的実践を分離させるスタンスを見ることができる．この点では，ラッセル，カルナップがフレーゲとは，政治的・宗教的信条において全く対蹠的でありながら，メタ倫理的には欲求・情念重視の「情動主義（emotivism）」的な立場を共通にするという興味深い異同を窺うことができる（詳細は拙著『フレーゲ入門——生涯と哲学の形成』[2003]）．

1.3　ラッセルの生涯と業績抄

　[生涯] バートランド・ラッセル（Bertrand Russell, 1872-1970）は，英国・ケンブリッジ大学トリニティ・コレッジで数学・哲学を学び，学位論文「幾何

学の基礎」(An Essay on the Foundations of Geometry) (1895) でフェローとなる．当時のイギリス哲学界を風靡していた新ヘーゲル主義者ブラッドリに代表される観念論哲学に，G. E. ムアとともに反旗を翻し，1900年パリで開催された国際哲学会でイタリアのペアノと出会い，論理学・数学の哲学に開眼．フレーゲを知る以前から執筆を進めていた，最初の論理・数理哲学書『数学の諸原理』を早くも1903年に出版した．(その「付録」には，フレーゲについての最初の長い紹介論文が付されている．) それ以前の1901年には，カントルの集合論についてと同様，フレーゲ論理主義の核心部分に，いわゆる「ラッセル・パラドクス」を発見，1902年フレーゲに報知して衝撃を与え，いわゆる「数学の危機」の幕開けとなった．ラッセルは，先輩のケンブリッジ数学教師ホワイトヘッドと共同で，こうしたパラドクスを回避しつつ，フレーゲ同様の「論理主義」の実現を目指す超大作『数学原理』Principia Mathematica (PM) 3巻 (1910-1913) を出版，これはまさに20世紀論理学・数理哲学の金字塔と認められる．以降，この著作は1905年のアインシュタインの相対性理論とともに，論理実証主義運動のバイブルとなり，また数学基礎論という新しい数学分野開拓の導きの星となった．

ラッセルは，第一次世界大戦でドイツに対する開戦に反対，反戦平和運動を展開して投獄され，ケンブリッジを追われた．だが獄中で名著『数理哲学序説』Introduction to Mathematical Philosophy (1919) を完成，1919年復職したが講義することなく辞任．理論的な仕事は，主に1920年代までになされた．以降1930年代にシカゴ大，UCLAで教えるまで在野で通す．1944年ケンブリッジに戻り，トリニティ・コレッジのフェロー，1949年英国学士院名誉会員に選出された．

［多元的実在論］さてラッセルは新ヘーゲル主義の，特に「内的関係説」と「全体論的一元論」に反対であった．内的関係説とは，例えば〈ロミオはジュリエットを愛する〉という関係は，主語個体〈ロミオ〉の，従って〈ジュリエット〉の各個体の内的特性に含まれるという説である．「全体論的一元論」とは，どの個体も他のどの個体とも何らかの関係にあるから，ある一つの個体がある特性を持つか否かは，他のすべての個体とその特性から分離不可能という，いわば「唯一絶対の真理」にコミットするものである．これに対しラッセルは，

「関係」が「特性」に還元不可能だという「外的関係説」を採り，また各個体は互いに独立で，〈ロミオはジュリエットを愛する〉のような各命題の表す事実は，他の諸命題の表す事実から独立に真であり，そうした無数の相互に独立な個体の，相互に独立な事実が存在するという「多元的実在論」を主張した．

[『諸原理』(1903) の意味論・存在論] この時期のラッセルは，新ヘーゲル主義とは逆の極端な実在論者である．まず彼は，文中のどの表現もすべて何らかの存在者 (entity) を「指示する」(indicate) と主張する．そうした存在者が各表現の「意味 (meaning)」である．固有名のような単称名辞は「もの」(thing) を，述部（形容詞・動詞・前置詞等）は「概念」(concept 関係を含む) をそれぞれ指示する．文も何らかの複合的なもの（命題・事実）を指示する．例外は「すべてのひと」「あるひと」「現在の日本の大統領」といった「表示句 (denoting phrase)」である（第二の句を，「不確定記述 (indefinite description)」，三番目を「確定記述 (definite description)」という）．表示句もそれぞれある「表示概念 (denoting concept)」を指示する．しかし我々が「あるひとは酔っ払いだ」という命題で語りたいのは，〈あるひと〉という表示概念についてではなくて，ある一人以上の人物についてである．そこでラッセルは各〈表示概念〉の「表示する (denote)」〈すべてのひとのクラス〉〈あるひとのクラス〉〈現在の日本の大統領である特定の人物〉をその「表示対象 (denotation)」と称した．ラッセルによれば，彼の「表示概念」はフレーゲのいう「意義 (Sinn)」に相当する．

しかし表示句には，「現在の日本の大統領」のように，その表示概念が何も表示しない（時には2つ以上の対象を表示する）句がある．するとこうした句の現れる命題 (A)「現在の日本の大統領は女性である」は真偽いずれでもなく，いかなる事実も対応しない（ないしは何か〈否定的事実〉を表す？）．さらに根本的なのは「表示概念について語ろう」とする時のパズルである．この難点がラッセルをして表示理論の放棄に追いやった（松阪論文参照）．

[記述理論] そこでラッセルの提案したのがいわゆる「記述理論 (theory of description)」であり，彼にとっての量化理論「表示について (On Denoting)」(1905) であった．それは表示句を命題の独立の構成要素と見なすことを破棄し，命題全体に貢献するだけの文脈的機能を持つに過ぎない「不完全記号」と

して統語論的に解体してしまう方策である．例えば「すべて」「ある」「ならば」「そして」を '∀', '∃', '→', '&' と表記すると，「すべてのひと（Hx）は死すべきもの（Mx）である」「あるひとはすべてのものを愛する（Lxy）」は，それぞれ「∀x[Hx→Mx]」「∃x[Hx & ∀yLxy]」と表記，同様に，先の命題（A）は「現在の日本の大統領［Px］がただ一人存在し，かつそれは女性（Fx）である」という意味であろうから，(A*)「∃x[Px & ∀y[Px→y＝x & Fx]]」と表記されよう．するとこの再定式化には，「現在の日本の大統領」という表示句は独立の要素としては登場せず，先の論理記号と等号，不定の個体を表す変項（variable）'x', 'y' 以外に，特定の意味をもつのは述語 'Hx', 'Mx', 'Lxy', 'Fx' のみとなる．しかも，(A*) は有意味な命題であるが，現在の日本には大統領という特性 Px をもったものは，男女を問わず存在しないから偽となると考えられる．もちろんその場合には，命題が事実（〈否定的事実〉に訴える苦肉策を別にすれば）の名前であるといった考えも捨てる必要がある．この「記述理論」が，哲学的分析の典型として称揚されたのは，この分析によって，表示句の表示対象の存在を否認するために，マイノング流の何か影のような存在を認める必要が払拭されると考えたからである．しかしフレーゲが予め気付き（1892），ラッセル流の記述理論を採用せずに別の記述理論を採用した理由，つまり，確定記述の現れる命題が，その〈意義〉中に〈存在〉概念を含むと考えると，(A*) は実は多義的になる，という困難がある（「意義と意味」SB. 40）．例えば，(A) を否定すると，否定詞の作用範囲によって，(A*) の全体を否定したのか，述語「女性である」を否定したのか，二様の解釈が可能であり，そのいずれであるかによって，真偽が逆転してしまう．こうした難点を回避するために，ラッセルは記述句の作用域の大小（第一次的，第二次的現れ等）の区別を導入せねばならなかった．（一方フレーゲは，意味の「前提（pre-supposition）」説や「対象約定説（chosen object theory）」を提案した．）

［命題・事実・判断］ところで，ラッセルの「命題」概念は曖昧で揺れがあり，言語的な「文」を表すのか，非言語的な何らかの複合的対象を表しているのか，不分明である．『原理』では，先述のように，例えば〈シーザーはルビコン河を渡った〉という命題は世界の中に存在する個体，〈シーザー，ルビコン河，〈x は y を渡る〉〉（命題関数・関係），からなる複合体である．その場合，

命題と事実との関係はどうなるのか．

　PMの時期（1906-1912）のラッセルの「真理論」では，真理は信念・判断の性質で，信念・判断と事実との対応にあるとの，「真理対応説」が採用されている．つまり，「オセロは，デズデモーナがキャショを愛する，と信じる」との信念・判断が真であるのは，判断主体オセロと，信念対象・複合体・命題〈デズデモーナ，キャショ，愛する〉との間に，〈信ずる〉という多項関係があり，かつその命題・複合体が事実である場合，つまり，命題・信念対象と事実との対応に求められる．未完の草稿『知識の理論』（1913）では，「論理形式」という新しい考えを導入し，命題と事実の対応は，両者の「論理形式」'xRy' の共有・一致に求められている．

　だが，デズデモーナはキャショを愛してはいないとすると，先の命題は何か〈否定的事実〉を名指すのか．

　［論理的原子論］やがてラッセルは，こうした信念・判断の「多項関係説」を捨て，旧学生のヴィトゲンシュタインの影響下，「論理的原子論の哲学」（1918）を提唱する．命題には，一つの事実に対し「真である」という関係と，「偽である」という関係とがある．よって，命題は関係項の一つである事実という複合的対象を名指す名前ではなく，事実を語る（say）ものであると見なされるのである．

　［PMにおけるラッセルの論理主義］さて次にラッセルの論理主義の数理哲学を瞥見しよう．ラッセルが発見したカントル，フレーゲらの素朴集合論のパラドクスは，フレーゲの第V公理からも帰結する「包括公理CA」（「どのxもϕxならば，そのときにかぎりϕxを満足するもののクラスαが存在する」（$\exists \alpha \forall x[\phi x \equiv x \in \alpha]$））中の$\phi$xに「自分自身を要素にしない」（'x∉x'）を代入すると得られる（$\alpha \notin \alpha \equiv \alpha \in \alpha$）．

　ラッセルは対象／関数／関数の関数／…というフレーゲの階（Stufe）の区別にヒントを得，既にフレーゲとの往復書簡（1902）や『原理』（1903）の中で，個体［型0］／個体のみを変項とする命題関数［型1］／型1の命題関数までを変項とする命題関数［型2］／…という階層分けから，フレーゲ的0階の対象間にも，個体［型0］／個体のクラス［型1］／クラスのクラス［型2］／…の区分を派生させる「単純型理論（simple type theory）」を提唱する．

よって成員関係 'x∈y' が有意味なのはxが型nなら，yの型はn+1，つまり $x_n∈y_{n+1}$ のような型付きの場合のみに制限される．すると型自由のx∈y, x∉x は有意味とは認められないという仕方でパラドクスが阻止される．だが型理論で「論理主義」は救済されたのであろうか．事はそれほど簡単ではなく，PMには以下のような新しい諸困難が内蔵されていて，その体系は相当に複雑なのである．

①さて「あるクラスＣの基数（自然数）」（N（C））は，フレーゲ同様，「Ｃの基数とは，Ｃと相似な［一対一対応する］すべてのクラスのクラス」（{α|α sim C}）と定義される．以下フレーゲ同様の「後続者」「遺伝性」の定義から，自然数一般の定義が与えられる．ところですべての自然数には後続者が存在しなければならないが，対象間に型の区別を設けたので，ラッセルは，「無限公理」（「世界には無限個の個体が存在する」）を前提せざるをえなかった．しかしこの公理は「論理的」とは思われない．（フレーゲでは，数そのものが型自由の０階の対象であるので，無限公理は不要である．）

②さらにラッセルは意味論的パラドクスと称されるものも同時に解決しようと，型とは異なる「次元（order）」という階層を導入し，「分岐（ramified）型理論」という複雑な体系を構成する．ところが，そうすると，「クラスＣの数とは，Ｃと相似なすべてのクラスのクラス」という基数定義は一意的に基数を確定せず，例えば３といった確定した唯一の基数は存在しないことになる．「Ｃと同じ次元のクラスと相似なクラスのクラス」のように，Ｃの次元毎に異なる多数の３があろうからである．（後にラムジーは，集合論的パラドクスと意味論的パラドクスは分離されるべきことを示した．）

③のみならず，「型理論」によるパラドクス回避は，アド・ホックな対処という印象を否めない．そこでその正当化としてラッセルの提起したのが「悪循環原理VCP」(vicious circle principle) である．既にポアンカレが指摘していたように（1905），パラドクスがいずれも一種の自己言及・悪循環を含むと考えられるからである．ところがラッセルはこの原理に明確な定式化を与えていず，ゲーデルによると，3種の微妙に異なる「原理」がある（Gödel, 1944, 'Russell's mathematical Logic,' p. 127）．ゲーデル自身による定式化では，「いかなる全体も，この全体によってのみ［1］定義しうる，ないし［2］この

全体を含む，あるいは［3］この全体を前提する成員をもつことはできない」
となる（Gödel, 1944, pp. 123-153, p. 133）．ところがこのうち特に［1］は，
「非可述的（impredicative）定義」（何かの定義のためにその当の何かを含む全体
に訴えるような定義）を不可能にし，デデキントやフレーゲの論理主義はじめ，
現代数学の多くの部分を破壊してしまう，と診断されている．というのも，デ
デキント・ペアノ・フレーゲの基数論で不可欠の「数学的帰納法」の，また実
数論における「デデキントの切断」の各定義には，非可述的定義が不可欠だか
らである．解析学の基礎をなす「上界をもつ空でない実数集合は，最小上界を
もつ」という実数の連続性の定義もまた非可述的な循環性をもつのである．

　④ そこでラッセルの導入したのが「還元（reducibility）公理」（「どの命題
関数 ϕx にも形式的に同値な可述的関数 $\phi!x$ が存在する」（$\exists \phi \forall x[\phi x \equiv \phi!x]$））
である．この還元公理なしには，クラスの外延性・同一性，集合数の同一性，
数学的帰納法を用いての自然数列の遺伝性やデデキントの切断等は，すべて証
明不可能である．「還元公理」は，いわばクラスや集合数に関しては，次元に
よる差異を帳消しにしてくれるのである．だが，この公理の難点は，直観的明
証性を欠いていることである．それを承認する理由は，これによっていま述べ
た自然数論，解析学が，既知のパラドクスを回避しつつ構成可能となる，とい
うことに求められる（詳細は，本書所収の大出論文，戸田山論文等参照）．

　⑤最後に「還元公理」と密接に関連するラッセルの「無クラス論（no-class
theory）」に触れよう．無クラス論とは，クラス記号 $\{x|\phi x\}$ を確定記述句と同
様，不完全記号，つまり，独立には何も意味せず，次のように，ただ命題全体
の中に解体され，文脈的に定義されると見なすのである．

定義：$f(\{x|\phi x\}) =_{df} \exists \phi [\forall x(\phi x \equiv \phi x) \& f(\phi!x)]$

要するに，「クラス $\{x|\phi x\}$ が性質 f をもつ」とは，「命題関数 ϕx と形式的に
同値な可述的命題関数 $\phi!x$ が f をもつ」へと書き換えてよい，従って，クラ
スについて語る必要はない，ということである．

　だがこの定義が有効であるためには，(a) いかなる命題関数もクラスを定
める，(b) クラスは外延的である，(c) クラスのクラスも存在する，(d) ラッ

セル・パラドクスの回避等を証明できなければならない．そして，その証明には「還元公理」が不可欠なのである．

　［知識の理論］ところで，ラッセルの記述理論には，認識論的原則が付随していて，「我々の理解する命題中のすべての構成要素は，われわれが直接見知っている（acquainted）ものでなければならない」とされる．そしてわれわれの見知り（acquaintance）の対象は，個別のセンス・データ（sense data），認識主体としての自我（self），および抽象的普遍者（universals）（原始的な論理学の概念や命題関数（propositional functions））である．こうして「見知りによる知識（knowledge by acquaintance）」と間接的な「記述による知識（knowledge by description）」とが対比される．ラッセルの一面，経験主義的な「知識の理論」・認識論は，「センス・データ」から出発する．が，彼の云うセンス・データは主観的な，知覚する者の意識状態ではなく，身体的状態に因果的に依存する物的なものであり，感覚されることとは独立に存在する．一方で少なくとも「類似性」やその他の「論理的普遍者」を介して，直接センス・データとしては与えられない机や椅子などの日常的対象から「電子」「陽子」などの物理的対象までを，論理的に構成しようとする．『外部世界はいかにして知られうるか』(1914) では，若き日のライプニッツ研究を窺わせるパースペクティヴ論を展開している．すなわち，各瞬間に各観察者は，自らの私的空間（視覚・触覚空間）をもつ私的3次元空間・パースペクティヴを知覚する．さらにラッセルは連続の濃度の，知覚されないパースペクティヴを認める．これに含まれる個物は可能的センス・データ（センシビリア（sensibilia））である．このように，日常的対象や物理学の対象は，新しい論理学の武器を駆使して，センス・データ（＋センシビリア）の関数として，論理的に構成されるべきものである．この「現象主義的」方向をさらに推し進める試みが，カルナップの『世界の論理的構築』(1928) であり，N.グッドマンの『現象の構造』(1951) である．

　しかしやがて「自我」といった意識作用は見知りの対象からはずされ，後の『心の分析』(1921) では，作用主体を論理的フィクションと見なす．またセンス・データに代わって，物的でも心的でもない（感覚・イメージ・感情も含む）「知覚対象」（percepts）を要素と見なす「中性的一元論」（neutral monism）

を主張する．こうして，中性的要素が物理的因果法則によって関係づけられると物質が構成され，中性的要素が心理学的因果法則によって関係づけられると心が構成される．このように物的対象も意識や作用主体といった心もまた，むしろ推論され構成される存在と見なされることになる．この方向は M. シュリックの『一般認識論』(1918) によって継承される（竹尾治一郎『分析哲学の発展』[1997] 第1章3節）．

さらには『人間の知識』(1948) では，いまここでの知覚という直接の証拠を越えた経験的命題や信念の真理は，帰納的推理の結果であるとして，帰納法の一般的原理が検討されている．

ラッセルは以上のように理論哲学的な立場に関しても，基本的なスタンスをしばしば大きく変更する点で有名であった．（その衣鉢を継ぐのはハーバードのパトナムであろう．パトナムもまた，論理実証主義からその批判者へ，熱烈な心の機能主義者からその批判者へ，科学的実在論者からカント的・ダメット的反実在論・内部実在論者へ，さらには常識的自然的実在論者へと華麗な変身を遂げてきたのである．）

［政治社会倫理思想］ところでラッセルは，単に理論的な局面だけではなく，実に広範な哲学の，さらにはそれを越境する領域で旺盛な著作活動を展開してきた．そもそもの始めから彼の処女作はドイツ大使館滞在中に物した『ドイツ社会民主主義』(1896) であり，ドイツとの戦争熱に浮かされる一般大衆からインテリまでの英国民の姿に衝撃を受け，孤立無援のうちに展開した初期の反戦運動中の考察『社会改造の諸原理』(1916) では，理性や意志による過度な統御の弊害を指弾,「衝動（impulse）」を重視する一種の「情動主義」を採用し，衝動の過剰な抑圧によって暴力や戦争といった破壊衝動に追いやることなく，芸術活動や科学研究のような創造的な方向に向かわせるような「自由主義」に基づく教育・社会・政治制度を模索（野本, 1975,「B. ラッセルの倫理思想」），また幅広い反戦平和の評論活動，さらに著名な「ラッセル・アインシュタイン声明」に見られるように，冷戦下，体制の相違を超えて反核運動を推進し，その広範多岐に亘る文筆活動に対し，1950年ノーベル文学賞が授与された．（ラッセルの生涯と哲学的変遷については，巻末文献に見られるように，浩瀚な『自伝』，自著の『私の哲学的発展』（野田又夫訳）等，豊富な資料が揃っており，近年には

飯田隆『言語哲学大全 I』[1987]，三浦俊彦『ラッセルのパラドクス』[2005]，戸田山和久「ラッセル」(飯田隆編『哲学の歴史 11』[2007] 所収)，といった手ごろな信頼できる良書が出版されているので，参照されたい．)

2　日本におけるフレーゲ・ラッセル

本書に再録できた論文数はきわめて限られている．他方，フレーゲ・ラッセルについての邦語文献（翻訳・紹介・研究書・論文等）はかなりの点数に上っている．詳しくは巻末のフレーゲ・ラッセル書誌を参照願うとして，本節では，第二次世界大戦前・戦中から，戦後そして現在に至る，フレーゲ・ラッセルの論理思想・数学の哲学・言語哲学・認識論等，主に理論哲学的側面について，日本の哲学者・論理学者・数学者が，どのように両者を受容し，研究・検討を行ってきたかについて，いくつかの論文・著述をピックアップし，概要を記してみたいと思う．

(1) 1915-1945

まず日本の数学・数理哲学の草創期から第二次世界大戦終結までにおけるいくつかの論文・著作を見てみよう．それは，高木貞治が，当時の数学界のメッカ，ベルリン・ゲッティンゲン両大学に留学した 1898-1900 年以降のことである．当時のゲッティンゲンは，クライン，ヒルベルトを擁して第 2 期黄金時代を迎えていた．世界中から少壮数学研究者が集い，まさに数学世界の中心との感があったという．高木の留学の成果「類体論」は，20 数年後になってはじめてヒルベルトによって，*Mathematische Annalen* に掲載され，日本の数学は世界的レベルに到達する（高木貞治『近世数学史談』(付録 1，回顧と展望)，『日本の数学 100 年史』(上))．

(a) さて 1915 年という相当早い時期の，田辺元の論文「自然数論（上）（下）」(『哲学雑誌』)は，自ら「習作」と断りながら，日本の哲学研究者が，デデキント，フレーゲ，ラッセル，ヒルベルト，クチュラ，ワイル，フッサール，ポアンカレに言及しつつ，当時の数学基礎論の動向を紹介批評した，おそらく最初の数理哲学論文であろう（田辺はそれを同時にドイツ語論文としても公

刊している（田辺元［1915a］））．この論文の前半（上）は，当代の自然数論の紹介・批評，後半（下）が自然数の基礎概念についての，「論理的生成」という哲学的考察で，往時のドイツ哲学界の主流，新カント派流の批判哲学的議論である．（上）では，ヒルベルト流の形式主義は自然数の何たるかには触れ得ないとし，むしろデデキントの自然数列の順序説や，カントルの集合論に一定の共感を示す．が，むしろ自然数を，ラッセル，フレーゲ，クチュラらと共に「基数」と見なし，基数とはフレーゲ・ラッセルらのいう一定の概念ないし概念の外延と「相似的（一対一対応する）」クラスのクラスだという「論理主義」やカントル集合論の「濃度の相等」という基数概念に共感的であり，数学における基数定義は基本的に集合概念に求めるべしと見なす．しかし（下）では，数学的帰納法をめぐるラッセル・ポアンカレ論争を念頭に，「論理主義」での 1 と加算の無限反復による基数の無限系列構成等を含む基数概念の論理的定義には，カント的な「先験的」考察が欠落していると指弾し，加算の「無限反復による」基数列構成は，専ら「反省的思惟の自己開展に基づく」といった，新カント派中のマールブルグ派ナトルプ，カッシラーらに従う認識論的議論が展開されている．（この論文は後に大幅に加筆修正され，有理数・無理数論，連続，微分・無限，虚数論を付加増補されて，『数理哲学研究』［1925］として出版された．）

　（b）三宅剛一「判断対象の構成に就いて」［1920］は，ラッセルの判断論を取り上げている．判断の，肯定否定という作用面と判断対象・判断内容面を分け，後者をその構成，つまり，要素とその結合・統一の 2 つのモメントから，検討しようとする．実際には，判断対象を，ある独立な自立的要素 A，B がある関係，例えば「異なる」，によって複合的対象・命題「A は B と異なる」に結合されたものと見る，初期ラッセル（『数学の原理』1903）の「命題」論が検討されている．それもラッセルの「外面的関係」説，つまり，①関係は，項（term）の如何によって変化せず，相異なる項の間でも同一の関係が成り立つ．②項は，関係の如何に係らず，また関係に入るか否かに係らず，不変的自己同一性を保つ，という説が共感とともに批判的に吟味されている．

　しかし三宅は，「外面関係」説が，判断対象である複合的対象・命題の統一的全体性をどう説明しうるのかを問う．フレーゲの Sinn にもごく簡単に言及し，真偽の問われる判断と真偽の問いえない仮定（Annahme）を対比させる

が，むしろ，ラッセルの云う真なる命題のみに属する「論理的意味での断定（assertion）」に注目し，断定された命題中に含まれる関係が，「現実に関係させる関係（a relation actually relating）」であることに，意味的体系の自己完結・統一の内在性を見ようとし，判断作用こそがそうした判断対象の統一性を与えるのではないかといった，後のラッセルの「判断多項関係説」を予示して終わっている．

（c）三宅はまた「数の対象性」[1929]において，田辺同様，形式主義が数学の内容的意味を全く排除ないし不定にする点を不満とし，数学における数という「超越的存在」の「対象性」，その「存在論的意味」を論究している．数は古来，非感性的対象と見なされてきたが，その対象的構造，存在論的位置については，決定的論明はなされてこなかったとし，次の三段階の存在論的位相が論じられている．

①デデキントのいう「映写［ママ］（Abbildung）」関係により産出される，数系列中の系列数としての数．

②基数ないし集合数としての数——カントルの云う集合の濃度としての数．クラス・集合論では，集合一般の場面が予想されて，各クラス・集合は，類概念によって限定された対象領域，概念の外延であり，各クラス・集合は，すべての対象が当の集合の要素か否か確定的（definit（カントル））でなければならない．基数・集合数とは，あるクラス・集合と一対一対応する（同数的［フレーゲ］・相似的な［ラッセル］）すべてのクラス・集合のクラス・集合である．

③いわゆるラッセル・パラドクスは，集合とその要素とのオーダーを無視した，自己言及による．ラッセルの方策は，型理論であった．三宅は，個体の集合・概念の外延，そうした1階集合を部分集合として含む［いわば各モデルの空でない］個体領域，さらには［各モデルを超えた，いわば各個体領域すべての和集合に相当するような］対象領域の存在性といったことも問うている．さらに集合の集合という2階集合，また自然数全体の集合という最小の無限集合からはじまり，実数全体といった連続体の濃度をもつ超限集合の存在と位階といった（ラッセルの「還元可能公理」に関わる）諸困難が，数学的対象，集合の存在論には纏わってくるはずであるが，三宅論文はその端緒をおぼろげに示唆する所で閉じられている．

(d) さて元来数学者である白石早出雄は，既に『現代数理哲学問題』[1927]において，自然数論に関し，ヘルムホルツの「経験説」（第2章），ペアノの「公理説」（第3章），デデキントの「集合説」（第4章），「連続及び実数」論（第5章）に続いて，「無限集合可能の条件及びラッセルの論理説」（第6章），「ブラウエル及びヴァイル直観的数学および排中律の否定」（第7章），「ヒルベルトの証明論」（第8章）と，当時の数学基礎論ないし数理哲学の全体像を，明快に提示している．特にその第6章において，ラッセルを中心に無矛盾な無限集合論の可能性条件及びラッセルの新論理学説を，はじめて精確に論述紹介している．無限集合を考慮すれば，集合一般の第一の必要条件は，集合が命題関数（性質・概念に相当）を満足するものの集まりとして内包的に定義されるべきこと，第二に，すべての集合の集合のごとき，自己言及的定義を含まないこと（「悪循環原理」）で，この原理を破るとパラドクスに陥る．次いで，個体，第1階，第2階等々の命題関数を区別するラッセルの「型理論」が紹介される．すると，実数は有理数の無限集合中分枝性をもつ集合となり，実数にも（分枝的な）型の区別があることになる．こうした型つき実数の各全体は可能だが，すべての実数の全体は不可能となる．しかし現代解析学の基礎定理の大部分は「実数の全体」を用いて証明されるから，型理論では解析学は無意味となる．そこでヴァイルの方策は，第1階実数のみを残して他は放棄し，解析学を著しく制限するものであるが (*Das Kontinuum*, 1919)，一方ラッセルの方策は，「還元可能公理」，簡単には，「任意の段階の関数には，それと外延的に同値な第1階関数が必ず存在する」，の設定である．この公理により解析学全体が掬い取られるが，この公理がアプリオリに自明な論理的真理か疑わしい．こうして解析学は，ヴァイルの直観主義的縮減方策かラッセルの還元可能公理かというディレンマに直面する．

ところでラッセルは，互いに同値な関数は同一の集合を確定すると見なす．しかも集合に関する言表は当の関数に関する言表と見なしつつも，しかし集合自体は単に理想的仮想物と見なすのである．

ではラッセルの自然数論はどうか．2つの集合の要素が一対一対応（相似）のとき同数的といい，集合の数とは，当の集合と相似な集合の集合であると定義される．集合同様，数も理想的仮想物にすぎない．カントル同様，無限集合

を認め，例えば自然数全体の集合は，有理数全体の集合と相似で，それらの集合の数はアレフ・ゼロという同じ超限数である．ラッセルによれば，自然数の有限性という根本的性質は数学的帰納法にあり，帰納的性質とは，(1) 0 がこの性質をもち，(2) n がこの性質をもてば，次の数 n＋1 もその性質をもつ，という二条件を充たす，遺伝的性質である．かくて自然数とは，帰納的性質を充たす数に他ならない．数学的帰納法の自然数に対する妥当性は，自然数の定義から直接帰結する．さらに順序数は，「系（series）」の定義を介して「列数（serial number）」として定義される．

　最後に，ラッセルの功績として，第一に（デデキント，フレーゲを承けて完成させた）「数学の論理化」，第二に形式論理学の拡張という，数学と論理学における二大革命を挙げつつ，しかしなお残された問題として，還元可能原理の自明性，命題関数の概念と型理論の無矛盾性，（ラッセル・ポアンカレ論争に関わる）数学的帰納法の妥当性等が指摘されている．

　また数学者たちによる本格的な公理的集合論，数学基礎論が刊行されはじめた．例えば，黒田成勝著『数学基礎論』(1933, 岩波書店)，同『集合論』(1936, 共立社)，辻正次著『集合論』(1934, 共立出版) 等．また基礎論の先達者小野勝次 Ono, K. [1938] により，日本の基礎論にとって先駆的な国際水準の欧文論文が公刊された．

　(e) 敗戦の前年に刊行の，数学者，末綱恕一著『数学と数学史』[1944] は，数学プロパーと数学史研究との日本での最初の出会いであり，また下村寅太郎著『無限論の形成と構造』[1944] は，数学史研究と数理哲学との最初の綜合であろう．その第 VI 章「「実・無限」の数学的形成」中の (1)「古典的集合論」において，デデキント，フレーゲを（実無限概念の構造を積極的に摘出し，これを厳密に論理的に形成し規定する方法を発見し，もってこれを数として形成・計算しようとする）現代集合論の開拓者，また「超限数論」のカントルをその体系的形成者と位置づけている．以下，カントル，ツェルメロ，そして，ラッセル・ツェルメロのパラドクス発見後の数学基礎論の誕生，ブラウアーの直観主義，ヒルベルトの形式主義の簡潔な論述がある．

(2) 1945-1959

戦中戦後の荒廃の中から先ず登場したのは，数学者河田敬義著『自然数論』［1947］であり，高木貞治著『数の概念』(1949)，白石早出雄著『数と連続の哲学』［1951］である．続いていずれも20代から30代の新進気鋭の若き論理学者・哲学者たちを中心に，論理思想の変革を含む欧米の新しい哲学潮流（論理実証主義，プラグマティズム，分析哲学）が精力的に紹介論述され始める．両3年の間にまさに競い合うように，吉田夏彦「形式主義としての論理実証主義」［1955］［1956］（吉田『ことばと実在』［1971］に所収），福鎌達夫「Russellと Deweyの「真理」論争」［1955］，菊川忠夫「ロジカル・アトミズムの形成と展開——ラッセルとその系譜——」［1956］，吉村融「現代イギリス哲学の動向（一）——特に分析哲学の展開を中心として——」［1956］，坂本百大「存在の意味論的解析」［1956］，「言語の階層構造」［1957］，市井三郎「分析哲学——論理実証主義を含む運動の歴史と西欧民主主義——」［1957］，末木剛博「数理の論理化——フレェゲの論理学——」［1957］，中村秀吉「論理学と数学」［1958］等の諸論考が踵を接して登場したことは，戦後論理哲学の壮観であった．植田清次編の『分析哲学研究論集』5巻［1956-1958］には，この時期を代表する論文がいくつか収録されている．その1本が本選集に再録した大出晁「Principia Mathematicaにおける命題函数Ⅰ」［1958］である．同時期に連続して刊行された大出の「Principia Mathematicaにおける命題函数Ⅱ」［1958］，"La fonction propositionelle de Principia Mathematica"［1958］は，後述のフレェゲ論考と共に，戦後早期の欧州留学での論理学・集合論の研鑽に基づく透徹した論究である．本アンソロジー中の大出論文［1958］は，ラッセル＝ホワイトヘッドの記念碑的著作『Principia Mathematica』初版（1910）に，また「Ⅱ」は改定版に，真正面から取り組み，その哲学的ならびに技術的難点に亙って厳密な批判的検討を加えて，その根本的な問題点を剔抉した論考である．

さて戦後10余年にして，日本において最初に本格的なフレェゲ紹介として現れたのが先述の末木剛博［1957］である．数学的対象，概念や関数，概念の外延・クラスの存在を認めるフレェゲの実念論と意味（Bedeutung）と意義（Sinn）を区別する意味論を踏まえて，彼の『算術の基礎』『算術の基本法則』「哲学諸論文」の議論を追跡し，命題論理・関数算・数理の論理化という数理

哲学の全体を，丁寧に論述した労作である．

また大出晁［1961］［1962］のフレーゲ論考は，先述のラッセル論考と共に，群を抜いた透徹した探究によっていまも我々に深い示唆を与えるものである．残念ながら，今回は紙幅の関係で採録を断念したので，やや詳しく内容紹介をしておく．日本哲学会特別報告「集合・外延・内包——とくに「意味」と「指示」に関連して」［1962］では，フレーゲのいう「外延」と，その後の形式的集合論が明らかにした「集合」との差異が，「対象」「内包（ないし意味Sinn）と指示（Bedeutung）」といったフレーゲの基礎的諸概念の根本的再考を迫ることを，説得的に論究している．大出によれば，自らの体系構成のためにフレーゲは先ず次の二つを前提したと考えられる．

（Ⅰ）外延とは命題関数［概念］の値域であり，それは数学者のいう数学的対象としての集合あるいはクラスである．

（Ⅱ）外延は対象であり，集合・クラスと同様，命題関数の変項の値となりうる．

しかし，（Ⅰ）（Ⅱ）および二値論理から，ラッセル・パラドクスが導かれる．よって以後の形式的集合論は，（Ⅰ）（Ⅱ）の何らかの修正を含む．ラッセルの型理論は（Ⅱ）に関わり，クワインの体系NF，ML，ツェルメロ，ノイマン，ゲーデル，ベルナイスらの公理的集合論は，（Ⅰ）に関わる．つまり，（Ⅱ*）外延は型の区別から無条件には命題関数の変項の値にならないか，または（Ⅰ*）外延は，一定の公理論的な資格条件を課せられた，数学的対象としての集合とは同一視できないかである．こうして大出は，ラッセルのプリンキピアはじめ，上の各種の公理的集合論をつぶさに検討し，プリンキピアではフレーゲの前提（Ⅱ）は不成立，一方その他の体系ではフレーゲのいう広い外延はそのまま数学的対象としての集合ではありえないから，フレーゲの前提（Ⅰ）は不成立と結論づける．

次に大出は，'a＝a'と'a＝b'との認識価値の相違という同一性問題に対して，フレーゲの「指示［Bedeutung, reference］」と「意味［Sinn, sense］」の区別は評価する．このフレーゲの意味論的分析は，概念の外延にも関わる．フレーゲによれば，論理的に完全な言語では，文法的に正しく構成された表現はすべて指示をもたねばならない．一方，こうした言語で数論を構成するには，

概念からその外延へ移る必要があった．従って，外延記号は指示をもたねばならない．フレーゲのいう概念は，文の述語部分に相当し，関数同様，「補足を要する」のに対し，主語の位置に来る表現・固有名は「補足不要な完結したもの」で，その指示は対象である．概念は対象たりえないが，概念の外延は対象でなければならない．そして対象と指示は同一視されるから，概念の外延は指示でもある．しかし，上で見たように，外延に関する彼の体系からパラドクスが帰結したから，外延はそのまま対象とは認められない．するとその意味論的立場も，次のように修正を要する．(1) 外延はそのままにして，指示と対象を同一視し，必ずしもすべての外延が対象ではなく，ある外延記号は指示をもたないか（フレーゲのいう論理的に完全な言語の条件は充たされない），あるいは (2) 指示と対象の同一視をやめて，外延はすべて対象とは限らないが，指示ではあるという方針をとるか（外延を対象と一致する範囲に制限し，外延をもたぬ概念を認める．しかし外延をもたぬ概念の範囲決定は難問）である．ここでフレーゲを継承するチャーチの議論を厳密に批判的に検討し，チャーチは，フレーゲ意味論の上記の修正 (2) を選択したと解する．つまり，クラス（概念の外延）の記号が指示としての対象（集合）をもつか否かは，その体系の公理的構造と不可分離に結びつくことになる．

　さて大出は，このようにある言語の構造全般に依存する指示は，（独立的対象にある表現を対応付ける）日常言語の固有名詞の指示の考えとは基本的に異なることに注意する．対象の存在が言語構造によって決まってくる場合には，言語という因子が本質的重要性をもってくる．フレーゲがこうした点について明確だとは言い難いが，「真理への努力とは意味から指示へとすすむこと」であり，指示が言語構造に依存する場合には，指示の同一性条件は出来る限り明確でなければならない．残された問題は，指示と外延と集合の関係である．大出の方針は，一定の体系 L で認められている命題関数の指示として外延を認め，かつもし外延と（外延的に）同一な対象（集合）が L に存在する場合には，命題関数の指示は集合と考える，というものである．

　かくて形式的集合論の重要な目的は外延のうちから，体系 L における対象（集合）を，L の（公理論的）構造に依存して，どのように選び出すかである．結論的には，大出の考えでは，「形式的言語の構成とはまず不明確な意味の或

る程度構造的（文脈的）な限定であり，この限定された範囲で構造論的に限定されているがゆえに意味よりも明瞭であり，しかもその範囲では意味から独立でもある指示をその同一性の問題をふくめて決定することにある」(p.40)．

(3) 1960-1970

60年代初めにはまた碧海純一『ラッセル』[1961] が生涯と主として実践的活動の概観を与えている．竹尾治一郎「判断の客観性について」[1960]，永井博「数概念の成立」[1961]，石本新「ラッセルの論理学」[1962]，同じころ培風館のシリーズ『科学時代の哲学』が（石本「論理学と哲学」[1964] が収録されている），第1巻「論理・科学・哲学」を含めて話題を呼んだ．続いて吉田夏彦の連作「現代合理主義の発展」[1965]，「論理と数」[1967]，「現代の論理学」[1968]，またラッセル協会から，小冊子，沢田允茂著『バートランド・ラッセルと論理学』[1966] と，広い視野からラッセルとその後の展開を展望した吉田夏彦著『哲学と論理学』[1969] 等が，公刊されている．また基礎論専攻者によるものでは，赤摂也「数学の基礎」[1963]，好田順治「数学の基礎に関する思想Ⅱ」[1968]，基礎論の専門欧文論文として前原昭二の Mehara, S. [1962] 'Cut-Elimination Theorem concerning a Formal System for Ramified Theory of Types which admits Quantification on Types' 等が，次々と公刊されている．

また 1960 年代から 70 年代に亙って，次の世代がラッセル・フレーゲの論理思想に取り組み始める．先陣を切ったのは，藤村龍雄の「記述理論の諸問題」[1963]，「フレーゲからヴィトゲンシュタイン――「論理学哲学論考」への道」[1968]，「フレーゲの論理思想」[1969]，さらに「Sinn と Bedeutung について――固有名の場合」[1977] 等の連作である．また吉田謙二による連作は，「バートランド・ラッセルの構成的理論について」[1969] に始まり，[1970] [1973] [1974] [1979]，さらに 80 年代にはいっても毎年のように続けられる．また藤田晋吾「ヴィトゲンシュタイン研究（二）――論理主義批判の観点」[1968]，「問題概念としての意味」[1973] 等の連作も開始された．

(3) 1971-1985

 ところで1970年代初頭の出来事は，本邦で初めて，フレーゲの処女作が石本新抄訳「概念文字」という名称の下，編者の「解説」つきで，石本新編『論理思想の革命——理性の分析』[1972]所収として刊行されたことである．ラッセルの多数の訳業に携わることになる中村秀吉も『パラドックス』[1972]中で，また武田弘道も「分析哲学——その生い立ち」[1971]で，フレーゲ，ラッセルに言及している．吉田夏彦の，ラッセル論を含むこれまでの論理・数学・言語をめぐる明快で見透しのよい哲学論文集が，『ことばと実在』[1971]にまとめられた．主として論理的意味論に注目した野本論文には「B. Russellの存在論〈その1〉存在論と論理（1903-1910）」[1971]，「バートランド・ラッセルの記述理論形成の過程」[1972]が，また「ラッセルの倫理思想」[1975]がある．日本哲学会特別報告の大出晃「論理学から見た「存在」の問題」[1976]は，現代論理学の，どのような局面で「存在」の問題が顕在化するのかを，特にモデル論的な手法に注目しつつ論じた刺激的論考である．土屋純一の手堅いラッセル研究も「ブラッドリとラッセル」[1979]からスタートし「記述理論の成立」[1982]，「見知りにより知識」[1983]，「ラッセルの判断論」[1985]と継続されていく．

 早逝が惜しまれる田村祐三による示唆深い論文集『数学の哲学』[1981]にも，ラッセル・フレーゲの数学の哲学の検討が含まれている．

 さて70年代前半からは，特に英語圏での言語哲学や意味論への関心の高まりに呼応するように，より若い世代では，従来の論理思想・数理哲学中心の関心から，フレーゲの言語哲学への関心が新しい傾向を見せた．西山佑司の「フレーゲと前提規則」[1973]や，野本の，フレーゲの意味論・存在論 [1973] [1974] の論述，特に当時話題のクリプキらの挑戦を考慮しつつ，内包論理の意味論に関連させた一連の論文 [1974] [1977] [1981] [1982] や欧文論文 [1985] [1990]，さらに世代は若返って，本選集に採録したダメット批判の土屋俊「フレーゲにおける固有名の意味について」[1979]が，こうした傾向の一端を示す．他方，また70年代末には「概念文字」100周年を記念して，本選集に採録した石本新「フレーゲ革命とそのインパクト」[1979]や土屋俊「フレーゲ「概念記法」(1879)の目的について」[1979]が論じられ，また西

脇与作・藁谷敏晴「Frege 的論理と非 Frege 的論理」[1977] や野本の「フレーゲ論理哲学の形成」[1983] に見られる論理思想・「論理主義」の検討は，横田栄一の一連の論文「フレーゲの哲学と数学理論」[1979]，「フレーゲの論理主義的理念 1-3」[1981] [1982] [1984]，田畑博敏の一連の論作「主語・述語からアーギュメント・関数へ」[1980] [1981] さらに田畑 [1990] 等において地道に続行される（これらは単著として田畑 [2002] に収録されて公刊された）．さらに黒田亙門下の，一層の若手研究者・武笠行雄の，『算術の基礎』での「文脈原則」は後期にまで一貫して維持されていると論じた「フレーゲの文脈原則について」[1982]（「同再論」[2006]）をはじめとする，連作「フレーゲに於ける記号言語と予備学」[1983]，「フレーゲと形式主義」[1985]，また幾何学論争を扱った田村祐三「幾何学の基礎──フレーゲ VS ヒルベルト──」[1985]，木戸正幸「フレーゲをめぐる 2 つのパラドクスについて」[1985]，フレーゲ・フッサール論争に関しては早期に内田種臣「現象学と分析哲学」[1973] があるが，現象学研究のヴェテラン渡辺二郎の「フッサールとフレーゲ研究序説（1）」[1984]，「フレーゲ『算術の基礎』とフッサール『算術の哲学』」[1986]，野家啓一「〈幾何学の基礎〉と現象学」[1987]，時代は降るが，野家伸也「フッサール・フレーゲ・認知科学」[1995]，野本和幸「フレーゲ，初期フッサールそしてその後」[2001] 等が登場している．

(4) 1986-2007

さて 80 年代後半から，20 世紀末にかけて，日本のフレーゲ研究は，単独の紹介研究書や藤村龍雄訳『フレーゲ哲学論集』[1988] の翻訳出版という新しい段階に入る．

本邦初の単著としては，フレーゲの論理的意味論全体を扱った野本和幸の博士論文『フレーゲの言語哲学』[1986]，フレーゲ・ラッセルの卓抜な言語哲学入門である飯田隆『言語哲学大全 I ──論理と言語』[1987]，野本和幸『現代の論理的意味論──フレーゲからクリプキまで』[1988]，飯田隆『言語哲学大全 III──意味と様相』[1995]，野本和幸『意味と世界──言語哲学論考』[1997]，広範にフレーゲ・ラッセル以来の分析哲学の展開を展望した竹尾治一郎『分析哲学の発展』[1997]，より簡潔な竹尾治一郎『分析哲学入門』[1999] が陸続

として刊行された．

　若手・中堅研究者による立ち入ったラッセル研究は以下のように年々盛んになっているように見受けられる．戸田山和久の連作「『プリンキピア・マテマティカ』における或る不整合の背景について」[1988]，「悪循環原理，分岐タイプ，そして「ラッセルの構成主義」」[1997]，「置き換え理論，そしてラッセルの数学の哲学についてまだわかっていないこと」[2003]，岡本賢吾「ラッセルのパラドクスと包括原理の問題」[1997]，「命題を集合と同一視すること」[2003]，中川大の連作「記述と直知の理論」[1989]，「前提と記述」「判断論の解体」[1993]，「初期ラッセルにおける「表示」の概念」[2001]，「論理的真理は総合的か」[2006] 等，清塚邦彦の「確定記述による直接指示」[1991]，「〈個体述語〉としての存在」[1991]，「存在文の解釈について」[1992]，大辻正晴「言語論的転回」[1994]，橋本康二の連作「ラッセルの最初の真理論」[1997]，「存在論的転回と多重関係論」[1998]，「量化をめぐるラッセル」[1999]，照井一成「素朴集合論とコントラクション」[2003]，三平正明「ラッセルのパラドクス：もう一つの起源」[2003]，野村恭史「分岐タイプと還元公理」[2005]，「『論考』とタイプ理論」[2006]，荒磯敏文「痕跡を通した指示をともなう確定記述の指示的使用について」[2005]，久木田水生「ラッセルの論理主義における非基礎付け主義」[2006] 等．またヴェテラン・中堅による論考には岡田光弘「矛盾は矛盾か」[2003]，向井国昭「超集合論」[2003] がある．

　前後するが 1985 年，はじめての「フレーゲ・ワークショップ」が東京で開催され，その会を契機に編まれたのが『フレーゲ・ルネサンス』（『理想』639 号，1988）である．（これには，野本，飯田，横田，山田，武笠，金子，清水が寄稿している．）またこのワークショップの前後から，勁草書房の富岡勝氏と野本の間で『フレーゲ著作集』刊行の相談が進められ，飯田隆，土屋俊両氏と相談しながら，全 6 巻の大体の構想を作成した．やがて黒田亘，藤村龍雄の両氏にも編集協力を願い，各巻の責任編集の決定と，訳者の選定を行った．しかし研究者の絶対数が足りず，各大学の院生を督励して訳者にまで育成しながらの長期戦となった．ようやく第 1 巻藤村龍雄編『概念記法』発刊に辿り着いたのが 1999 年 12 月 24 日のクリスマス・イヴ，最終配本の第 6 巻野本和幸編『書

簡集』刊行が 2002 年 5 月 30 日で，富岡氏と野本が最初の相談をはじめてから 15 年が経過し，まさに世紀を跨いでの事業となった．各巻の編者解説には相当の力を傾注し，遅延を補おうとした．長期に亘る富岡氏の忍耐と心意気とには感謝の言葉もない．(なお本著作集刊行には，2002 年度日本翻訳出版文化賞が授与された．) 著作権も絡んで，いまだドイツでもフレーゲ全集は存在せず，また英訳もばらばらの出版社からの刊行で，纏まった著作集はない．(余談ながら，この著作集完結を，フレーゲに関心を寄せる欧米の師友にメイルで知らせたところ，感嘆の言葉と共に，例えば，原典編者のパーツィヒ (ゲッティンゲン)，カンバルテル (フランクフルト)，ティール (エアランゲン)，ガブリエル (コンスタンツ) はじめ，ダメット (オックスフォード)，フォレスダール (オスロ)，C. パーソンズ (ハーヴァード)，カプラン (UCLA)，T. パーソンズ (同)，バージ (同)，デイヴィドソン (バークレイ)，スルガ (同)，C. チハラ (同)，P. サイモンズ (リーズ)，ウィリアムソン (オックスフォード)，ペリー (スタンフォード)，カール (ゲッティンゲン)，N. サモン (UC. サンタバーバラ)，G. スンドホルム (ライデン)，P. マーティン-レーフ (ストックホルム)，J. ファン ベンサム (アムステルダム)，M. デトゥレフセン (ノートルダム) 等々 30 余名にも及ぶ欧米の著名な哲学者・論理学者たちが，祝意を寄せてくれた．)

21 世紀を迎えるや，まず，フレーゲの論理思想・数理哲学を初期から晩年に至るまで丁寧に追跡してきた，多年の研鑽が田畑博敏『フレーゲの論理哲学』[2002] となって結実した．また編著では野本・山田友幸編『言語哲学を学ぶ人のために』[2002]，単著としてはフレーゲの生涯，その学問的形成過程全体を追跡した，野本和幸『フレーゲ入門──生涯と哲学の形成』[2003]，直接フレーゲ哲学の研究書ではないが，フレーゲに深く影響を受けつつ，構成主義の立場から根本的な改変を迫るダメットについての本格的な案内書，金子洋之『ダメットにたどりつくまで』[2006]，これまで 30 年以上に亘ってフレーゲ研究に指導的な役割を果たしてきた藤村龍雄の論文集『現代における哲学の存在意味──論理・言語・認識』[2006] が，またフッサールとの対比を含む三上真司『もの・言葉・思考──形而上学と論理』[2007] が刊行された．

野本はまた，国際学会や海外のワークショップ等でフレーゲ関連の講演を行い，欧文論文を 10 余本ほど公刊してきた ([1982] [1985] [1990] [1990a]

［1993］［1993a］［1995］［1995a］［1995b］［2000］［2006］).特に「論理学・科学方法論・科学哲学国際学会」講演論文［2000］には相当数の好意的な反響が海外から寄せられた．田畑［2000］，Arai［2000］が国際誌に掲載，飯田［2003］桜木［2006］の刊行もあり，これから若い世代による一層国際的な活躍が期待される．

また新たな野心的試みとして注目すべきは，数学者と哲学者の共著，田中一之編『ゲーデルと20世紀の論理学』全4巻（2006-2007）である．以下に目次部分のみを挙げておく．第1巻『ゲーデルの世紀』(2006) の序は，田中一之「ブールからゲーデルへ——20世紀ロジックの形成」，第Ⅰ部は田中尚夫・鈴木登志雄「ゲーデルと日本——明治以降のロジック研究史」，第Ⅱ部は飯田隆の「ゲーデルと哲学——不完全性・分析性・機械論」，第Ⅲ部は竹内外史・八杉満利子の「ロジシャンの随想」である．第2巻『完全性定理とモデル論』(2006) では，田中一之の序「ゲーデルの完全性定理とその背景」，第Ⅰ部「述語論理入門」，第Ⅱ部は坪井明人「モデル理論とコンパクト性」，第Ⅲ部ではフレーゲ，ラッセルを簡単に紹介しつつ，野本和幸「論理的意味論の源流，モデル論の誕生，そしてその展開」が配されている．第3巻『不完全性定理と算術の体系』(2007) では，田中一之の序「ゲーデルの不完全性定理とその背景」，第Ⅰ部鹿島亮「第一不完全性定理と第二不完全性定理」，第Ⅱ部山崎武「逆数学と2階算術」，第Ⅲ部白旗優「ダイアレクティカ解釈」，第4巻『集合論とプラトニズム』(2007) では，田中一之の序「ゲーデルの集合論とその背景」，第Ⅰ部渕野昌「構成的集合論と公理的集合論入門」，第Ⅱ部松原洋「集合論の発展——ゲーデルのプログラムの視点から」，第Ⅲ部戸田山和久「ゲーデルのプラトニズムと数学的直観」．

さて若かった世代も既に中堅となって，金子洋之「抽象的対象と指示」［1996］［1998］，岡本賢吾「算術の言語から概念記法へ」［1999］［2001］［2003］と連作を公刊，『思想』(2003) で珍しく「フレーゲ」特集が組まれ，本選集にも採録した飯田，岡本論文はじめ，若いいわゆるポス・ドクの長谷川吉昌・三平正明・津留竜馬が執筆している．翌2004年の日本科学哲学会フレーゲ・シンポジウムの報告特集が『科学哲学——フレーゲの現代性』(2005) として公刊され，本選集にはその中から，野本，佐藤，松阪の各論文を採録した．

『フレーゲ著作集』刊行と前後して，若い大学院生たちのなかから，優れた論考が登場し始めた．フレーゲとその同時代の論敵たちとの交渉に特に注意を払った三平正明の一連の論考［1998］［1999］［2000］［2003］［2005］［2005a］，他のポス・ドク研究者の仕事として，及川和剛［1996］［1997］，長谷川吉昌［1996］［2003］，須長一幸［1998］［2000］，渡辺大地［1999］［2001］，津留竜馬［2000］［2003］，井上直昭［2002］［2003］［2004］等が公刊され，今後の展開が期待される．

　また飯田隆編『知の教科書 論理の哲学』（2005）にもフレーゲに始まる論理革命以降，現在の研究の最前線が，三平正明「論理主義の現在」［2005a］に代表されるように，若い研究者たちによって新鮮な視野から明快に紹介されている．

　岡本賢吾・金子洋之編『フレーゲ哲学の最新像』［2007］は，こうした気鋭の若きポス・ドクたちを，中堅の両編者が結集して，現在最も鮮度のよい論文を精選・訳出した極めて刺激的なアンソロジーである．特に，編者の一人，巻末の岡本賢吾の解説は，フレーゲ論理主義の現在を犀利に論じた必読文献であり，また土谷岳士によるアクゼル「フレーゲ構造」の抄訳には詳細な解説が付せられている．

　また近年，日本の哲学界でも，ようやくフレーゲやラッセルが正当な市民権を獲得しつつあるかに見える現象が認められる．例えば，現在刊行中の野心的な『哲学の歴史』全12巻（中央公論新社）中の第11巻に，飯田隆編『論理・数学・言語』［2007］が第1回配本として刊行され，気鋭の中堅研究者，金子洋之，戸田山和久，岡本賢吾の三氏によって，それぞれ「フレーゲ」「ラッセル」「数学基礎論」が220頁に亙って紹介論述されている．これは，我が国の正統的哲学史叙述の歴史において画期的な出来事と云わねばならない．岩波『思想・哲学辞典』や，また国際的に定評ある日本数学会編の岩波『数学辞典』第4版（20年ぶりの大改定）にも，小項目とはいえ，はじめて「フレーゲ」の項が設けられたことも，意義深いことである．

　　＊例えば，「石本新［1979］」の如くに表記したものは，本書Cの文献目録に掲載されているものである．

A　フレーゲ

フレーゲ革命とそのインパクト
——「概念文字」百周年を記念して

石本　新

1

　フレーゲに関する研究は最近わが国でも次第に増えてはいるが，フレーゲは依然としてわれわれにとってはなじみのうすい存在であろう．とくに，フレーゲ革命と突然言い出しても唐突の感をまぬかれない．
　したがって，ここでもフレーゲのことから筆をおこすことにするが，この論文ではいかなる意味においてもフレーゲそのものの研究が意図されているわけではないことを，予めご了承いただきたい．したがって，これから述べることも，フレーゲ研究ではなくフレーゲの紹介にすぎないのである．
　さて，この話の主人公フレーゲは1848年ウィスマールに生まれ，1925年バートクライネンで亡くなったドイツ人である．フレーゲは主としてイェーナ大学で数学などを学び，ドイツの学者としては珍しく，私講師から始まって員外教授として退職するまで（1917年）同じイェーナ大学において数学を講じて一生を終えた，少なくとも外面的には平凡な職業的数学者であった．そして，ショルツ（1884-1956）その他の人たちによる努力によって第二次大戦後，フレーゲ・ルネサンスが巻き起こるまでは，ラッセルによる紹介を別とすれば，生国ドイツにおいても無名の人であったといわれている．
　では，フレーゲは一体どのようなことを成し遂げたのであろうか．一言にしていうと，いわゆる近代論理学をその基本においては作り上げてしまったということが，フレーゲの最大の功績である．この偉業はいまから丁度100年前の1879年に上梓された「概念文字」（Begriffsschritft, eine der airthmetischen nachgebildete Formelsprache des reinen Denkens）においてはほとんど一挙に成し遂げられたのであった．「概念文字」から近代論理学が始まるというい

い方は，誇張ではないかと考える向きがあるかもしれないが，ボルツァーノ（1781-1848），ブール（1815-64），ディ・モーガン（1806-71）といったフレーゲ以前の論理学者の業績と，「概念文字」を比較してみると，これが，いささかも言い過ぎでないことがわかる．命題自体という概念をひっ下げて，カントと同じ時期に透徹した実在論を提唱し，さらに，カントール（1845-1918）より半世紀以上も前に集合論を構想したボルツァーノは，いかなる意味においても，低く評価されるべきではないが，ボルツァーノとフレーゲの間にはっきりした相違があることは，否定できないことである．（ボルツァーノの失敗と，フレーゲの成功が何に起因するのか調べてみるのは，論理学史における興味ぶかいテーマであろう．数学の発達にその原因を求めることは無理であるように思われる．）

実際，命題論理が論理学史上はじめて厳密に定式化されたのも，また，いまでこそ常識となっていることであるが，述語論理は命題論理に基づいて展開されなければならないということが洞察されたのも「概念文字」においてである．命題論理は西洋古代においてはストア派に始まり，その後もアリストテレス式三段論法の蔭で細々と研究が続けられたのであるが，命題論理の公理と，推論規則を列挙し，命題論理が公理系として展開できることを示したのが，「概念文字」の技術面における大きな功績である．また，述語論理において，「すべての」といった量記号の概念が明確に導入されたのも「概念文字」においてである．というよりは，量記号は「概念文字」においてはじめて発見されたのであるというべきかも知れない．もっとも，アリストテレス式その他の三段論法においても，量記号はそれと明示されることなく含まれているからフレーゲが量記号を発見したといういい方は当たらないかもしれないが．

ではあるが，公理的集合論とか帰納関数の理論といったことを別にすれば，現在われわれが用いている近代論理学の基本的な部分が，「概念文字」において完成を見たことは否定できない．というわけで，多くの論理学史家に従って，「概念文字」から近代論理学が始まったとするのは，決して無理なことではない．そして，フレーゲ革命も，少なくとも年代的には，「概念文字」が発表された丁度いまから100年前の1879年に勃発したといってよかろう．

しかしながら，フレーゲは論理学のために論理学を研究したのではない．大ざっぱにいえば，フレーゲは算術に始まる数学を基礎づけるために近代論理学

を創始したのである．このことは，「概念文字」の各所にちりばめられている行間の考察から読みとることもできるし，最近明らかにされた「概念文字」執筆の動機となったのが，算術の教科書の書評であったことからも明らかであるが，それが一層明らかになるのは，第二の主著である「算術の基礎」(1884)においてである．出版当時はさして問題にされなかったこの書物においてフレーゲが企てたことは，大ざっぱにいうと，算術を論理学に還元することであった．ところが，そのためには，1，2，3，といった自然数がなんらかの方法で論理的に再構成されなければならない．たとえば，自然数 1 は，唯 1 つの元からなる集合の集合として，自然数 2 は 2 つの元からなる集合，つまり，対の集合として定義されるのである．このようにして，自然数を構成し，それに基づく自然数論，すなわち，算術を非公式に展開し，これをミルその他の哲学者によって提唱された算術の基礎づけと比較していくというのが，「算術の基礎」の主な目的なのであるが，この書物の行間に，また背後にある 2 つのことがらに触れておかなければならない．このことは多くの人たちによって無視されているように思われるのでとくに指摘しておく次第である．

　まず第一に，「算術の基礎」が，いわゆる哲学の書物であるだけでなく，論理学の著述でもあるということを述べておかなければならない．といって，外観だけから判断すると，「算術の基礎」は，その後間もなく発表されたフッサールの心理主義時代の「算術の哲学」(1891) と同様純然たる哲学の書物であるという印象をうける．しかしながら，一見哲学的，またある意味で散文的なこの書物の背後に「概念文字」と，それの拡張となっている論理学の技術がかくされていることを忘れてはならない．自然数 2 を，また 3 をさきに述べたように定義しても，2 に 3 を加えると 5 になるということが証明されなければ，フレーゲがいうように，算術が論理に還元されたことにはならない．そして，この一見簡単な等式の論理的証明が，いかに煩瑣で骨が折れるかということを実感するためには，フレーゲの主著「算術の基本法則」(第 1 巻 1893 年，第 2 巻 1903 年) と，同じような立場で著わされたホワイトヘッドとラッセルの「数学原理」(全 3 巻 1910-13 年) を参照しなければなるまい．皮肉ないい方であるかもしれないが，算術がかくも難しいということを発見したのは，フレーゲの最大の功績であるかも知れない．しかし，それは決して単なる冗談ではない．

後に述べることであるが，フレーゲ革命のもたらした成果の一つである徹̇底̇し̇
た̇分̇析̇という理想が単なるかけ声に終わらず，フレーゲが自ら創り出した近代
論理学を介して哲学史上はじめて実現したのである．

　論理学のテクニックとならんで，「算術の基礎」の背後にあるもう一つの要
因は，哲学，もう少し具体的にいうと言語哲学である．つまり，言語表現とそ
の指示する対象の間の関係といったいまの言葉でいえば意味論が哲学史上はじ
めて厳密に定式化され，とくに自然数などの意味が，さきに述べたように厳密
に与えられたのである．

　しかしながら，自然数の場合からも明らかなように，フレーゲのいう意味は，
技術的論理学の立場に立つと，いわゆる論理的構築物であるにすぎない．たと
えば，自然数2は，すべての対からなる集合であり，自然数3はすべての3つ
組からなる集合であった．そして，このような自然数の定義から，多くの場合
極めて複雑であるが，通常の算術が論理的に展開されることも事実である．と
いうわけで，「算術の基礎」その他に代表されるフレーゲ哲学は，まごうこと
なき言語哲学でありながら，言語表現を論理的構築物で置き換えるだけで，真
の意味——仮にそれが存在するとして——に向かって超越しようという意欲に
欠けているように思われる．率直に言うと，意味論としてのフレーゲの算術は，
集合論による算術の解釈にすぎないという見方も一応成り立つのである．そし
て，これが，いずれも言語哲学でありながら，フレーゲ哲学と現象学を分かつ
1つの目印しであるように思われる．とくに，「論理学研究」で取り上げられ
た論理学と，フレーゲの論理学は必ずしも別々の論理学ではなく，現象学もフ
レーゲ哲学も，言語表現の意味という共通の問題から出発しているにもかかわ
らず，その後離れ離れとなり，現象学の後継者である実存哲学と，フレーゲ哲
学の後継者である分析哲学によって代表される現代の言語哲学の間に，ほとん
ど交流がなくなってしまったということは，残念なことである．

　しかしながら，現象学において見られる超越への強い意欲は，論理学のテク
ニックの欠如によって相殺されているように思われる．実際，フッサール自身
がフレーゲの業績に通暁していたにもかかわらず，「論理学研究」その他で話
題となっている論理学が，三段論法の域を出なかったのは不思議なことである．

　といって，フレーゲが意味を何等かの論理的構築物として定義し，それで満

足してしまったかというと，そうではない．「算術の基礎」から間もなく取り上げられることになる内包と外延（あるいは意味と意義）の問題の如きは，論理学の単なる技術を超えて，それに基づきながら，本質にまで超越しようとする数学者ではなく，哲学者としてのフレーゲの面目躍如たる場面であろう．内包と外延は言語表現に元来備わっているものであるにもかかわらず，二千有余年に及ぶ論理学の歴史において，19 世紀前半ミルによって取り上げられるまで，ほとんど検討されなかったということは，奇怪なことであるが，フレーゲによる内包と外延の研究は，それが自らの創造になる近代論理学に基づいているだけに，発表当時理解されなかったにせよ，画期的なものであった．しかしながら，複数の世界に基づく意味論，つまり，多世界意味論が全く欠如していたため，フレーゲの内包的意味論は，クリプキーに始まる現代の内包的意味論の真の意味における出発点となり得なかったのは残念なことであった．

しかしながら，全体の意味（意義）は部分の意味（意義）によって合成されるといういわゆるフレーゲの原理などに集約されるフレーゲの言語哲学——その真価は最近になってようやく理解されはじめた——は，それが前世紀末，つまりいまから 100 年近く前に提唱されたということを想起するならば，驚くべき哲学上の成果であるといわざるを得ない．そして，近代論理学のテクニックをある意味での歯止め，あるいは，枠組としながら本質へ迫っていくという姿勢は，これからさらに詳しく述べるフレーゲ革命の基本であるといってよい．

2

以上がわが国では依然として知られていないフレーゲの業績の概要であるが，フレーゲのこういった仕事——それは，哲学的であると同時に技術的なものである——が発端となって，フレーゲ革命が，フランス革命，ロシア革命といった政治的革命の場合と同様，燎原の火の如く，少なくともヨーロッパの学界を席巻したと考えてはならない．この点で，フレーゲ革命は，現代科学の原点となった，17 世紀の科学革命とは異なった性格のものであったといわざるを得ない．

政治的革命の場合もそうであるが，科学革命においても何等かの従来なかっ

た新しい理論が提唱され，それ以後はこの新理論に基づいて研究が一段と高いレベルで進められていくことになる．たとえば，科学革命の典型である西洋17世紀の科学革命においては，ガリレオにはじまりニュートンに終わるという比較的長い時間をかけたとはいえ，この科学革命以前と以後においては，少なくとも物理学の世界では，あらゆることが一変したといってよい．つまり，科学革命以後の物理学は，それまで存在しなかった古典力学が中心となって展開していくのである．

こういった飛躍，すなわち革命的不連続という現象は，最近における科学革命，すなわち，1925年から26年にかけての量子力学の導入に際しては，より際立って見出される．実際，この科学革命はクーンの意味における限られた科学者集団によって，文字どおり突如として開始され，古典力学が無用となったわけではないにせよ，1925年と26年は，それ以前の物理学と以後のそれとはっきりと区別する里程標となったのである．このような科学革命は，いってみれば，革命の時点がはっきりと指摘できる革命なのである．

これに対して，この論文の主題であるフレーゲ革命は，いかなる意味においても，このような革命ではなかった．つまり，第1節で述べたフレーゲの業績，とくに，「概念文字」を契機として，論理学が新しい時代に入ったというわけではなかった．一部の論理学史家がいうように，「概念文字」を境としてフレーゲの時代が突如として始まったわけではないのである．これはフレーゲ賛歌として受け取れるかも知れないが，いかなる意味においても事実とはいえない．実際，フレーゲは忘れられ，無視された学者なのであった．これは「概念文字」だけでなく，「算術の基礎」，さらにそれに続く「算術の基本法則」についてもいえることである．フレーゲがどの程度無視されたかということは，最近頓みにその数が増加しているフレーゲ研究に譲ることにするが，ラッセルがその「数学の原理」(1903年)において，フレーゲを積極的に評価するまでは，フレーゲはほとんど理解されなかったといってよい．たとえば，フッサールとフレーゲの間には個人的交流はあったにもかかわらず，初期の現象学がフレーゲの論理学によって著しく影響を受けたとは思われない．これはすでに述べたことである．実際，「算術の基礎」は「論理学研究」において何回か引用されているのであるが，「概念文字」のテクニックが利用されているという痕跡は見当た

らない.そして,すでに指摘したように,現象学は「論理学研究」以後もフレーゲ革命の圏外に立つことになるのである.

フレーゲにとってさらに不幸なことに,フレーゲを指導者とする学者集団がまったく成立しなかったことも,この際指摘しておかなければならない.いい換えると,フレーゲは,ヨーロッパの学界はいうに及ばず,ドイツの学界においても,知られざる孤高の存在であったのである.

このように述べると,フレーゲ革命におけるフレーゲの地位が揺らぎはじめる.実際,「概念文字」の上梓以後,今世紀初頭までの近代論理学の歴史は,いかなる意味においても,フレーゲを中心として進んできたわけではなかった.この約25年間において論理研究の主役を演じたのは,まず,シュレーダー(1841-1902),パース(1839-1914),クーチュラー(1868-1914)とくにペアノ(1858-1932)を中心とするイタリア学派であった.そして,シュレーダーとパースは,前フレーゲ期の近代論理学者ブールの論理代数から出発して,次第にフレーゲが創めた真の意味における述語論理へと進んでいったのであるが,クーチュラーは,ライプニッツの研究,ポアンカレとの華々しい論争などを通じて,いってみればフレーゲ不在の近代論理学を今世紀初頭のヨーロッパ学界に喧伝する役割を演じたのであった.最後にペアノは,フレーゲとは無関係に,命題論理を再発見し,これに基づいて,解析学のはじめの部分まで,多くの場合証明抜きで展開することに成功したのであった.

さらに,カントールによって創始された集合論も,少なくとも20世紀のはじめまでは,フレーゲとはほとんど無関係であったといってよい.カントールはあまりにも数学的,フレーゲはあまりにも哲学的でありすぎたことが,この原因となったのかも知れない.

3

というわけで,「概念文字」に始まるフレーゲ革命は,その創始者とは無関係に,少なくとも,今世紀のはじめまで進展していくことになる.そして,フレーゲ革命の本当の火つけ人がフレーゲであって,パースやシュレーダーでなかったことが一般に認識されるようになったのは,ラッセルによる紹介があっ

たにせよ、ポーランドやドイツの一部専門家を別とすれば、第二次大戦以後のことであったといってよい．もっとも、フレーゲの業績が本格的に再評価されはじめたのは、第二次大戦前の 30 年代で、フレーゲの遺稿保管の任に当たっていた、ショルツを指導者とするミュンスターの基礎論研究所であったが、この遺稿を中心として第二次大戦直後からダメットのような英米の哲学者も加わり、フレーゲ研究は次第に本格化していく．そして、最近では、毎年フレーゲに関する書物が、翻訳を含めて、ドイツ語、英語、フランス語、またロシア語で発表されている有様である．（わが国でも、最近フレーゲ研究は、ぽつぽつ現われ始めた．）

こういった最近におけるフレーゲ研究の特徴は、フレーゲの論理学の技術的側面ではなく、その哲学に重点がおかれているということである．第 1 節でも述べたことであるが、フレーゲにおいては、哲学と論理学は分かち難く結びついている．ではあるが、フレーゲ哲学の哲学的再評価が、フレーゲの生前にはほとんど想像もできないような高い水準で行なわれていることも、この際忘れてはなるまい．たとえば、フレーゲが遂に到達できなかったクリプキー式の多世界意味論が、現在では利用できるのである．実際、多世界意味論に基づく内包的論理学は、いまでは哲学的論理学のもっとも活発な分野となっているのである．そして、これに類したことがらは、いずれも、同時代人に無視されながらも、フレーゲ自身が取り組んでいた問題なのである．というわけで、論理学史家ニール夫妻も指摘しているように、われわれは、フレーゲが取り上げた問題に自ら直面するようになってはじめて、フレーゲの偉大さを理解しはじめたのである．いい換えると、現代におけるフレーゲ復興の中心的課題は、技術的論理学を歯止めとし、それを背景としているフレーゲ哲学、フレーゲの言語哲学なのである．つまり、前世紀末のフレーゲ哲学は、80 年という年月を飛びこえて現代の言語哲学と直結するのである．

しかしながら、第二次大戦後におけるフレーゲ・ルネサンスは、この論文の主題であるフレーゲ革命の主な成果ではない．では、フレーゲ革命のより大きな成果とそのインパクトとは、一体何であろうか．次の節のテーマはまさにこの問題なのである．

4

　すでに指摘していることであるが，フレーゲ革命は，「概念文字」によって火がつけられ，その理論を発展させることによって展開していったという革命ではない．実際，「概念文字」に，またそれと明示されることなしに「算術の基礎」に含まれていた近代的な命題論理と述語論理は，部分的にはパースとシュレーダーによって，また，ほとんど同じ形で，ペアノとラッセルによって，再発見されたのである．

　というわけで，フレーゲ革命は，18世紀のフランスにおける啓蒙主義哲学，近くはブレンターノに発する現象学を含む独墺学派のように，その獲ち得た成果ではなく，その方法，つまり，哲学や科学に対するアプローチによって評価されるべきなのである．といって，フレーゲの創めた近代論理学は，論理として眺めれば，単なるアプローチといったものでなく，はっきりとした理論であるから，フレーゲ革命は啓蒙主義その他の思想運動とは本質的に異なっていることはいうまでもない．こういったことを踏まえて，フレーゲ革命の拡散状況を追跡してみよう．

　まず，近代論理学を中核とするフレーゲ革命の直接の影響から始めよう．

　すると，近代論理学を背景とするいくつかの哲学上の学派が成立したことがわかる．こういった学派のうち最初に成立したのは，ラッセルとウィトゲンシュタインを中心として，「数学原理」成立前後に成立したケンブリッヂ大学のグループであろう．このグループの哲学については，すでにわが国でもよく知られているので詳しく述べる必要はないが，「外部世界はいかにして知られ得るか」(1914)，「心の分析」(1921)，「物質の分析」(1927)といったラッセルによる一連の著作やウィトゲンシュタインの「論理哲学論」(1921)が，いずれも，「数学原理」を下敷きとして著わされていることを忘れてはならない．とくに，「論理哲学論」はその一見難解で断定的なアフォリズムが魅力となっているようであるが，「数学原理」に関する何がしかの予備知識なしには，理解できそうにない．また，「外部世界はいかにして知られ得るか」の主題となっている事象を素材とする時間の構成に際して現われる，形而上学に近い実在論

も,「数学原理」という歯止めがかかっているために,野放図な形而上学にはならなかったのである.

いずれにせよ,ラッセルとウィトゲンシュタイン,とくに前者による哲学的ないろいろの問題の論理分析は,それが最終的ではないかもしれないが,従来素朴に理解されてきた時間,空間といった対象が,フレーゲ流の近代論理学で処理できるという可能性を示したという理由で,大きな意味をもつ業績であろう.すなわち,いままで理性の働きといったことばで漠然と処理されてきたことがらが,新しい論理学という尖鋭な道具によって分析され,その構造が白日の下に曝されるに至ったのである.与えられた理論の構造を明らかにするという作業は,近代科学の大きな特徴であると同時にフレーゲ革命の大きな成果でもある.そして,ラッセルが強調しているように,構造を明らかにすることによって,既存の理論にとらわれることなく,幅広く新しい理論の可能性を探っていくのが,近代論理学の精神なのである.

ラッセルによって提唱されたこのような論理的哲学は2つの後継学派によってさらに発展していく.
その1つは,いわゆるポーランド学派で,もう1つはウィーン学団,つまり論理実証主義を標榜する哲学者集団である.

ポーランド学派については,最近いくつかの解説書も現れ始めたが,ルカシェーヴィッチ(1878-1956)とレスニェウスキー(1886-1939)という2人の哲学者を中心として,第一次大戦後間もなく独立ポーランドの大学として再開されたワルシャワ大学を拠点として結成された哲学者,論理学者,数学者の集団である.

ポーランド学派は,その哲学的信条の故に結集したのではなく,近代論理学に対する揺ぎなき信頼感に基づいて結成された学者集団である.もっとも,フレーゲの著作と「数学原理」はポーランド学派のバイブルであったが,「外部世界はいかにして知られうるか」などに代表されるラッセル哲学までそのまま信奉されてしまったわけではない.実際,同じく近代論理学に基づきながら,ルカシェーヴィッチは穏やかな実在論者であったし,レスニェウスキーはかなり尖鋭な唯名論者であったというわけで,ポーランド学派のメンバーが哲学者として必ずしも同一の立場に立っていたわけではない.ということも,近代論

理学が定まった学説の提唱ではなく,可能な学説の探求にあるという,さきに述べたラッセルの主張と思い合わせると,むしろ当然のことかもしれない.

このように,ポーランド学派の本領は,こういった哲学説の提唱にあったのではなく,論理学の技術を発展させたことにある.ポーランド学派が存続したのは,2つの大戦にはさまれる約20年間にすぎないが,その間に成し遂げられた論理学に関するいろいろの研究は,現在でもさかんに利用されている.とくに,命題論理の研究,現在のモデル理論の出発点となったタルスキーの形式的意味論,また,存在論その他からなるレスニェウスキーの論理体系の如きは,永遠の価値をもつものであろう.そして,こういった研究が,その哲学的立場はともあれ,方法論としてのフレーゲ革命の延長線上にあることはいうまでもない.

これに対して,論理実証主義者団,つまり,ウィーン学団は,ポーランド学派よりおくれて20年代の終わりごろ,ウィーンを中心として結成されたのであるが,ウィーン学団についてはわが国でも数多くの研究があるので,ここでは次のことを指摘するに止めよう.

すなわち,ポーランド学派と異なり,ウィーン学団はある共通の哲学的信条によって結ばれた数学者,科学者を含む哲学者集団であることを確認しておかなければならない.ウィーン学団の指導者カルナップ(1891-1970)が,「外部世界はいかにして知られ得るか」の影響下に到達した現象主義から物理主義へ移行したという変遷はあるにせよ,ウィーン学団のメンバーたちに共通の哲学的クレドは,反形而上学,かなり極端な科学主義,あるいは数学や自然科学,論理学に対する絶対的信頼であろう.実際,ボヘンスキーも指摘しているように,中世このかた,論理実証主義者ほど論理学を重視する哲学的学派は存在しなかったのである.その意味で,論理実証主義はスコラ哲学の現代版であるといえよう.

これが,ポーランド学派と同様フレーゲ革命の枠内にある論理実証主義の簡単な位置づけであるが,ここで忘れてならないことは,論理実証主義運動の及ぼした大きな影響である.論理実証主義は,少なくともドイツとオーストリアでは,10年も存続できなかったのであるが,その後アメリカ,英国等に,また,第二次大戦後の世界の哲学界に与えた影響ということになると,地味なポー

ランド学派とは比較にならないぐらい大きい．ポーランド学派と異なり，ウィーン学団による狭い意味での論理学への寄与は，内包的論理学に関するカルナップの業績を除くと，取るに足らないのであるが，新しい哲学の創造ということになると，論理実証主義は20世紀哲学におけるもっとも重要な事件に違いあるまい．そして，分析哲学，近代論理学に依拠する言語哲学，科学方法論，科学哲学までひっくるめると，アメリカ，英国のみならずドイツ，否ソ連においても，もっとも有力な哲学の1つであろう．

すると，広い意味における論理実証主義の哲学としての，また思想としての，さらに場合によれば，イデオロギーとしての位置づけが要求される．こういった広義の論理実証主義，あるいば，科学哲学は，いうまでもないことであるが，少なくとも部分的にはフレーゲ革命の延長線上にあるから，ここで要求されているのは，現代の思想的状況におけるフレーゲ革命の評価ということになろう．さらに，科学一般へのフレーゲ革命のインパクトということも問題にしてよかろう．そして，こういったことを取り上げるのが，次の，つまり最後の節の課題である．

5

フレーゲ革命の現代における価値づけという問題をより広い視野に立って検討するためには，フレーゲ革命のより広い領域への拡散状況について一瞥しておかなければならない．というのは，いままで述べてきたフレーゲ革命の展開は，アカデミック哲学の範囲内に限っての話であったから．実際，ポーランド学派の研究も，ウィーン学団の論理実証主義運動も，それだけ取り出して見れば象牙の塔の内部における，極めて限られた分野における研究運動であった．したがって，この問題を取り上げる前に，数学と科学——といっても，主に自然科学のことであるが——一般におけるフレーゲ革命の拡散について述べておかなければならない．

いまさらいうまでもないことであるが，現代における数学と科学の特徴は，それが極めて論理的に構成されているということである．たとえば，カントールの素朴集合論は，ツェルメロの公理的集合論によって，解析学は位相空間論

や位相代数によって，記述的集合論は一般化された帰納関数論によってというように，次第に整理され，その論理的構造が明らかにされていく傾向にある．物理学その他の科学理論についても同様であろう．

　しかしながら，こういった傾向は，第一次大戦後にドイツを中心にして成立した広い意味における論理学としての数学基礎論を除けば，フレーゲに端を発する近代論理学の直接の影響下に発生したわけではない．実際，コーシー（1789-1957）による収束や連続の定義が，フレーゲ革命より以前に提唱され，デデキントとカントールの実数論が，フレーゲとは無関係に提唱されたことを思い出すならば，数学や科学の論理的整理という作業がすべてフレーゲに始まる近代論理学の結果であるとは限らないということがわかる．ではあるが，最近における数学基礎論は次第に数学内部の問題を取り扱うようになったし，また，量子力学でさえ公理的集合論の立場から扱われるようになったことを考えると，フレーゲ革命の直接の成果，つまり，近代論理学とは従来間接的な関係しかもたなかった分野といえども，次第に近代論理学の方向に引き寄せられつつあるといってよい．すなわち，フレーゲが100年前に創造した論理学がライプニッツの意味における，マテシス・ウニヴェルサリスの実現へと着実に前進しているといえそうである．さらに，さきに指摘したように，現代の科学哲学はウィーン時代の論理実証主義から発展したものであると考えられるから，科学に内在する論理構造を研究対象とする科学哲学も，フレーゲ革命の影響下に展開しているのである．そして，いまでは自然科学だけでなく，社会科学，場合によれば倫理学まで，現代的科学哲学による論理分析の対象となっているのである．

　では，フレーゲ革命拡散の結果として生じた数学や科学の論理分析は，哲学一般，思想一般というより広い文脈においていかなる意味をもつのであろうか．この問題にこれから答えていきたいと思う．

　まず，科学と価値の間の，フランスの啓蒙主義以来続いてきた友好関係が終わりつつあるということが指摘される．大ざっぱないい方が許されるとするならば，科学と価値の間に，少なくとも論理的関係はないということが，数学や科学の論理分析の結果明らかになりつつある．科学が没価値であるということはかなり以前から主張されてきたことであるが，科学自体の構造――それは，価値を含まないむき出しの論理的構造にすぎないが――を踏まえてこのことが

いえるのは，やはりフレーゲ革命の帰結であるといわなければなるまい．もっとも，モンテギュー文法による自然言語の論理分析に見られるように，分析が論理分析に終わらず，本質への超越ということになると，ここから価値との関連が生じてくるかも知れないが，これについては別の機会に譲りたい．

　というわけで，フランス啓蒙主義，ドイツ観念論，マルクス主義などに見られる科学と価値の大同盟も終わりに近づいたようである．実際，フランス啓蒙主義者を先頭とする急進主義者にとっては，数学や理論的自然科学は遠くから見る高嶺，あるいは，純粋理性の自己運動として目に映じたのであった．ところが，こういった純粋理性も近代論理学に基づく情容赦なき論理分析にかけられると，その構造は論理的エレガンスと実用的価値ということを別にすれば，価値とは無縁であることが判明したのである．といって，ファイアー・アーベントなどが主張しているように，科学のまた，数学の論理構造まで全く恣意的に選ばれるかどうかは，フレーゲ革命の拡散という文脈の中で検討されなければならないことであるが，一応別の問題であろう．こういった，ある意味で歓迎できそうにない結論を，フレーゲ自身が認めるかどうかわからないが，フレーゲ革命の論理的帰結としては認めざるを得ないであろう．そしてこの結論に不満であるならば，近代論理学に基づかない数学や科学の分析を提唱すべきであろう．

　これで，いまからちょうど100年前に「概念文字」とともに始まったフレーゲ革命の衝撃についての概観が終わったのであるが，最後に，いわゆる科学方法論，科学哲学，あるいは，場合によれば科学史など——これらはいずれも論理実証主義を介して，フレーゲ革命の延長線上にある——が，これからは，いままでのように科学理論の論理分析という狭い領域に視野を限ることなく，広い意味における哲学，思想にまでその守備範囲を拡げることを希望して稿を閉じたい．

フレーゲ論理哲学的探究の全体的構成と
メタ理論の可能性——《認識論的》位相に留意しつつ*

野本和幸

1 フレーゲ「論理主義」の《認識論的》位相

本章で，第一に注目したいのは，フレーゲの論理・数学・言語の哲学の《認識論的》位相についてであり，第二はフレーゲ的メタ理論・意味論の可能性についてである．いずれにも，今日も活発な論争を呼び，再考を促す問題が孕まれていると思われるからである．（これらは，より根本的には，フレーゲの「概念記法」，つまり算術・解析学を導出するに足りる意味論的に見て「論理的に完全な言語」，の可能性の問題に直結する．）

周知のことだが，フレーゲ生涯のプロジェクトは，いわゆる「論理主義」であった．彼のいわゆる「論理主義」という研究プロジェクトには二重の課題がある．第一は数学的な課題であって，それは数学，特に解析学をより厳密に基礎づけようという19世紀数学者たちの努力（オイラー，ボルツァーノ，コーシー，ディリクレ，リーマン，ワイエルシュトラース，デデキントらのいわゆる「厳密化（rigorization）」）を一層促進すること，つまり，数学的概念を一層厳密に分析すること，更に解析学の算術への還元（いわゆる「算術化（arithmetization）」（ペアノ他））を推し進めて，算術的諸命題を，その諸概念・諸命題の分析や論理的定義を介して，集合論（カントル）や少数の見渡し可能な「論理的」公理に還元（「論理化」）すること，である．この数学的動機と並行する，その哲学的動機は，算術的真理の《認識論的》身分，つまり算術的命題がアプリオリで，分析的であるかを問う《認識論的》なものであった（『算術の基礎GLA』§3）．よって《認識論的》といっても，フレーゲが数学的認識の確実性に疑いをもちその究明を意図した，といったような「デカルト的な意味」では全くない．フレーゲの問いはむしろカント的な権利問題（quid juris）であって，数学的認

識が成立している事実を認めた上で，その根拠を問うものである．だがフレーゲは，カントの判断区分を評価しつつも，同時にそうした判断区分は，（カントと異なり）「判断の内容ではなく，判断を下すことの正当化に関わる」(loc. cit.) べきことを強調する．それは，「どのようにして我々が判断の内容に到達するかという問いと，どこから我々が自らの主張に対する正当化を得るかという問い」(loc.cit.) との峻別を意味する．前者はある命題内容が意識中においてどのように形成されたかについての，心理的，生理的，物理的状態やその判断に至る形成史を問う，カントのいう「事実問題」(quid facti) に関わるのに対し，後者は「権利問題」に関わる．後者をフレーゲは「真と見なすことの正当化が最深の根拠としては何に基づくか」(loc.cit.) という「正当化 (Berechtigung)」の問題と見なす．学の権利問題を問うたカントでさえ，ある判断の正当化を伝統的認識論の典型として，しばしば直観や悟性，理性等の能力心理学的分析に傾き，最終的に超越論的統覚に遡及させる．19世紀後半ドイツの支配的な講壇哲学であった新カント派もまた，例えば自然数列の定義や後続関係の基礎付けを，思考の反復的な反省作用に求めたのであった．しかし反省作用の反復といった漫然たる観念に自足せずして，「反復性・再帰性」の厳密な論理的本性を究明しようとすれば，ひとは論理的探究に向かわざるをえない．新カント派的動向は，たとえ「超越論的」と称されようと，「心理主義的正当化」の嫌疑を払拭できず，フレーゲの云う「反心理主義的正当化」からの明白な逸脱が疑われる．

　かくしてフレーゲにとっての「正当化」という数学的課題は，こうした「心理主義的」な意味合いでの，いわゆる認識論的正当化では全くなく，「証明を見出し，それを辿って原初的真理にまで遡及することである」(loc.cit.)．そこでベナセラフ (Benacerraf. P. [1981] pp. 24-5) は，心理主義的，認知的 (epistemic) 依存性を匂わせる用語を嫌って，本章で《認識論的》と称している「正当化」が前提している，我々の認知とは独立な「命題それ自体の間の依存関係」を，「形而上学的（metaphysical)」依存性と呼んでいる．「ある命題を証明するということは，（少なくとも）それが形而上学的な意味で依存している諸命題から，当の命題を導出するということを含む．ある命題を証明するということは，依存性の系譜を遡って，それ自体「基礎的」ないし「原初的」

で何らの証明も持たない諸命題にまで遡行する（trace back）ことを含むのである」(loc.cit.).

「もしこの途上で一般的な論理法則と定義にしか出会わなければ，それは分析的真理である．……しかし……ある特定の知識領域に関係するような真理を用いなければ，証明遂行が不可能であれば，当該の命題は綜合的である．ある真理がアポステオリであるのは，その証明が事実……を引き合いに出ささるをえない場合である．それに対し，それ自身は証明不可能，かつ証明不要でもある一般法則だけから，その証明が完全に遂行可能ならば，その真理はアプリオリなのである」(GLA.§83).

さてフレーゲにとっても，カントと同様，純粋物理学的命題や幾何学的命題は，各々の固有領域に関する少数の一般法則・公理に基づく故にアプリオリであるが，それらは論理法則のみからは導出できない故に，綜合的である．フレーゲがカントと袂を分かつのは，算術的真理においてであり，カントに反しフレーゲは，算術の「分析性」を，つまり「論理主義」を主張する．だがこの哲学的課題は，先述の数学的・論理的探究と分離しがたく結合している．すなわち，実際に，算術的命題を論理学から導出・証明して見せること，そうした「正当化」なしには論理主義は検証を欠いた単なる独断的主張にとどまる．確かにフレーゲも，直観や理性といった諸学の認識源泉に言及しないわけではない．しかし問題は，あくまである学において下される判断・定理主張の「正当化」であり，それが依拠する最深の根拠は何かである．

かくして「論理主義」という哲学的主張の検証は，数学的・論理的探究に依存し，それは，とりもなおさず，すべての基本的な算術的概念の論理的定義，算術的命題の論理学的基本法則からの導出可能性に懸る．だが19世紀後半には，算術が遡及されるべき論理学は存在しなかった．よってフレーゲは，自ら新しい論理学そのものを独力で構築するほかはなかったのである．（カントが念頭においていた論理学から算術が導出不可能なことは，フレーゲには自明であった．しかしあるべき「論理学」の理念に関しては，両者に天地の懸隔があったのである．）

（A）かくしてフレーゲの「論理的正当化」の追究という意味合いでの《認識論》探究は，第一に，論理学そのものの革新と論理・算術の公理体系化，に

向かわねばならなかった．

（B）しかし，同時に，そうした探究は，「正当化」そのもの，つまり，ある前提によって結論を正当化する「推論」とは何か，前提，結論を構成する「判断」とは何か，判断の構成要素は何か，論理学に固有の概念とは何かといった諸問題を含む「論理学についての探究」，すなわち「論理哲学的探究」を，必然的に伴うものであった．

さらには，フレーゲ「論理主義」の「《認識論的》正当化」の問いは，「いかなる表象も直観ももちえないときに，数はいかにして我々に与えられるのか」（GLA）に収斂する．フレーゲによる哲学探究の革新性は，伝統的な認識論的・存在論的課題を，言語哲学的・意味論的戦略へと転轍したことにも求められよう．それが，いわゆる「文脈原理（Context Principle）」，「語の意味は文という脈絡で問え」（GLA）に他ならない．算術に即して言えば，数詞や加法・乗法・べき乗・開平等の演算記号などの算術的表現は何を表わすのか，またそうした抽象的対象や概念・関係はいかなる存在で，それはどのように確定され認識されるのかという問題を，そうした表現が何を意味しているのか，という意味論的問題として捉え返し，しかも，そうした各表現の意味は，単独にではなく，それが現れる算術的命題という脈絡において問うべし，というのが「文脈原理」という方法的格律である．このように，いわば数学の哲学は，数学的論理的正当化という意味での《認識論的》な筋道を辿って，論理学の革新に導かれ，かつ論理学の哲学は，「文脈原理」に認められる，いわゆる「言語への転回」を介して，言語哲学的，意味論的な探究へと結びついたのである．

（C）加えてフレーゲは，当時のヨーロッパの卓越した論理学者・数学者・哲学者と厳しい論争を，著述や書簡を通じて展開していたのである．本章では，主に（A）（B）に関わるが，（C）に含まれる，例えば，ヒルベルトとの陰伏的定義や公理，独立性証明論争，トーメらとの形式主義論争等にはいくらか言及する．

2　フレーゲの哲学探究の全体的構成瞥見

以下では先ず，特に上のような意味での《認識論的》アスペクトに意を払い

ながら，フレーゲの論理探究の骨子を概観しておこう．

(A) 論理学の革新と論理・算術の公理体系化

(A1) なぜ「概念記法（Begriffsschrift）」なのか？

日常言語ならびに算術言語は，（語の多義性，意味内容を欠く記号，推論規則の未分節性の故に）「論理的には不完全」である．よって論理主義の検証には，算術的諸概念と数の論理的な定義，また全算術の，基本的論理法則からの隙間なき推論による証明・正当化が不可欠だとフレーゲは考えた．そこで彼は，どの表現も一意的意味内容をもち，論理的構造を明晰に表す論理的に完全で，少数の原初的記号からなる簡潔で，かつ推論の移行が明白な「見通しのよい（*übersichtlich*）」人工言語，「概念記法」を，「補助言語（*Hilfssprache*）」[LA] として構成し，それを対象言語に用いて，史上初の高階述語論理の公理体系を展開した．その処女作『概念記法（*Begriffsschrift:BS*）』(1879) こそ，今日では現代論理学の画期と認められている．

だがブールらの，いわゆる，論理代数（1847）の試みがフレーゲに先行しており，やがてフレーゲと相前後して，ドイツのシュレーダーは，パースの関係算（1870），量化理論（1880 以降）を組み込んで，『論理代数講義』全 3 巻（1890-1895）に集大成した．現代論理学のこの 2 つの異質な源流は，やがて 1920-30 年代に至って，レーヴェンハイム [1915]=スコーレム [1920] による最初のモデル論的定理を介し，エルブランの「基本定理」(1929) やゲーデル [1930] の一階述語論理の「完全性定理」によって統合されて，いわゆる現代論理学が形成されたとされる（cf. Goldfarb [1979], Dreben & Heijenoort [1986], 野本 [2006a]）．

(A2) フレーゲの判断論・推理論

さて次にフレーゲ論理学の方法の《認識論的》にユニークな特徴を簡単に列挙しよう．

①フレーゲは，一貫して「判断の優位性」を主張した．フレーゲから見ると，ブール，シュレーダーらの論理代数は，むしろライプニッツの「推論計算

（calculus ratiocinator）」に近似し，既知の原初的要素から出発して，複合的なものを確定しようとする原子論的・要素論的なものである．だが最も困難なのは原初的基礎概念を発見する仕事であり，それには「判断」から出発し，その要素分析へ向かう他はないとフレーゲは考えた（野本［2003］）．

②またフレーゲは，判断の伝統的な主―述分析を廃棄し，それに代わって「関数論的分析」を採用する．そして基本の論理的概念に至れば，逆に辿って複合的なものへの確定的な構成に向う「合成原理」も同時に成り立つ．さらに公理群，推論規則による論理・算術の公理体系化へと進む．その際，例えば「後続関係」「基数」「実数」「数学的帰納法」「四則の演算」「数列の極限」「関数の連続」等の算術的概念の論理的定義が明示的に遂行されねばならないが，この論理的定義は，数学者が通常は直観的・部分的に理解し使用している算術的概念を，推論に際し論理的筋道が見渡せるように，論理的に分節し判明（distinct）で十全（adequate）な理解へと齎す，言語哲学的にも重要な手続きである（cf. Burge［2005］）．

③また特に注目すべきはその判断論，推論・証明論である．フレーゲは推論・証明を《認識論的》に見る（L［I］, in［NS］）．すなわち，「推論・証明」とは，結論を構成する判断を，「前提」をなす「基礎的真理（Urwahrheiten）」へ遡及する「正当化（Berechtigung）」と見なすのである．前提・結論は，いずれも主張（Behauptung），すなわち，判断（Urteil）の表明である．（それはGGAでは，'⊢A'と表記され，「概念記法命題」（'Begriffsschrift*satz*'）と称される．判断線'｜'は「主張力」を表わす．「力」がオースティンらによって展開される「発語内の力（illocutionary force）論」「言語行為論」の端緒であることは，既に周知のことである．）

フレーゲによれば，《認識論的》な正当化（L［I］, NS. 8）は以下のような過程を辿る．(a) 探究は「問い」から出発するが，問いは，「思考」＝「思考内容／思想の把握」を前提する．（'｜'を除去した'―A'は，真偽いずれかの真理値を意味する真理値名で，判断の表記である主張文・概念記法命題から「主張力」を除去したいわば「命題基（Satzradikal）」に相当する．）だがフレーゲ以後の論理学では，'⊢'は単に定理の印，さらにはそれも省略されて，前提や結論は単なる文・命題と見なされてきた．推論におけるフレーゲ的な主張・判断が再

認識されはじめたのは比較的最近のことにすぎない（E.g. Martin-Löf [1985]）.

さて認識過程の次のステップ (b) は，ある思想を「真と見なすこと（*Für-wahrhalten*）」（主観的確信（Überzeugung））を，一定の「想定・仮定（*Annahme・Hypothese*）」として定立することである．ステップ (c) は，その検証，「探究・吟味（*Prüfen*），正当化」の手続きで，これが「推論」に他ならない．フレーゲによれば，推論とは，主観的確信・仮定・想定を結論に見立てて，それを正当化する前提へと遡及する作業である．先述のように，遡及されるべき前提・基礎的真理が，特殊事実的でなく一般法則的判断であれば，帰結判断は「アプリオリ」，論理法則のみであれば「分析的」と称される（GLA）．正当化の手続きを経て，仮定が基礎的真理へ遡及されると，単なる「真と見なすこと・仮定」（主観的確信）は，(d)「判断」＝「思想の真理性の承認（*als wahr anerkennen*）」に至る．正当化された真なる「帰結判断」が，「認識（*Erkenntnis*）」である．しかし，(e) 認識と見なされた判断も不可謬ではない．フレーゲ自身予め認めるように，自らの論理体系から矛盾が生じたら，あるいは同等な説得力をもつ代替的体系が提示されれば，正当化の手続きは再検討を要する（GGA. I, Vorwort）．実際 GGA の公理（Ⅴ）から，ラッセル・パラドクスが導かれた．かくて正当化の手続きでは，遡及された前提から矛盾が生じれば，公理と見なされたものでさえ反証可能（falsifiable）・阻却可能（defeasible）であり，また対等な対案が提示されれば，更なる吟味，探究・正当化への試みへ向わねばならない．フレーゲの《認識論》は，こうした点からみれば，一種の可謬主義（fallibilism）といってよい．

ここで注目すべきは，フレーゲが真理保存的な正当化である「前提から結論への推論」と，単なる「仮定や虚偽からの帰結（Folgerung）」への「擬似推論（Pseudoschluss）」とを峻別しつつ，なお「純粋な形式的導出（rein formale Ableitung）」の余地を残しているように見えることである（GLG [1906]; Jourdain 宛[1914]，Dingler 宛[1917]in[WB]）．後者は，いわゆる条件付証明や（矛盾を介して否定を導く）ソクラテス的背理法で，ゲンツェンの NK では言えば，「→や¬の導入」に，ゼクエント算 LK なら各右入れに相当する．

(A3) 関数論的分析と合成

真理値名 '―A' の，関数／アーギュメントへの「関数論的分析」(GGA) は，やがてチャーチのλ計算への先駆をなす (cf. Church [1941] [1956] pp. 22 f.).

（ⅰ）さてフレーゲの統語論には，①真理値名の要素分析に次の2種の形成規則が認められる．「除去 (ausschliessen)」による関数記号の析出と，関数表現の空所への適切な名前の「充当 (ausfüllen)」による複合表現の形成（「合成原理」）とである (GGA. §30).

②フレーゲは，また8個の原初的な論理的関数表現から形成される，少数の論理的基本法則（公理）と，唯一の推論規則（分離則 MP＋実際には「代入原理」）をはっきり区別し，史上初の高階述語論理の公理体系化を行なった．

③長らく不評だったフレーゲの二次元的表記は，実は交換や縮約といった構造規則も含めゲンツェンの NK, LK に，またその証明図の樹状表記は，コンピュータ・プログラミング言語と強い親近性をもつ (Findley & Seldin [1986]; 佐藤[2005]).

（ⅱ）意味論（1890年以降を念頭におく）

（イ）意味 (Bedeutung) 論においては，フレーゲはまず，①「論理的に完全な言語（概念記法）では，導入済みの記号から文法的に正しい方法で……構成された表現はすべて，……意味が保証されていなければならない」(SB.41)，すなわち，「定義の最高原則」として，「適正に形成された名前は常にあるものを意味していなければならない」(GGA. §28) を要求する．そして固有名として「②真理値名の真偽二値」という二値原理，③文優位（各要素表現の意味 B は，真理値名の意味＝真理値への貢献）ないしは，（後述の「基数関数・値域関数」の場合に顕著なように）「文脈原理・抽象原理」，④「複合表現の意味 B は要素表現の意味 B によって確定する」という「合成原理」によって，意味論が構成されている（このような論理的に完全な言語は，したがって無矛盾のはずである）．⑤論理法則，推論，帰結関係の正しさは，意味 B のみが関連し，フレーゲの「分析性」も，判断の論理的正当化，真偽のみに関わり，カントのいう認識の拡張可能性云々には，直接関わらない．

（ロ）さて意義 (Sinn) 論においても，①「完全な記号体系の全体において

は，すべての表現にある一定の意義が対応すべきである」(SB.27) ことが要求される．また ②「語の意義は真理値名の意義＝思想・真理条件への貢献」という「文・真理値名優位」と，③「複合表現の意義は，構成要素表現の意義によって確定する」という「合成原理」は一貫している．さらに認識論的に注目に値するのは，④判断の「拡張性」「認識価値」は，「定義の生産性 (*Fruchtbarkeit*)」，対象の「確定法」(BS)，「表示対象の与えられ方」を含む「意義」(SB) に関連していることである．モデル論での「解釈」や真理条件的意味論に対し，フレーゲ的意義が認知的側面を重視することは，「心の哲学」への通路にもなる (Evans [1982], Burge [2005])．「判断優位／文脈原理」「関数論的分析」「合成原理」を具現した常に内容・意味・意義を伴うフレーゲの「概念記法」は，まさにライプニッツ流の「普遍的記号言語 (lingua characteri[sti]ca universalis)」と「推論計算」の統一的実現である (野本 [2003])．

(A4) フレーゲの「論理主義」算術の公理体系を巡る諸問題

算術的概念のフレーゲによる論理的定義は，「生産的な概念形成」で，二階多重量化を含む論理語による明示的定義である．例えば，「系列」「後続」「数学的帰納法」の論理的定義 (BS.III)．先述のように，フレーゲは，数のような抽象的対象の同定に際し，直観に訴えずに，当時の射影幾何学で導入されていた「双対的 (dualistic) 思考」，例えば，射影平面では点と直線が，立体幾何では点と平面が互いに「双対的」で置換可能である，という考えに注目する．こうした変換ないし一対一対応のような「同値関係」に関する「不変性」(invariance) に，幾何学的対象や図形の同定規準を求める新しい動向が，フレーゲの「文脈原理」の範例である (「直線の方向 (無限遠点)」「図形の形」の「平行」「相似」による同定を参照．GLA．§64)．フレーゲが「概念 F の基数」(N(F)) の意味 B を，「一対一対応 COR」という同値関係を介してその同一性規準を与えることにより，確定しようとする戦略 (後述の「ヒュームの原理」(HP) や「公理 (V)」といった「論理的抽象原理」は，「文脈原理」の対象言語中での適用例でもある) は，ワイルによれば (Weyl [1927] SS. 9ff.)，現代の「抽象理論 (Abstraktionstheorie)」の最初の明確で厳密な定式化である (野本

[2000] [2001]).

但しフレーゲはシーザー問題という循環を避けるべく,「概念の外延」というクラスに訴える基数の明示的定義に転換し (GLA),概念の外延・値域の確定は GGA に持ち越される.

主著『基本法則 I』(GGA.I [1893]) では,概念 F の値域・クラス $\dot{\varepsilon}F(\varepsilon)$ という抽象的対象の同一性規準が,概念の普遍的同値を介する「論理的抽象原理」,公理 (V) として提出される.

(V) $\dot{\varepsilon}F(\varepsilon) = \dot{\alpha}G(\alpha) \leftrightarrow \forall x[Fx \leftrightarrow Gx]$.

しかしこの (V) はパラドクスに陥ることがラッセルによって発見された (1902).このことは,フレーゲの「概念記法」という完全であるべき高階論理言語の意味論にとっても深刻な事態を招く.つまり,値域関数記号,外延記号は時に意味を欠くことになり,完全な言語の資格を喪失するからである(大出 [1962]).以来,このパラドクス回避を巡って,ラッセルのタイプ理論,ブラウワーらの直観主義／構成主義,ヒルベルトの形式主義,ツェルメロらの公理的集合論といった数学基礎論が誕生したことは,周知のことである.そしてフレーゲ論理主義の試みは,カントルの素朴集合論同様,破産してしまった算術の哲学の試みとして,研究の前景から退いていった.このことは,単にフレーゲの数学の哲学にとってだけの困難に留まるのではない.それは,フレーゲの算術を導出するに足りる,すなわち,「論理主義」を支える「概念記法」という「完全な言語」が崩壊することでもあるからである.フレーゲの原始関数記号の一つである値域(外延)記号が場合によって意味を欠くとすると,フレーゲの意味論には重大な欠陥があったことが判明したことを意味する.その後の数学基礎論の諸方策は,意味論的にみれば,こうしたフレーゲ的な論理的に完全な言語を,どのように救出するかという試みとしても,読むことができる.フレーゲ自身は,値域に訴えての「論理主義」を支えるに足る「完全な論理的言語」の構成は放棄し,晩年には主に一階論理の範囲内での「完全な論理的言語」の意味論(整合的で完全)の構成に転じたように見受けられる.

ところが 1980 年代に至り,特にライト (C. Wright [1983]) らが,C. パー

ソンズ（1965）の指摘を生かして，値域概念に訴えずに，先の「ヒュームの原理（HP）」（概念 F と G に帰属する基数 N(F), N(G) が同一であるための必要十分条件は，「概念 F, G が一対一対応関係 COR にあること」）

（HP）N(F) = N(G) ↔ COR(F, G)

という唯一の原理と，「基数概念」「ゼロ」「後者」の論理的定義から，無矛盾な「フレーゲ算術」が構成可能であると推測し，またブーロス［1987］らは，フレーゲ自身が既に GLA（§§ 68-83）において，その証明の骨子を非形式的に展開していた，と主張した．さらにブーロスは第二階論理学の範囲で，「互いに一対一対応する概念には，一意的な抽象的対象が帰属する」という「存在公理（Numbers）」と，基数オペレータ N(φ) の定義（「概念 φ の基数とは，φ と一対一対応する概念に一意的に帰属する対象である」）から，唯一の原理（HP）を導き，この（HP）のみから，（基数の可算無限を含む）ペアノ算術と同型の公理体系を導出する定理（「フレーゲの定理（FT）」）を含む，第二階の全算術体系を「フレーゲ算術（Frege Arithmetic: FA）」と呼ぶよう提案した．こうした「新フレーゲ主義（Neo-Fregenism）」には，様々な提案が含まれるが，ライト＝ヘイルのスコットランド「新論理主義者（Neo-logicist）」（Hail & Wright［2001］）は，「ヒュームの原理」が二階の「論理的真理」だと主張する．（もしそうなら，公理（V）を除去し，上の「存在公理（Numbers）」に基づいて「フレーゲ算術」を含む第二階論理は，意味論的にも「完全な論理的言語」の条件を充たすことになる．）先の「フレーゲの定理」が示すように，この原理は二階ペアノ算術を含意するから，フレーゲの元来の体系同様，可算無限の対象の存在を許す．しかしブーロスは，クワイン流に，無限な対象の存在にコミットするような理論が「論理的」だと断定することを差し控え，自らの「存在公理（Numbers）」を含め，それらが分析的な「論理的真理」というよりはむしろ，「アプリオリ」な一般的原理だと見なす（Boolos［1998］）．（だがしかしラッセルの型理論では対象は型付となるから「無限公理」を「論理的公理」として要請する必要があったが，型自由，次元（order）自由なフレーゲ算術にとっては，どの基数にもその後続者が存在し，数学的帰納法による「不定的拡張」によって，基数

の集合の可算無限性が定理として帰結するにすぎない．するともし「悪循環原理」を回避できれば，フレーゲ流の「論理主義」が生き延びる可能性は全くないとは言えないであろう．）

　ブーロスその他はまた，公理（V）に一定の制限を課して，そうした「新V（New V）」から整合的な一種の集合論を構成する，ないしはむしろフレーゲの提唱した「外延の理論」を整備して，それから整合的なフレーゲ的算術体系を，延いては解析学全体を導こうと試みてもいる（Boolos［1998］etc.）．さらには，一般化された「論理的抽象原理」の及びうる射程を測定し，その限界をさぐるファイン（K. Fine［2002］）の試みがある．

　一方またパラドクスの本来の根は，大方がそう解するように，単に公理（V）だけにあるのではなく，むしろ「文脈原理」「ヒュームの原理」「公理（V）」を含めた「論理的抽象原理」のもつ「悪友（bad company）問題」すなわち，「非可述性（impredicativity）」にある，と執拗に主張するのは，ダメットであり，ライトらとの間で論争が続行中である（Dummett［1991］［1994］；野本解説［2000］［2001］; Burgess［2005］）．

　こうした状況下，様々な「可述的（predicative）」理論が提案され，その整合性が証明されているが（Cf.Heck［1996］, Ferreira & Wehmeier［2002］etc.），そうした諸理論にとっては，どの程度の算術・解析学が回復可能かが問われよう（Burgess［2005］）．

　以上は，いずれもフレーゲが数を対象として理解しようとした立場を引き継いだ試みであるが，フレーゲがGLAで触れている「個数言明」は「概念」についての言明だという考えを継承して，「Fはn個存在する」（∃ₙxFx）といった「個数存在量化」を，第二階概念と考え，「数」を対象ではなくて，こうした「個数量化」の二階概念と見なそうという試みもある（Rayo［2002］）．このようにフレーゲの算術哲学は，現在もなおほとんど百家争鳴的ともいうべき活況を呈し，様々な試行や提案を喚起する力を持っている，といってよい（Burgess［2005］）．よって，フレーゲ的な論理主義的算術の哲学が，算術の「分析性」を示すことに失敗したのか，ゲーデルの成果にも拘らず，成功する見込みがあるのか，換言すれば，フレーゲの「概念記法」が算術・解析学を導出するに足る「論理的に完全な意味論的言語」でありうるのかは，なお生きた

研究課題であり続けている．(「論理主義」の現在における帰趨についてのより踏み込んだ解説は，三平［2005a］「論理主義の現在」，岡本賢吾「編者解説」『フレーゲ哲学の最新像』[2007] 参照．)

3　フレーゲ的メタ理論・意味論の可能性

(B) 論理哲学探究（1）——「普遍主義（universalism）」とメタ理論

第二の課題は，フレーゲは内部主義者（internalist）か，そして，フレーゲの論理探究にはメタ的探究の余地はないのか，である．

(B1) 論理哲学探究（1）メタ的説明（Erklärung [BS]; Darlegung [GGA]）

(a) フレーゲの論理観を「普遍主義的（universalist）」と見なして，1920年代以降の現代論理との断絶を強調する有力な主張がある（Goldfarb [1979], Dreben & Heijenoort [1986], Ricketts [1985], Hintikka & Sandu [1992] etc.）．これらの主張によれば，フレーゲ的な普遍主義的アプローチには，現代のモデル論的発想は塞がれており，いかなるメタ論理的統語論・意味論もありえないとされる（「論理中心主義の窮境（logocentric predicament）」）．ある論理的体系そのものを形式的探究の対象と解する可能性を認める「外部主義（externalism）」に対して，「内部主義（internalism）」とは，「論理は自分で自分の面倒を見なければならぬ」として，論理を外側から見る可能性を否認したヴィトゲンシュタインに通ずる見解（尤も『論理哲学論考（T）』自体，超越論的なメタ的語りそのものではないのか），ないし「論理学とは帰結を引き出すという実践に尽きる」という考え（Antonelli & May [2000] p. 251) と解しておくと，いまは深入りできないが，フレーゲは，たかだか比喩その他を駆使したヴィトゲンシュタイン的な「解明（Erläuterung）」しか許されない「内部主義者（internalist）」であったのかを巡って論争が続行中である（Tappenden [1995], Heck [1999] etc.）．

①確かにフレーゲは，論理の基本法則が一層基礎的な真理（Urwahrheiten）への遡及という意味での「正当化は不可能」，つまり「概念記法」内部での証

明は不可能であると認める.

②また原初的論理語も,論理的に単純ゆえ,明示的名目的定義は不可能である.

③さらにフレーゲにはモデルを変動させ,量化とその可変的領域確定を結合させるという発想はない.かつまた数学から内容・意味をすべて奪い,全くの無意味な図形の演算ゲームと見なす「形式理論」的発想をフレーゲは厳しく批判したことも確かである（GGA. pt. II［1903］）.さらにフレーゲは,解釈されていない無意味な記号図式／シェマに,任意の取り決めによって,適当な意味を任意に割当てるという言語観にも強い違和感を抱いていたと見られる.

しかしながら,それ故にフレーゲには何らのメタ的,意味論的考察がない,ありえないという主張は,実際のテキストから見ても,不可解である.問題は,むしろ,メタ論理的考察,意味論的考察が,1930年代以降に標準的になった（野本［2006a］）,形式主義的手法,タルスキ的手法のみに限定されるのかどうか,フレーゲには,素朴とはいえ,それらのアプローチの先駆,あるいはむしろ,それらとは異なるメタ的／意味論的なアプローチの萌芽があったのではないか.それは彼の厳しい「形式主義」批判と通底すると思われる.

(b) さて既に見たように,フレーゲは,「概念記法」という「補助言語」を対象言語として用いて,狭義の論理体系を表現し,その原初記号,公理,推論規則について（メタ言語「説明言語（*Darlegungssprache*）」［LA］による）メタ的「説明」,証明構成の予備的説明（「分析（*Zerlegung*）」）を,実際に展開していた.一方「比喩的な示唆による解明」は,極めて限定された局面にのみ関わることも確認すべきである.狭義の論理体系展開のための記号言語「概念記法」に対し,むしろメタ的探究全体を,フレーゲはまさに「論理（Logik）」「論理探究（Logische Untersuchungen）」と称していたのである.例えば,以下を参照されたい.

①BS（1879）第Ⅰ部「表記法の説明（*Erklärung*）」での,原初記号導入のメタ的説明.

②GLA（1884）は,いわば全編,特に後半3分の1ほど（Ⅳ部-Ⅴ部）の自らの「論理主義」の骨子についての非形式的な説明は,まさにメタ的説明である.1882年には既に論理主義を実証する「書物をほとんど完成した」と語り,

またGGA序言（1893）でも，GLA発刊以降,「ほとんど完成していた手稿」を放棄し，値域の導入により大幅な改訂をした，と記す.「概念記法」という対象言語で書かれ，ほぼ完成していたはずの記号的公理体系の公刊をシュトゥンプの助言に従って延期し，その非形式的なメタ的説明を与えたのが,「数概念についての論理・数学的探究」という副題をもつ『算術の基礎（GLA）』に他ならない．

　③GGA（1893），Ⅰ部「原初記号の説明（*Darlegung*)」での，原初的論理記号の有意味性証明（成功すれば，フレーゲの無矛盾性の，従って論理的に完全な言語の，立証に相当），公理の真理性，推論規則の真理保存性のメタ的な「説明」は，一種の意味論的正当化，少なくとも意味論的説明である（野本［1986］pp. 60-70）．しかし値域名の意味確定は特異で，基数オペレータに関する「ヒュームの原理」同様，対象言語中の公理（V）という抽象原理を介し，概念の同値性によって値域の同一性規準を規定する仕方で，値域名の意味が指定される（GGA．§9）．

（V）　⊢　$\dot{\varepsilon}F\varepsilon = \dot{\alpha}G\alpha \leftrightarrow \forall x[Fx \leftrightarrow Gx]$

　この第V公理からパラドクスが導かれ，その他にも「シーザー問題」や「非可述性（impredicativity)」,「悪友（bad company）問題」（値域名の意味の確定と，量化領域の確定を同時に行なうという循環）といった，面倒な問題が含まれる（Dummett［1991］，野本［2000］［2001］の編者解説）．しかしながら先述の如く，その後①（HP）のみに基づく「フレーゲ算術」擁護のNeo-Fregean，②（V）の修正＋集合論，③（V）を維持し，チャーチによるフレーゲ関数論の発展と見うる，λ計算という整備されたチャーチのフレーゲ的統語論や型理論（Church［1940］［1941］; Martin-löf［1984］［1985］; Findley & Seldin［1986］）ないしプログラム言語に対するスコットらの「ドメイン（Domain）理論」，「表示意味論（denotational semantics)」や「フレーゲ構造（Frege Structure)」を与える試み（Aczel［1980］; 岡本賢吾「編者解説」『フレーゲ哲学の最新像』［2007］参照）が活発に提案されている現状を見ると，フレーゲ的意味論の可能性さえないとは考え難いのである．

(B2) 論理哲学探究 (2) ―― 体系構築への予備学的解明

さてフレーゲにはまた「予備学 (*Propädeutik*)」,「準備」,「解明 (*Erläuterung*)」,「示唆 (*Winke*)」,「前庭 (*Vorhof*)」,「論理」,「論理探究」,「比喩」等々と称される「解明命題 (Erläuterungssätze)」(Hilbert 宛 [1899.12.27] in [WB])による論理哲学的探究がある.これら主として,フレーゲ特有の基本的な論理的カテゴリー(「対象/関数・概念」の区別等),「論理形式」,意味論的区別(「意味/意義」等)といった,メタ的観念のいわばメタメタ的解明に関わる(ヴィトゲンシュタインの「語り」と「示し」の区別の先駆?).

(B2-1) 論理的/意味論的カテゴリー区分のメタ的説明
(イ) 対象言語内では「語りえざる (unsagbar) こと?」――論理的カテゴリーと論理形式

先の論理的・意味論的カテゴリーの一般的区分は,対象言語中では「語りえない」.ダメットは,語の意味 B は「語れる」が,意義は「示される」のみと主張し (Dummett [1973] pp. 227f.),さらにギーチによれば,関数名・述語の意味 B についても「語りえず」(Geach [1976]),パターンの並置,量化命題との推論関係といった「結合関係のうちでのみ」(GLG [II]),関数はいわば「示される」.また真理値名 'F(a)' の一般的「論理形式 (*logische Form*)」(GLA. §70),「論理的基礎連関 (*logische Grundbeziehung*)」(ASB. 128) も,対象言語中で「語りえない」.メタ言語に昇階すれば,「対象 a は概念 F に属する (*a fällt unter einen Begriff F*)」「包摂関係にある」とメタ的には「語りうる」.

(ロ)「意味 B」と「意義」のメタ言語における「語り」と「示し」

「意義」「思想」は,メタ言語中でさえ明示的には「語りえない」だろう(野本 [2004]).例えば,フレーゲは「思想」について,①真理論的には,いわゆる真理条件的意味論の原型とされる箇所で,次のように述べる.「真理値名は,・我々の約定によって,いかなる条件下で真を意味するのか,それが確定される.・・・・・・・・・・・・・・・・・・・・・・・・・・・・・・これら真理値名の意義,思想は,これらの条件が充足されているという思想」・・・・・・・・・・・・・・・・・・・・・・・・・・・・・・・・・・(GGA.I, §32. 強調筆者) である.以下の (T) は真理値名 'F(a)' の真理条件のメタ的説明である (GGA. I, §4).

(T) F(a)が真であるならば，対象 a が概念 F(ξ)に属する (*fallen unter*).

真理値名 の「意義・思想」は，メタ言語中でも直接に「語られない」．(T)のようにメタ的に「語る」ことにより，メタ言語中で 'F(a)' の「意義・思想」をいわば「示す」，ないしメタ言語中では，真理値名 'F(a)' は，その意義・思想（〈対象 a が概念 F(ξ)の下に属する〉）を「表現する (*ausdrücken*)」(GGA. I, §2) と云う．

②認知的な相では，異なる表記，例えば，「宵の明星」「明けの明星」は，同一対象の異なる「与えられ方」(SB. 26) を含む異なる意義を「表現する」(SB. 32)．各表現は，対象言語中で，その表示対象を「意味し」，さらにその「意義」を「表現する」．しかしその「意義」は，当の対象言語／概念記法中では「表現され」「示される」のみで，「語られ」はしない．そう「語る」にはメタ言語・日常語に昇階せねばならない．（一方間接話法や「思う」「信じる」といった命題的態度の報告中では，従属節の表現する「通常の意義・思想」が，「間接的意味」として，対象言語中でも「語られうる」．この考えは，多様な内包論理の意味論に刺激を与えた（カルナップ [1947] の内包／外延，チャーチ [1951] [1973] [1993] の特異な「表示と意義の論理」，モンタギュー文法等，野本 [1988] [1997] [2005]）．）

また文の意味＝真理値／意義＝思想というフレーゲ説と，ラッセルの単称命題論論争は，カルナップ，チャーチ，モンタギュー，ダメットを経て，ドネラン，クリプキ [1972]，カプラン [1989] らの直接指示，エヴァンズ [1982] らの単称思想論へと論争が継続中である（野本 [1986] [1988] [1997] [2005]；松阪 [2005]）．

(ハ) 比喩的示唆——基本的なカテゴリー一般についてのメタメタ的解明
①「固有名／対象」対「関数表現・述語／関数・概念」の対比への比喩
だが統語論的・意味論的カテゴリー区分一般の，日常語によるメタ的説明も，「言語の硬直性」の故に窮境に陥る．（印欧語では，定冠詞＋単数名詞は通常，対象を表示するから，例えば，'Der Begriff Mensch' は「人間」という概念を表示できない．）フレーゲは，「対象／概念」という階（Stufe）ないしタイプの区別

を，論理的分析も定義も不可能（BG）で，還元不可能な「論理的原現象（*Urerscheinung*）」（GLG. II）と見なす．こうしたいわば「形式的概念」については，関数表現／関数と固有名／対象の対比を，「空所の有無」や「飽和／不飽和」といった化学用語を比喩的に用いて（BG）メタメタ的に解明し，「読者ないしは聞き手の好意ある理解への示唆（*Winke*）」（同）を提供しようとする．（もっとも後述のように，フレーゲはラッセルへの書簡で，ラッセルが対象と関数・概念のタイプを同一視し，自由に置換可能とすることから，パラドクスが帰結することを，「対象言語」内部で証明していることにも，注目すべきである．野本［2001a］, Nomoto［2006a］.）

②その他の比喩的解明

(1)「概念記法」／「日常語」の差異を，「顕微鏡」「道具」／「裸眼」「素手」の対比で（BS），(2) 認識の拡張性を「梁ではなく，種子のなかの植物・胚」に喩え（GLA. §88），(3)「意味－意義－表象」の関係を，望遠鏡の比喩を用いて，「観察対象－対物レンズ上の実像－各観察者の網膜像」に喩える（SB.）等，自らの論理体系の構築・論理哲学探究の最も基本的な道具立てについての解明という局面で，そしてほぼその次元のみ，フレーゲは，卓抜な比喩に訴えて示唆的解明を行なっているのである（野本［2004］）．

(C) 論理哲学探究 (2) ──「新しい学問領域」

さてブール派の「論理代数」とフレーゲの「概念記法」の構想には，言語哲学的に根本的相違が認められる．フレーゲの「概念記法」は常に全存在領域に関わり，各定項的表現には確定的内容（概念内容・判断内容）を伴った（「論理的に完全な」）「一つの言語」，ライプニッツ的な「普遍的記号言語（*lingua characteri[sti]ca universalis*）」であった．他方，ブール派「論理代数」の特色は，フレーゲから見ると，ライプニッツ流の「推論計算」であり，基本的な四則演算，等号，‘1’, ‘0’ は，それ自体では確定的な意味を欠く，いわば形式的図形・図式と見なされ，通常の算術演算，クラス算，命題算ごとに，それぞれ異なる解釈と談話領域が付値され，形式・記号図式とその内容・意味とは切り離し可能なのである．記号と意味とを切り離した上で，記号に適宜その解

釈，談話領域を割当てるというこの考えは，ヒルベルト流の形式主義ならびにタルスキ流のモデル論展開への伏線となる．

それでは，一部の論者の主張するごとく，論理学を全存在領域に関わると見なすいわゆる「普遍主義者（universalist）」フレーゲには，いかなるメタ理論的考察（統語論，意味論，またメタ的定理証明等）の可能性も一切塞がれているのであろうか．先に見たように，実際にフレーゲが，ドイツ語をメタ的「説明言語」として使用して，自らの形式言語「概念記法」という「対象言語」とそれによって展開した新しい論理学について，非形式的な「説明」や「解明」を与えていることは，明らかである．しかしその説明が，いわゆるタルスキ流のモデル論やヒルベルト流の形式主義的統語論とも異なっていることも確かである．今この論争に詳しくは立ち入れないが，ヒルベルトによるユークリッド幾何学の形式的公理体系化，原初的表現の公理群による陰伏的定義に対するフレーゲの批判とその後のタルスキ的モデル論の双方に共通する言語観に，フレーゲは強い違和感をもっていたと思われる．それは彼の，ブール代数をライプニッツ流の「普遍的記号言語」とは認めなかった点，ハイネ，トーメらの算術の初期形式主義に対する厳しい批判（GGA. II）と通底すると考えられる．粗く言えば，フレーゲは一貫して「言語」をあくまでも確定済みの内容／意味を伴った記号体系，ないし確定的な解釈済みの記号体系（「論理的に完全な言語」の理念）と見なすのに対し，ブール，初期形式主義者，ヒルベルト，タルスキらに共通の言語観は，解釈されていない単なる形式／図式と解釈とを分断し，言語がそうした形式に変動可能な適当なモデル（すなわち，可変的な対象領域 D とその領域内の存在者を各図形に任意の仕方で付値する可変的な解釈 ϕ との順序対 $<D, \phi>$）を割当て可能なものと解するのである．

一方「算術の形式理論について」（[FT] [1885]）において，フレーゲは，「形式理論」を2種に分けている．「算術の命題はすべて専ら定義のみから純粋論理的に導出可能であり，また導出されねばならない」（FT. 94）し，そのことは当然フレーゲ自身の GGA の「概念記法」にも当て嵌まる．フレーゲは，①一方で解釈済みの言語をベースにおいた上で，それから意味内容を分離・捨象して形式のみを考察するという意味合いでの形式理論の可能性を否認してはおらず，この意味合いでの「形式的理論」（統語論？）は，「算術の論理的もし

くは形式的本性」(FT.95) についてのメタ的考察である．しかし，それは②言語を一般的に専ら内容・意味を欠いた形式的計算規則の集合と見なすという意味合いでの「形式的理論」とは，はっきり区別される．ましてや論理学，数学といった真理が問題になる学問を，何らの意味内容，思想もない全くの形式／図形の演算ゲームと見なす「形式主義」には強く反対する（FT. 97f., GGA. II).

GGA の第 2 巻（1903）III 部におけるハイネ，トーメらの初期形式主義批判において，フレーゲは，数学を無意味でチェスのような演算ゲームと見なす「ゲーム形式主義」から区別して，トーメが混同しているゲームとゲームについての理論，形式的理論とそのメタ理論との峻別を要求する（GGA. II, §§ 107-9). かくしてフレーゲは，解釈されていない形式的理論があれば，それについてのメタ理論（「理論形式主義」(Resnik [1980]))が可能であることを認める．そしてこのメタ理論は，直接話法がそうであるように，既に内容（＝形式的理論）をもち，そのメタ的命題は有意味で，証明可能な命題である．つまり，もしこのメタ理論が数学なら，それは既に形式的理論を内容にもつ数学であり，「理論形式主義」は，むしろ数学が全く無内容と見なすラディカルな形式主義を挫く (Dummett [1991] Ch.20). いずれにせよ，フレーゲは，GGA. II において既に，数学から一切の内容を剥奪し，専ら記号図形の演算ゲームとする素朴な形式的理論は斥けるが，そうした形式的理論そのものを考察対象とするメタ理論としての「理論形式主義」を容認していたのである．

ヒルベルトの『幾何学原理』の公理群による陰伏的定義への反対も，粗くは，何の意義・思想も表現せず，従って真偽不明の公理という概念とそうした公理群による原初記号の陰伏的定義という考えには，幾何学的言語を基本的には全く無意味な未解釈の記号ないし図形集合と見なす形式主義的言語観・幾何学観が想定されていると見なしたのであろう（GLG [1906]). さらに，興味深いことに，ヒルベルトによるユークリッドの平行線公理の独立性証明批判を通して，フレーゲは，ヒルベルトの形式主義／タルスキ的モデル論とも異なるメタ理論の可能性を，独立性のメタ的証明として提示しているのである．言い換えれば，（無矛盾性・独立性・完全性・健全性といったメタ的定理の証明を含む）メタ理論は，必ずしもヒルベルト形式主義／タルスキ・モデル論のように形式主義的言

語観を前提する必要はなく，ある確定した思想をもつ言語をベースにしたフレーゲ的メタ理論の可能性が模索されていると解することができよう．

　実際フレーゲは，「幾何学の基礎について」（GLG［1906］）で，ヒルベルトの平行線の公理の独立性証明の批判において，独立性証明の問題を，「ある本来的公理［ユークリッドのいう伝統的な意味での「真なる基礎的思想」である命題］が，ある本来的諸公理のグループから独立であると証明するのは可能か」（GLG［1906］425）という自らの伝統的な公理観に引き戻して再定式化し，それは結局次の問いに帰着するという．「ある思想が，ある思想グループから独立であるということをいかにして証明しうるか」（loc.cit.）．ここにおいてフレーゲは通常の数学領域を踏み越えて，（外部的な external）メタ理論に踏み込んでいるということを，明確に意識している．すなわち，「この問いによって我々は，ふつう数学にとっては無縁なある領域に踏み込んでいる，ということである．というのも，数学もまた他の科学と同様，思想の領域の内部で展開される以上，一般に，思想そのものが数学にとっての考察対象となることはないからである．しかも，ある思想が，ある思想グループから独立であるという関係自体，ふつう数学で研究される諸関係とはまったく異なる．そこで次のように予想することができよう．すなわち，この新しい領域（*dies neue Gebiet*）はそれ固有の根本的諸真理（*Grundwahrheiten*）を有しており，これらの真理は，……独立証明に……不可欠なのである……」（GLG［1906］425-6. 強調，野本）．こうした「根本的真理」の一例として，フレーゲは，「もし思想 G が論理的推論によって思想 A，B，C から導かれるなら，G は真である」（GLG［1906］426）を挙げている．

　さてしかし，ある命題／思想 G の，命題／思想群 Ω からの独立性証明には，根本的真理だけでは十分ではない．フレーゲの方策も，現在のモデル論に近似的であるが，しかし先述の大きな言語観の相違が認められる．通常のモデル論では，解釈されていない意味なしの記号図形に対し，任意の約定によって解釈を与えるという仕方で，Ω を真にしながら G を偽にする解釈を構成するが，フレーゲにとっては，固定した意味・解釈を伴っている限りではじめて「一つの言語」なのであり，もし解釈を変えればそれは別の言語となる．そこで彼の提案は，各表現の意味を固定したまま，その同一の言語の内部で，G の Ω か

らの独立性証明を構成しようとする．それには次のような左欄と右欄からなる「語彙対照表（Vokabular）」を想定する．つまり，次のような制約下にある「置換関数（Vertauschung, permutation）φ」を用意するのである．すなわち，論理語ではないある表現 A に対し，（ⅰ）「文法機能の一致」（つまり，固有名は固有名に，一階概念語は一階概念語に，関係語は関係語に，命題は命題にというように，分岐的な（ramified）論理的階区分を守る），（ⅱ）A と φ(A) とは意義（Sinn）を異にし，かつ一対一対応する．この「翻訳」は，異なる言語間での同義的翻訳ではなく，「同じ1つの言語中での，しかも意義が変わってしまう翻訳である」（GLG［1906］427）．いま論理的に完全な言語を前提すると，左欄で表現されたどの思想 G にも，右欄で表現される思想 φ(G) が対応する．（ⅲ）但し，A が否定，同一性，包摂，概念間の従属関係のような論理学に固有の語の場合には，いかなる置換も許されない（ないしそれらの論理語 '⌐' は φ('⌐')='⌐' となって，φ の不動点をなす）．すると，左欄での推論・推論連鎖・証明には，右欄で推論・推論連鎖・証明が対応する．

　さてここで左欄の前提諸命題が妥当だと前提しよう．いま左欄で，ある思想 G が真なる思想群 Ω に依存すれば G は真であるが，右欄では φ(Ω) が真であるのに，φ(G) は偽とする φ が存在すれば，φ(G) は φ(Ω) には依存しない，つまり，この置換関数 φ の下では，φ(G) は φ(Ω) から独立である，と証明される．

　以上が，モデル論的な言語観とは異なり，一貫して言語は固定した内容・意義を保持するという言語観に基づいた上での「置換関数 φ」による，フレーゲ流のメタ理論における「独立性証明」の大筋である（GLG［1906］427-9; cf. Antonelli & May［2000］；三平［2006］）．但し，この方針が「無矛盾性」「健全性」「完全性」等のメタ定理証明にすべて有効か否かは，明らかではない．のみならず，実はこの翻訳において論理的概念や推論は，「置換」に関して「不変なもの」として保存されたが，フレーゲ自身が提起しているように，実は「論理的推論とはいかなるものであり，論理学に本来属するものとは何か」（GLG［1906］429），「論理語とは何か」は，現在でも改めて問われている根本的な問いであり，フレーゲの「置換における不変性」という規準もその一つの興味ある回答試案と解しうる．

＊拙論「フレーゲ論理哲学的探究の認識論的位相とメタ理論の可能性」,『科学哲学』38-2, 2005 に（注を本文に組み込むなど）若干の手直しを加えたものである．

引照文献表

Aczel, P. [1980] "Frege Structures and the Notions of Proposition, Truth and Set," in *The Kleene Symposium*, North-Holland. 土谷岳士抄訳・詳細な訳者解説付き，岡本・金子編『フレーゲ哲学の最新像』[2007] 所収．

Antonelli, A. & May R. [2000] "Frege's New Science," *Notre Dame Journal of Formal Logic*, vol.41, Nr 3.

―― [2005] "Frege's Other Program," *Notre Dame Journal of Formal Logic*, vol. 46, Nr. 1.

Benacerraf, P. [1981] "Frege: The Last Logicist," *Midwest Studies in Philosophy* VI, rep. in Demopoulos [1995].

Boolos, G. [1987] "The Consistency of Frege's *Foundations of Arithmetic*." rep. in Boolos, G. [1998] *Logic, Logic and Logic*, Harvard U.P.

Burge, T. [2005] *Truth, Thought, Reason*, Oxford U.P.

Burgess, J. [2005] *Fixing Frege*, Princeton U.P.

Carnap, R. [1947] *Meaning and Necessity*, Chicago U.P.

Church, A. [1940] "A Formulation of the simple Theory of Types," *JSL*. vol.5.

―― [1941] *The Calculi of Lambda-Conversion*, Princeton U.P.

―― [1951] "A Formulation of the Logic of Sense and Denotation," in *Structure, Method and Meaning* (ed.) by Henle et al., New York.

―― [1956] *Introduction to Mathematical Logic*, vol.1, Princeton U.P.

―― [1973] "Outline of a Revised Formulation of the Logic of Sense and Denotation," (pt. I), *Nous*, 7-1; (pt. II) *Nous*, 8-2 [1974] .

―― [1993] "A Revised Formulation of the Logic of Sense and Denotation. Alternative (1)," *Nous* 27-2.

Demopoulos, W. (ed.) [1995] *Frege's Philosophy of Mathematics*, Harvard U.P.

Dreben, B. & van Heijenoort, J. [1986] "Introductory Note to 1929, 1930 and 1930a," in *Kurt Gödel: Collected Works*, vol.1, Oxford U.P.

Dummett, M. [1973] *Frege: Philosophy of Language*, Duckworth.

―― [1991] *Frege: Philosophy of Mathematics*, Duckworth.

Evans, G. [1982] *The Varieties of Reference*, Oxford.

Ferreira, F. & Wehmeier [2002] "On the Consistency of the Δ_1^1-CA Fragment of Frege's *Grundgesetze*," *JPhL*. 31.

Findley & Seldin ［1986］ *Introduction to Combinators and λ-Calculus*, Cambridge U.P.
Fine, K. ［2002］ *The Limits of Abstraction*, Oxford U.P.
Frege, G. ［BS］ *Begriffsschrift*, 1879.『フレーゲ著作集1』［1999］所収，勁草書房.
── ［L［I］］ Logik ［I］ (1879-1891) in ［NS］.『フレーゲ著作集4』［2000］所収, 同上.
── ［GLA］ *Grundlagen der Arithmetik*, 1884.『フレーゲ著作集2』［2001］所収.
── ［FT］ "Über formale Theorien der Arithmetik," 1885. 同上.
── ［GGA］ *Grundgesetze der Arithmetik*, vol. 1, 1893; vol. 2. 1903.『フレーゲ著作集3』［2000］所収.
── ［FB］ *Funktion und Begriff*, 1891.『フレーゲ著作集4』［2000］所収.
── ［BG］ "Über Begriff und Gegenstand," 1892. 同上.
── ［SB］ "Über Sinn und Bedeutung," 1892. 同上.
── ［1899］ Brief am Hilbert ［1899.12.27］ in ［WB］.『フレーゲ著作集6』［2002］所収.
── ［GLG ［1906］］ "Über die Grundlagen der Geometrie."『フレーゲ著作集5』［2001］所収.
── ［G］ "Der Gedanke," 1918-9.『フレーゲ著作集4』［2000］所収.
── ［LA］ "Logische Allgemeinheit," ［1923-］ in ［NS］. 同上.
── ［NS］ *Nachgelassene Schriften*, hrsg. von Gabriel et al,1969.『フレーゲ著作集1』［1999］,『同4』［2000］所収.
── ［WB］ *Wissenschaftlicher Briefwechsel*, hrsg. von Hermes et al., Hamburg, 1976.『フレーゲ著作集6』［2002］所収.
Geach, P. ［1976］ "Saying and Showing in Frege and Wittgenstein," *Acta Philosophica Fennica*, net. 23, no. 1-3.
Goldfarb, W. ［1979］ "Logic in the Twenties: the Nature of the Quantifier," *JSL*, vol. 44, Nr. 3.
Hail, R. & Wright, C. ［2001］ *The Reason's Proper Study*, Oxford U.P.
Heck, R. ［1993］ "The Development of Arithmetic in Frege's *Grundgesetze der Arithmetik*," *JSL*. vol. 58, rep. in Demopoulos ［1995］.
── ［1996］ "On the Consistency of Predicative Fragments of Frege's *Grundgesetze der Arithmetik*," *History and Philosophy of Logic*, vol. 17.
── ［1999］ "Frege and Semantics," Department of Philosophy, Harvard University.
Heijenoort, J. van (ed.) ［1967］ *From Frege to Gödel*, Harvard U.P.
── ［1967a］ "Logic as Calculus and Logic as Language," *Synthese* 17.
Hintikka, J. & Sandu, G. ［1992］ "The Skelton in Frege's Cupboard," *JP*, 290-315.
飯田隆 ［1987］『言語哲学大全Ⅰ』, 勁草書房.

飯田隆編 [2005]『論理の哲学』, 講談社.
Kaplan, D. [1989] "Demonstratives", *Themes from Kaplan*, Oxford U.P.
Kripke, S. [1972] *Naming and Necessity*, rep. [1980].
Martin-Löf [1984] *Intuitionistic Type Theory*, Bibliopolis.
―― [1985] "On the Meanings of the Logical Constants and the Justifications of the Logical Laws" rep. in *Nordic Journal of Philosophical Logic*, vol. 1, no.1, 1996.
松阪陽一 [2005]「フレーゲの Gedanke とラッセルの Proposition」『科学哲学』vol. 38, no. 2, pp. 35-51.
野本和幸 [1986]『フレーゲの言語哲学』, 勁草書房.
―― [1988]『現代の論理的意味論』, 岩波書店.
―― [1997]『意味と世界』, 法政大学出版局.
―― [1999] 野本「編者解説」『フレーゲ著作集4』; [2000] 同『著作集3』; [2001] 同『著作集2』; [2002] 同『著作集6』, 勁草書房.
―― [2001a]「抽象的存在とパラドクス」, 科学研究費 [1061001] 報告書（丹治信春代表）.
―― [2003]『フレーゲ入門――生涯と哲学の形成』, 勁草書房.
―― [2004]「G・フレーゲの生涯ならびに論理哲学探究の構成と方法」『哲学』40, 北大哲学会.
―― [2005]「綜合性とアプリオリ性再考」『日本カント研究6』, 理想社.
―― [2006] Nomoto, "The Methodology and Structure of Gottlob Frege's Logico-philosophical Investigations," *Annals of the JAPS*, vol. 14, no. 2, pp. 1-25.
―― [2006a]「論理的意味論の源流, モデル論の誕生とその展開」, 田中一之編『ゲーデルと20世紀の論理学』2巻, 東大出版会.
大出晁 [1962]「集合・外延・内包――とくに「意味」と「指示」に関連して」, 日本哲学会『哲学』, Nr. 12, pp. 26-40.
岡本賢吾・金子洋之編 [2007]『フレーゲ哲学の最新像』, 勁草書房.
Rayo, A. [2002] "Frege's unofficial Arithmetic," *JSL*, vol. 67, Nr. 4.
Resnik, M. [1980] *Frege and the Philosophy of Mathematics*, Cornell U.P.
Ricketts, T. [1985] "Frege, The Tractatus, and the Logocentric Predicament," *Nous* 19.
Russell, B. [1903] *The Principles of Mathematics*, Cambridge U.P.
佐藤雅彦 [2005]「フレーゲの計算機科学への影響」,『科学哲学』vol. 38, no. 2, pp. 21-33.
三平正明 [2005]「フレーゲ：論理の普遍性とメタ体系的観点」,『科学哲学』vol. 38, no. 2, pp. 53-76.
三平正明 [2005a]「論理主義の現在」, 飯田隆編『論理の哲学』[2005] 第6章.
Tappenden, J. [1995] "Geometry and Generality in Fege's Philosophy of Ari-

thmetic," *Synthese* 102.
Weyl, H. [1927] *Philosophie der Mathematik und Naturwissenschaft*, München & Berlin.
Wittgenstein, L. [T] *Tractatus Logico Philosophicus*, 1921.
Wright, C. [1983] *Frege's Conception of Numbers as Objects*, Aberdeen U.P.

言語と計算
―― フレーゲの「概念記法」を巡って

横田榮一

　G. フレーゲがその生涯を賭けて遂行しようとしたのは，算術の純粋論理学への還元というプログラム，即ち算術の諸命題を純粋に論理学的な諸概念と諸法則から一部の隙もない厳密なる推論の連鎖を与えて導出し，算術の諸命題が実は論理学的諸命題であり，それ故，算術は論理学の延長ないしその展開に他ならないということを示すというプログラムを現実に達成することであった．1879 年にフレーゲは彼のこのプログラムを実現するための手段を獲得することを目的として，歴史上最初の論理学の完全な形式的体系である「概念記法」を構成した．それは，フレーゲにとって，特に算術的諸命題と諸概念を，否，新しい概念の形成過程をさえ，表現することができる言語であるとともに推論がそれに従って行なわれる妥当な推論形式の圏を確定するものでなければならなかった．さて，私は，このような目的をもって提出されたフレーゲの「概念記法」とブールの論理学との相違およびそれ以後の論理学の歴史に関わる――特にメタ数学の発生に関する――若干の問題に立ち入ることにしたい．

1

　私は上でフレーゲは算術の論理学への還元という彼の論理主義的プログラムを実現するための手段――言語的および論理的手段――の獲得を目的として「概念記法」を構成するに至ったと述べた．しかしながら，M. ダメットはフレーゲの思惟行程をこれとは逆の仕方で記述している．即ち，彼は，フレーゲが「概念記法」を構成した目的は全 19 世紀数学が追求していた完全なる厳密性の理想にあり，証明過程に暗黙のうちに紛れ込むかもしれない誤謬を形式的体系の内部で証明を形式化することによって排除すること，これがフレーゲが

念頭に置いていたことであった．かくて「概念記法」を構成した後，フレーゲは先ず算術の形式化に向かったのであるが，その過程で彼は算術的諸命題はすべて純粋論理学の諸概念と諸法則から展開可能だというかの見解に到達したのである，と述べている[1]．しかし，ダメットのこの主張は，『算術の基本法則』序文における「本書によって私は，私が1879年の『概念記法』で念頭に置いていた，そして1884年の『算術の基礎』で告知した私の目的を実行する」（[GGA] S.Ⅷ）というフレーゲ自身の証言と矛盾する．ここに言われる目的とは勿論算術の論理学への還元という目的であるから，この証言からすれば，フレーゲは「概念記法」の構成に際して既に彼の論理主義的プログラムを念頭に置いていたということになろう．私はここで『概念記法』に至るフレーゲの思惟行程について簡単に見ておくことにする．その目的は，存在者の領域は思惟可能な一切の存在者を含む全包括的な領域だと考えるようフレーゲを導いた思想動機を見定める点にある．

1874年の教授資格請求論文（[Rec]）において，フレーゲは幾何学の基礎に直観を置くのと平行的に，算術の基礎に量概念を置いている．ここに言われる量とは，例えば一定の長さの線の如く我々の（空間）直観に与えられる量ではない．フレーゲは量概念を一切の直観的内容から解放し，極めて抽象的な概念として定立する．算術に固有な対象である数は非直観的なものであり，直観［幾何学的ないし空間的直観］に与えられることは決してできず，それ故，算術は直観に基づくことはできない．更に，量概念はその極度の抽象性のために，全包括的である．即ち，量概念は可能なかぎり大きな適用を有し，従ってまた可能なかぎり大きな適用領域を有する．算術はこうした量概念に基づいているために，最大限の，可能なかぎり大きな適用領域を持つのである．フレーゲは『算術の基礎』の中で「算術の諸真理は数えられるものの領域を支配している．この領域は最も包括的な領域である．というのは，単に現実的なもの，直観的なものばかりではなく，一切の思惟可能なものがこの領域に属しているからである」（[GLA] §14）と述べ，算術の適用領域は全包括的な領域であるとの見解を表明しているが，この見解は既に教授資格請求論文において出現していたことがわかる．

しかしこの論文では算術の論理学への還元というモティーフは見られない．

この論文の基本的見地は算術が極めて抽象的な量概念に基づき，それ故，全包括的な存在者の領域をその適用領域として持っているということである．

　1874年のH. ゼーガーの書に対する書評（[Rez]）はここでの議論の文脈にとって注目に値するものである．フレーゲはゼーガーを次の様に批判した．「基本定理と最も重要な変換式の名のもとで，実際，全算術の基礎をなす諸命題がまとめて証明なしに導入され，他方，遥かに小さな射程を有する定理が特別の標題によって際立たされ，詳細に説明されている」（[Rez] S.85）．見られるように，フレーゲは全算術の基礎をなす諸命題即ち公理を証明抜きで導入している点でゼーガーを批判しており，このことはフレーゲが1874年当時全算術の基礎をなす諸命題即ち公理をそれ以上還元不可能なものとみなしていなかったということを示している．

　1879年の『概念記法』（[BS]）において，フレーゲは，既に指摘したように，彼の還元主義的プログラムを念頭に置いていた．ここでフレーゲは我々は如何にして所与の命題を認識するに至るのかという問題と所与の命題が真理として如何なる究極的な根拠に基づいているのかという正当化の問題とを区別している．正当化の問題は所与の真理を一層基礎的な真理に還元することによって，逆に言えば，より基礎的な諸真理からの所与の真理への推論鎖を発見することによってのみ答えられる．この推論鎖は純粋論理学の諸法則に一致して形成されていなければならない．そしてフレーゲはこうした正当化の問題を提出するに際して，算術の諸真理が純粋論理学の諸法則と諸概念に究極的な基礎を有するという見通しを持っていたのである．こうして，『概念記法』段階において，教授資格請求論文での量概念が適用される存在者の全包括的な領域が純粋思惟の諸法則が支配する存在者の全包括的な領域によって取ってかえられたように思われる．フレーゲにとって，思惟の法則は思惟可能な一切の存在者に適用可能であり，それ故思惟の法則の適用領域は全包括的であるが，数の法則もまたあらゆる存在者に適用可能であるとすれば，思惟の法則の適用領域と数の法則の適用領域は一致するはずであり，してみれば，数の法則は思惟の法則から，つまり，算術の諸真理は純粋論理学の諸法則と諸概念から導出できるはずである．この考えをフレーゲは1884年の『算術の基礎』において，算術の諸法則の適用領域が全包括的であることを指摘した後，「従って数の法則は思惟の法

則と最も密接に結び付いているはずではないか」（〔GLA〕§14）と述べることによって表現している．ところで，論理学とその諸法則の適用領域の全包括性，また教授資格請求論文に既に見られる算術の適用領域の全包括性という考えが，フレーゲの構成した言語体系が存在論の領域を覆う言語として構想されるということを惹起するのである．ところがこの存在論の領域──この論議領域──たるや，全包括的であるために，可能な一切の存在者から成るものとして一義的に固定され，言語体系の考察に際しその都度論議領域を変えるという考えは排除されるとともに，関数や概念に関してこれ等は一切の存在者に対して定義されなければならないという考えが引き起こされる．

2

フレーゲは『概念記法』出版の後，自らの「概念記法」とブールの論理学との相違を明らかにする幾つかの論文を執筆した（〔BRL〕，〔BLF〕）が，その機縁となったのは，ブールの論理学に依拠する E. シュレーダーが「概念記法」に対して極めて低い評価しか与えなかったという事実であった．これらの論文を見るならば，我々はフレーゲが自分とブールとの相違，対比をどのように理解していたかを知ることができる．

「概念記法」の命題論理学の部分を構成する際に，フレーゲは勿論，命題（フレーゲの用語法では「判断可能な内容」）の内部構造を分析せず，諸命題を構成の単位として扱っているが，命題論理学構成のフレーゲの基本的な視点は論理的に単純なものの確定及びそれからの論理的に複合的なものの構成という観念，より詳しく言えば，命題間の最も単純な関係を見出し，より複合的な関係を論理的に単純な関係によって定義するという観念である．今，'A'，'B' がそれぞれ命題（判断可能な内容）を表示するものとすれば，A と B との結合様式には次の4つの場合が存在する．即ち，(1)A が肯定され，B が肯定される．(2)A が肯定され，B が否定される．(3)A が否定され，B が肯定される．(4)A が否定され，B が否定される．

フレーゲによれば，AB 間の最も単純な論理的関係は，以上の4つの可能性のうち3つの可能性の否定は2つの可能性の否定よりも多くのことを語ってお

り，2つの可能性の否定は1つの可能性の否定よりも多くのことを語っているが故に，ただ1つの可能性だけを否定するものでなければならない．かくてフレーゲはAB間の最も単純な論理的関係を表わすものとして4つの可能性の1つの場合のみを否定するものをとり，それに固有の記号を与える．より複雑なAB間の論理的関係はこの原初的な記号と否定記号の組み合わせによって表現されるであろう．ところが，フレーゲの見るところ，ブールには，最も単純な論理的関係の確定およびそれからのより複雑な論理的関係の構成という考えはないのであって，むしろブールは論理的により複合的な関係に固有の記号を付与し，それからより単純な関係を導出するという真なる事態の転倒を行なっている．私見では，以上の考えを実行したことはフレーゲが（命題）論理学の構成に成功し，ブールの論理学に比較してより大きな見通しのよさを獲得した理由の1つである．命題論理学の構成におけるフレーゲのもう1つの重要な観念は，ダメットが指摘している複合命題の段階的構成という観念である[2]．即ち複合命題は一連の段階に従って構成されているのであり，段階の順序の相違は構成された複合命題の相違を引き起こす．例えば，A⊃(B⊃C)と(A⊃B)⊃Cとは段階的構成の順序を異にしているのであり，それ故相互に違った命題なのである．この段階的構成の観念は，以下に見るように，量化理論の構成にとっても重要な意義を持っている．

　私は単純なものの確定とそれからのより複合的なものの構成という観念がフレーゲの命題論理学の構成にとって重要な観念であったと述べた．ところが，フレーゲは量化理論の建設に際してこの観念から自らを解放しているのであり，そしてこの点にこそ彼が量化理論の建設に成功し，従って一般性の十分な分析に成功した決定的な理由が存するのである．即ち，フレーゲは命題（判断可能な内容）の内部構造の分析に際し，最も単純な諸概念を予め取り揃え，それらの結合によって命題を構成するという行き方――この場合には諸概念は判断に先だって，判断から独立に与えられなければならないであろう．これはライプニッツやブールにも見られる論理学上の伝統的な考え方だった――を採らない．彼はむしろ，判断から始め，判断内容から分析によって概念を取りだしてくる．この手続きに際してフレーゲを指導した観念は概念に対する判断の先行性という観念である．フレーゲによれば，概念は判断（内容）から離れて独立に存在

することはできず，概念は判断とともに，判断と同時に形成される．フレーゲは次のように言っている．「ものから解き放たれて，これらの諸性質と諸関係の表象が形成される」のではない．「それらの表象は，それらがものに帰される最初の判断と同時に生成するのである」（[BRL] S.19）．判断内容からの概念の分析的析出という観念は量化理論の建設にとって決定的に重要である．我々は文から固有名の出現を落とすことによって概念表現（一般的には関数表現）を獲得するのであり，こうして先の観念は文の伝統的な主語-述語分析を項-関数分析によって置換させるばかりではない．それは如何なる関数表現も固有名によって充足されるべき空所を有していることを意識させ，かくてその空所を束縛する限量詞の導入を可能にする．この際，関数（概念はその一種である）の内部構造は何ら分析されておらず，それが論理的に単純であるか，それとも複合的な構造を有しているかは限量詞の導入にとってはどうでもよい．けれども，このことだけではまだ多重一般性の分析は可能にはならない．ここで重要な役割を果たすのが先に言及した文の段階的構成の概念である．即ち，まさしくこの段階的構成ということのために，文の構成のある段階で1つの限量詞が導入され，次の段階で更に別の限量詞が導入されるということが可能になるのであり，こうして多重一般性の十分な分析が可能になるのである．フレーゲの「概念記法」はこの多重一般性の分析の成功によって，言語としての実質を備え，ブールの記号体系に比較して極めて大きな言語能力を獲得することができた．それによって数学の一切の命題を，否，新たな概念の形成さえ十分に表現することができるのである．この点からして，フレーゲは自分の「概念記法」を先ずは言語として特徴づけることができた．彼は次のように言っている．「私の努力の目標点は，差し当たっては，数学のための記号言語（lingua characterica）であり，純粋論理学に制限された計算（calculus）ではない」（[BRL] S.13）．これに対し，フレーゲはブールの論理学を「それによって論理的な課題が体系的な仕方で解決されることができるようなテクニック」（[BRL] S.13）として特徴づけている．してみると，フレーゲはここでブールの論理学と自らの「概念記法」との対比を計算と言語との対比として特徴づけているように見える．しかしこれは正確ではない．というのは，フレーゲは自分の「概念記法」は等しく言語と計算との両者であると述べているからである

(Vgl. [BP] S.227). それ故,フレーゲはブールの論理学と自分の「概念記法」との対比を単に計算にすぎないものと同時に言語でもあり計算でもあるものとの対比として理解していたことになる.

3

さて,しかしながら,我々は今日,以上のフレーゲの見解をそのままに継承して,ブールの論理学を単に計算とし,フレーゲの論理学を言語(ないし同時に言語でもあり計算でもあるもの)と見なす必要はないと思われる.ブールの論理学は,確かにその能力においてフレーゲの「概念記法」にはるかに及ばないとしても,それもまた1つの言語だと見なすことは不可能ではない.そしてこの点は,実は20世紀におけるメタ数学の発生を支えた基本的観念は何であったかという問題と関連している.そこで私は簡単にではあるがブールの論理学の内容に立ち入ってみたい.

ブールはクラス概念を仮定し,対象の思惟可能な集合からある対象を分離するという思惟操作を考察する.我々は対象の任意の集合からあるクラスに属する諸対象を選出することができ,更に今選出された諸対象から別のクラスに属する諸対象を選出することができる.こうした心的操作は一定の法則,結局代数的諸法則に服するのであり,そうした諸法則は厳密な記号表現が可能なのである.してみれば,我々はブールの論理学も1つの言語だということができよう.それのみか,彼の記号体系はクラス間の諸関係も表現する.今 x, y, z をそれぞれクラス X,クラス Y,クラス Z に属する個体を選出する関数とすれば, xy はクラス Y の諸個体を選出し,しかる後クラス X の諸個体を選出する心的操作を表現するが,それは同時にクラス X とクラス Y の共通部分をも表現している.「すべての X は Y である」という判断は,クラス Y の諸個体を選出し,それからクラス X の諸個体を選出する操作の結果は論議領域 1 から X の諸個体を選出する操作の結果と同一であることを意味するものとされ,それ故先の判断は $xy=x$ あるいは $x(1-y)=0$ よって再現される.こうしてブールの論理学は専ら計算に還元され,言語としての性格を全く失っているというわけではない.従ってブールとフレーゲの対比を単に計算と言語(ない

し計算と同時に言語でもあり計算でもあるもの）との対比として描くことは妥当ではないと思われる．ブールとフレーゲの論理学の対比は，むしろ，相互に異なる言語と言語との対比，計算と計算との対比である．即ち，数学的諸命題の十全な表現にまでは達していない言語と十全な言語との対比，代数的計算と論理計算との対比である．ここで「計算」は特定の規則に従う諸概念，あるいは諸関係，あるいは諸命題の産出を意味する[3]．フレーゲの記号体系はこの意味で論理計算の体系でもある．ブールの論理学が言語でもあることの意味をもう少し詳しく見てみよう．彼の記号体系は未解釈の形式的体系であり，この体系の分析の妥当性は記号の解釈には依存せず，専ら思考の結合の法則に依存する．この形式的体系の内部で展開される真理に影響を及ぼさないかぎりで，その形式的体系に対するどのような解釈も容認される．従って同一の形式的体系はある解釈のもとでは数の諸性質を，他の解釈のもとでは幾何学の諸問題を，更に別の解釈のもとでは力学や光学の諸問題を表わしてよい[4]．それ故，ブールの論理学は未解釈の形式的言語体系をなす．しかし，形式的だからといってそれが何も表現していないというのではない．それは複数の領域において適用可能な抽象的な思惟の法則（代数的法則）およびクラス間の関係を表現しているのである．そしてその都度の解釈に従って論議領域１もその都度変化する．確かにこのような思想はフレーゲにはなかったと言ってよい．フレーゲの言語は全存在者の領域を覆うのであり，「論議領域」という語を使用すれば，フレーゲの議論領域は全包括的であるとともに一義的に固定されている．勿論，言語の構成の仕方はブールとフレーゲとでは全く相違しており，フレーゲは命題論理学と量化理論を有機的に結合することができるのに対して，ブールでは命題間の関係を扱う部分と概念間の関係を扱う部分とが同一の形式的体系の２つの解釈として相互対称的に併存しているだけである．更に，言語能力という点からして，フレーゲの記号体系は，一般性の十分な分析のために，ブールのそれに比較して決定的に優れている．とはいえ，このことはブールの論理学が単なる計算に還元されてしまうことを意味するわけではない．

　しかし，フレーゲがブールの論理学を単なる計算にすぎないものと言明したことによって，後の解釈者の間に，フレーゲとブールの相違のパースペクティヴに関する解釈上の歪みがもたらされたように思われる．即ち，ブールの論理

学を単なる計算(理性計算)へ還元する理解が継承され,「計算としての論理学」の概念にブールの形式的言語体系の「未解釈の形式的体系およびその複数の解釈の存在」という性格が結び付けられる.換言すれば,ブールの言語体系とフレーゲのそれとの,複数の解釈を許す形式的言語体系と,「解釈」という語を用いれば,一義的に解釈が固定され解釈の変更が不可能とされるような言語との相違が計算と言語との,理性計算と記号言語との相違として解釈され,更にその上で,レーベンハイムに始まるメタ数学の発生は論理学におけるブール的伝統,従って,「計算としての論理学」の観念への回帰であったとされるのである.こうして,例えばJ. ヘイエノールトはブールとフレーゲとの対比を,先に言及したフレーゲの(自己)理解に一致して理性計算と記号言語との対比として捉え,メタ数学の発生を印づける1915年のレーベンハイムの仕事の基礎にある思想を自由に論議領域を変化させるという思想にあるとし,こうしてメタ数学の形成と共に我々はフレーゲ-ラッセルの伝統から離れて非-ないし前-フレーゲ的伝統に復帰するのだと述べており[5],J. ヒンティッカもヘイエノールトに依拠しつつ,「すべての真理条件的意味論の発展は,明らかに計算としての言語の観念を前提している.論理的妥当性の意義も,それはタルスキーとゲーデルを待たなければならなかったのであるが,計算としての言語の採用を前提している[6]」と述べている.しかし,フレーゲの「概念記法」もまた1つの計算であるということは,「計算」の概念と「未解釈の形式的体系およびその複数の解釈の存在」という概念とは,相互に不可分に結びついているのではなく,相互に独立しているということを示している.それ故,「計算としての論理学」の概念に依拠したからといって,ある言語体系に関して複数の解釈を語ることができるように即座になるわけではない.ヒンティッカはヘイエノールトが「計算としての論理学」と名づけた見解に基づけば,我々は言語と実在との連結について論じることができるようになる,と言っている[7].けれども,フレーゲがブールの論理学を単なる計算にすぎないとして特徴づけた時,彼が念頭に置いていた「計算」は「論理的な課題が体系的な仕方で解決されることができるテクニック」を意味していた.だから,この意味での「計算としての論理学」の概念に依拠するからといって,即座に当の言語と実在との関係について語ることができることになるわけではない.こうして,私見で

は，フレーゲとブールの間の相違は言語と計算との相違にあるのではなく，言語という点から見れば，2つの言語体系の性格上の相違にあるのである．

　しかし，問題は以上の点に尽きないのである．ヘイエノールトはレーベンハイムの論文の基本思想，即ち論議領域を自由に変更するという思想，より詳しく言えば，記号体系の概念タームにドメインの部分ドメインを自由に割り当て，またその割り当ての仕方を変更するという思想をもって，論理学のブール的伝統への回帰と見なしている．しかし，メタ数学の発生の基礎となったこのような思想と未解釈の形式的体系とその複数の解釈という思想との間には依然として大きな距離がある．確かに，ブールの場合，その都度の解釈に従って論議領域は変化する．けれども，H. スルガが指摘しているように[8]，一個同一の形式的体系の複数の解釈の存在という観念は，解釈のごとにその論議領域が変化するのだとしても，まだ何らかの記号体系の概念タームに自由に部分ドメインを割り当てるという思想に達してはいない．それ故，メタ数学の発生の支えとなった上述の基本思想は，単純にブールの思想への回帰ではなく，ブールや勿論フレーゲにも見られない新しい思想なのである．

　フレーゲへの引照は以下の略記号を用い，本文中に入れることにする．
　[Rec] Rechnungsmethoden, die sich auf eine Erweiterung des Größenbegriffes gründen (1874), in [KS].
　[Rez] Rezension von: H. Seeger, Die Elemente der Arithmetik (1874), in [KS].
　[BS] *Begriffsschrift*, Halle (1879).
　[GLA] *Grundlagen der Arithmetik*, Breslau (1884).
　[BRL] Bools rechnende Logik und die Begriffsschrift (1880/81), in [NS].
　[BLF] Bools logische Formelsprache und meine eigne (1882), in [NS].
　[BP] Über die Begriffsschrift des Herrn Peano und meine eigne (1886), in [KS].
　[KS] *Kleine Schriften*, Hrsg. von Angelelli, Darmstadt (1967).
　[NS] *Nachgelassene Schriften*, Hrsg. von Gabriel et al., Hamburg (1869).
　[GGA] *Grundgesetze der Arithmetik*, Band I (1893), Olms: Hildesheim.

注
　1) M. Dummett, *Frege-Philosophy of Language*, London (1973), pp. XXXV-XXXVI.

2）Cf. M. Dummett, ibid.,Ch.2.
3）Cf. H. Sluga, Frege Against the Booleans, *Notre Dame Journal of Formal Logic*, vol.28（1987）, p.83.
4）G．ブール『論理の数学的分析』末木剛博監修・西脇与作訳，公論社，1977 年参照．
5）J. Heijenoort, Logic as Language and Logic as Calculus, *Synthese*, 17（1967）, p.328.
6）J. Hintikka, Semantics: A revolt against Frege, *Contemporary Philosophy*, vol.1, *Philosophy of language*, ed. G. Floistad（1981）, p.59.
7）J. Hintikka, ibid., p.58. また M. Hintikka/J. Hintikka, *Investigating Wittgenstein*, Basil Blackwell（1986）, Ch.1 参照．
8）Cf. H. Sluga, ibid., p.95.

『概念記法』の式言語とはどんな言語なのか

飯田　隆

　一般に現代論理学の開始を告げるとされ，いまではあまりにも有名な，1879年に刊行された小冊子の標題は，「概念記法，算術の式言語に倣った純粋な思考のための式言語」という．もちろん，この長々しい標題でフレーゲのこの著作が参照されることはめったにない．その最初の「概念記法」だけで，この著作のことを指すという慣行が現在ではできている．ただし，「概念記法」という語は，ある種の言語を指す普通名詞であるだけでなく，フレーゲも自身の論理的言語のことを一般に「概念記法」と呼んだので，この1879年の著作を指すときには「『概念記法』」のように表記することになる[1]．これはごく自然な成り行きではあるが，論理学史の画期をなすこの著作の，完全な形の標題とその構成要素について考えてみることは，フレーゲがこの著作で何を目指していたかを理解するためにぜひとも必要なことである．

1

　ギリシアに始まる数学の歴史を通じて，いわゆる数学的記号の使用は，数学的探究にとって不可欠なものであった．とりわけルネサンス以来の代数学の発展により，記号の重要性はさらに高まった．記号は多様化し，また，複雑な仕方で組み合わされるようになった．また，記号法の統一ということも徐々に行われるようになり，国籍が異なり，所属する学派が異なっていても，多かれ少なかれ同一の記号が用いられ始めるようになった．こうして，19世紀の半ばまでには，国際的に共通する数学的記号の豊富なストックが存在することとなった．
　こうした数学的記号は，日本語やドイツ語のような言語の一部なのだろうか，

それとも，そのどれにも属さないのだろうか．ひとつの考え方は，数学的記号は，さまざまな種類の専門的術語と同様に，通常の言語に後から追加された特殊な語彙であるとすることだろう．だが，もう一方で，数学的記号は，単に専門的語彙として他の語から区別されるだけでなく，そもそも語ではない「記号」として，ふつうの言葉や語とは異なる種類のものとみなされることもある．日本語のような言語では，数学的記号は，通常の言葉を表記する文字——漢字とかな——ではなく，まったく別種の文字によって書き表されるから，こうした記号は日本語の一部ではないと考えるべきではないだろうか．たとえば，「クォーク」や「ゲノム」は，この半世紀ぐらいのあいだに日本語に追加された専門的語彙であって，いまでは日本語の一部であるのに対して，「π」や「$\sqrt{}$」といったものは，「記号」でしかなく，日本語の語彙に登録されるべきではないということになる．

こうした議論にある程度の説得力があることは確かだが，必ずしも正しいとは思えない．もしも，この議論が正しければ，

(1) 半径 2 センチの円の面積は 4π 平方センチである．

といった文は，その一部に日本語には属さない表現を含んでいるから，日本語の文ではないということになってしまう．そして，これは受け入れがたい結論だと思われる[2]．

とはいえ，(1) のような文が日本語の文であるということは，「π」が本来別の言語に属する表現であるという可能性を排除するものではない．たとえば，

(2) どの表現にも Sinn と Bedeutung があるとフレーゲは考えた．

という文が日本語の文であると考えたとしても，そのことによって「Sinn」や「Bedeutung」といった表現が本来ドイツ語の表現であることを否定することにはならない．同様に，数学的記号は，通常の言語に追加される新しい語彙としてはたらきうる——その結果，通常の言語の文に現れることができる——が，それは本来，それ自体でひとつの独立した言語を作っていると考える可能

性はまだ残されている．

　(2) に現れる「Sinn」や「Bedeutung」といった表現が，「〒」のような日本語の文に現れることもできる記号的デザインではなく，別の言語に属する表現であるのは，これらの表現と一緒に用いられて文を形成する同種の表現——ドイツ語の語彙——が存在するからである．したがって，数学的記号だけから成り立つ文が広汎に存在するならば，それは，数学的記号の全体が独自の言語を形成するという考え方を支持する材料となる．そして，数学的記号だけから成る文というものを見つけることはむずかしくない．「式」，もしくは「数式」と呼ばれるものがそれである．たとえば，

　(3) $5 + 7 = 12$

は，そういった式のひとつである．

　さらに注目すべきことに，数学的記号は，それが現れる式のなかで果たす「文法的役割」によって，いくつかのカテゴリーに分類される．「5」や「π」といった記号は，あるきまった数学的対象を指す名前としてはたらくのに対して，不等号「<」や，図形間の合同関係を表わす「≅」は，数学的対象のあいだに成り立つ関係を表わす述語としてはたらく．さらに，「cos」や「lim」は，名前と一緒に用いられることによって，あるきまった対象を指す表現として，「首都」や「母親」といった表現と似たはたらきをもつ[3]．

　数学に特徴的であって，一見したところ通常の言語には対応物がないと思われるものとしては，方程式

　(4) $x^2+6x-5=0$

や，実数の交換則

　(5) $x+y=y+x$

に現れる「x」，「y」といった「文字」の使用が挙げられる．幾何学の命題

(6) 任意の三角形 $\triangle ABC$ において，$\overline{AB}+\overline{AC}>\overline{BC}$

に現れる「$\triangle ABC$」，「$\overline{AB}$」，…といった表現もまた，「文字」と同様のはたらきをする表現である．だが，こうした「文字」の使用に対応する言い方を，通常言語がまったく備えていないわけではない．たとえば，

(7) 任意の三角形について，その隣り合う辺の長さを足し合わせた結果は，残りの辺の長さよりも大きい．

という文は，(6) によって言われていることと同じことを言う文である．ここで重要な役割をしているのは「その」という表現に明示的に現れているような，相互参照（cross-reference）のための言語的装置である——「残りの」という表現にもまた，そうした相互参照の要素が含まれている[4]．「文字」の使用は，通常の言語では容易に実現できないような複雑な相互参照を可能としてくれるが，それは，もともと通常の言語に備わっていた表現手段を高度に発展させたものにすぎない．

　以上のような事実は，数学的記号の体系が，「文法」を備えた一個の言語であり，ある点においては，通常の言語よりもすぐれた表現力をもっていることを示していよう．だが他方，数式だけでは，数学者が表現したい内容のすべてを表現できないことも事実である．たとえば，

(8) x が偶数であるならば x^2 も偶数である．

といった定理を表現するには，「偶数である」といった述語や「ならば」といった接続詞が必要になる．そして，数式に現れる記号のなかには，こうした表現に対応するものはない．その限りで，数式が，数学を表現するための言語の全体を尽くしていると考えることはできない．ここで自然に出てくるのは，こうした述語や接続詞に対応する記号を導入することによって，数学の場面に限っては，通常の言語がもつのと同じ表現力を，数学的記号の体系にもたせようと

いう考えである．

2

　数学的記号の体系を補完して，数学のための独立した完全な言語を構成しようということが，『概念記法』におけるフレーゲの意図の少なくとも一部をなしていたことは疑いない．まず，数学的記号の体系が独立の言語を構成するとかれが考えていたことは，われわれが問題としている標題中の「算術の式言語」という表現から推測できる．つぎに，かれが，数学における既存の記号体系から出発して，それをより完全なものにしようという意図をもっていたことは，『概念記法』への序文中のつぎの1節から読み取れる．

> ここ［＝フレーゲの提案する概念記法］から始めるならば，現存する幾つかの式言語に見られる隙間を埋め，これまでばらばらであったそれらの分野をただ1つの領域へと結合し，更に，これまでそのような式言語を欠いていた領域へそれを拡張することに成功する公算はきわめて大きいのである[5]．

だが，フレーゲのこうした意図がもっとも明確な仕方で述べられているのは，『概念記法』の出版後まもなく，たぶん，1880年から翌年までのあいだに書かれ，いくつかの雑誌に投稿されたにもかかわらず，フレーゲの生前には日の目を見なかった原稿「ブールの論理計算と概念記法」[6]においてである．ここで，フレーゲは，自身の努力が目指すものは，「まずもって数学に対する記号言語」であると述べる．現存する記号言語についてかれの言うところは，こうである．

> 数学の記号言語はこの目標［＝「話ではなく思考を描き出す」という目標］にずっと近いし，部分的にせよ現にそれを実現している．しかし，幾何学においてはそれはまったく未発達であり，算術の記号言語もそれ自身の領域に対してすら不十分である．というのも，まさに最も重要な場合，つまり新しい概念が導入され，新しい基礎が置かれるべきときに，それはその分野を日常言語に明渡さねばならない[7]．

そして，こうした概念形成の手段を算術の記号言語がもたない理由は，それが「高度に展開された言語が備えるべき2つの要素のうちの1つが欠けている」ということ，すなわち，つぎの点にある．

> 日常言語では語尾，接頭辞，接尾辞そして諸記号からなる形式的部分を，本来の内容的部分から区別することができる．算術の記号はこのうち後者に対応している．我々にまだかけているもの，それはこうした石材をしっかり結びつける論理の漆喰にあたるものなのである．これまでのところ，日常言語がこうした役割を引き継いできた．そしてそれゆえに，論理的つながりの理解を容易にするためだけ必要であるにすぎず，厳密な推論連鎖のためには非本質的な部分においてばかりでなく，証明自体の中ですら日常言語を使わずにすますことができなかったのである[8]．

こうして，フレーゲは，自らの著作をつぎのように位置づける．

> したがって，数学の記号言語に組み込むのに適した論理的関係を表す記号を案出して，それによって，少なくともある領域においては完全な概念記法を作り上げるという課題が浮かび上がってくる．私の短い著作がところを得るのはここである[9]．

同様に，1882年1月になされた講演「概念記法の目的について」[10]でも，つぎのように述べられている．

> 私は，自分で導入した少数の記号を数学の既存の記号と融合して，1つの式言語を形成しようと思う．ここでは，既存の記号はほぼ自然言語（Wortsprache）の語幹に対応し，他方，私が付け加える記号は，語幹の内容に論理的関係を与える語尾や形式語になぞらえることができよう[11]．

さらに端的な表現として

> 私が試みたこと［この箇所にフレーゲは註して『概念記法』を挙げている］は，数学の式言語を論理的関係に対する記号によって補完することであった．

という，1882 年に発表された論文「概念記法の科学的正当化について」[12]中の一文を引き合いに出すこともできる．

『概念記法』におけるフレーゲの企てがこのようなものであるならば，それを実現する自然な方法は，数学の記号言語，そのなかでももっとも高度に発達しているとされる算術の記号言語を取り，それに論理的語彙を付け加えることだろう．もしもこうした仕方で『概念記法』の言語が構成されているのだとすれば，それは，算術の式言語を部分として含むことになろう．実際，ベイカーとハッカーは，ごく最近の論文のなかで，まさにこのことを主張している[13]．

> ［フレーゲの］概念記法は，その部分として算術の式言語の全体を含む式言語であり，それに加えて，正確な変形規則に厳密に従うよう構成された言語である．

だが，このように考えるならば，ここに奇妙な事実がある．それは，出発点であるはずの算術の式言語の正確な特徴づけが『概念記法』のなかではまったく与えられていないことである．そうした式言語は，通常の算術的記号を語彙としてもち，等式と不等式を形成できるだけの構文的手段を備えていなくてはならない．だが，そうした語彙の範囲についても，また，算術式の形成がどのような規則に従うべきかについても，フレーゲは関心を示していない．もしも『概念記法』の言語が算術の式言語の全体を含むということが正しいならば，『概念記法』でフレーゲは自身の提案する言語の完全な特徴づけを与えていないということになる．語彙の全体が明示的に指定され，構文規則もまた明示されていることが，形式言語であるための必要条件である以上，『概念記法』の言語は形式言語ではないということになる．

とはいえ，『概念記法』の言語が算術の式言語の全体を含んでいるという主張には，控えめに言っても，いろいろと問題がある．まず，『概念記法』の完

全な標題中で言われているのが,「算術の式言語に倣った」であって,「算術の式言語を拡張した」ではないという事実がある．さらに重要なのは,つぎの点である．最近のフレーゲ解釈者の多くは,『概念記法』が,算術の全体を論理から導出するというプログラムのもとで書かれたと考える．ここでの顕著な例外は,ダメットである．かれの解釈によれば,フレーゲのいわゆる論理主義はむしろ『概念記法』の後に生まれたプログラムである．『概念記法』の完成後フレーゲは算術の実際の形式化に取り掛かったが,その過程で,算術に特有の原始概念や公理を想定する必要がないことに気付いたのだと,ダメットは主張する[14]．もしもダメットに反対する解釈者の方が正しく,算術の全体を論理から導出するというプログラムを,『概念記法』の時点でフレーゲがすでに抱いていたのだとするならば,算術式をそのままの形で含むような言語からかれは出発できなかったはずである[15]．『概念記法』の言語についてのベイカーとハッカーの主張は,皮肉なことに,かれらの第一の論敵であるはずのダメットに有利にはたらくことになろう．

ではいったい,『概念記法』の式言語と,算術の式言語とは正確に言ってどのような関係にあるのだろうか．

3

『概念記法』への序文のなかでフレーゲは,算術の式言語に倣ったのは「細部の形態よりもむしろ根本思想に関わること」であり,「私の式言語が算術の式言語と最も近い関係にあるのは,文字の使い方である」[16]と述べている．文字とその他の記号の区別は,『概念記法』本文の冒頭の節の主題であり,そこでそれは「量の一般理論」のなかで行われている区別であると言われているが,「量の一般理論」とは,広い意味での算術の別名だと考えてよい[17]．『概念記法』に現れる文字は全部で4種類ある[18]．本文に登場する順番にそれを挙げれば,つぎのようになる．括弧内に指示したのは,それが初めて現れる節であり,該当する文字の用法の説明はそこに見出される．

　ギリシア大文字（第2節）

ドイツ文字　　（第 11 節）
ラテン文字　　（第 11 節）
ギリシア小文字（第 24 節）

これらの文字のうち，ドイツ文字，ラテン文字，ギリシア小文字は，概念記法そのものに属し，概念記法の式中に現れることのできる文字であるのに対して，ギリシア大文字はそうではない．ギリシア大文字の用法をフレーゲは，第 2 節の最初の註で[19]つぎのように説明している．

　　私はギリシア語の大文字を省略として用いる．私がそれらについて特に説明を行わない場合には，読者はそれらに適当な意味を与えられたい．

参考までに，後年の『算術の基本法則第 1 巻』でのギリシア大文字についての説明から引用しておこう．

　　私はここでギリシア大文字を［特定の］意味を与えてはいないにも拘らず，あたかもそれらが何かを意味しているかのごとくに名前として用いている．概念記法の展開自体には，それらは「ξ」や「ζ」と同様に現れることはないであろう[20]．

『概念記法』で言われていた「省略」ということはもはやここには現れないが，ギリシア大文字が概念記法の言語そのものに属する表現ではなく，説明のために用いられる言語的手段であることは，どちらにも共通している．
　さて，1879 年の『概念記法』に戻ろう．ギリシア大文字はいったい何の「省略」なのだろうか．概念記法が算術の式言語をその部分として含むのならば，それは算術の式の省略であると答えるのが自然だろう．だが，『概念記法』の全体を通じて，ギリシア大文字と関連して具体的な算術式が現れる箇所はただ一箇所しかない[21]．具体例として挙げられているものはむしろ，「反対の磁極は互いに引き合う」（第 2 節），「太陽が輝いている」，「永久機関は可能である」，「世界は無限である」（以上すべて第 5 節），「水素ガスは炭酸ガスよりも軽

い」(第 9 節) といった,通常の言語に属する文であり,さらに,数学的内容を表現するものであっても,算術式ではなく,「項 M は項 L より大きい」(第 14 節) とか「積 P の一番目の因数は 0 である」(第 18 節) のように,通常の言語に属する文が用いられている.

これと対照的なのは,「ブールの論理計算と概念記法」での記号法の説明である.そこでもっぱら例として取られているのは「$2+3=5$」や「$x^1=16$」や「$(n+b)+a=n+(b+a)$」といった式であり,これらの式はフレーゲの「内容線」(『算術の基本法則』では「水平線」と呼ばれるようになる記号) の右に現れる.この点については,同時期の「概念記法の目的について」(1882 年) も同様である.だが,『概念記法』自体においては,算術式そのものが内容線の右に現れる例はひとつもない.算術式が内容線の右に初めて現れるのは,『概念記法』の脱稿後まもなく行われた講演「概念記法の応用」[22]においてである.

これらのテキストよりも 10 年ほど後の『算術の基本法則第 1 巻』でも,そこでの概念記法を構成する基本的語彙の説明には,もっぱら算術式が例として取られている.しかしながら,注目されるべきなのは,そうした例の最初のもの (第 5 節).

$$\vdash 2^2 = 4$$

に付された註である[23].その全体を引用する.

> 私はより適切な実例を形成し,示唆によって理解を容易にするために,ここではまだ定義されていないにも拘らず,和,積,巾乗の表記法を暫定的に繰り返し使用している.しかしいかなることもこれらの表記法の意味には基礎づけられていないということを念頭に置くべきである.

1879 年の『概念記法』において,算術式を具体例として取ることが注意深く避けられているようにみえること,および,1893 年の『算術の基本法則第 1 巻』における,具体例としての算術式に対するこうした但し書きなどから考えるならば,むしろ説明されるべきなのは,1881 年前後のテキストで,特別の

但し書きなしに算術式が頻繁に例として取られていることの方ではないだろうか．

4

いまさら繰り返すまでもないが，1879年の『概念記法』の本文は，第Ⅰ部「表記の説明」，第Ⅱ部「純粋な思考に関する若干の判断の叙述と導出」，第Ⅲ部「系列の一般理論の若干のトピックス」という3つの部分から成っている．フレーゲの案出になる「数学の記号言語に組み込むのに適した論理的関係を表す記号」はすべて第Ⅰ部で導入され，その意味も説明される．しかしながら，論理的関係を表す記号以外にどのような記号が概念記法に属するのかは，第Ⅰ部ではいっさい触れられていない．ギリシア大文字に頼らざるをえないのはそのゆえである．

第Ⅰ部のような叙述のあとフレーゲが進む方向としては，2つあるだろう．ひとつは，論理的関係を表わす記号に加えて「特別の内容に対する記号」[24]を導入して，特定の主題に適した概念記法を構成することである．もうひとつは，特定の主題にかかわりなしに成り立つ論理的真理が何であるかを，論理的関係を表わす記号に与えられる説明をもとに明らかにすることである．『概念記法』でフレーゲが選んだのは後者である．だが，一見したところ，この課題は，前者の課題と独立に果たすことはできないようにみえる．なぜならば，どのような言語も，よって，どのような概念記法も，「内容的部分」をいっさい欠いて「形式的部分」だけから成ることはできないと思われるからである．こうして，言語の「形式的部分」に関して何が成り立つにせよ，それを探究するためには，何らかの「内容」を備えた言語の実例が必要だと考えられ，算術の式言語を論理的語彙によって拡張したものがそれだと推論されることになる．

しかしながら，「内容的部分」をいっさい欠き「形式的部分」だけから成る概念記法は不可能だということは正しくない．『概念記法』の第Ⅰ部で導入された論理的関係を表わす記号以外には文字しか含まない概念記法が可能であり，『概念記法』の第Ⅱ部と第Ⅲ部で用いられている言語，すなわち，『概念記法』の言語はまさにそうした言語なのである．「内容的部分」の代わりをしている

のは，ラテン文字とドイツ文字という，一般性を表わす2種類の文字である．こうした一般性を表わす文字のおかげで，フレーゲ自身の言葉にあるように，『概念記法』の式言語は「事物のもつ特殊な性質から独立した諸関係を表現する」のであり，それゆえ「純粋な思考のための式言語」と名付けられたのである[25]．『概念記法』の第Ⅱ部で与えられているのは，こうした式言語において表現される公理的理論である．9つの公理[26]からモードゥス・ポネンス（と代入則）によって導出されるその定理は，フレーゲの言う「思考法則」，すなわち，論理的真理を表現するものである．たとえば，第14節に現れる最初の論理的公理である式1は，判断線を「|」で，内容線を「—」で，条件線を「→」で表わせば，

$$|-(-a \rightarrow -(-b \rightarrow -a))$$

と書ける．同様に，第20節に現れる別の論理的公理——式52——は

$$|-(-(c \equiv d) \rightarrow -(-f(c) \rightarrow -f(d))$$

と書ける．これらの式は，概念記法の式であって，別の式の「省略」ではない．「a」，「b」，「c」，「d」，「f」はすべてラテン文字であるから，第Ⅰ部の第11節でのラテン文字の用法の説明に従い，判断全体の内容を作用範囲としてもつ一般性を表現するはたらきをもつ．前者をフレーゲは「命題 a が妥当するならば，任意の命題 b が妥当するときには，これもまた妥当する」と読む[27]．後者は「c の内容が d の内容と等しく，$f(c)$ が肯定され，その上 $f(d)$ が否定されるというケースは起らない」と読まれている[28]．『概念記法』の段階で，ラテン文字やドイツ文字の表わす一般性が，『算術の基本法則』の時期の一般性のような，すべての対象に及ぶものであるのかどうかは明瞭ではない．そもそも，対象と概念という存在論的区別が，この時期にすでにあるのかどうかもわからない．よって，$f(c)$ のような場合に，f の変域と c の変域が異なるのかどうかといったことも，はっきりしない．こうした問題は，『概念記法』第Ⅱ部以下で提示されている「純粋な思考に関する判断」の内容の確定性に関する疑

念を引き起こす[29].

 だがいずれにせよ,文字のほかには論理的記号しかもたない『概念記法』の言語によって,ある内容——フレーゲ自身の言葉によると「純粋な思考に固有の性質に由来する内容」[30]——を表現できるのは,ラテン文字による「量化」のおかげである[31].しかも,そうした量化が,名前だけでなく,文や述語の場所に対しても行えるということが,ここでは本質的である.もしもこうした量化が許されないならば,論理的真理の特徴づけのためには,ある回り道が必要となる——そして,現在一般的なのは,こちらのやり方だと思われる.

 その回り道とは,ある特徴を共有する言語のクラスを規定することである.いちばん単純なケースとして,命題論理の言語を考えよう.それは,否定や条件法といった論理的結合詞をもつ言語であり,その言語に属する文はすべて,原子文に命題結合詞を繰り返し適用することによって得られる.どのような原子文を取るかに応じて,ひとつの言語が決まる.こうした言語のクラスに関して,

$(A \to (B \to A))$　　（∗）

は論理的真理であると言われるが,その意味はつぎのものである.

 任意の命題論理の言語 L について,A と B が L の文であるならば,文（∗）は論理的に真である.

これと対照的なのは,一昔前によく見られた「命題変数」による定式化である.こちらのやり方に従ったときに（∗）に対応するのは,

$(p \to (q \to p))$　　（∗∗）

といった定式化であり,これは

 p と q が任意の命題であるとき,命題（∗∗）は論理的に真である

ということを意味する.

『概念記法』におけるフレーゲの手続きに近いのは,明らかに後者である.「命題変数」による定式化は,言語のクラスを介した定式化と2つの点で大きく相違する.ひとつは,命題という存在者に訴えることであり,もうひとつは,「自立的」な論理的真理の存在を認めることである.ここで「自立的」というのは,つぎのような意味である.すなわち,(＊)において,「A」や「B」は命題論理の言語の文として何らかの論理的語彙以外の表現——この場合は原子文——を含んでいなくてはならないのに対して,(＊＊)の「p」と「q」は変項——フレーゲの「文字」——として論理的語彙の一部であるから,(＊＊)は,論理的表現のみから成る真理であり,それゆえ「自立的」なのである.言語のクラスを介する方法でも自立的な論理的真理の存在を認めることはできる.たとえば,同一性が論理的概念であると考えるならば,同一律

$$\forall x(x=x)$$

のような,一階の同一性理論に属する定理は,自立的な論理的真理であるし,二階の量化を許すことは,自立的な論理的真理を大幅に認めることになる.

しかしながら,命題や性質のうえに量化することが,自立的な論理的真理に至るための近道であることはたしかである.フレーゲの論理主義のプログラムとは,算術的真理の全体が,そうした自立的な論理的真理のなかに含まれることを示そうとするものである.論理主義のプログラムが『概念記法』に先立つにせよ,そうでないにせよ,そこで提示されている論理体系が,自立的な論理的真理——「純粋な思考に関する判断」——から成る体系として,このプログラムとよく調和する性格をもつものであることは,偶然ではない.

5

1879年の『概念記法』が,算術の式言語をその部分としてもつものではなく,論理的記号と文字だけから成る,自立的な論理的真理の体系であることは,

これまで述べてきた通りである．残されている問題は，『概念記法』ではその例がみられず，『算術の基本法則』では慎重な但し書きのもとで許されている，内容線（水平線）の右への算術式の出現が，なぜ1881年前後のテキストではひんぱんに現れているかという点である．

まず，未刊に終わった「ブールの論理計算と概念記法」（たぶん1880年から翌年にかけて執筆），および，2つの短い論文「概念記法の科学的正当化について」と「概念記法の目的について」（どちらも，1882年）という3篇はすべて，シュレーダーによる『概念記法』の書評[32]（1880年）と密接に関連している．シュレーダーによるこの書評は，きわめて長文のものであるが，その最初から，まだ無名の著者に対して恩着せがましいと同時に嫌味に満ちたもの[33]であって，これを目にしたフレーゲがどれだけ憤激したかは容易に想像がつく．

シュレーダーの書評の基本線は，『概念記法』の著者が行っていることは，すでにブール派の論理学ではるかに手際よく成し遂げられていることに過ぎず，「縦に書くという日本の風習にふけって」紙を無駄遣いするような記号法を著者が考案できたのは，まさに著者が，ブール派の論理学を知らなかったからだというものである．フレーゲがブール派の論理学を知らなかったということは事実だと思われる．だが，もちろん，シュレーダーの書評の後でフレーゲがブール派の仕事を批判的に検討しなかったわけがない．その結果書かれたのが「ブールの論理計算と概念記法」である．

シュレーダーの書評のなかにみられるさまざまな誤解のなかでもひときわ目に付くのは，『概念記法』の完全な標題中の「算術の式言語に倣って」という部分に関する誤解である．「論理和」「論理積」といった言葉にいまでも残っているように，ブールは，その論理学的著作において，論理的操作と算術的操作のあいだの類比を強調した．算術を引き合いに出すことでフレーゲもまた同様のことを目指しているのだと，シュレーダーは考えた．したがって，まずフレーゲがこうした誤解を解くことを中心においたことに不思議はない．また，『概念記法』における具体例のなかに算術に属するものがわずかしかないことは，フレーゲの論理体系と算術との関係について明瞭な理解を得ることの妨げになったと想像される．「ブールの論理計算と概念記法」において，算術の例が積極的に取り上げられている理由の一端は，こうした事態を改善するためであった

と思われる．

　この論文の最後でフレーゲは，そこで示しえたこととして6点を挙げているが，その第一は，かれの概念記法が「算術あるいは幾何学の記号と組み合わせて内容の表現を可能にしようとするものであるという点で，ブールの論理学より広い射程をもつ」[34]ということである．実際，この論文の中心部では，概念記法に算術式を組み込むことによって，解析学を含む算術のさまざまな命題が表現できることが，数頁にわたって示されたあげく[35]，つぎのような，いくぶん皮肉っぽい文章が続く．

　　こうした例においてブールの式言語はついてくることができないということを私が強調するとしても，それは私の概念記法のより遠大な目標を指摘するためになされるにすぎない[36]．

　この論文の要約版ともいえる「概念記法の目的について」では，講演の記録であるせいもあって，それほど複雑な例は出てこない．それでもそこに現れる概念記法の式は，算術式と組み合わされた式である．「概念記法の科学的正当化について」は，哲学の雑誌に掲載されたものであり，記号をいっさい含まないという特色をもっている．この論文には興味を引かれるさまざまな点があるが[37]，ここで注目したいのは，つぎの箇所である．

　　内容に関する意味を表す記号はそれほど本質的ではない．ひとたび一般的な形式が使えるようになると，そうした記号は必要に応じて容易に造り出すことができる．ある概念をその究極的な構成要素へ分析することがうまくいかなかったり，あるいは必要なことに思われない場合には，暫定的な記号で満足することもある[38]．

つまり，算術の記号が概念記法に組み込まれたとしても，それは，算術の記号によって表されている概念をさらに分析することを妨げるわけではないということである．これは先に（3節）引用した『算術の基本法則第1巻』でのギリシア大文字の使用に関する註で述べられていることと一致するだけでなく，そ

れと同時期に属する「ペアノ氏の概念記法と私自身のそれについて」[39]での，ペアノの記号法についてのつぎのような批評とも一致する．

> 数学の基礎の探究が彼の表記法の動機であるわけではなく，それが実際にどのように展開されたかの決定要因であったわけでもない．というのも，この「序説」の第2節では，実数，有理数，素数などの全体のクラスを表す記号が導入されているが，その際にはこれらの概念がすべてすでによく分かっているものとみなされているからである．同様のことが，演算記号「＋」，「－」，「×」，「√」などの意味に関しても起きている．このことからわかるのは，これらの論理構造をその単純な構成要素に分析することが意図されていたのではないということである．そして，そうした分析がなければ，私がもくろんでいるような探究は不可能であるから，ペアノ氏の意図の中にはこうした探究はなかったということになる[40]．

1881年前後のテキストで算術式がもっぱら例として取られるようになったのはなぜかという問いに対しての（暫定的な）答えは，つぎのようなものになろう．まず，それらのテキストの目標は，ブール派の論理計算の体系とフレーゲ自身の論理的言語との違いを鮮明にするとともに，自身のやり方の方がすぐれていることを示すことにあった．こうして，フレーゲは，算術的演算との類比を追求することは，論理の応用可能性を狭める結果になると論じるとともに，自身の論理的記号法を算術式と組み合わせて用いることが容易であると同時に有益であることを多くの実例を通じて示そうとした．概念記法を擁護するこうしたキャンペーンにとって，算術式を構成する記号が表す概念をさらに基本的な概念にまで分析するというプログラムは直接的な関係をもたないものと考えられただろう．他方，算術的記号と論理的記号の組み合わせでさまざまな数学的命題を表現するペアノの記号法は，「ブールの論理計算と概念記法」においてフレーゲが自身の記号法の利点として挙げたものの多くを備えている．よって，ペアノとの争点は，まさしくフレーゲの論理主義のプログラム，すなわち，算術的記号の意味の分析が意図されているかどうかが中心になったのである[41]．

　小論の主張を最後にまとめておこう．1879年に出版された小冊子の標題で

フレーゲが，自身の式言語に対して，「算術の式言語に倣った」という形容と，「純粋な思考のための」という限定を付していることの意味合いは，つぎのように述べられる．

(1) 一般性を表すために文字を使用する点で，この式言語は算術の式言語に倣う．
(2) 一般性を表す文字と論理的記号だけから成る式言語として，その式が「事物のもつ特殊な性質から独立した諸関係を表現する」ゆえに，それは「純粋な思考のための式言語」である．

『概念記法』においてフレーゲが与えた公理的理論の定理の各々は，純粋な思考のための式言語に属する式によって表現される自立的な論理的真理である．算術的真理の全体がそうした論理的真理のなかに含まれることをフレーゲは，『概念記法』の段階ではまだ示すことはできなかった．だが，少なくとも予想はしていたと思われる．『概念記法』の序文の最後で「本書の直ぐ後で書くことにする」とされている「数，量，等々の概念の解明」が，この予想を裏付けるはずのものであった．フレーゲの意図に反して，この「解明」が『算術の基礎』(1884 年) として現れるまでにはしばらく待たなければならなかった．シュレーダーへの反論が遅延の原因のひとつとなったことはたしかだろう．この論争の過程でフレーゲは，算術の記号を概念記法に組み込む形で用いているが，そのことはかれが，それらの記号が表す概念の解明を断念したことを意味するものでは決してない．それはあくまでも，論争の戦略として取られた手段にすぎない．

注

1) よって，小論でも若干触れるように，「『概念記法』の概念記法と『算術の基本法則第一巻』の概念記法の相違」といったことが問題となる．普通名詞としての「概念記法 Begriffsschrift」という語の歴史と，そのフレーゲとの関係については，つぎを参照されたい．J. Barnes, "What is a Begriffsschrift?" *Dialectica* 56 (2002) 65-80.

2）数学的記号は日本語の語彙に含まれないが，(1)のような文は日本語の文として問題ないと考えることも不可能ではないかもしれない．そのためには，日本語の文は，日本語の語彙に属する語だけから構成されている必要はないと考えればよい．こうした可能性をここでさらに追求することはしない．

3）足し算の記号「＋」や，掛け算の記号「×」は，日本語の場合，直接には「足す」および「かける」という動詞に対応するが，それが，数字や変項とともに用いられる場合には，「…に〜を足した結果」や「…に〜を掛けた結果」というように複合的な名詞を作るはたらきをもつ（これらの表現は「…と〜の和」「…と〜の積」といった，最低2つの項を要求する関係名詞によって置き換えることもできる）．

4）通常の言語においては，代名詞のような相互参照のための装置が，数学における変項の役割を果たしていることを強調したのは，クワインである．

5）G.Frege, *Begriffsschrift, eine der arithmetischen nachgebildete Formelsprache des reinen Denkens*, 1879, Verlag von Louis Nebert, S. XII. 邦訳は，藤村龍雄編『フレーゲ著作集1 概念記法』(1999，勁草書房) に収められている．この引用にあたっては訳文を若干変更したが，以下フレーゲからの引用は，とくに断らない限り，邦訳版の著作集による．なお，『概念記法』における議論を丁寧に追跡したものとして，田畑博敏『フレーゲの論理哲学』(2002年，九州大学出版会) 第2章も参照されたい．

6）"Booles rechnende Logik und die Begriffsschrift" in H. Hermes, F. Kambartel und F. Kaulbach (Hrsg.), *Gottlob Frege: Nachgelassene Schriften*, 1969, Felix Meiner. 邦訳，戸田山和久訳，『フレーゲ著作集1 概念記法』所収．

7）邦訳，143頁．

8）邦訳，144頁．

9）邦訳，144頁．

10) "Über den Zweck der Begriffsschrift" *Jenaische Zeitschrift für Naturwissenschaft* 16 (1882-3) Suppl., SS. 1-10. 邦訳，藤村龍雄・大木島徹訳，『フレーゲ著作集1 概念記法』所収．

11) 邦訳，216頁．

12) "Über die wissenschaftliche Berechtung einer Begriffsschrift" *Zeitschrift für Philosophie und philosophische Kritik* 81 (1882) SS. 48-56. 邦訳は『フレーゲ著作集1 概念記法』に収録．ここでの引用箇所は，邦訳では209頁にある．

13) G. P. Baker and P. M. S. Hacker, "Functions in *Begriffsschrift*" *Synthese* 135 (2003) 273-297 at p.276.

14) M. Dummett, *Frege: Philosophy of Language*, 1973 (2nd ed., 1981), p. xxxvi. こうした解釈の難点については，横田栄一「言語と計算――フレーゲの「概念記法」を巡って」(『理想』第639号，1988年夏「特集・フレーゲ・ルネサンス」) を参照されたい．『概念記法』をも含めたフレーゲの仕事の全体が，算術的知識の源泉が論理にあることを示すという企図のもとに包摂されることを説得的に論じているものとして，J. Weiner, *Frege* (1999, Oxford University Press) があ

15) この点については，T. W. Bynum, "Editor's introduction" to *Gottlob Frege: Conceptual Notations and Related Articles*, 1972, Clarendon Press, p. 61 を参照．
16) 邦訳，3-4 頁．
17) その根拠としては，1874 年の教授資格申請論文『量概念の拡張に基づく計算法 *Rechnungsmethoden, die sich auf eine Erweiterung des Grössenbegriffes gründen*』の序論にあたる部分を挙げることができよう．
18) 『概念記法』で用いられている文字についてのひとつのパズルは，第 15 節に現れる 2 つの具体例に関してである．問題は，この 2 つの例で用いられている文字の字体が異なることである．原文 33 頁に現れる例では「*E*」，「*D*」，「*T*」といった文字が用いられている（邦訳 52 頁から 53 頁では 2 種類の字体が混在しているが，これは単純な誤植だろう）のに対して，次の 34 頁（邦訳では 54 頁から次の頁）の例で用いられている文字は「D」，「H」，「K」，「I」である．「*D*」および「D」が現れている以上，これらはギリシア大文字ではない．第 17 節の例中の「人間 M」（原文 43 頁，邦訳 68 頁），第 18 節の例中の「積 P」（原文 46 頁，邦訳 72 頁）という表記も，同様の例である．ひとつの解釈は，これらは具体例ではあるが，それでも一般性をもった主張であると考えることであろう．そうすれば，これらはどちらも，ラテン文字の用法に含まれる．異なる字体が用いられているのは，単なる誤植だということになろう（邦訳の場合に生じたように）．S. Bauer-Mengelberg による英訳（in J. van Heijenoort (ed.), *From Frege to Gödel: A Source Book in Mathematical Logic*, 1879-1931, 1967, Harvard University Press）では，これらすべてはイタリック体に統一されている．他方，T. W. Bynum による英訳（*Gottlob Frege: Conceptual Notations and Related Articles*, 1972, Clarendon Press）では，正しく（？）原文通り二種類の字体が用いられている．
19) 邦訳，11 頁の註 4 がそれである．
20) G. Frege, *Grundgesetze der Arithemtik*, Band I, 1893, Hermann Pohle. §5 の註 3. 邦訳，野本和幸編『フレーゲ著作集 3 算術の基本法則』（2000 年，勁草書房）58 頁．
21) 「3×7＝21」という式が第 5 節（原文 5 頁，邦訳 16 頁）に現れている．
22) "Anwendungen der Begriffsschrift" *Jenaische Zeitschrift für Naturwissenschaft* 13 (1879) Suppl. II, SS. 29-33. この講演が行われたのは 1879 年 1 月（24 日という説と 10 日という説がある）であるが，『概念記法』の序文の日付は 1878 年 12 月 18 日である．邦訳は『フレーゲ著作集 1 概念記法』に収録されている．
23) 邦訳，57-58 頁．
24) 「概念記法の科学的正当化について」邦訳 209 頁．「ブールの論理計算と概念記法」からの先の引用で，日常言語において「形式的部分」と「内容的部分」とを区別することができ，論理は「形式的部分」にあたると言われていたことを思い出されたい．

25) 『概念記法』序文，邦訳3頁．
26) それらは，第13節で明示されている．その箇所にあたる邦訳43頁には，残念なことに誤植が混入している．「式91」は「式41」の間違いであり，「式51」は「式52」の間違いである．
27) 『概念記法』第14節，邦訳43頁．
28) 『概念記法』第20節，邦訳78頁．
29) 「F」や「f」に対する二階の量化を複数量化（plural quantification）とみなすことによって，『概念記法』の論理体系は整合的に解釈できるという Boolos の主張（G. Boolos, "Reading the *Begriffsschrift*" in G. Boolos, *Logic, Logic, and Logic*, 1998, Harvard University Press, pp. 155-170）は興味深いものであるが，あくまでも再解釈もしくは再構成というジャンルに属するものだろう．
30) 『概念記法』第23節，邦訳86頁．
31) もちろん，『概念記法』の体系においては，ラテン文字による量化はつねにドイツ文字による量化に置き換えることができる．
32) *Zeitschrift für Mathematik und Physik* 25（1880）81-94. 英訳が，T. W. Bynum, *Gottlob Frege: Conceptual Notation and Related Articles* に収められている．
33) シュレーダーの書評がこうしたトーンで書かれた理由のひとつは，先に発表された書評（*Jenaer Literaturzeitung* 6（1879）248-9）で，『概念記法』がブール派――シュレーダーもそのひとりとして名が挙げられている――の偏った論理学に対して新しい観点を提供するものとして称揚されていることが，シュレーダーに脅威と映ったからだという．嫉妬や猜疑心が大きな力を振るうことは学問の世界においても珍しいことではないが，シュレーダーの書評を読む者は気落ちせずにはいられないだろう．公平のために付け加えれば，立場が変われば，フレーゲもまた同様な振舞いにおよびうることは，後年書かれたいくつかの批評文が示している．
34) 「ブールの論理計算と概念記法」邦訳195頁．
35) 同，邦訳158-165頁．この論文が3つの雑誌から掲載を拒否された理由は，その長さもあるだろうが，こうした判じ物めいた記号が延々と続く部分のせいでもあろう．
36) 同，邦訳165-166頁．
37) そのいくつかは，J. Barnes, "What is a Begriffsschrift?" で論じられている．
38) 「概念記法の科学的正当化について」邦訳208頁．
39) "Über die Begriffsschrift des Herrn Peano und meine eigene" *Berichte über die Verhandlungen der Königlich Sächsischen Gesellschaft der Wissenschaften zu Leipzig: Mathematisch-Physische Klasse* 48（1896）361-378. 邦訳，戸田山和久訳，『フレーゲ著作集1 概念記法』所収．
40) 「ペアノ氏の概念記法と私自身のそれについて」邦訳230-231頁．
41) 「ブールの論理計算と概念記法」および「概念記法の目的について」で，算術式が概念記法に組み込まれていることは，論理主義のプログラムからの後退を意味す

るものではない．算術的概念をより基本的な概念に分析することはそこで問題となっていないが，そのことは，これらの文章が書かれた戦略的理由によると考えられるからである．しかしながら，『概念記法』脱稿後まもなく行われた講演「概念記法の応用について」については，こうした理由はあてはまらない．ここでフレーゲは，いくつかの幾何学と算術の命題を，必要な記号を組み込んだ概念記法によって表現してみせている．もっとも大きく取り上げられているのは，「あらゆる正の整数は4つの平方数の和として表すことができる」という定理であるが，興味深いことにこれは『概念記法』第9節に登場している例である．一見すると，ここで問題となっているのは，より基礎的な概念への分析ではなく，その標題にある通り，概念記法の「応用」にほかならないと思われる．そして，算術的な和や自乗や等号――この時期の概念記法では，算術の等号「＝」は論理的概念「≡」から区別されている――が，分析されずそのまま用いられている．だが，注目すべきことは，ここでフレーゲが「正の整数」という概念を『概念記法』第Ⅲ部の系列概念を用いて定義していることである．たしかに「ゼロ」と「1を足す」という2つの概念は既知のものとみなされている．だが，この例は，数概念をより基本的な概念に分析するという『概念記法』序文の最後で表明された企てへの第一歩とみなしうる．よって，この短いテキストは，『算術の基礎』につながるものであって，シュレーダーの批判に対して自らの概念記法を擁護するという外的な必要に迫られて書かれた文章とは異なる種類のテキストであるとみなされるべきだろう．

フレーゲにおける固有名の意味について
―― 「意味と指されるものについて」論文冒頭箇所の解釈をめぐって

土屋　俊

　固有名はたんになにものかの名であるだけでなく，なんらかの意味（Sinn）を表現するというフレーゲの主張を検討することは，フレーゲ独自の考え方を明らかにするだけではなく，言語の働きに関する全般的考察に対しても大きな寄与をすると思われる．以下の論考では，主としてフレーゲが「意味と指されるものについて」（'Über Sinn und Bedeutung'）[1]と題される論文中で述べた見解を明らかにすることを目的とするが，その成果は，われわれが固有名と名付けて一括している一群の言語の表現の働きに関するある種の誤解を取り除くことを可能にするものである．固有名が事実なにものかの名であるならば，固有名の意味を知っているということは，その固有名がいかなるものの名であるか，いかにしてそのものの名であるかという二つの点を知っていることにほかならないように思われる．ダメット（Michael Dummett）[2]によれば，まさにこのことこそがフレーゲによって主張されたことであるとされ，その限りでフレーゲの主張は正しいと判断されることになる．しかし，ダメットのこのような理解は，一見妥当に思われるものの，フレーゲの主張の分析においても，また固有名の機能の解明においても十分なものであるとはいえない．その点を明らかにして，固有名の意味に関するフレーゲの主張を，可能なかぎりフレーゲ自身の意図に即して理解しようとすることが，本稿の目的である[3]．

　なお，以下の論述において，「固有名」という用語を，文（命題）に対して適用しないことを除いては，フレーゲに従って使用する．すなわち，「アリストテレス」，「東京」，「金星」などの普通に固有名と呼ばれているものだけでなく，「アレキサンダー大王の家庭教師」，「日本の首都」，「太陽から2番目の惑星」など一般に確定記述と呼ばれる表現も差別なく「固有名」と一括して取り扱う．この両者の間には，文法的に十分な差異もなく，この両者をあらかじめ

区別することには，言語使用の事実を予断してしまう危険が存在するからである[4]．

1

フレーゲは二つの脈絡で意味という概念を説明している．「概念記法」(Begriffsschrift)[5]の説明をする際，命題は真理値の名であるだけでなく，「いかなる条件のもとで，その名（すなわち命題──筆者──）が真という真理値を指すか」ということを表現していると述べ（GGAI50頁），その表現されているものをその命題の思想（Gedanke）と名付け，さらに，その命題を構成する名の意味は，「その名を含む命題が表現する思想に対する寄与（Beitrag）である」としている（GGAI51頁）．しかし，これだけの説明では，そもそも名が意味を表現しなければならないことの理由は明らかではない．したがって，もう一つの脈絡，すなわち，「意味と指されるものについて」という論文，とくにその冒頭部分[6]を参照する必要がある．ダメットをはじめとして，フレーゲにおける固有名の意味について論ずる人々はつねにこの箇所を引照して解釈を展開してきているが，後に論ずるところから明らかなように，この箇所の議論の構造を十分に考慮したものではない．そのためにも，次のようにフレーゲの議論を整理しておく必要がある．

フレーゲは，この箇所で次のように論じている．

(A) 同一性は，対象間の関係であるか．それとも記号間の関係であるか．
(B) かつては自分自身，記号間の関係であると考えた．理由は，
  (a) a＝a はアプリオリに妥当し，カントによれば，分析的である．一方，a＝b は，「われわれの認識の価値ある拡張であることが多く[7]，かならずしもアプリオリには基礎づけられない．」
  (b) 同一性を記号 a，b によって指されている対象間の関係とすると，a＝b が真である時，a＝a も a＝b も対象の自己同一性という自明の関係を表現することになり，両者の差異はなくなるように思われる．
  (c) したがって，a＝b によって，記号 a，b が同じものを指している

（dasselbe bedeuten）という記号間の関係を述べていると考えるべきである．

(C) しかし，この考え方には困難がある．なぜなら，
　(a) 同じものを指しているというこの関係は，記号がなにものかの名であったり，なにものかを表示したりするかぎりで成立し，しかも，この関係は，それぞれの記号を同一のものに結びつけるという恣意的（willkürilich）な行為によって媒介されて成立する．
　(b) したがって，この関係を知っても，それは事態それ自体（die Sache selbst）の認識ではなく，われわれの表示方法（unsere Bezeichnungsweise）に関するものとなってしまう．
　(c) 一方，記号a，bを対象すなわち形象（Gestalt）として区別することにすると，a＝bが真である時，やはり，a＝bとa＝aとは認識価値において本質的に同様となる．
(D) したがって，同一性はあくまで指される対象間の関係であり[8]，
(E) 認識価値に関する「ある差異は，記号の区別が表示されるものの与えられ方（die Art des Gegebenseins des Bezeichneten）におけるある区別に対応することによってのみ可能となる．」
(F) したがって，記号にはそれが表示するもののほかに，「私が記号の意味と名付けるものが結びついており，その中に与えられ方が含まれている」と考えられる．

以上に整理した論法の中で大きな役割をはたしている概念は，(B)以来問題となり，(E)で一応の解決を与えられる「認識価値」（Erkenntniswert）という用語であり，その解決においてはじめてあらわれる「表示されるものの与えられ方」というものである．とくにこの後者は，フレーゲにおける意味の概念についての誤解の原因となってきた．たとえば，この「与えられ方」をただちに従来から知られている「内包」あるいは「個体概念」と同一視する傾向があった[9]．しかし，すでにフレーゲ自身強調し[10]，またカルナップもある意味では認めていたように[11]，この同一視は正しくない．なぜなら，第一に，内包と外延という区別は，フレーゲにおいては概念とその値域という形で別途に確保さ

れたものであり，第二に，意味に関する考察の方は，つねに名がなにものかの名であるという関係を基礎にして行なわれているからである．

したがって，フレーゲにおける固有名の意味についての正しい理解は，認識価値，与えられ方という以上の2つの概念を正しく位置づけ，さらに本節の最初に述べた，思想への寄与という規定とも整合的なものでなければならないのである．

2

ダメットの解釈は，たしかに以上の要求を満たしているように思われる[12]．ダメットによれば，前節で整理した議論は，「1つの固有名の意味がたんになにものかを指すことだけであるならば，真である同一性命題がいかにして情報を与える力をもつ（informative）ことがあり得るか」という問題に対して，「そのような場合，同一性命題は同時にその真偽を知ることなしには理解できない」，したがって，「同一性命題の伝える情報がなんであるかを知るためには，その命題の構成要素である記号の意味を知らなければならない」という解決を与えたものであり，この場合の固有名の意味として，「固有名が指すものとして1つの対象を同定する特殊な仕方」，「その語が指すものとして適当な対象を決定する際に利用されるなんらかの手段」，すなわち，「同一性の基準」[13]を提案していると考えられる．たとえば，「よいの明星」と「あけの明星」という2つの表現は，同じ金星を指していても，別々の仕方，別々の手段，別々の基準によって金星と結びついているから，この2つの固有名と「……と――とは同一である」という表現とから構成される命題は「よいの明星とよいの明星とは同一である」という命題と異なる，けっして自明ではない情報を伝え得，したがって異なる認識価値を持ち得ることをわれわれは知るのである．

ダメットのこのような解釈は，認識価値という，フレーゲ自身はとりたてて説明しないものでありながら重要な概念を，「情報」という比較的わかりやすい概念によって説明し，さらに，フレーゲが対象の「与えられ方」と呼んでいるものを，前節(C)(b)の「表示方法」と関連させ，1879年の『概念記法』の中でやはり同一性命題の性格に言及した時使用した「決定方法」

(Bestimmungsweise)という概念とも結びつけている点で他と区別されるべきものであろう．くわえて，固有名の意味を，情報の受け渡しを行なう当事者が知っているなにものかと考え，意味を知識と関連させる一方，固有名の場合にはそれが，「表示されるものの与えられ方」であり，「同一性の基準」であることを指摘することによって当事者の心的な過程と独立のなにものかとしても特徴づけることに成功しているように思われる．

3

しかし，ダメットの解釈は，まさにその長所と目される点において破綻が生じているのである．以下では，認識価値と与えられ方とについてのダメットの説明を批判的に検討することによってそのことを明らかにする．

ダメットは，「情報を得る」ということで，「以前には知らなかった何ごとかを知る[14]」という事態を考えている．この事態がダメットの説明に従うといかなるものとなるかを考察してみよう．もちろん，ある命題を自分自身に伝えることによって自分自身に情報を与えるということは「情報を与える」という言葉の本来の用法には属していない．したがって，たとえば，「よいの明星とあけの明星とは同一である」という命題を伝えられた人について，次の三様の場合を別々に検討することになる．（α）「よいの明星」という固有名も「あけの明星」という固有名もまったく理解していない場合．（β）その一方はよく理解しているが他方についてはそうでない場合．（γ）両方の固有名の用法に通暁している場合．（α）の場合，もし「……と——とは同一である」という表現の意味を知っていれば，たしかに，この2つの語が同じ対象の名であるという情報は伝わる．しかし，その同じ対象がどの対象であるかは知られていないから，フレーゲが求めた本来の認識（本稿第1節(C)(b)）ではない．たかだか，2つの語が置換可能であるという記号の使用法を伝えるものとなるであろう[15]．（β）の場合，一方の固有名の用法については熟知しているが他方の固有名ははじめて聞く語であるということであれば，かの同一性命題を言われた相手は，後者の固有名の用法が前者と同じであるという定義を教えられたと言うべきであり，金星に関するなんらの認識も得たことにはならない．さらに，両方の語

の用法に精通している（γ）の場合，ダメットのように意味が固有名の指す対象を決定する手段であると考えると，きわめて奇妙な事態が生ずる．一方の語の用法に精通し，「よいの明星」の指す対象を決定する手段としての意味を知っているならば，まさにそこで指されている金星，すなわち，「あけの明星」とも呼ばれる対象をその「よいの明星」という語が指していることを知っており，しかも，「あけの明星」がその対象を指していることも当然知っている[16]のだから，「よいの明星とあけの明星とは同一である」ということが真ならば，「よいの明星とよいの明星とは同一である」と同様に，伝えられるまでもなくその命題が真であることを知っていることになるであろう．ここに想定した事態は，一見，たんに議論のためにつくり出されたもののように思われるがそうではない．ダメット自身，「発見が一たびなされてしまえば，2つの名のうち一方が落とされるか，両方が実質上同義（in effect synonymous）の語として使用されるようになる」ことを認めている[17]．すなわち，言葉を聞く人の，言語に対する習熟と経験的知識の多少によっては，a＝a の形の命題と a＝b の形の命題とが認識価値において同じであり得ることを認めているのである．

以上の考察のうち，（γ）の場合は，ダメットのように，認識価値を伝えられる情報の有無によって説明し，同時に意味によって固有名の指す対象が決定すると考えることが困難を生み出すことを教えている．一方，（α），（β）の場合についての考察は，そのような場合に伝えられる情報が，語の用法に関するものであることを明らかにしているという点で，ダメットが，第1節で整理したフレーゲの議論の最も重要な点を見逃していることを示唆する．すなわち，その(C)の段階の議論でフレーゲは，同一性命題の表現することが言語の用法であっては事態それ自体の認識とならないゆえに，以前の自分の説明方式は退けられるべきであると論じているからである．したがって，「情報」という概念に頼るダメットの説明は，不整合なものとなるか，フレーゲによってすでに克服された考え方を支持することになるかのいずれかは免れ得ない．

ダメットが，この(C)の議論の意義を見落としているという危惧は，次の点からも強められる．すでに指摘したように，ダメットは，意味とは，われわれが表現を理解する時，暗に把握していたり，知っていたりするものであると論じているが，この点はフレーゲの見解に一致していないように思われる．そも

そもフレーゲは，意味という概念をわれわれの認識活動の一契機として認めようとしているのであり，それ自体をなにか知られ得るものとして考えているのではない[18]．しかももし知られ得るものと考えたとしても，ダメットのようにそれが固有名の指す対象を決定する手段であるとすると，ふたたび(C)(a)におけるフレーゲの指摘の対象となるばかりでなく，指す対象が何であるかを知っているのならば当然その固有名がいかにしてその対象を指すかを知っており，また，いかにしてその対象を指すかを知っていれば，その対象が存在する時それがどの対象であるかを決定できるはずであるから，結局，固有名が指す対象を知っていることとその固有名の意味を知っていることとは同値であることになってしまうのである[19]．

このように重大な困難をもつ理解へダメットを導いたものは何であろうか．以上の分析から明らかなように，固有名の意味はその固有名を使用する本人によって知られ，それを手がかりにしてその固有名を含む命題が伝える情報の価値を判定できるというダメットにとっての前提である．たしかにこの考え方は，固有名の意味をその固有名を使用する人の知識として理解し，不必要な対象化（reification）をしないですむために一見妥当と思われるものであるが，同時にまさに同じ理由によって，個人個人の経験，知識，言語への習熟に依存することになってしまうわけである．しかし，フレーゲにとって，意味というものは，固有名のものであれ，命題の表現するものであれ，「自分の属している言語に十分通暁しているすべての人によって把握される」（SB144頁）ことを原則とするものであった．ダメットによれば，まさに通暁の程度によって，意味は変化することになってしまうのである．したがって，固有名を使う人の使用時の知識と意味を関連させることは，少なくともフレーゲが考えていたことではない．さらに，たとえその点を認めたとして，ダメットのように固有名の意味を対象決定の手段と考えることもすでに述べたような事態を惹き起こし，それ自身整合的とはならないのである．

4

では，固有名の意味が，その固有名が指す対象を同定，決定し，その対象の

同一性の基準であるということはそれ自身においては正しいであろうか．

ダメットは，この疑問に対して肯定の解答を与える理由として，まさに，同一性の基準（criterion, Kennzeichen）という当の用語を使ってフレーゲが固有名を特徴づけている（GLA73頁）という事実を指摘している[20]．たしかに，『算術の基礎』の当該箇所には，1つの記号が数の固有名であるためには，「1つの数をとらえ，同一のものとして再認（wiedererkennen）する」手段すなわち「基準」が必要であることが述べられている．しかし，この同一性の基準をのちに固有名の意味と呼ばれるものと同一視することはできない．なぜなら，同じ脈絡の中で，同一性命題の有意義性が「同一の対象がさまざまな仕方で与えられる（auf verschiedenen Weisen gegeben ist）」という事実によって説明されているからである（GLA78-79頁）．実際，問題の議論は次のように進行している．数の同一性の基準を求める探究は，方向（Richtung）の定義を参考にして進められる．そこで，方向の同一性の基準として「平行である」という概念を考えることが提案され，そのような提案に関する疑念を解決したあとで，そもそも，定義ということは，対象に性質を付与することではなく，たんに記号に対してその指すものを指定するだけであること，そうでないとすると，同一の対象が特定の性質によって一度だけ1つの定義によって導入されることになってしまい，真なる同一性命題はつねに同語反復命題になること，それにもかかわらず有意義な同一性命題があり得るのは，同一の対象が「さまざまな仕方」で与えられながら再認が可能であるからであることが説かれている．この表現と第1節(E)の表現とは偶然の一致ではない．算術の同一性命題が論理主義のフレーゲの立場からすれば分析的でありながらもわれわれの認識を拡張するという事態を理解するために，対象の「さまざまな与えられ方」を持ち出すという展開そのものが，第1節の(A)から(E)への展開に対応するからである．この場合，同一性の基準そのものは，対象を再認すること，すなわち，同一性命題の真理を確立するために必要とされているのであり，命題が有意義であることを説明するためではない．すなわち，第1節の(E), (F)において意味という概念を導入して説明される事態は，「与えられ方」がさまざまであることに起因するとここでも説明されるのである．つまり，同一性の基準はその述べられている当の箇所で意味とはまったく異なる機能をはたしていることになる．

この部分の分析は，さらに重要な洞察をもたらすが，それは次節において扱う．

同一性の基準を意味と考えることは，フレーゲの論述との不一致を離れても独立に奇妙な考え方であるように思われる．「よいの明星」と「あけの明星」を例にとり，考えてみたい．まず，それぞれの固有名がそれぞれの意味，すなわち（さしあたり）それぞれの同一性の基準を表現していると考え，それぞれの意味に従って金星を指しているとする．「よいの明星」も「あけの明星」も金星を指しているのだから，それぞれに対応する同一性の基準はどちらも金星を再認するための基準である．同一性の基準は，対象がさまざまな姿であらわれても再認することを保証するものであるから，同一の対象の同一性の基準は1つしか考えられないはずである．実際もし「よいの明星」は夕方あらわれる金星をその限りにおいて再認する同一性の基準を表現し，「あけの明星」は朝方あらわれる金星をその限りにおいて再認する同一性の基準を表現していたとしよう．この場合，「よいの明星とあけの明星とは同一である」という命題は偽であるか無意味となる．なぜなら，同一の対象は同時刻に同位置にあらわれ得るものであるが，よいの明星とあけの明星とは同時刻にも同位置にもあらわれないからである．また，この命題をあくまで真とするならば，その真理はまさに金星の同一性の基準に訴えてはじめて確立し得るのである．この事情は，「よいの明星と金星とは同一である」と「あけの明星と金星とは同一である」という2つの命題を真とする基準がどちらも金星の同一性の基準であれば，この2つの命題から簡単に導かれる「よいの明星とあけの明星とは同一である」という命題の真理も同様に金星の同一性基準によるものであることからも理解される．

したがって，意味が同一性の基準であると考える人は，同じ対象の固有名はすべて同じ意味を表現すると考えなければならない．この考え方は，意味によって認識価値の差異を説明することを不可能にすることになる．しかも，意味を知っていることが同一性の基準であるとすると，まさにダメット自身の言葉で，「同一性命題は，その真偽を知ることなしに理解できなく」なるのである．

では，フレーゲ自身があげている（第1節(E)），「表示されるものの与えられ方」という規定はフレーゲの意図する意味の概念を十分に表現するものであろうか．テキストに従えば，(F)で示したように，意味は「与えられ方」を含

むとされるだけであり，同一であるとは書かれていない．また，(E)に戻れば，記号の区別が対応するのは「与えられ方のある区別」であり，その「ある区別」がいかなる区別であるかを明らかにしなければならない．この2点は，「与えられ方」という規定では十分といえないことを示している．

さらに，表示されるものが非存在の場合には，与えられるべき対象がないのだから，「与えられ方」もまたなくなるように思われる．この場合，「シャーロック・ホームズとワトソン医師とは同一人物ではない」という，真偽はともかく有意味な命題まで無意味ということになるし，一方，フレーゲ自身は，「もっとも遅く収束する数列[21]」，「オデッセウス[22]」，「ナウシカアー[23]」などの例をあげ，指す対象はなくても意味を表現する固有名が日常言語に存在することを許容している．さらに，実在するかもしれないし実在しないかもしれない「可能的対象」を想定することによって，すべての固有名に「与えられ方」としての意味を確保できるようにも思われるが，実際は無理である．この場合，ある時点までは「可能的対象」であったものが研究の結果非存在ということに決まれば，その時点でそれまであった意味がなくなってしまうことになるし，また，前述の「もっとも遅く収束する数列」のように（数学的に）不可能な対象を表示する表現に意味を認めることは依然として不可能だからである．また，フレーゲ自身にも，「オデッセウス」について，オデッセウスが実在してもしなくても「オデッセウス」を含む命題の思想はかわらないと述べている箇所がある（SB148-9頁）．

ダメットが，固有名の意味をその固有名が指す対象に言及することによって説明しようとする理由は，固有名の意味がたんに諸個人の心像にとどまらない客観性をもっているというフレーゲの一貫した主張（とくに，SB146-7頁）を反映させるためである．しかし，本節の分析が示すことは，(1)もしその意味を同一性の基準のように対象自身に固有の特徴と等値すると，フレーゲが意味という概念に委ねた認識価値の説明が不可能になり，(2)また，対象のわれわれに対する与えられ方を意味としても，指す対象のない固有名を意味を表現するものとしてわれわれが使用していることに説明がつかなくなるという2つの困難である．さらに前節の分析から，このような理解は「情報」という概念を利用して認識価値を説明しようとすると一層奇妙な事態を生じさせがちである

ことが明らかである．

5

　以上の困難の一端が，第1節の(C)の議論を十分に反映させていないことに起因することはすでに述べた通りである．実際，意味を「与えられ方」によって規定するという(E)，(F)の箇所にある「与えられ方」という表現を，(C)(b)にある「表示方法」と同一視し，それをさらに(B)で紹介された考え方をしていた時期の「決定方法」とも同一視するという用語上の融通はその証拠となるように思われる．では，以上の批判的検討からいかなる積極的な示唆を受け取り，正しい理解を求めるべきであろうか[24]．

　ダメットの解釈には，認識価値を個人個人によって判定可能なものと考えるという，いわば検証主義的な方向と，指されるものによって意味を説明するという，いわば実在論的な方向とがあり，それぞれはそれなりに理解できるものの，第3節で生じた不整合性は両者を同時に主張することを困難にするものであった．しかも，後者の方向は，第4節で示したように独自の難点をもち，とくに認識価値の相異を説明する力をもたない．一方，検証主義的な方向を辿れば，一応必要な認識価値の区別はつけられるが，同一の表現がその表現を使用する人物，時点によって変化する意味をもつことになってしまう[25]．このこと自体は理解可能であっても，「同じ言語を使う」ということの中に，指されるものに関する一致だけでなく意味に関する一致も含ませるならば，支持し難い想定である．たしかにフレーゲは，日常の言語において，同じ固有名に結びつける意味が人によって変化する「意味のゆれ（Schwankung）」という現象を認めているが（SB144頁注），これでは，指されるものを欠く固有名について人々が共通した用法を了解している事態は説明できない．しかもこの方向をおしすすめると，フレーゲが厳密に区別しようとした心像と意味とが混同されることになってしまう．なぜなら，この方向で「与えられ方」という規定を見直せば，それぞれの個人に対象が与えられる仕方をもって意味を規定することになり，他人にとっての与えられ方を知り得ない以上は，個人個人の使う固有名の意味は当の個人にしか知られ得なくなってしまうからである[26]．

したがって，ダメットが陥ったこの隘路から脱け出すためには，第3の方向をフレーゲ自身に探らなければならない．前節で同一性の基準に言及した際に明らかにしたように，意味の差異という概念は算術の命題の有意義であることを説明するために『算術の基礎』で導入された．ここで，算術の対象がフレーゲにとっては直観を介して与えられるものでなく悟性に直接与えられるものであること[27]を想起するならば，そこで言及されている「与えられ方」が個々の人の位置や時間とは無縁であり，その対象を指す固有名を定義によって言語に導入するという点だけが問題になっていることが理解される．この場合，固有名の意味は定義する複雑な名の意味によって与えられることになる[28]．この一見当然の事柄は，目下の問題に対して重大な照明を与える．指されるもの自体によって意味を説明するという観点がここでは欠如しているのである．そして，少なくとも，固有名の意味をその固有名が当の言語に導入された経緯まで遡ることによって説明することが必要であることが明らかであろう．「よいの明星」と「あけの明星」についても，同様の理解が可能である．「よいの明星」という固有名は，一定期間夕方西の空に輝く星の存在に動機づけられ，そのような星が再出現したらそれに適用する名前とすることを意図して導入された名前である．このことが「あけの明星」と導入の事情を異ならせる点であり，したがって，「よいの明星とあけの明星とは同一である」という命題が今も昔も，「よいの明星とよいの明星とは同一である」とは異なる認識価値を天文学において有する理由である．このように，導入の経緯が意味を与えると考えれば，前節で問題になった指す対象のない固有名に安定した意味が対応することは不思議ではない．この事情は，フレーゲ自身により，ホメーロスが導入した「ナウシカアー」という固有名を例にとり「現実には何の名でもなく，何ものも指してはいないが，この名前はあたかも一人の少女の名であるかのように振る舞っており，まさにこのことによってこの名前がその意味を確保するのである」と説明されている[29]．この場合には，「与えられ方」は問題にされていない．このことから，「与えられ方」が問題になるのは，上述した算術や天文学など，真理の認識を目的とする言語の場合，すなわち「前提」がある場合であることが示唆される．その場合でも，「与えられ方」のすべてではなく，導入に際して重要と思われた「ある差異」に着目しているのであり，このことは，第1節の

(E)の叙述に応ずるものである．

　固有名の導入の事情に目を向けることは，その意味がその固有名を含む言語に一定のものであり，使用する人や時点によって異ならないことを意味する[30]．固有名を使用する人は，その固有名を自分一人が学んだ用法によってではなく，社会で認められた，場合によっては彼自身知らない意味をもって使用しているのである．これが，「よいの明星があけの明星である」ことをいつ教え込まれても，やはり「よいの明星はよいの明星である」という命題の表現する思想と区別できる理由である．

　意味の考察において導入の経緯に注目することは，本稿で扱ってきた困難を解決するだけでなく，フレーゲ自身が意味を考えた位相を正しく反映するものである．導入の経緯の上述の説明において，しばしば，「動機」，「意図」，「と思われた」などの用語が用いられた点がそれである．これらの用語は，その哲学的分析が最終的にいかなるものとなるかは別として，1つの記号を言語の中に導入するというわれわれの行為の描写にさしあたりは欠くことができない．ところが，まさにここにあげた諸概念こそフレーゲが「意味と指されるものについて」という論文の後半部を費し（SB151-62頁）考察しているものである．その結論は，「と思う」「と信ずる」「に喜ぶ」「を非難する」「を怖れる」「のために」「と命令する」「と頼む」「かどうか疑う」等の表現に支配される文脈の中では，意味が同じである表現ならば命題全体の真偽をかえることなく置き換えられるというものである．すなわち，意味の同一性の基準として，この種の文脈における代入可能性が採用されている．しかも，前述した認識価値の問題も，「……ということはわれわれの知識の拡張である」という文脈中での「よいの明星」と「あけの明星」との代入可能性の問題として統一的に扱うことが可能である[31]．したがって，問題の論文においては，副文章中の代入可能性をもって意味の同一性の基準として採用しようという提案が全体としてあり，その中に以上で問題にしてきた冒頭の部分が位置づけられるべきなのである．

　このようにして，ダメットとは区別される，しかもダメット自身は重視していない方向にフレーゲの考えた固有名の意味を理解することが実り豊かであることを示すことができる．そして，一見もっとも単純に思われる固有名の成り立ちが実は高度に媒介された性格をもつことはもはや明らかであろう．

注

1) 以下フレーゲの著作は次の略号によって示す.
   [SB] 'Über Sinn und Bedeutung,' Ignacio Angelelli (Hrsg.), *Kleine Schriften*, (1967, Hildesheim), pp.143-62.（以下 KS と略す）
   [GGAI,II] *Grundgesetze der Arithmetik*, I, II (1893; 1903, Jena).
   [GLA] *Grundlagen der Arithmetik* (1884, Breslau).
   [BS] *Begriffsschrift* (1879, Halle).
   [NS] Hans Hermes, Friedrich Kambartel u. Friedrich Kaulbach (Hrsg), *Nachgelassene Schriften* (1969, Hamburg).
   [WB] Gotfried Gabriel et al. (Hrsg.),Wissenschaftliche Briefwechsel, (1976, Hamburg).
2) ダメットの著作は次の略号で示す.
   [FPL] *Frege, Philosophy of Language* (1973, London).
   [TOE] *Truth and Other Enigmas* (1978, London).
3) この後者の目的は, 本稿においては不十分にしか達成されていない. それは, 固有名の機能についてさらに広範な検討が必要だからである.
4) 最近ではとくに, S. Kripke, 'Naming and Necessity,' D. Davidson and G. Harman (eds.), *Semantics of Natural Language* (1972, Dordrecht) pp. 253-355. このなかでフレーゲに言及している箇所 (p.277) のうち前半部分はあたっていない. cf. KS. pp. 407-9. また文法的事実については, Carlota S. Smith, 'Determiners and Relative Clause in Generative Grammar of English,' Language, vol 40. (1964) pp. 37-52; Clarence Sloat, 'Proper Nouns in English,' *Language*, vol 45. (1969), pp. 63-76 を参照.
5) この語の用法については土屋「フレーゲの『概念記法』の目的について」『科学哲学12』(1979, 東京) pp. 63-76 を参照.
6) すなわち, 最初の2段落.
7) 定義の場合を考えればよい.
8) このことはテキストからは明らかではないが, この時期にフレーゲが同一性の記号を 'Γ＝Δ' として説明していることから明らかである.
9) たとえば, Quine, *Words and Objects*, (1960, Cambridge) p. 151 をみよ.
10) WB. XIX/1, p. 98.
11) Rudolf Carnap, *Meaning and Necessity* (second edition), (1956, Chicago) pp. 126-9.
12) 以下紹介する内容は, FPL. pp. 93-105 を参照.
13) FLP. p. 155-6.
14) FLP. p. 95. 意味と情報との関係について, 吉田夏彦『ことばと実在』(1971, 東京) pp. 235-47 を参照せよ.
15) もちろんこのこと自体も伝えられなければならない.
16) そうでない場合は (β) に還元される.

17) FLP. p. 97.
18) もちろん,「意味を知る」という日常言語の用法は別途検討すべき課題である. ダメットの誤解の原因は, BS144 頁にある ergreifen という語であろう.
19) この点を容認, 強調して「意味の理論」を構想することができる. cf. David Wiggins, 'Frege's Problem of Evening Star and Morning Star,' Mattias Schirn (Hrsg.), *Studien Zu Frege* II (1976, Stuttgart) pp. 221-55, とくに, 249-55. しかし, ウィギンズの見解は自認するように, フレーゲのものではない.
20) FPL. p. 179.
21) SB. p. 145.
22) ibid.
23) NS. p. 133.
24) もとより, 本稿においては示唆的なものにとどまる. 次の文献を参考にされたい. Christopher Peacocke, 'Finiteness and the Actual Language Relations,' Proceedings of Aristotelian Society (1974-5), pp. 147-65; John McDowell, 'Sense and Reference of Proper Names,' *Mind*, LXXXVI (1977) pp. 159-85.
25) ウィギンズは注 19 で引いた論文で, ダメットの見解の行先がこの「個人差」説になると指摘している (p.251).
26) ダメット自身は, フレーゲも結局こう考えたと言っている (TOE, pp. 424-5). しかし, これは, フレーゲの後期を重視しすぎるように思われる.
27) GLA. pp. 102-2.
28) GGAI. pp. 44-5.
29) NS. p. 133.
30) この機制に関しては, ロックの社会契約説 (Second Treatise, §73 に学ぶところが大きい.
31) ウィギンズの論文 (注 19) (pp. 237-41) に学んだ.

フレーゲの計算機科学への影響

佐藤雅彦

　フレーゲが現代的な論理学の成立および数学の形式化に甚大な影響を与えたことは論を待たない．このことの自然な帰結として計算機科学の成立および発展にも影響を与えてきていると考えられるが，本稿ではいくつかの具体的事例について，著者自身が関係する事柄を中心に議論してみたい．

　フレーゲの業績の真価が理解され受け入れられるには相当の時間を要し，その間にロジックの標準的なテキストが数多く出版されたこともあり，さらに計算機科学が数学から誕生したことを合わせると，フレーゲの計算機科学への直接的な影響を見ることは容易ではない．したがって，一部間接的な影響であると著者が考える事項も交えて考察を行う．

　以下では議論を7つの節に分けて進めるが，話を整理するために，1900年から2005年までの105年間を35年ずつ3分して議論する．

1900-1935
1. フレーゲの構文論と意味論
2. 論理主義，形式主義，直観主義

1935-1970
3. チャーチのλ計算
4. プログラミング言語の意味論

1970-2005
5. Aczel のフレーゲ構造
6. マーティンレーフの型理論

7. 現在から未来へ

このように3分する理由は，これら3つの時代を（数学の一分野としての）計算機科学の視点から見たときに，最初の時代（1900-1935）は**論理の形式化の時代**（数学の危機の時代）であると考えられる計算機科学以前の時代であり，次の35年（1935-1970）は**計算の形式化の時代**（計算可能性概念の整備とコンピュータの登場）と考えることができ，最後の35年（1970-2005）は**計算と論理の融合の時代**（プログラムの理論の誕生と発展）と考えられると思うからである．

なお，本稿では，フレーゲの『算術の基本法則』以降の考えにしたがって，「水平線」は関数名であるとして議論する．

1　フレーゲの構文論と意味論

まず，フレーゲの構文論と意味論で計算機科学との関連で著者が重要であると考えるものを列挙しておきたい．なお，フレーゲの意味論に関して Sinn と Bedeutung の区別は重要であるが，ここでは区別の必要がある場合を除いてこれらを合わせてフレーゲの意味論ということにする．

1.1　木構造による構文の表現

フレーゲによる命題や判断の二次元表記は，印刷の困難や場所をとる等の理由で，一般的なものとはならなかった．たとえば

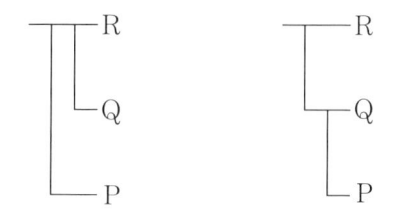

は，それぞれ，通常の表記では命題 P⊃(Q⊃R) および (P⊃Q)⊃R に対応する．フレーゲの表記の，現代的表記に対する利点は，括弧なしの表記でありながら，命題の表記から構文的構造を一意的に読み取ることができる点にある．現在形

式化された言語で一般的に最もよく用いられているのはプログラミング言語やLaTeXのような文書整形のための言語である．これらの言語の処理系においては，意味解析に先立って，構文解析の段階がある．構文解析は，書き手が構成（synthesis）した一次元の文字列を，計算機による意味解析処理系に与えるために解析（analysis）をおこなう．構文解析の結果として計算機内部に実現される構造は木構造とよばれるデータ構造を持っているが，フレーゲが導入した表記はまさにこの木構造と同型な構造をもっていることは注目すべきことである．実際，上の命題をそれぞれ時計回りに90度回転してみるとふたつの二分木が得られる．（計算機科学では木の根を上に書く習慣があるのでそのようにした．）これらの木の構造が，通常の表記のP⊃(Q⊃R)および(P⊃Q)⊃Rを構文解析した結果を表している．

現実には命題の一次元表記がほとんどの場合に使われているため，今でも多くの論理学の教科書では，括弧までも含めた記号の一次元の並びのことを構文的対象としての命題（論理式）として扱っていることが多い．しかし構文の本質的な部分は，まさにフレーゲが指摘したように文（命題）が，それ自体は不飽和である関数名を対象の名前である固有名（Eigenname）により補完することにより構成（synthesis）されていることである[1]．したがって，このような構成の過程を曖昧性なく解析できる二次元的な表記をフレーゲが採用したことは自然なことであると考えられる．

λ計算に示唆を得て，プログラミング言語Lispをデザインしたマッカーシーは1962年に，通常の文法規則のように構成的（synthetic）ではなく，解析的（analytic）に構文を定義する抽象構文（abstract syntax）の概念を提案した[12]．フレーゲの記法がマッカーシーの抽象構文で規定される構文的対象と同型に対応することは，フレーゲが構文の構造的な本質を既に解析的に把握していたことを示していると考えられる．

ちなみに，フレーゲの表記はかつては印刷屋泣かせであったが，現在ではLaTeXのような文書整形システムにより容易に記述できる．たとえば，上の最初の例は，LaTeXのスタイルファイルbegriff.sty[14]を利用して，以下のように記述したものである．

```
\BGconditional{P}{\BGconditional{Q}{R}}
```

LaTeX は一種の関数型言語とみなすことができ，実際，フレーゲの意味での関数名 $\underset{\zeta}{\xi}$ が LaTeX のコマンド\BGconditional{#1}{#2}により実現されており，それらの抽象構文は同型であることを見ることができる．

1.2 対象言語とメタ言語の区別

フレーゲは対象言語とメタ言語の厳格な区別をしているが，それと同時に彼の体系の提示にあたっては，現代の論理学で一般的なタルスキ流の対象言語とメタ言語を完全に分離した形での意味論は展開していない．すなわち，フレーゲは構文論とその意味論を不即不離な形で呈示している．筆者は，その理由は，フレーゲにとって彼の概念記法は思想（Gedanke）を表現するために，不完全な自然言語を置き換えるものとして用意された言語であるからであると考える．実際フレーゲは『算術の基本法則』[7]で概念記法の自然言語による説明が完了すると，概念記法を実際に使用して数学を展開している．これは，通常のロジックの教科書では対象言語としての形式的な証明体系はメタ言語による説明があるだけで，ほとんど使われることがないことと対照的である[2]．

現代においてもマーティンレーフは彼の型理論をフレーゲと同様な方法で呈示しているし，1930 年代のゲンツェンもそうである[3]．これらの人達に共通することは，数学者が自然言語を用いて数学を記述するという言語行為を深く観察し，それをより精密な形で形式化したことである．ゲンツェンの自然演繹の体系とフレーゲの体系との類似性が指摘されている[4]ことやマーティンレーフの型理論もゲンツェンの自然演繹を発展させたものになっていることは，いずれも自然言語による数学の記述をよく観察した結果であるとすれば納得できることである．

フレーゲはギリシャ文字，ラテン文字，ドイツ文字を巧妙に使い分けている[5]が，とくに彼のラテン文字の使用法は現代の標準的な形式的体系でも見られないものである．これについては，後の節で型理論等の関係で詳しく議論するが，彼の意味論と深く結びついている．すなわち，判断は，水平線ではじま

る表現について，それが真を表す（Bedeuten）という主張力（assertoric force）を込めて，その直前に判断線を追加した表現であり，推論はつねに判断から判断を導くものであるということと密接に関係している．

1.3 判断を単位とする推論

直前で述べたように，判断を単位として推論が進行することがフレーゲの体系の特徴であるが，これもやはり，自然言語による数学の記述の観察に基づくものであると考えられる．すなわち，数学の証明は日常言語の文章によって綴られているが，そこで，それぞれの文の正しさを承認するという行為を続けることにより人は与えられた証明の正しさを承認するのである．ただし，通常の証明では，複数の文があるひとつの文脈，すなわち，その時点で仮定されているいくつかの命題や変項に依存して証明が進行するが，フレーゲにおいては，そのような文脈も判断の一部として取り込まれている．すなわち，フレーゲの判断は，単独でその意味を理解できるという完結性をもっているのである．

1.4 関数の不飽和性

関数の不飽和性はフレーゲの体系の極めて重要な特徴であると考えられる．マーティンレーフは一時，これに着目して式の理論を展開したが，これを除いては関数の不飽和性が形式体系の展開には影響を与えていないように思える．筆者は最近関数の不飽和性に基づいた式の理論について考察しているので，節を改め議論する．

2 論理主義，形式主義，直観主義

フレーゲの論理主義は，算術を論理に還元することを目標とした．その目標自体は達成できなかったが，目標達成のためにフレーゲが行った，論理の形式化は，コンピュータが現実のものとなった現代において，より重要性が増している．また，ラッセルが論理主義の立場でラッセルパラドックスを回避する目的で導入した型理論は，後にチャーチにより単純型の理論として整備され，後の構成的型理論の基礎となった．しかし，同時に論理主義による数学の展開は

現代の数学者の興味の対象ではなくなっている．

　ヒルベルトの形式主義は，「数学の危機」を解消するために提示した彼のプログラムが，ゲーデルにより，本音（プラトニズム）と建前（証明論）の融合に失敗し修正を余儀なくされてしまった．しかし，一般の数学者の考えは今もヒルベルトと同じであり，言語や論理を意識しないで「数覚」（小平邦彦の用語）を頼りに数学を実践している．ヒルベルトは本音においてはフレーゲ的で，建前の証明論を実践するメタ数学においては構成的な方法を採用した．ヒルベルト流の証明論は通常の数学の一部に取り込まれていて，哲学的な議論なしに遂行されている．

　ブラウワーの直観主義は，そのままの形では，受け継がれていないが，構成的型理論として計算機科学に強い影響を与えている．そして，マーティンレーフによる構成的型理論の構築にはフレーゲの思想の影響が大きいと考えられる．この点については6で考察する．

3　チャーチの λ 計算

まずはフレーゲが『算術の基本法則』[6] で関数について語っている部分を引用してみよう．

If we are asked to state the original meaning of the word "function" as used in mathematics, it is easy to fall into calling function of x an expression, formed from "x" and particular numbers by use of the notation for sum, product, power, difference, and so on. ⋯⋯ But now, there occurs in the expression the letter "x", which does not denote a number as the sign "2" does, for example, but only indeterminately indicates one. For different numerals that we put in the place of "x" we obtain in general different denotations. For example, if for "x" in the expression

$$"(2+3x^2)x"$$

we substitute the numerals "0", "1",....

これに対して，λ計算の創始者チャーチは [3] で次のように述べている．

To take an example from the theory of functions of natural numbers, consider the expression $(x^2+x)^2$. If we say, "$(x^2+x)^2$ is greater than 1,000," we make a statement which is meaningless unless x is determined as some particular number.

一見したところ，これらは内容的に近い文章である．チャーチは上記文献 [3] でフレーゲを引用していないが，後の [4] にあるようにチャーチはフレーゲに深い関心があったことから，λ計算のアイディアを得るときに既にフレーゲによる関数概念の分析を知っていた可能性があるとも考えられる．筆者はその可能性は十分にあると思っていたが，たまたま2005年の春に Roger Hindley 氏からスコットによる論文 [19] の存在を教えられた．それによれば，スコットも筆者と同様に考えてそのことを [19] で述べたところ，その原稿についてチャーチから以下のコメントを得たそうである．

To the best of my recollection I did not become acquainted with Frege in any detail until somewhat later than the period about which Scott is writing, say 1935 or 1936.

[3] の出版は1941年であるがチャーチがλ計算を考案したのは1920年代の後半なので，上に引用したチャーチの文章にもフレーゲの影響はないと考えるのがよさそうである．

　フレーゲもチャーチも変項を含む表現は変項の意味が確定しないと表現の意味も確定しないという指摘をしている．ただし，フレーゲにとっては関数の表現は補完を要する不飽和なものであり，補完に用いることのできるものである対象（Gegenstand）と峻別されている．チャーチにとっては，関数も対象である．とくに純粋なλ計算においては，扱われるすべての対象は関数である．

したがって，チャーチにとっては表現$(x^2+x)^2$から x を抽象して得られる $\lambda x.(x^2+x)^2$ は関数の表現となる．フレーゲの表記を用いて，これと同様の表現 $\acute{\varepsilon}(\varepsilon^2+\varepsilon)^2$ を得ることができるが，これは関数の表現ではなく，関数の値域の表現であるという違いがある．

チャーチはまた 1940 年に [2] において，単純型をもつ型理論を構築しており，この型理論は後にプログラミング言語の研究に多大な影響を与えてきている．チャーチは [2] においてもラッセルには言及しているがフレーゲには言及していない．しかしながら，チャーチの型体系の基礎となる型は命題 (proposition) の型と個体 (individual) の型であり，これはフレーゲによる文の解析と深く関係していると考えられる．

4　プログラミング言語の意味論

プログラミング言語の意味論は，そのアプローチの方法により公理的意味論，表示的意味論，操作的意味論の 3 つに大別することができる．やや強引かもしれないが，筆者はこれら 3 つの意味論は，20 世紀初頭の数学に対する 3 つのアプローチ，形式主義，論理主義，直観主義に対応させることが可能であると考えている．

すなわち，公理的意味論は，プログラムの意味を，その実行以前に成立していることと実行後に成立していることとの関係を公理的に記述する意味論である．これは意味をいわば間接的に規定するものであり，形式主義のもとで数学が形式化されたのと同様にプログラムの性質を形式的に扱うことを可能にする意味論である．

表示的意味論 (denotational semantics) はプログラム，とくに関数を扱うことのできる関数型言語のプログラム，に対して，そのプログラムが表示 (denote) する対象をプログラムの意味とするものであり，フレーゲが言語表現に対してその意味 (Bedeutung) を考えたことと同様数学的プラトニズムのもとでの意味論である．

操作的意味論は言語表現としてのプログラムを直接扱って，その動作を言語表現の間の関係として構成的に定める意味論であり，その理論の発展にも構成

的型理論等，構成的数学との関係が深い意味論である．これらの意味論の中で，操作的意味論が現実のプログラムの動作を最も忠実に表現しているために，現在では最もよく使われており研究もされている．操作的意味論において，フレーゲとの関連で注目すべきことは，プログラムの計算過程を項の間に成り立つ関係としてとらえ，そのような関係を記述した判断を導くための推論規則により意味を与えていることである．

5　Aczel のフレーゲ構造

Peter Aczel ［1］は『算術の基本法則』においてラッセルパラドックスが発生する理由について技術的に分析し，フレーゲの水平線にその原因があるとした．すなわち，水平線により任意の対象（の表現）a に対して，―a は命題（proposition）となり，―a が真となることと a が真となることが等価になる，というところにパラドックスの原因を帰した．Aczel は命題でないものに対しても真理値を定めることがないように，対象全体の一部としての命題を考えた．

Aczel はこのようにして，概念の外延としての「集合」を定義することができ，とくに対象全体の集合は表現できるが，命題の概念を構造の内部で定義できないために命題全体の集合や真な命題全体の集合は表現できないという性質を持つ数学的構造を定義しフレーゲ構造と名付けた．フレーゲ構造は型のない λ 計算のモデルから構築することができ，ラッセルパラドックスは回避することができる．フレーゲ構造における命題は対象変項についての量化のみが可能であり，フレーゲが目指したような高階論理を用いた算術の論理のみによる展開は不可能である．その意味でこのような構造を「フレーゲ構造」と名付けることには問題があるかもしれない．

さらに，フレーゲ構造は，マーティンレーフの直観主義的型理論を解釈できるという性質がある．また，筆者はフレーゲ構造に帰納的定義の機構を追加し，さらに命題だけでなく証明を直接対象として扱うことのできる構造を［16］において与えた．このように，フレーゲ構造は算術を論理に還元するという論理主義を再興するものではないが，集合を概念の外延として定義するという意味での論理的アプローチは共有しており，直観主義論理とも整合的であるという

点で興味深い構造である．

6　マーティンレーフの型理論

マーティンレーフ［12］は，フレーゲと同様，判断は主張力を持つとし，判断から主張力を除いて得られる命題と区別し彼の型理論を展開した．型理論におけるそれぞれの推論はすでに得られた判断から新しい判断を得るものであり，真な命題から真な命題を獲得することを可能にする．推論規則のうち導入規則と呼ばれる規則は，当該の規則により導入される概念や論理関数についての真理条件を定める役割も果たしている．このようにマーティンレーフの型理論は形式と意味が相互に依存しながら展開されており，フレーゲの影響を強く受けていると考えられる．

マーティンレーフはまた仮定付判断（hypothetical judgment）とよばれる判断形式を計算機科学における一般的な用語として定着させることにも寄与している．本来，判断はそれ単独で意味が定まるものであり，したがって，判断の記述には自然に様々な仮定が必要となる．通常はこれらの仮定は議論の文脈の中で暗黙の内に仮定されるが，仮定付判断はそれらの仮定をすべて明示的にひとつの判断に記述したものとなる．一方，フレーゲの判断は，まさにそのような仮定をすべて明示的に記述したものであり，マーティンレーフによる仮定付判断はフレーゲの判断表現を現代に再興したものといえる．さらに言えば，マーティンレーフの型理論はゲンツェンによる自然演繹の体系の拡張とも言えるものであり，自然演繹の推論規則も仮定付判断から仮定付判断に移行する規則と見ることができる．

マーティンレーフはまたフレーゲによる関数の不飽和性を取り入れた式の理論（theory of expressions）を展開している［14］．マーティンレーフの式の理論は，彼の型理論を記述するときの表現形式についての理論であるが数学的には単純型をもつ一種の型理論であり，マーティンレーフの最近の型理論では採用されなくなっている．式の理論は，本来，意味を排除して形式的に判断を表現するための構文的な構造を定めるものであり，マーティンレーフの式の理論はそのためには不要な構造まで与えていると見ることができる．筆者はこの

式の理論を簡易化した式の理論を現在構築中であり，これについては次節で議論する．

7 現在から未来へ

フレーゲは関数の不飽和性を利用して文を関数名とそれを補完する（いくつかの）項（Argument）に分解した．これは文を理解するための分析的なアプローチであるが，文を構成するときの過程も示唆していると考えられる．すなわち，ある対象（たとえば 2）がある概念（たとえば偶数の概念）にあてはまることを表現する文は，偶数を表現する関数名（たとえば Even（ξ））の項場所（それは現在メタ変項ξで占められている）を項 2 で補完することにより得ることができ，このようにして，文 Even(2)が完成する．

フレーゲがこのようにして導入した概念記法という名前の言語は，その記法の表面的な複雑さのために直接は採用されることはなかった．しかし，既に見たように，フレーゲの記法は通常の記法よりも抽象度が高く無駄のない記法である．それだけではなく，その記法は，最近の計算機科学で様々な形式体系をコンピュータ上に実現するための論理枠組（logical framework）とよばれる形式的な枠組で採用されている高階抽象構文（higher-order abstract syntax）を先取りしたものとみなすこともできる．論理枠組における高階抽象構文は [9] においてマーティンレーフの式の理論やチャーチの単純型理論にヒントを得てつくられている．また，[9] では参照されていないが，Aczel のフレーゲ構造においてもチャーチと同様の高階抽象構文が用いられている．

筆者はフレーゲが高階抽象構文を先取りしたばかりでなく，いくつかの点で高階抽象構文を超えていると考えている．その理由は以下のようである．まず，高階抽象構文は，マーティンレーフの式の理論と同様型理論に基づいて構文を記述しているために，マーティンレーフの式の理論と同様の構文の記述には不要な構造をもっており必要以上に複雑なものとなっている．また，高階抽象構文は，変項の抽象を必要とする構文的対象をすべて λ 抽象で表現するものであり，論理枠組のユーザを変項への項の代入のときの変項の衝突といった，構文的にやっかいな様々な問題から解消するという長所があるが，ユーザから解放

された問題はシステムとしての論理枠組に移動しただけで，問題の本質的な解を与えているものとはなっていない．これに対して，フレーゲは自然言語をメタ言語として概念記法の構文的性質や操作を説明しているが，「変項」という代入操作においてやっかいな問題を発生させる元凶ともいえる概念をまったく用いずに巧妙かつ正確に説明を行っている．変項のかわりにラテン文字，ドイツ文字等を使い分けて用いていると同時にラテン文字は主張力をもつ判断の中でしか使用をしないという制限を設けることにより，ラテン文字に自由変項的な役割や束縛変項的な役割を適宜持たせることに成功している．また，関数表現の一部に用いるギリシャ文字はメタ変項として機能すると同時に，項場所を指定するための「空所（place holder）」としても機能している．これにより高階関数表現の代入といった，本来，正確な定義に高度な技巧を要することも見事に処理ができている[6]．また，このような概念記法の自然な説明が可能になった理由として忘れてはならないことは，判断がそれ単独で意味が決定される，したがって自由変項をもたない閉じた表現であるということである．たとえば，ラテン文字を含む判断があるとき，一見したところこれらのラテン文字は判断中の自由変項のように見えるが，意味を考えると，これらのラテン文字についての普遍的な性質を主張する判断であることがわかる．また，推論規則の適用における代入操作についても，代入される表現は閉じた表現となり，通常の代入における変項の衝突を避けるための工夫も不要になる[7]．

　フレーゲは形式的言語体系としての概念記法を自然言語を（メタ言語として）用いて説明した．形式体系を最終的に説明するために自然言語が必要であることは現在でもそうである．しかしながら，フレーゲによる量化記号をもつ形式体系の確立以後，数学に関連する様々な形式的体系が提案されており，さらに近年においては莫大な数のプログラミング言語が提案され実際にも使用されているという状況において，これら莫大な数の形式的言語をすべて自然言語で正確に説明することは不可能に近いことである．このような状況を打開するための方法論として提案されたのが操作的意味論である．操作的意味論はプログラミング言語の意味を説明するための形式的メタ言語を提供するものである．この形式的メタ言語の説明は自然言語を（メタメタ言語として）用いてなされるが，（ほぼ）同一の形式的メタ言語を用いて様々なプログラミング言語の意味

を記述できるため自然言語の出番を減らすことに寄与している.

先に紹介した論理枠組は,プログラミング言語だけでなく様々な形式的論理体系に対する共通のメタ言語として考案されたものであるが,既に述べたような欠陥がある.筆者は同様のことを実現する枠組として自然枠組(Natural Framework)[17, 18]を提案してきている.自然枠組は何度かの改訂がなされているが,最近の改訂では,関数の不飽和性に基づく式の理論を基にして判断を表現できるようになっている.この式の理論はマーティンレーフの式の理論やEvans[5, 10]による文法カテゴリーによるフレーゲの判断の分析を簡単化したものである.

以上見てきたように,フレーゲによる概念記法の確立は計算機科学に直接的ないし間接的に大きな影響を与えており,その結果,ようやくフレーゲが目指したような隙間のない推論による数学の証明の構築が計算機上で可能になろうとしている.すなわち数学の真の意味での形式化が可能になろうとしているが,そのためには深い考察に基づく形式的メタ言語が必要である.このような言語の設計,実現にあたっては,今後もフレーゲの哲学は影響を与えつづけるであろう.

注

1) 関数が高階の場合は事情は若干複雑になるが同様に考えることができる.
2) 本当に使われるとメタ変項は消滅するはずであるが,通常の教科書では終始メタ変項を使って証明体系について言及している.
3) ゲンツェンは無矛盾性証明等ヒルベルトのプログラムにそった証明論を展開しているが,その道具として開発した自然演繹の体系の構築においてはフレーゲと同様,論理が本来もつ意味を考えていた.ちなみに,ゲンツェンは自然演繹の体系を最初に提示した論文[8]において,フレーゲ,ラッセル,ヒルベルトにより開発されてきた形式体系は実際の数学の証明とかけはなれていると指摘している.しかしフレーゲの概念記法がゲンツェンの自然演繹と多くの共通点があることからすると残念ながらゲンツェンもフレーゲの二次元表記を真剣に理解しようとしなかったようである.
4) [7]の野本による編者解説参照.
5) フレーゲの文字の使い分けについては,最近出版された[11]に興味深い分析がある.

6）ただし現代数学の基準からすれば，フレーゲの説明は十分に厳密であるとはいえない．これを十分に厳密にし形式化することは重要な課題であると考えられる．

7）文字の名前の組織的な変更は別途必要であるが，これはフレーゲも述べていることである．

参考文献

[1] P. Aczel, Frege structures and the notions of proposition, truth and set, in *The Kleene Symposium*, North-Holland, 1980.「フレーゲ構造と命題，真理，集合の概念」土谷岳士訳，岡本賢吾・金子洋之編,『フレーゲ哲学の最新像』，勁草書房, 2007.

[2] A. Church, A formulation of the simple theory of types, *J. Symbolic Logic*, 1940.

[3] A. Church, *The Calculi of Lambda-Conversion*, Princeton University Press, 1941.

[4] A. Church, *Introduction to Mathematical Logic*, Princeton University Press, 1956.

[5] G. Evans, *The Varieties of Reference*, Clarendon Press, 1982.

[6] G. Frege, *The Basic Laws of Arithmetic*, University of California Press, 1964.

[7] G. フレーゲ,『算術の基本法則』，野本和幸編，フレーゲ著作集 3, 勁草書房, 2000.

[8] G. Gentzen, Investigations into logical deduction, in *The Collected Papers of Gerhard Gentzen*, North-Holland, 1969.

[9] R. Harper, F. Honsel and G. Plotkin, A framework for defining logics, *J. ACM*, 1993.

[10] 飯田隆,『言語哲学大全 I』, 勁草書房, 1987.

[11] D. Macbeth, *Frege's Logic*, Harvard University Press, 2005.

[12] P. Martin-Löf, *Intuitionistic Type Theory*, Bibliopolis, 1984.

[13] J. McCarthy, Towards a mathematical science of computation, in *Proceedings of the IFIP '62 Congress*, 1963.

[14] B. Nordström, K. Petersson and J.M. Smith, *Programming in Martin-Lof's Type Theory*, Clarendon Press, 1990.

[15] J. Parsons, begriff.sty,（概念記法のための LaTeX パッケージ）.
http://www.tug.org/tex-archive/macros/latex/contrib/begriff

[16] M. Sato, Adding proof objects and inductive definition mechanisms to Frege structures, in T. Ito and A.R. Meyer eds., *Theoretical Aspects of Computer Science, International Conference TACS '91 Proceedings*, Lecture Notes in Computer Science 526, Springer, pp. 53-87, 1991.

[17] M. Sato, Theory of judgments and derivations, in S. Arikawa and A.

Shinohara eds., *Progress in Discovery Science*, Lecture Notes in Artificial Intelligence 2281, Springer, pp. 78-122, 2002.
[18] 佐藤雅彦，計算と論理のための自然枠組 NF/CAL,『コンピュータソフトウェア』, vol. 23, No.3（2006），pp.3-13, 日本ソフトウェア科学会.
[19] D. Scott, Lambda calculus: some models, some philosophy, in *The Kleene Symposium*, North-Holland, 1980.

「命題」・「構成」・「判断」の論理哲学
―― フレーゲ／ウィトゲンシュタインの「概念記法」をどう見るか

岡本賢吾

1

現代の分析哲学的な言語哲学や論理哲学の議論では，必ずしも重要な仕方で適用されることはない――と言うより，色々の哲学的問題点や困難を伴うものであるため，正面からコミットすることは避けた方が賢明だと見なされることが多い――が，しかしこの分野の創設者，つまりフレーゲ，ラッセル，ウィトゲンシュタイン（大まかに言って「論理主義」という呼称で括ることのできる哲学者）の論稿において際立った役割を演じている，いくつかの概念がある．すなわち，「命題（Satz, proposition）」，「思想（Gedanke, thought）」，「意義（Sinn, sense）」，「写像（Abbildung, mapping）」，「像（Bild, picture）」，更には「判断（Urteil, judgment）」，「主張（Behauptung, assertion）」といったものがそれである（ただし周知の通り，「Satz」というドイツ語は，フレーゲの用語の場合に限っては，英語で「sentence」，日本語でも「文」と訳出されるのが通例であり，以下でも，フレーゲの用法を念頭に置く場合は，「命題」ではなく「文」とする）．一言でまとめておけば，これらは，上の３人の各々において（必ずしもその全員において，それら全部が取り扱われているわけではないが），言語の基礎的な――大まかに言って，構文論及び意味論上の――構造と機能を説明するために役立てられるものであり，M・ダメットの用語を借りるならば，「意味の理論（theory of meaning）」の領分に属する根本概念だと考えてよいだろう．

ただしもちろん，上のように言っても，これらの概念すべてが現代の分析哲学において退けられたり，避けられたりしているわけではない．実際には，問題の脈絡や論者の相違によって，そのうちの一定の部分が（明確化や再定義を

施された上で）採用され，適用されており，とりわけ周知の通り，「文」（proposition とは区別された sentence）の概念は現在の言語哲学においてほとんどあらゆる場面を通じて基礎的なものとして受け入れられている．また例えば「主張」の概念が，特に言語行為論において詳細な研究対象とされていることも言うまでもない．しかし同時に，このような場合にも，（事の良し悪しはともかくとして）先の3人においてこれらの概念に与えられた元来の意味合いや役割は，必ずしもそれ自体として十分に保存されているわけではなく，むしろそうした元来の意味合いや役割は，現在の基準に照らして受け入れ可能なものへとかなりの程度改訂され，変容させられているのが通常だと思われる．

さて，こうした事情を踏まえた上で，ここで若干検討してみたいのは次のような問題である．すなわち，もしも，彼ら3人の「意味の理論」をできるだけ元来の姿に忠実に，系統的に，そして現代的な尺度に照らして興味を持てるような仕方で——更に，可能であればより発展性のある問題提起や，洞察を見出しうるような仕方で——解釈し直そうとするならば，その場合，一体どのような方策を採るのがよいか，ということである．この問題に対して，とりあえず本稿では次のような提案をしてみたい．すなわち，彼ら3人の間では重要であったはずにもかかわらず，現在我々の間では見落とされてしまっていると思われる（いわばミッシング・リングとなっている）或る一つの概念を改めて導入し，それを通じて3人の「意味の理論」の一定の部分を検討し直してみる，ということである．では，そのようなミッシング・リングとは何か．それは端的に言えば，証明（Beweis, proof）の概念，あるいは構成（Aufbau, construction）の概念に他ならない．

ただ，この意見を十分な仕方で裏付けるだけの余裕はないので，ここではひとまず考察対象を，いわばモデル・ケースに絞り込んで考え，筆者の意見がそれほど的外れなわけではなく，また，いっそう拡張して適用できる見込みもあるということを示したい．モデル・ケースとして以下で取り上げようとするのは，フレーゲと，そして初期のウィトゲンシュタインである．

さて，一見すると，フレーゲにおける「意義」「思想」「写像」「判断」も，また『論理哲学論考』期のウィトゲンシュタインにおける「意義」「思想」「像」「判断」も，（そもそもまず，これらに関する両者の用法や捉え方の間に重大な相

違があるわけだが，それは後に譲るとして）各々の理論において，基礎的な位置を占め，互いに連関し，多様な問題との関わりで適用されているために，僅かに証明，構成という概念を1つ持ち込んだだけでは，何の明確な見通しももたらされることはないように見える．しかし，ここでまず指摘したいのは，そのように見えてしまう理由のかなりの部分は，実は，次の2つのポイントが忘れ去られがちであること，あるいは過小評価されすぎていることに由来している，ということである．

その第1のポイントとは，まずフレーゲの場合，実はいま名を挙げた4つの概念のうちで彼が最初に重要性を認めたのは，一見最も派生的にも見える「判断」の概念であったということ，そしてむしろ，この「判断」の概念についての検討を深める中で，彼は「意義」及び「思想」の概念の導入にまで到ったと考えられる，ということである．したがってまず，「判断」に比重を置くことで，4つの概念の相互関係を整理するための一定の道筋が見えてくるということを期待してもよいであろう．ただし他方で，このように述べた場合，フレーゲ解釈としては或る程度賛同を得られるとしても，ウィトゲンシュタイン解釈に関しては的外れだという指摘を受けるかも知れないので，それについて一言補足しておく．

確かに『論理哲学論考』においては，フレーゲ的な「判断」（及び「判断線」）に関する厳しい批判は見られるものの，ウィトゲンシュタイン自身の所説の中では「判断」は，完全に消失している．これはその通りである．しかし同時に，だからといって判断概念がウィトゲンシュタイン解釈に何ももたらさないわけではない．とりあえず断言してもよければ，実はフレーゲとウィトゲンシュタインの間には，広範にわたって「双対」性がある．フレーゲは必然性で，ウィトゲンシュタインは可能性，フレーゲは正当化条件で，ウィトゲンシュタインは反証条件，等々．この事情はもちろん両者の命題概念の特性にも反映されている．フレーゲ的判断／承認についても，ウィトゲンシュタイン的要求（claim）（これは「命題」が「言う（sagen）」という考えに見られる）が存在するのであり，これは興味ある話題ではないかと考える．

次に第2のポイントとは，以下のようなことである．すなわち，以上のようなものとしての「判断」概念は，まさに証明ないし構成の概念に直結しており，

実はフレーゲにおいて「判断」概念が重視されたのは，彼が証明ということに対してとりわけ重要な問題意識を持っていたという事実による，ということである．ただし，この点に関しては，問題の見通しを悪くさせている事情があることを直ちに指摘しておくべきだろう．というのは，現在我々の間に浸透し，馴染まれている論理体系——すなわち，標準的な述語論理（predicate logic）の諸体系——に即して考える限り，「判断」という概念がなぜ証明と本質的な結びつきを持つかという理由が，ほとんど理解不可能となってしまい，まさにそのために，フレーゲが何を問題としていたのかも，現在の我々からは直ちには見て取ることが困難となっているからである．

　ところが他方で，興味深いことに，こうした標準的な論理体系から目を転じて，近年急速に発展している理論コンピュータ科学（とりわけプログラミング言語の意味論）の分野——このような名称は，技術的・工学的なアイデアと動機が前面に立つ研究領域という印象を与えるかもしれないが，それは少々皮相であり，実際にはこの分野は，多くの人が「数学基礎論」とか「論理哲学・数学の哲学」といった語の下に理解するような概念的・哲学的な内容を，大変豊富に含んでいる——を参照してみると，事情はまったく異なることが判る．というのは，この分野のうちで，標準的な論理体系に取って代わるものとして登場している新たな形式体系，すなわち，いわゆる現代タイプ理論（型付ラムダ計算の諸体系）においては，証明の概念そのものが詳細な論理的分析の対象とされ，更には，後に説明するフレーゲ的な「判断線（Urteilsstrich）」及び「内容線（Inhaltsstrich）」にほぼそのまま対応する形式的な装置が，極めて本質的な働きをするものとして導入されているからである．

　そこで，少々図式的になりすぎるが，いま述べた点を踏まえてもう一度，事情を説明し直してみよう．要するに，(1)現代的タイプ理論を参照してみると，フレーゲがなぜ「判断」にこだわり，この概念をどのように証明概念と関係付けて理解していたのかが，かなり判明になってくる．(2)また，上で第1のポイントとして挙げた事柄，すなわち，「判断」概念についての考察が彼を「意義」及び「思想」の導入へと導いたという事実についても，その理由や趣旨を，こうした証明概念との関わりを踏まえることによって見通しのよい仕方で理解することが可能となる．(3)更にとりわけ，現在の我々から見て一見判りづら

く問題の多いものに思える，「文」そのものから区別された「思想」なるものの導入ということが，実際のところ十分首肯できる根拠を持つことも説明可能となる，ということである．

　他方で，このような理解に基づいてウィトゲンシュタイン的な「命題」「思想」「像」の概念を見直してみれば，その解釈に一定の興味ある影響や帰結が生ずることも十分期待してよいだろう．上でも触れた通り，確かに『論考』においては「判断」概念は消失しており，また証明概念そのものについても，直接には，例えば「論理学における証明とは，単に，複雑なトートロジーの場合に関して，それがトートロジーであることの認識をより容易にする働きをするだけの，機械的補助手段にすぎない」（TLP 6.1262）といったように，きわめて否定的な所見が述べられている．しかしながら，こうした彼の見解の背後には，実は，或る意味で，証明の構成そのものを自らのうちに"飲み込んで"しまうくらいに豊かな構造を付与された，他ならぬ「像」（としての「命題」）の概念が控えていることを忘れてはならない．これがいかなる意味合いを持つと考えられるかについては，他の必要な事柄を説明し終えた上で立ち戻ることにしよう．

　というわけで，少々問題の所在の説明に手間をかけてしまったが，以上によって，証明，構成の概念に力点を置きながら「命題／文」「思想」「意義」「判断」といった諸概念の系統的な整理，再解釈を試みようとする本稿の趣旨は，おおよそ説明できたであろう．そこで，より具体的な問題の検討に入ることとし，まずは，フレーゲにおける「判断」概念と証明概念の結びつきを明らかにするために，「判断」の形式的対応物である「判断線」――及びそれと一体化して使用される「内容線」――について見てみることにしよう（なお，本節では用語の整理ということが重要であったため，鍵になる概念にはすべて引用符を付してきたが，以下ではそうした措置は止め，必要以外の引用符は用いないことにする．ただし，「意義」と「意味」に関しては，他の文でのその出現が，日常的・非術語的な意味合いでのこれらの語の出現と紛らわしいため，山括弧を付して「〈意義〉」「〈意味〉」と表記することにする）．

2

　フレーゲの初期の主著『概念記法』(1879年)は，彼がその後も長い期間をかけて完成の努力を重ねることになった独自の形式的論理体系——彼はこれを一貫して「概念記法(Begriffsschrift)」と呼ぶ——の，その一番最初の形態を提示したものである(ここでは，この最初の形態を指して「第一体系」と称することにする)．この著作の冒頭では，第一体系に含まれる一群の原始記号の定義や用法が，インフォーマルな仕方で順を追って説明されてゆくが，その最初に登場するのが，「内容線」及び「判断線」である．

　すなわち，まず表記上で言うと，内容線は「｜」，判断線は「−」であり，一般的に内容線は判断線を伴わずに登場しうるが，しかし判断線が登場する場合は，必ず内容線の左側に置かれて「｜−」という形で現れる(若干エレガントでないが，ここでは判りやすさを優先してこのように両記号を少し離して表記する)．つまり，いま概念記法の或る文Φを採ると，内容線だけが付される場合は，

　　［BS 内容線］　　　——Φ

となり，更に判断線まで付されるときは，

　　［BS 内容線＋判断線］　　　｜——Φ

となるわけである．

　では，この2つの記号の用法と意味合いはどのようなものか．まず，意味や解釈といったことを抜きにして，シンタクティカルな面からこれら両記号の適用規則をできるだけ厳密に述べておこう．内容線については次のようになる．

　(1)［BSの内容線の適用規則］　一般に，何らかの(概念記法に属する諸記号から構成された)記号結合Φについて，それが概念記法の適正な文(well-

formed formula）であることが判明しているとき，またそのときに限り，
Φに内容線が付される．

　ここでのポイントは，記号結合がそれ自体で或る一定の性質を持つことが，実際に判明している——我々によって，何らかの精確な仕方で確認されている——という点にある．そこで，「性質」の語を明示的に用いてもう一度言い換えておくことにする．

（1'）［（1）の言い換え］　一般的にΦについて，それが適正な文であるという性質を持つことが判明しているとき，またそのときに限り，Φに内容線が付される．

　他方，判断線については次のようになる．以下でもポイントは，Φがそれ自体で或る性質を持つことが，実際に我々によって証明されている，という点にあることに留意されたい．

（2）［BSの判断線の適用規則］　内容線を付されている記号結合Φ（つまり，適正な文であることが判明しているΦ）について，更に，それが次の2つの性質のいずれかを持つことが証明されているとき，またその時に限り，内容線付きのΦに，判断線が付される．その2つの性質とは，
（2-1）この体系の公理である（より詳しく言えば，公理図式の適正な代入事例である）という性質，
（2-2）または，定理として導出可能であるという性質（つまり，諸公理から出発して，定まった推論規制を適正な仕方で次々と一定の回数——その上限は問わないが，ともかく有限回の範囲内——適用されることにより，導出されることが可能だという性質），
という2つのいずれかである．

　もちろんフレーゲは，以上のような仕方で内容線及び判断線の用法を精確に述べているわけではなく，以上は単に，筆者の理解に従って与えた1つの定式

化にすぎない（特に，内容線の適用規則で用いた「判明している」という表現は，筆者が勝手に選んだものである）．しかしいずれにせよ，（彼の与えた証明の詳細に立ち入ることは不可能なので，とりあえず断定することしかできないが）以上の定式化が，彼が実際に内容線と判断線を用いて行っていることに合致していることは，ほぼ明らかと言い切ってよいだろう．

それでは，以上のようなものとしての両記号が，フレーゲによって第一体系のうちに導入されたのは，そもそもどのような理由からだろうか．この点をめぐる若干の背景を説明してみよう．

フレーゲにとっての一貫した関心事がどこにあったかは，既によく知られている．すなわちそれは，一言で言えば，通常のインフォーマルな数学者の探求活動をできる限り十全な仕方で形式化すること，言い換えれば，そうした数学者の活動の言語的・論理的な構造を精確に分析した上で，彼が自ら構築しつつあった概念記法の体系自身の中で，この活動の厳密な形式的再現，再構成を与える，ということである．ところでその場合，数学者の活動の諸局面のうちで最も焦点となるのが，彼らの（インフォーマルな）論証活動そのものであることは言うまでもない．では，この活動はどのような言語的・論理的構造を持つだろうか．

それは簡単に言えば，

(1)まず，未だ証明されていない或る数学的な式ないし文Φ（の内容）が，これからその証明が探求されるべき対象として，つまり1つの「問題」として登場し，

(2)その後，それが何らかの仕方で実際に証明され，その結果，一個の定理へと転じ，1つの数学的真理として確立され，

(3)そして最後に，広く共有の知識の一部として登録される，

といったプロセスを成すだろう．このようなプロセスは一見トリヴィアルなものにも思えるが，言語的・論理的観点から見る限り，ここには——直接には(1)から(2)への進展には——1つの顕著な特徴が含まれることに留意せねばならない．

この進展においては，当初，単なる「問題」でしかなかったΦ（の内容）が，証明を介してまさに定理へと転ずるという変化が含まれている．その場合，一

方からすれば，この変化を通じて，Φ（の内容）自身は，まったく同一に留まらねばならない．なぜなら，いまや証明され定理となっているのは，まさに当初「問題」であった当のものだからである．しかし他方からすれば，Φ（の内容）はもちろん，(1)の段階と(2)の段階とで決定的にその性質を変えている．この変化が，数学的探究活動にとって文字通り甚大な意味を持つ変化であることは言うまでもないが，いわばもっと"微視的"に，言語的・論理的観点から見ても，この変化は無視することができない．というのも，この変化とはまさに，Φ（の内容）そのものが持つ或る種の言語的・論理的性質そのものの変化──単なる「問題」に留まる，つまり未証明である，という性質から，証明されている，定理である，という性質への変化──だからである．

さて，フレーゲが導入した内容線と判断線が，基本的には，まさに以上のようなΦの在り方（その同一性の面と，変化の面）を反映させるために導入された言語的道具立てであることは，容易に理解されよう．すなわち，まず，Φ（の内容）が，適正に定義された「問題」として（まさに証明されうるか否かが問われうるようなものとして），しかし同時に，未だ単なる「問題」でしかないものとして，現に登場している（そのようなものとして判明している）．この限りにおいてそれは，内容線を付されている（―Φ）．他方，いまやそれ（「問題」であったのと同じ当のもの，―Φ）は実際に証明され，まさに定理へと転じている．従って，それは更に判断線を付される（｜―Φ）．

というわけで，内容線と判断線の趣旨（インフォーマルな動機付け）自体はほぼ明らかになった．しかしながら，実は，依然として必ずしも明らかでないことがある．それはすなわち，確かに以上のような動機付けを持つとはいえ，形式論理体系としての概念記法の内部にこれらの記号を導入すること自体には，果たしてどのような意義，機能，眼目があるのか，という問題に他ならない．この問題の所在を明らかにするために，ここで通常の標準的体系（述語論理の体系）のケースを参照してみよう．

まず事実として述べてしまうと，一般に標準的諸体系には内容線も判断線も登場しない．そもそも標準的体系のうちには，これらの語彙は含まれていないのである．しかしそれでなぜ困らないのだろうか．例えば，内容線が果たす1つの機能は，与えられた記号結合Φについて，それが確かに，適正に形成され

「命題」・「構成」・「判断」の論理哲学　　151

た文であるという性質を持つこと——より適切には，その性質を持つということが判明していること——を，いわば刻印することである．これと同様に，或る標準的体系Lが与えられたとき，Lの諸記号から成る或る記号結合Ψについて，まさにそれがLの適正な文であるという性質を持つということを刻印するための，何らかの記号を導入するということは，例えばLのシンタクスを記述するという目的との関係で十分意味があるし，必要なことではないだろうか．実際その通りであり，そのようなものであれば標準的体系においても存在する（「Form-L」などと書かれる）．ところがこれは，一見内容線に似ていながら，実はまったく異なるものであり，そしてこの「Form-L」さえあれば，内容線記号のようなものは一切なしで，標準的体系はやってゆくことができる．しかしそれはなぜか．——その理由はすぐ後に述べるとして，ともかく以上が教えるのは，内容線記号の必要性，固有の機能がどこにあるかは直ちには明らかではないということである．

　今度は判断線について考えてみよう．実はこの場合も，いまとまったくパラレルな事情が見出される．判断線の機能は，与えられた適正な文（であることが判明している）「－Φ」について，それが確かに，公理または定理であるという性質を持つこと——より適切には，その性質を持つことが証明されていること——を，いわば刻印することである．他方，標準的体系Lの場合にも，Lの与えられた適正な文Ψについて，まさにそれがLの定理または公理であるという性質を持つことを刻印するための記号であれば，確かに存在する（「⊢$_L$」などと書かれる）．だがこれも——この記号をLの定理記号と呼ぼう——一見判断線に似ていながら，実はまったく異なるものであり，そしてこのLの定理記号「⊢$_L$」さえあれば，判断線記号のようなものは一切なしで，標準的体系はやってゆくことができる．かくして以上が教えるのは，判断線記号の必要性，固有の機能がどこにあるかも直ちには明らかではないということである．

　そこで，以上のような状況が生じている理由を考えてみよう．判断線と定理記号の方が判りやすいので，この例で考えてみる．両者の重要な相違は，基本的には2点である．その第1は，一方で，判断線は，公理または定理であることが現に証明されているような文に付されるだけであるのに対して，Lの定理記号は，現に証明されているか否かには一切関わりなく，それ自体でLの公

理または定理である文，つまり，原理的にLにおいて導出可能であるようなすべての文に付される，ということである．おそらくこのLの定理記号の用法は，少々奇妙に感じられるのではないだろうか．一般にLの定理は無限個ある．つまり，Lの定理全体の集合は無限である．更に言えば，Lが或る程度の強さを備えた体系であれば，実はこの集合は，決定不能（undecidable）（より詳しくは，再帰的可算集合）である．つまり，与えられた適正なLの文Ψについて，それがこの集合に属するか否かを決定するための実効的な手段（必ず有限ステップ内で終了する判定アルゴリズム）はそもそも存在しない．このように，Lの定理全体の集合は多分に超越的な性格を持つにもかかわらず，そのような集合のメンバー全部にLの定理記号が「付されている」とはどういうことだろうか．実はここでは，いわゆるプラトニズム的な考えを採用して，それらLの定式式はみな，我々が定理記号を現実に付するか否かといったことに一切関わりなく，「それ自体において」既に定理記号を付されていると考えるのに他ならない．以上を踏まえれば，判断線がこれとはまったく対照的な性格のものであることがはっきりするだろう．すなわち判断線は，いつでも，現実に概念記法の体系内で証明されている（証明済みとなっている）諸文に，しかもそれらの諸文のみに付されるものなのである．

　第2の違いは，判断線が，概念記法の体系それ自身に属する原始記号であるのに対し，Lの定理記号は，実はL自身に属さないということである．Lの定理記号が所属する言語とは，Lの論理的性質（シンタクスやセマンティクス）を記述するために，Lとはまったく別立てに用意される，一定の強い表現力能を備えた言語M（これをLのメタ言語と呼ぶ）に他ならない．メタ言語Mに属するメタ記号としてのLの定理記号は，いわばL自身のまったくあずかり知らない"別の世界"で，ただ端的にLの諸式を分類するという働きをするものに他ならない．こうしたLの定理記号と判断線の相違がはっきり現れてくるのは，言語の解釈を考えた場合である．Lを解釈する場合，もちろんLの適正な諸表現はすべて解釈の対象となる（意味を付与される）が，しかしこのとき，Lの定理記号はL自身の表現ではないから何ら解釈されない．もちろんMが解釈されるときには，Lの定理記号も解釈され，それは例えばまさに，Lの定理文全体の集合を表示するといったことになる．だがいずれにせよ，

Lの定理記号をめぐって何らかの固有の意味論的問題が持ち上がるといったことはないのが理解されるだろう．それは単に，Mの単称タームの1つにすぎないからである．だがこれに対して，判断線はまさに概念記法の原始記号であるがゆえに，概念記法についての解釈，意味論的説明といったことが問題となるとき，当然その1つの考慮対象となる．そしてもちろんそれは他に類を見ない独特の記号であるから，判断線についての説明は極めて重要な問題となる．この点については，次の第3節で，判断線を付された文の意味論を考察する際に立ち戻ろう．

さて，以上のようにして，1つの言語の適正な諸文全体の集合を（プラトニスティックな仕方で）表示したり，定理全体の集合を（プラトニスティックな仕方で）表示するという働きは，実際には，内容線及び判断線が果たすべき（果たしうる）仕事ではそもそもなく，むしろこの働きは，これらとはまったく異なった性格を持つ，メタ言語の単称タームとしての「Form-L」「$\vdash_L$」によって果たされる，ということが判った．そして標準的諸体系にとっては，これらのメタ記号が得られてさえいれば，必要とするところはすべて満たされるので，それに加えて内容線や判断線といったものを導入することは必要ないと考えるのに他ならない．もちろんその場合，このことによって，内容線および判断線がその意義を一切失い，端的な飾り，遊び車に終わるという絶対的な答えが出たわけではまったくない．だがいずれにせよ，内容線と判断線の眼目がどこにあるかは，未だまったく明らかでないと認めざるをえないであろう．では，これに対してどう答えればよいのだろうか．ここで次に，先に名を挙げた現代的タイプ理論の状況を参照することにしよう．

3

一般に，現代的なタイプ理論には，フレーゲ的な内容線についても，また判断線についても，その直接の対応物が導入されていると見ることができる．ここでは具体例として，これらの諸体系の中でも論理的・数学的に高い力能を持つ，P・マルティン＝レーフの体系「直観主義的タイプ理論（intuitionistic type theory）」(ITT) を参照してみよう（マルティン＝レーフは基本的には論理

学者・コンピュータ科学者であるが，論理哲学の歴史に通じており，ここでは直接は取り上げないが，特にフレーゲについてもかなり踏み込んだ解釈を展開している）．

さて，見かけ上はずいぶん異なるが，ITT での内容線に当たるのは「：proposition」，また判断線に当たるのは「：true」，という記号結合である（「：」は書かれないことが多く，「proposition」は通例「prop」と略記される）．これらは，この体系に属する式Φと組み合わせて，

[ITT 内容線]　　　Φ：proposition
[ITT 判断線]　　　Φ：true

といったように用いられる．

では，これらの具体的用法はどのようなものか．一言で言えば，上で述べた概念記法の第一体系の内容線及び判断線の適用規則と基本的に同じもの（もう一段厳密化したもの）であり，その相違は，さしあたり次の 2 点にあるだけである．第 1 に，第一体系の内容線については，「Φに内容線が付されるのは，それが（概念記法の）適正な文（well-formed formula）であることが判明しているとき，またそのときに限る」としたが，ITT の内容線の場合は，「判明する」といった曖昧な言い方ではなく，「Φに内容線が付されるのは，Φが適正な文（ITT の用語では，proposition）であることが証明されているとき，またそのときに限る」ということになる．要するに ITT の場合，Φが適正な文（proposition）であるという性質を持つということ自体，厳密な証明を要する問題として捉えられているということであり，実際に ITT のうちには，こうした証明を与えるための導出メカニズム（いわゆる形成規則）がそれ自体で準備されている（第一体系について「判明する」としたのは，そこではこのような厳密な導出システムが設定されておらず，言語使用者の直観的理解に問題が任されたままとなっているからである）．第 2 に，第一体系では，判断線が登場する際には，必ず内容線を右側に伴っているが，ITT ではそうしたことはなく，両記号は別々に切り離して用いられる．しかしもちろん，ITT においても，一般に記号結合Φについて「Φ：true」が導かれている際には，「Φ：proposition」ということが既に証明されていなければならず，この点では第一体系と本質的な相違はないと考えてよい．

さて，ITT については興味ある問題が色々あるが，ここでは本論の主題に関係する 2 つの事柄に絞って検討しよう．話の見通しをよくするために，ここでまず，その 2 つの事柄の概要を述べておくことにする（その後，それぞれについて詳しく説明する）．

第 1 に，前節以来問題にしてきた，そもそも内容線，判断線を形式体系に導入することに固有の意義や機能があるのか，という問いについて考えよう．実は，ITT（ITT に限らず，一定以上の論理的・数学的力能を備えたタイプ理論の体系，ということであるが）のシンタクスを参照すれば，これに対してはっきりと肯定的な回答を与えてよいことが判る．というのも，ITT のような，証明（より一般的には，構成）というもの自体を一定の仕方で対象化して取り扱う形式体系においては，これらの記号（直接には判断線であるが，内容線も一体と考えてよい）は基本的に必須であるか，少なくとも極めて自然に派生させられるものだからである（「証明を対象化して扱う」ということについては以下で説明する）．

第 2 に，フレーゲの意味論をめぐってしばしば議論される，以下の(1)と(2)の問い（これは前節でも暗黙のうちに問題となっていた事柄である）についても，ITT を参照することで，基本的に明確な答えを出すことができる．(1)フレーゲは一貫して，文の意味論的な値として，文の内容（Inhalt）というものを認め，例えば，数学的探究において「問題」として登場したり，また証明され，定理となったり，真だと確立されたりする当のものは，まさにこの「内容」であるとした．しかしこれは十分な根拠を持つか．(2)更に言えば，この文の内容は，『概念記法』段階では単に「判断の内容」といった言い回しで特徴付けられるにすぎないが，その後，詳細に練り上げられて，1892 年の論文「〈意義〉と〈意味〉について」以降では，文の〈意義〉としての思想という，特有の存在物として位置づけられ，文の〈意味〉としての真理値と区別されるようになる．これは十分な根拠を持つか．

まず一方で，もちろん ITT のような形式的理論は，フレーゲ的な特有の存在物としての思想，といった考えにはコミットするわけではない．しかし他方

で，それ以外の点では，ITTから出てくる答えはノレーゲを相当程度支持するものである．すなわち，証明され，真だと確立される当のものは，それを定式化するために使用される文や式の或る種の内容（意味論的な値）と考えてよいものであり，更に言えば，この場合の内容というのは決して真理値ではありえないから，その限りで，1892年以降のフレーゲのように，真理値とは区別される或るもの（思想）を導入することも支持できる．ただし，それ以上に進んで，ITTやそれ以外のタイプ理論の諸体系（それらの体系に対して与えられる表示意味論）によって，文や式に対してその意味論的値として割り当てられる存在物が，どれほどフレーゲの意図した内容，思想といったものに近いかは，何とも言えない．

　そこでまず，第1の問題に戻ろう．ITTのようなタイプ理論の諸体系は，一言で言って，証明を，あるいはより一般的に構成そのものを対象化する（それによって構成の基本原理や普遍性を明らかにする）ために作られた言語である．構成とは，要するに，前提してよい諸要素から始めて，種々の要素を組み立てることを繰り返して，最終的に，或る特定の要素を組み立て終えることであり，証明はその代表例と考えることができる．実際，抽象化して言えば，証明とは，(1)出発点として確保されたいくつかの記号列（前提）から，まずその適当な一部を選び，或る規則に従ってそれらに一定の操作（代入，抽出，等）を施し，別の記号列を組み立て，(2)次いで再び，既に得られている記号列から適当なものをいくつか選び，或る規則に従ってそれらに一定の操作を施し，また別の記号列を組み立て，……，(3)これが適宜繰り返されて，或る特定の記号列（結論）が組み立てられることで終了するものである．とはいえ，このような抽象的なものをどう対象化するのか．最も素直には，証明に登場する記号列や，適用された諸規則といったものを，そのまま適当な構造（ふつうは樹状構造）に配列してすべて書き付けてしまうことが考えられる．このようにして得られる図表は，証明図と呼ばれる．もう少し抽象的で一般性の高いやり方としては，任意に（まったく無制限というわけではないが）与えられる他の証明図（データ）から当の証明図を構成するための操作手順を，一定の規則に従ってコード化するということが考えられる（このようなコードとは，つまり或る種のプログラムである）．こうした証明の構成手順をコード化したプログラムは，タイプ理論の

一般的基盤となっている「ラムダ計算」の言語を用いれば，比較的容易に，単一の（複合的）記号，すなわち或る種のタームとして書き下すことができる．このため，このようなプログラムは，「証明ターム（proof term）」と呼ばれることが多い．

　というわけで，以上のようにして証明の対象化の手段が与えられると，次のような高度なシンタクスを備えた言語の可能性が開けてくる．すなわち，一般に或る文Φ（ITT の用語では proposition，より一般的な用語ではタイプ）が証明される際に，この証明の進展そのものを証明タームによってコード化してゆき，証明の終了とともにこのプロセス全体を（つまり当の証明そのものを）コード化した証明ターム t が出来上がるように按配して，t をΦ自身と結合する，ということである．この結果得られるのは，次のような文Φ（proposition, タイプ）と，その証明ターム t の記号結合に他ならない．

　　　[＊]　　　t∈Φ

　これは簡単には「t は、Φの証明（のコード）である」ということであるが（ここでの「∈」は集合論の記号を流用しているにすぎない——なお，[＊] は他にも，「t は，データ・タイプΦのプログラムである」等々，大変有用な読み，解釈を同時に持っている），これが標準的な論理体系における式，文の概念よりはっきり高次のものであることは明らかであろう（標準的体系にはそもそも証明タームがなく，文ないし式Φはいつでもそれ自体で孤立して証明されるだけである）．このようなタイプ理論に固有の記号結合は，興味深いことに「判断（judgment）」と呼ばれる．そしてこれは，確かにフレーゲ的な意味合いにおける「判断」であろう．なぜなら，このとき現にΦは証明されており，定理となり，真だと確立されており，つまり判断線を付されるべきものだからである．

　実は，ITT における判断線の適用は，まさにそのようにして行われる．すなわち，上のような判断が導出されたとき，そしてそのときに限り，次が導かれるからである．

　　　[♯]　　　Φ : true

かくして，証明タームと文（proposition，タイプ）との組み合わせとしての判断を導くことが可能な，タイプ理論のような高度なシンタクスを備えた言語においては，判断線は文字通り基幹的な役割を果たす固有の要素であるのに他ならない．

　ここで，先の(1)(2)の問いに戻ろう．改めて述べると，フレーゲがしばしば主張するのは，一般に文は，その意味論的な値として，或る内容，思想といったものを持ち，例えば数学的論証において，証明され，真だと確立される当のもの——彼自身の言い方では，真だと「承認」され，「判断」される当のもの——は，まさにそのような（当該の定理を定式化している文の）内容や思想であって，当の文の真理値でもなければ，文自身でもない，ということである．確かに，文の意味論的値として内容とか思想といったものを認めるための直接的な論拠として見た場合，この言い分は少々不可解で，おそらく無効に近いであろう．第1に，数学的論証において証明され，真だと承認されるものは，内容とか思想といったものではなく，例えば，単純にそこで使われている文自身だと言ってはいけないのだろうか．第2に，仮にそれが内容とか思想だとしても，それが本当に，当該の文の意味論的値となるべきものであるのかどうかも明らかでない．通常，標準的体系で行われているような具合に，文をその構文論的構造に即して部分表現へと分解し，各部分表現の意味論的値から合成的に文自身の値を特定していった結果，特に内容や思想といったものに訴える必要が見当たらないのだったら——事実，見当たらないわけだが——，内容や思想を意味論的値として導入することには何の正当化もないであろう……．

　上のようなフレーゲの主張を救い出すためのポイントは，やはり，判断の概念にあると思われる．確かに彼の概念記法では，先の［♯］に当たるシンタクスが存在するだけで，［＊］に当たるものは端的に欠けている．つまり概念記法は，（もちろん証明タームの構成といった技術的道具立てがそもそも当時欠けていたわけだが）或る式Φが証明され，判断されている（├─Φ）際に，式Φとそれに対する証明とを結合して1つの判断へと結合する手立てが欠けているわけである．しかし同時に，1つの「問題」でしかなかったものが定理となり，真として確立されるプロセスを注視するならば，そこに生じている決定的変転

をもたらした要因が，そこで構成されている証明そのものにあるということは，おそらくフレーゲ自身，見逃さなかったはずである．もちろん憶測は控えるべきであるが，ともかく，内容や思想といった概念の正当化を一貫して判断の場面に求めたフレーゲの態度を尊重するならば，ここで現代的なタイプ理論に固有の［＊］型のシンタクスまで含めた意味論的考察を援用することは，単なるアナクロニズムではないだろう．そこでもう少し詳しく，タイプ理論の意味論を見てみよう．

タイプ理論のシンタクスを見るとはっきりするのは，一般に判断の場合，文だけに関する解釈を構成する（何らかの意味論的値を振る）のでは足りず，当然のことながら，判断の全体，つまり，［＊］で言えば証明タームｔまで含めて，また［♯］で言えば判断線［：true］まで含めて解釈せねばならない（意味論的値を振らねばならない），ということである．とはいえ一見すると，このことは，Φそのものをどう解釈するかには影響しないようにも思える．タイプ理論におけるように，文が判断の内部に出現する場合であろうと，あるいはまた，標準的体系におけるように文が孤立して登場する場合であろうと，文というものに対する意味論というのは，それ自体では格別異なるはずのないものではないだろうか．実際，文は文であるのだから．だがこの印象は正しくない．判断の内部に登場する文については，一般に驚くほどきめの細かい意味論を与えねばならないのである．

［＊］が語っているのは，Φとはまさにｔによって証明されるような式だということである．だがそのような式は，一般には唯一Φしかないから，従って，Φに対して振られるべき意味論的値は，結局，Φ以外のいかなる式に振られる値とも異なる，Φに固有のものでなければならない．このように述べると，この意味論が興味のないものになるように思えるかもしれないが，そうではない．一般にはΦはｔ以外にも異なった，無限に多くの証明タームを持つため，実はむしろ，Φに振られるΦ固有の値は，証明ターム（の意味論的値）に対する分類原理として有効に機能することになるのである．技術的に言えば，こうしたΦの意味論的値とは，スコット・ドメインと呼ばれる特別な種類の順序構造を含んだ集合や，あるいはデカルト閉圏のような強い構造を備えた圏に属するオブジェクトなど，豊かな数学的構造を内包した数学的存在物が用いられる．い

ずれにせよ，［＊］のような判断の意味論的分析において，Φに振られるべき値が，例えば標準的体系に対するタルスキ型意味論において最も単純な仕方で各文に振られることになる値——すなわち，真理値——の対極とも言うべき，"きめの細かい"ものであることは改めて言うまでもないだろう[1]．

　現代タイプ理論が，判断の内容，思想に当たるものとして提示しているのは，基本的には以上のようなものである．先にも述べた通り，これがフレーゲが想定していた内容や思想とどれほど近いかは，とりあえず措くしかない．だが一言だけ述べるならば，フレーゲ解釈にとって，［＊］のような形のシンタクスを考慮に入れることは，実は単に，文Φの意味論について興味ある洞察を与えるだけには留まらないことを強調しておくべきだろう．というのも，［＊］に現れるtのような証明タームもまた，フレーゲ的〈意義〉の概念を捉え直すための重要な手がかりを教えるからである．証明タームは，直接には証明そのもののコード化に他ならないが，むしろその眼目は，より一般的に，プログラムであること，計算手続きの形式的表現であること，つまりは，種々の値の算出過程そのものの形式化であることにある．周知の通り，とりわけ単称名のケースに関して顕著となる通り，フレーゲ的な〈意義〉は，いわゆる「〈意味〉の与えられ方」であり，つまりは，〈意味〉そのものの決定プロセス，算出過程としての性格を強く持つ．この意味で，本稿ではまったく扱えなかった証明タームの意味論もまた，フレーゲ的〈意義〉との関わりで更に検討されるべき内実を備えていることを強調しておきたい[2]．

　さて，ここまでの検討を通じて，判断から出発して，思想の導入にまで進んだフレーゲの思索の道程が，判断，証明，構成といった概念をめぐって現代タイプ理論が築きつつある理論的成果の光を借りることで，予想以上のアクチュアリティーと潜在力を伴って浮かび上がってくるという事情は，或る程度伝ええたであろう．そこで次に，以上を踏まえながらウィトゲンシュタインに考察を進めることにしよう．

4

　『論理哲学論考』における命題概念を検討する上で，おそらくまず問題とな

らざるをえないのは，「要素命題（Elementarsatz）」の概念をどう扱うべきかであろう．とりわけ，以下で試みるように，構成の概念に強調を置き，これを『論考』の命題概念の解釈に何らかの有効な仕方で役立てようと考えた場合，要素命題の概念は，かなり"険しい"壁として立ち塞がるように思える．というのも，一言で言って，要素命題はあらゆる命題の構成の出発点となるはずのものでありながら，それがいかなるものであるかは明確に特定されていないからである．むしろウィトゲンシュタインの考えでは，一般に要素命題は，我々に対して現に与えられている様々の（非要素的な複合）命題を出発点に据えて，そこに可能な限り「分析」を加えてゆくことにより，初めて到達されるべきものとされているように思える．しかもその際，この「分析」のプロセスは必ずしも有限のステップで完了する保証はなく，むしろそれは，終わりなく続くものである可能性が容認され，それどころか，その可能性は非常に真面目に考慮されている．次の一節を見よう．

> 「たとえ世界が無限に複雑であり，したがってまた，各々の事実がみな，無限に多くの事態から成り，また，各々の事態がみな，無限に多くの対象から合成されていたとしても，それでも，諸対象と諸事態は存在するであろう．」
> （TLP 4. 2211）

もしも実際に「世界」が無限に複雑であり，各々の「事実」がみな無限に多くの「事態」から合成されているのだとすれば，その場合，我々が出発点に取る（非要素的な複合）命題，つまり，或る「事実」の「像」は，当該の「事実」に含まれる無限に多くの「事態」と同じだけの要素命題（「事態」の「像」）を，それ自身のうちに含むことになり，したがって，要素命題にまで遡行すべくこの命題に対して我々が「分析」を施したとしても，それは決して有限のステップでは完了せず，無際限に続くことになろう．ここではテキスト踏査は控えるが，『草稿 1914-1916』でもこの問題はずっと論じられており，彼がこうした「世界」の無限な「合成」性を一貫して顧慮していたことは明らかである．

以上の事情を踏まえるならば，確かに，通常の論理学やコンピュータ科学におけるボトム・アップの命題構成手続きをそのまま『論考』の命題概念に適用

して，あらかじめ適正に特定された要素命題というものから出発し，それらに対する種々の操作（上の発言からする限り，いずれにせよそれは有限的・実効的なものではありえないであろうが，それはともかくとして）を踏んでゆくことで，任意の（非要素的な複合）諸命題を構成し終える，といった手順の可能性を文字通りに考えようとするのは空しいであろう．この点との関わりで一言補足しておけば，『論考』でウィトゲンシュタイン自身が行って見せている（TLP5 以下を参照），真理関数的論理結合子（特にN）の適用による要素命題からの複合命題の構成は，もちろんそれ自体，論理哲学史的に見て大変興味深いものではあるが，しかしあくまでも，要素命題が既に与えられているという仮定に基づく，或る種の「空想的」な手続きであることを忘れてはならない．

しかし同時にまた，構成の概念を『論考』の命題概念の解釈のために一定の興味ある仕方で役立てる可能性は，まったく閉ざされているわけではないと思われる．一般に，現に我々が手にしている（非要素的な複合）命題自体は，その明示的な構文論的構造からする限り，通常の論理学やコンピュータ科学における諸命題と同じく，一定の原始的な諸記号から有限的に構成されていると考えてよいはずである（さもなければ，「分析」の操作自身も開始できない）．このとき，ウィトゲンシュタインにとって重要なのは，そうした命題がいつでも更に再「分析」を受け取り，その構文論的構造が一定の仕方でより詳細化される余地を残すという点である．とはいえ，彼がこのようなプロセスを重視するのはなぜだろうか．これは一見そう思われる以上に興味深い問題のように思えるので，まずこの点について少々検討しておこう．

ウィトゲンシュタインが「分析」のプロセスを重視する理由は，命題の意義の確定性を保証することという，要素命題／単純対象の想定を正当化するために彼がしばしば引き合いに出す論拠だけからでは説明できない（実際，上のようなプロセスがまず一般的に認められているからこそ，命題の意義の確定性を保証するために，或る種の理論的要請として，それ以上分析不可能な要素命題／単純対象が措定されるのに他ならない）．あるいはまた，「世界」の無限な「合成」性というメタフィジカルな教説を引き合いに出しても答えにはならないであろう（むしろこの教説自体，やはり上のようなプロセスの存在ということを前提し，それに依存する形で提起されているもののように思える）．更に，日常言語の表層

的シンタクスが曖昧で不正確であるといった事情を持ち出すことも，おそらく未だ十分に的を射てはいない（なぜそこから，無限でさえありうるようなプロセスが想定される必要があるだろうか）．ここでは十分展開するだけの余裕も準備もなく，とりあえず断定的に述べることしかできないが，筆者が提案したいのは次のような解釈である．すなわち，他の様々の付随的理由が伴っているにせよ，ウィトゲンシュタインがこのようなプロセスに注目したのは，第一義的には，我々の現実の言語使用において，或る命題が，単に，同じ言語中の別のいっそう適切な命題に言い換えられるといったことに留まらず，その構文論的構造そのもののレベルで書き換えられる（他の言語の命題へと翻訳される）という事態が実際に生ずるからであり，しかも，我々が不断に重ねてゆく言語（理論）創出の活動，概念形成の活動の存在を前提する限り，或る段階で得られた書き換え（翻訳）によってこのプロセスが単純に停止する（そこに含まれている諸定項が，もはや書き換えられることのない究極のものとして保存され続ける）と想定すべき，いかなる明確な理由も見当たらないからである．おそらくここから浮かび上がってくるのは，多様な諸言語に跨って展開される我々の言語活動の本来的に「ダイナミック」な在り方に対するウィトゲンシュタインの強い関心であるように思われるが，しかしこの点を十分に論ずるためには，もちろん『論考』だけに視野を限定することは許されないだろう．そこで，この点の詳論は他の機会に譲るとして，話を本題に戻そう．

　さて，いま述べた事柄を手がかりにすれば，現に与えられた（非要素的な複合）命題から出発して，そこに「分析」を施すというのは，次のような手続きとして解釈することができよう．すなわち，そこで実際に生じているのは，当初使用されている1つの言語（我々に現に与えられている命題が，その諸記号を用いて構成されているところの当の言語）が，それを埋め込むことのできるより詳細なシンタクスを備えた或る言語に取って代わられ，これに伴って，当該の命題（元の言語の式）が，後者の新たな言語中のそれに対応する命題（式）へと翻訳されるということに他ならず，このとき，この変換のプロセスが原理的には無際限に反復されうるものとして捉えられている，ということである．とはいえ，このような解釈は，『論考』で扱われている言語（それはおそらく端的な"大文字"の言語，或る唯一の絶対的言語であろう）の統一性を分断させ，複

数化してしまうものだという批判を受けるかもしれない．しかし実際には，ここで提案した解釈はそれほど大げさな改変をもたらすものではない．当初の言語から，次々とそれが埋め込まれていく諸言語を通じて，一貫してその基本的な原始語彙を成すのは，同じ論理結合子であり，また同じ諸タイプの変項である．それらの間の実際の相違は，大まかに言って定項類及び固有公理的な諸命題の相違であり，このとき翻訳ということで問題となっているのは，要するに，元の言語中の命題が，新しい言語の中で次のような仕方で書き換えられること，すなわち，元の命題中の，元の言語では定項として受け入れられていた諸表現がいまや消去され，それに代わって，いくつかの新しい定項及び変項と，それらを適正に結合するための一定の新たな論理的構成（量化子の適用，等々）が明示的に出現する，ということに他ならない．こうした意味で，これらの諸言語は或る種の階層性を成して密接に重なり合う統一的なものであり，依然として根底においては，全体として1個の言語を——まさしく『論考』における意味合いでの「概念記法」，すなわち「論理的文法，論理的シンタクスによって支配された1つの記号言語」（TLP 3.325）を——成すと見なして差し支えないであろう．

以上に述べた解釈に過度に拘るつもりはないが，しかし，命題の「分析」ということを異なった言語間での翻訳と見なす観点は，色々な意味で問題の見通しをよくするように思われる．すなわちこの観点から見れば，現に与えられた命題を「分析」するというプロセスは，一見そう思われるように，命題一般の構成を開始するための端的な出発点を確保することを目的とした準備作業（予備的分析）なのではない．もしもそのようなことが目的であるならば，この「分析」プロセスはまったく無効であることになろう．なぜなら，それはまさに無際限に続くことを（まず間違いなく）運命付けられており，その結果，いつまで経っても肝心の命題構成の作業に着手することができない（このプロセスは，無限下降的，非有基底的であることになってしまう）からである．そうではなく，このプロセスが行っているのは，与えられた言語のうちで既に構成されている或る命題から出発しながら，次々といっそう詳細さと精確さの度合いを増すシンタクスを備えた（互いに密接に重なり合う）諸言語を用意し，元の命題をこれらの言語のうちで書き換えてゆくことにより，端的に，この命題そ

のものに即して，その本来の構成，本来の「論理形式」と言えるようなもの（すぐ後に述べる通り，それは「理念的」に想定されたものと解してよいと思われる）を徐々に顕在化させようとする作業に他ならない．このとき，そうした書き換え＝翻訳の作業は，それ自体としては，終始（おそらく実効的な翻訳規則に従った）構成的なものであり続ける．では，ここで要素命題レベルの"究極的"な言語（要素命題が，その諸記号を用いて構成されているところの当の言語）を想定するとは，何をすることだろうか．それは結局，このプロセスにとっての（言い換えれば，そのプロセスに次々と登場する，密接に重なり合った諸言語そのものにとっての）上限となる言語を，理念的（ideal）に想定することに他ならないであろう．したがってここには，通常の有限的・実効的な構成プロセスと比べたとき，そのプロセスにとっての極限（上限）の存在が理念的に付け加えられている（仮構されている）という点で，そしてまた単にその点でだけ，相違が見られるのみである．こうした，上限を理念的に付加された（擬似的）構成に当たるものは，『論考』を丁寧に読み解こうとすると，しばしば出会うもののように思われる．そこでひとまずこれを「理念的構成」と呼ぶことにし，ここより具体的に，『論考』の命題概念の検討に進むことにしよう．

5

まず，よく知られた次の一節を見よう．

「命題は現実の像である．
命題は，我々が思い浮かべる通りのままの現実の，そのモデルである．」
（TLP 4.01）

おそらくここに見られるのは，（現に与えられている言語のうちで）我々が1つの命題を定式化すること，構成すること，つまり，フレーゲ的に言えば，この命題が内容線を付された状態になっている（適正に構成されたものであることが判明している）ことが，ほぼそのまま直ちに，我々に対して現実についての或る「モデル」を提示することに他ならないという考えである．では，ここ

で言われている「現実のモデル」とは，より詳細にはどのようなことだろうか．

「命題は自らの意義を示す（zeigen）．
命題は，それが真であるとき事情はどのようであるか（wie es sich verhält）を示す．そして命題は，事情はその通りである（es sich so verhält），と言う（sagen）．」(TLP 4.022)

命題が示すのは，それが真であるとき事情はどのようであるか，ということである．すなわちそれが「現実のモデル」であり「像」であるのは，それが真である場合の，その現実自身の在りようを，それが（この命題自身の構文論的構造によって許される限りでの詳細さで）示しているからに他ならない．とはいえ，この一節は改めて見てみると注目すべきものを含んでいる．一見すると，ここではいわゆる〈文の意味に関する真理条件説〉に近いものが述べられてはいる．しかし，すぐ気づく通り，実際には，当の命題が真である場合に事情はどうであるかだけが問題とされ，その逆，つまり，事情がどうである場合に，この命題が真であるのかは基本的に顧慮されていない．ここで，対比のために，『算術の基本法則』におけるフレーゲの発言を参照してみよう．実はこれは，ウィトゲンシュタインと好対照（双対的）である．そこでは，以上と反対に，或る真理値の名（文）が表現しているのは，その文が真であるのはいかなる条件の下であるかということだとされ，そしてそれしか述べられていない．

「我々の〔原始〕諸記号から出発して〔形成規則に従って〕適正に形成された名は，すべて意味（Bedeutung）を持つが，それだけではなく，意義（Sinn）をも持つ．〔特に〕これらの名のうち真理値の名であるものは，いずれも或る意義を，すなわち或る思想を表現する．言い換えれば，我々の取り決めを介して，いかなる条件の下で当の名が真理値〈真〉を意味するかが，決定されるのであり，当の名の意義，つまり思想とは，当該の諸条件が充足されているということに他ならない．」(GGA.§32, S.50)

或る文が，その文が真となるための条件を表現するとは，言い換えれば，ど

のような条件が満たされればこの命題が正当化可能となるかを，この文が表現しているということである．つまり，フレーゲによれば，或る文が表現する思想とは，基本的に，その文が正当化されるための条件（正当化条件）である．この彼の考えは，実は，証明を重視する彼の態度とよく一致していることが理解されるだろう．というのも，或る文（の思想）を証明するとは，この文の正当化条件が充足されていることを（厳密な構文論的証明の構成を介して）確立することだからである．

　以上から逆に，ウィトゲンシュタインの考えの特徴もはっきりする．すなわちウィトゲンシュタインにおいては，或る命題の意義（その命題が示す事柄）のうちには，基本的には，この命題が真であるために充足されるべき諸条件（正当化条件）は含まれず，この命題が真である場合に成り立つはずの事柄だけが含まれている．これはつまり，（正当化条件との対比で言えば）事情がどのようでなければ，その命題が反証されるかということ，つまり反証条件だけが含まれているということである[3]．とはいえウィトゲンシュタインの関心が，文字通り，命題の反証ということにあるとは考えにくい．では，彼の真意はどのようなものだろうか．次の一節を見よう．

　「像は，それが描出 darstellen する状況 Sachlage の可能性を含む．」(TLP 2.203)．

　描出された状況が可能であるとは，すなわち，当の状況が，（少なくとも）論理的には不可能でないということ，矛盾していないということであり，言い換えれば，その状況を描出する命題を出発点に据え，そこから我々が他の様々の命題を論理的帰結として引き出すこと（「現実のモデル」としてのこの命題について，様々に思いをめぐらすこと）が何ら空疎とならず，有効であり，一般に十分に啓発的でありうるということである．つまり，右のような発言の脈絡でウィトゲンシュタインが問題としているのは，第一義的には，或る命題が我々によって（矛盾した命題の場合のように空疎でない，有効な仕方で）「仮定，想定（annehmen, assume）」され，あるいは更に「要求（claim）」されるケースに他ならないと考えられる．

再びフレーゲと対比してみよう．フレーゲは，文の意味論的な機能を分析する上で，特に，或る文（の内容）が証明され，真だと判断されるケースに注目した．つまり，文の意味論的な値として何を認めるべきかという問題に答えるために，彼は特に，或る種の必然性（大まかに言って，論理的・数学的な必然性）を備えた文，すなわち証明可能な真理を表現する諸文のケースに考察を絞ったわけである．この点からすればウィトゲンシュタインは，まさに双対的に，単に可能なものとして仮定され，想定されるだけであるような諸命題のケースに着目していることになろう．そこでこの対比をもう少し突き詰めてみよう．既に見たように，現在の我々の観点を或る程度持ち込んで再構成すれば，要するにフレーゲは，あの［♯］や［＊］のように，或る文と，それに対する証明とを結びつける，特有の（高次の）構文論的形式に相当するものに定位して，それについての意味論的分析を行うことにより，文の〈意味〉としての真理値とは区別される，固有の意味論的な値（〈意義〉）としての内容，思想というものに逢着し，その導入に踏み切ったのに他ならない．では，これとパラレルな仕方で，ウィトゲンシュタインが，「像」としての命題が「示す」ものとしての「意義」（命題が描出する「可能な状況」）という言い回しによって導入しようとした当のものを，（現代的な観点を持ち込んでよいとした上で）再構成するとどうなるだろうか．ここでも重要なのは，或る命題（の意義）が想定／仮定（／要求）される際の，その特徴的な構文論的形式を明らかにし，その中での当の命題の意義（意味論的な値）を考察してみることである．では，そのような構文論的形式とは何か．その答えとして，例えば，以下のような（G・ゲンツェンによって1933年に考案された）「シークエント，列式（sequent）」を挙げてよいと思われる．

　当面の問題は，命題が仮定される場合の特徴付けにあるため，ここでは判断の場合と異なり，当の命題を，何らかの証明タームと結合することは格別必要でない（実際には，自由変項を証明タームとして用いれば，仮定された命題のケースについても，それと証明タームとの結合表現——仮定された判断——を構成することは可能であり，現代タイプ理論ではそうした措置が行われるのだが，ここでは立ち入るには及ばないだろう）．そこでいま，そのような（さしあたり証明タームを伴わない）式，命題をいくつか（有限個）集めて列に並べたもの（要する

に，それらの諸式の有限集合）として，ΓとΔという2つが与えられたとしよう．このとき一般にシークエントとは，両者を「⇒」で繋いで得られる，

　　Γ　⇒　Δ

という形の形式的表現のことであり，Γは「先行列，仮定列（antecedent）」，Δは「後続列，帰結列（succeedent）」と呼ばれる．これはインフォーマルには，「Γに帰属するすべての式が（言い換えれば，それらの式を"かつ"で結合して得られる連言が）仮定されるとき，そこからΔに属する諸式の少なくとも1つが（言い換えれば，Δのすべての式を"または"で結合して得られる選言が）論理的に帰結する」と読んでよく，実際，或るシークエントが「Φ⇒Φ」という形の――つまり，同じ1つの式が先行列及び後続列として登場している，自明に妥当な――諸シークエントから出発して，定まった論理的な推論規則を任意有限回適用することで導出されている場合には，そのシークエントの先行列からは，まさに後続列の選言が論理的に帰結することになる．

　したがって，或る命題が仮定／想定されるとは，構文論的には，その命題が，或るシークエントにおける先行列として（その際，先行列は当の命題だけから成るとしてもよい）登場していることに他ならない．では，こうしたシークエントという構文論的形式に定位し，その先行列として登場した命題について，その意義（意味論的な値）を定めようとすると，答えはどうなるだろうか．この答えは1通りに限られるわけではない．しかし最も自然で，また一般性の高い仕方に従うならば，そのような意味論的な値とは，或る種の可能世界（possible world），もう少し詳しく言うと，単に部分的にのみ確定される諸々の可能世界の，或る種の集合になると考えられる（ここでは詳論しないが，そのように解釈すれば，一般に，導出された（証明された）シークエントの意味論も，きわめて見通しよく与えることが可能となる）．具体的に見てみよう．

6

　ここで，もう一度，いまやろうとしている事柄を確認しておこう．我々は，

言語のうちで論理的な帰結関係（構文論的なそれ，すなわち推論規則に従った導出——ここでは，シークエントの導出——として定式化される帰結関係）が，実際に既に適正に定義されているものとし，これを前提として考える．というのも我々の関心は，例えば標準的体系におけるタルスキ型意味論が行うように，構文論的な帰結関係からまったく独立に，意味論的な帰結関係を定義する（そのために必要となる意味論的な道具立てを準備する）といったことにあるわけではないからである．そうではなく，我々の関心事は，（シークエントを用いた導出という形での）論理的な帰結関係の定義を前提した上で，ウィトゲンシュタイン的な命題について次のような問題を考えること，すなわち，この命題が，或る特定の使用脈絡のうちで（具体的には，仮定／想定という仕方で），まさにこの使用脈絡を特徴付ける典型的な構文論的形式の下に（すなわち，シークエントの先行列という形の下に）登場する際に，当の命題に対して，この脈絡・この構文論的形式に即した意味論的な値を振るとすれば，それはどのようなものとなるべきか，という点を検討することである．というのも，ウィトゲンシュタインが命題の意義と呼んでいるものは，まさにこのような使用脈絡・構文論的形式の下で顕在化する，当の命題の意味論的な値そのものだと考えられる（そのように解釈することが，彼の命題の意義という概念の興味をよく明らかにすると期待される）からである．そこで，具体的な記述に入ろう．

いま，命題 Φ が（当面の言語において），例えば「p_1 または（p_2 でない）」であったとしよう（「p_1」「p_2」を始め，以下で登場する各「p_n」は，この言語における命題定項だとする）．このとき，まずウィトゲンシュタイン自身の述べるところでは，Φ の意義とは，Φ が描出するところの当の「状況」であり，つまり，Φ が真である場合に「事情はかくかくである」ことになるような当のものである．そして我々の解釈では，そのような Φ の意義とは，仮定／想定されたものとしての Φ（つまり，シークエントの先行列として登場する Φ）に割り当てられる意味論的な値であり，あるいはむしろ（実際に当の値として用いられるのは，様々な数学的抽象物であるから）そうした値によって形式的に代理される当のものである．ここで問題の記述を容易にするために，いわゆるターム・モデルの考えを援用しよう．それは要するに，Φ に割り当てられるべき意味論的な値として，当面の言語の諸命題（式）そのものを利用してしまうことである．こ

れは一見奇異に思えるかもしれないが，論理学的には当たり前に用いられる手法であるとともに，一般に「世界」と「言語」（とりわけ「事態」と「要素命題」）の間に「写像関係」（或る種の強い同型性と思われるもの）を認めるウィトゲンシュタイン自身の考えからしても，命題の意義であるものの形式的代理物として，命題（式）自身を用いることは格別不自然ではなく，むしろごく穏当な措置と言ってよいだろう．

　さて，そうなると，ここでのΦの意味論的な値とは，（他にも様々な複雑な選択肢があるが，最も簡明に定めるならば）要するに，Φから論理的に帰結する諸命題の全体に他ならない（いま「諸命題の全体」という言い方をしたが，より正確には，それらの命題そのものから成る全体ではなく，各命題の論理的同値類から成る全体と言うべきである．しかしこの点にはあまり拘る必要はないであろう．技術的に言えば，ここで考えているのは，いわゆるリンデンバウム代数上でのΦ（の論理的同値類）の「主フィルター」である）．つまりそれは，Φ自身を始め，「（p_1または（p_2でない））またはp_3」「（p_1または（p_2でない））または（p_3ならばp_4）」等々といった諸命題——いま述べた通り，実はその論理的同値類であるが，以下いちいち断らない——の全体であり，この全体（ｗと呼ぼう）は，当面の言語が無限に多くの原始命題を含むとする限り，それ自身，無限な全体となる．

　ｗに含まれる命題はみな，まさに「Φが真である場合に，事情はどのようであるか」を（いわば部分的に）描出するものである．なぜならそれらはみなΦからの論理的帰結であり，つまりΦが真である場合には真となり，したがって，Φが描出する当の状況をそれ自身（部分的に）描出するからである．更に言えば，ｗに含まれない諸命題は，どれ１つを取っても，「Φが真である場合に，事情はどのようであるか」を描出するのではなく，例えば「p_1かつp_2」のように，「Φに加えて，更に他の何らかの諸命題が真である場合に，事情はどのようであるか」を描出するものである．かくして，Φの意義をｗによって与える（形式的に代理させる）ことは，ウィトゲンシュタインの趣旨に基本的に適うと言えるだろう．他方また，ここでは詳論しないが，シークエントの意味論という観点から見ても，一般に命題の意味論的値を，ここでのΦに対するｗのようなやり方で与えることにより，理論的に十分うまくいくことが知

られている．そこで，もう少しw自身の性格について考えてみよう．

wは，常識的なタルスキ意味論の用語で言えば，Φが真となるあらゆるモデルにおいてそれ自身，真となるような諸命題（式）全体の集合に他ならない（このように言い切るためには，構文論的帰結関係と意味論的帰結関係との間の一致，つまり完全性が成り立つことが条件となるが，ここではこれは前提してよいであろうし，いずれにせよ議論の本質には影響しない）．あるいはまた，標準的な可能世界意味論の用語で言い直せば，wとは，Φが真となるあらゆる可能世界において，それ自身真となるような諸命題（式）全体の集合である．実は，通常，この可能世界意味論においてΦの意義に当たるものとして割り当てられる値とは，wのようなものではまったくなく，端的に，Φが真となるような可能世界の全体である．こうした見方に比べるとき，wをΦの意味論的な値として割り当てることにはどのような興味があるのだろうか．wがターム・モデルであるという点に関わる興味はひとまず措くとして，いずれにせよ重要なのは，それが確かに或る種の可能世界と見なしうるものでありつつ，しかも部分的であるということである（これに対して，可能世界意味論における可能世界は，すべてトータルである）．wが部分的であるのは，その肯定と否定のどちらもwに含まれないような諸命題が無数にあるからであり，通常の可能世界（のターム・モデル版）がトータルであるのは，どの命題も，その肯定か否定のいずれか一方がそこに含まれるからである．ここでは詳論する余裕がないが，一般的に言って，部分的な可能世界を採用することで得られる技術的な利点と，そして何より，概念的な啓発性は驚くほど多い．例えば，現在，完全にドグマ化している「同一性の必然性」（同一であるものは，必然的に，つまりあらゆる可能世界を通じて，同一であらねばならないとする考え）は，明らかにトータルな可能世界しか考慮に入れない標準的可能世界意味論の制約の大きさによって生じたものである．一般に，部分的な可能世界を採用する場合には，極めて柔軟なモデル構成が可能となるため，同一性が必然的でないモデルや，その他の種々の興味深いモデルを容易に構築することができる．

そこで最後に，もう一度『論考』自身の枠組みに戻って，命題の意義をwのような部分的可能世界で与えることを通じて何が解明されるかを見てみよう．wはそれ自身，第4節で見た意味合いにおける「理念的構成物」と言ってよ

いものである．なぜならそれは，その1つ1つの要素を順を追って構成してゆくことができ，しかも，そのような構成のプロセスの理念的上限として措定（仮構）されるものだからである．ところで，ここで更に，あの命題の「分析」という考えを想起しよう．Φは（当面の言語における）「p_1 または（p_2 でない）」であったが，いま言語自身の変換（元の言語の，より詳細な言語への埋め込み）が生じたとすれば，その結果，Φは例えば「（q_1 かつ q_2）または（q_3 かつ q_4）」といった形の命題へと分析される（翻訳される）だろう．このとき，先の「p_1 または（p_2 でない）」に対して行ったのと類比的な手続きを適用することにより，再びこの新しい命題の（新しい言語における）論理的帰結の全体，つまり部分的可能世界 w_1 を理念的に構成することができ，これをこの命題の意義（の形式的代理物）として割り当てることができる．そこで更に，もう一度言語の変換が起これば，また再び，新しい命題に対する意義として，理念的に構成された或る部分的可能世界 w_2 が割り当てられ，……といったように，次々と，部分的可能世界 w_n の系列が構成されてゆき，更にはこの系列の上限として，w_n たちをすべてを包括する，或る種の部分的可能世界の集合 w_ω が理念的に構成されることになろう．ここでは単純に断定することしかできないが，『論考』に潜在する「ダイナミック」な言語観を明示的に取り出そうとするとき，このような w_ω のようなものを考えること——出発点になった命題自身の意義として，あるいはむしろ，命題系列全体の上限である「完全に分析された命題」（TLP 3.25 参照）の意義として，w_ω を割り当てること——は，十分に興味ある再解釈の方策となるのではないかと考える．

　さて，こうした本稿の解釈により，ウィトゲンシュタイン的な「命題の意義」なるものがどれほど興味深いものとして蘇ったのかは，読者の評価に任せる他ない．しかし既に説明したフレーゲのケースも含めて，この両者における「命題」「思想」「像」「判断」等の概念が，証明（／仮定），構成（／理念的構成）という概念をそこに介入させることにより，生産的な解釈の余地を豊富に含む独自の価値を保ったものとして再登場するという事情は，ともかく示唆できたとしてよいのではないだろうか．

注

1) ［♯］に登場する「：true」つまりフレーゲにおける判断線そのものについては，史に話が複雑になるため，ここでは深入りしないが，現代タイプ理論ではこの記号は，文（タイプ）よりもう１段高階の「ソート（sort）」と呼ばれるカテゴリーに属する記号とされ，その意味論的な値としては，大まかに言って，証明されたすべての文（の意味論的な値）の集まりに当たるものが割り当てられる．もっと端的に言えば，それは，次々と証明されてゆく諸文（proposition）が形作る本質的にオープンな（未確定で拡張の余地を常に残す）構成主義的な意味合いでの「無限集合」に他ならない．

2) ここまで説明する機会がなかったので，この場を借りて，証明ターム（ラムダ・ターム）に対する概念記法のシンタクスの関係について更に一言補足しておきたい．実は，ラムダ計算の言語自身，その１つの重要な起源をフレーゲの概念記法のうちに持つ．というのは，ラムダ計算の中核を成す「ラムダ抽象」（与えられたタームから関数表現を抽出する手続き）とは，論理学史的に見れば，初めてフレーゲが第一体系において導入し，その後も一貫して，複雑な（特に多重的な）量化文を形成するための基本的構成原理として適用した，いわゆる「関数とアーギュメントの方法」そのもの（それに若干の技術的一般化を加えたもの）だからである（このフレーゲ的な方法については，第一体系より後の『算術の基本法則』の体系を主題としてはいるが，文献に示した津留竜馬の論文に大変詳しい解説がある）．つまりフレーゲは，証明タームを構成するための原理的な構文論的操作は既に見出していたが，しかしこれを証明図をコード化するために適用するというアイデアには思い至らなかった（単に文の形成原理としか見なさなかった）ことになる．それはその通りであるが，しかし同時に，『算術の基本法則』におけるパラドクスの問題まで視野に入れると，事情はもっと微妙であることが判る．簡単に述べると，タイプ理論の立場から見れば，文とは区別される証明タームとして定式化されるはずの事柄の一部を，むしろフレーゲは，いわゆる「タイプ・フリー」のラムダ計算の体系（これは現在のところ，タイプ理論ほど整った論理的シンタクスを体現したものにまでは完成されていない）に親縁的な仕方で，文（式）そのものの或る種の構成要素――単称タームとしての「値域名」――として定式化しており，この結果，彼の『算術の法則』の体系の独特の複雑な性格，つまり，一方で標準的な高階述語論理を含み，更にそれを超えて，現代的タイプ理論に接近していながらも，他方で，タイプ・フリーのラムダ計算の体系を一定の仕方で包摂するものとなっている，という事実が生じているだろう，ということである．この点については近い将来に詳論したい．

3) フレーゲが正当化条件のみを顧慮し，ウィトゲンシュタインが反証条件のみを顧慮しているという事実は，単純に，文／命題に関する彼らの意味論が，不完全で欠陥を含むということを意味するわけではない．一般に，言語の中で論理的帰結関係が適正に定義されていれば（そしてそれが意味論的な帰結関係に一致した完全なものであれば），この帰結関係そのものを利用することにより，どの文についても，その正当化条件と反証条件を一意に与えることができ，そもそも，どちらか一方が与

えられれば，同時に他方も与えられていることになるからである．だが同時に，それでも正当化条件と反証条件を区別することにはそれ自体として重要な概念的価値がある．実際，ここでは詳論の余裕がないが，両者の間に成り立つ双対性の関係を，論理的・数学的言語全般を通じて見られるもっとユニヴァーサルな双対構造の1例として解明することは，現在の論理学の重要な探究主題の1つ（いわゆる「随伴性 adjointness」の研究）に他ならない．本稿で示唆したいのは，既にフレーゲの観点とウィトゲンシュタインの観点の間の以上のような対比のうちに，こうした現在の問題の1つの原型的事例を見出すことができる，という点である．

文献

G. Frege ［1］：*Begriffsschrift, eine der arithmetischen nachgebildete Formelsprache des reinen Denkens,* Halle, 1879, reprinted in his *Begriffsschrift und andere Aufsätze,* hrsg. von I. Angelelli, (2 Aufl.), Olms, 1964.

――― ［2］：*Grundgesetze der Arithmetik*, Olms (reprint), 1966.

P. Martin- Löf：*Intuitionistic Type Theory*, Bibliopolis, 1984.

津留竜馬「概念記法は何故矛盾したのか」,『思想』No.954, 2003.

L. Wittgenstein ［TLP］：*Tractatus Logico-philosophicus*, ed. by D. F. Pears et al., Routledge, 1961.

B　ラッセル

ラッセルの数理哲学と論理学

吉田夏彦

まえがき

　ラッセルは大変長生きをして，その間に，沢山の仕事をし，多くの意見を吐いた．特に，あたえられた題目は，少くとも壮年時代までの彼の専門領域であるので，この方面の彼の仕事を，与えられた紙数と日時の中で概観するのは，不可能なことである．そういう概観は，論理学関係の専門誌でそのうちおこなわれるであろう．ここでは，ラッセルや論理学についての予備知識を仮定せずに，題目に関係のあることを少し論じてみることで責をはたしたい．

1　抽象的なものの存在

　現代において，物質的なものの存在，たとえば地球の存在を疑えば，狂人あつかいされることは，まず，たしかなことである．しかし，精神的なもの，たとえば，心や魂の存在は，これを否定したり，疑ったりする人は，かなりいる．唯物論者や，不可知論者である．とはいっても，そういうものの存在をみとめる人，つまり，二元論者の方が，どちらかといえば，多数派であろう．また，日常生活でつかわれていることばの用法は，一元論よりは，二元論に都合がいいようにできている．

　ところが，数や集合，といった，抽象的なものの存在となると，否定する人の方が大部分ではなかろうか．もちろん日常言語では，こういったものをさすことばがつかわれていることは，現に，この文が示しているとおりである．けれども「そういったことばが，名詞（つまり，ものの名前）としての働きをしているのは，みかけ上のことにすぎず，実際には，抽象的なものは，頭の中に

しか存在しない——つまり，ほんとうは，存在しない——ものだ」という意見の人が多いように思われる．

しかし，それなら，なぜ，数学では「$x^2=4$の実根は存在する」というようなことばづかいをするのであろうか．まぎらわしい，みかけ上のことばをつかわず，つまり，「存在する」ということばをつかわずに，今のべたことをいう方法はないのであろうか．もし，ないとしたら，それにもかかわらず，存在がみかけ上のことにすぎないというのは，どういう意味のことなのだろうか．

ふつうの人は，こんな反問には，あまり気にとめない．こういう反問にうまく答えられようと答えられまいとにかかわらず，「とにかく，抽象的なものが存在するなどというのは馬鹿げている」という直観をひきあいに出すだけで，話がすむように，そういう人達は思っているのである．しかし，それでは，存在とは，感じによって決定されるべきものなのだろうか．ちょうど，ビールの味のうまさのようなものだろうか．だとすれば，それは，時代の流行によってその内容が変るものなのだろうか．

哲学者の少くとも一部分は，この問題は，そう簡単に片づくものではないと考える．ラッセルは，時には「感じ」でものをいいはしたが，やはり，真面目にこの問題にとりくんだ哲学者の1人であったといえよう．

2　唯名論と実在論

抽象的なものの存在に関する問題は，哲学とともに古い．何等かの意味での個物にのみ存在を許し，その他のものの存在を否定する立場が，唯名論といわれ，抽象的なものの存在を肯定する立場が，実在論と言われていることは，哲学史の教科書などで，先刻承知のことであろう．

個物としては，ふつう，じかにその存在がたしかめられるもの，つまり，物体，知覚内容，表象，（内省的にとらえられた）人格，などがとられるので，唯名論は，大変確実な基盤の上にたっているように思われる．これに反し，実在論は，とらえどころの少いものの存在をみとめ，ともすれば，常識外の世界に人をつれ出そうとするものなので，現世的な一般人には，とっつきにくいのである．

しかし，前節でのべたように，数学というものを一ぺんみとめてしまえば，抽象的なものの存在を（ことばの上だけでも）肯定するのが数学の世界の日常茶飯事であるため，実在論的な傾向にも，論点があるような気になってくるのがふつうのようである．少くとも，数学者の中には，ふだんは，無意識のうちに，実在論を肯定している人が，かなりいるようである．

もっとも，数学の世界の中に，唯名論と実在論のあらそいと似た形式の対立が持込まれることもある．それは，有限集合や自然数だけを由緒正しい数字的存在とみとめ，無限集合，集合一般，実数，超限数，などの存在を否定しようとする直観主義数学の立場とその反対の立場（大部分の数学者は，この立場であろう）との対立である．これを数学的唯名論と数学的実在論の対立というが，この場合には，数学的唯名論でさえ，抽象的なものの一部（たとえば自然数）については，その存在をみとめていることに注意しなくてはならない．つまり，感覚内容だけを存在する個物とみとめる立場からは，これも一つの実在論になってしまう．（直観による構成と，感覚内容とを同じものとみれば，話が少し変ってくるが，この点に立入ることは，今は，省略しておこう．）

3　プラトン主義

ラッセルには，早くから，実在論的な傾向があったことは，よく知られている．これは，彼にもともと強い宗教的，形而上学的要求があったことと無縁ではないであろうし，また，若い時から数学に親しんだこととも関係があることであろう．

しかし，1912年に出た「哲学の諸問題」を1つの頂点として，彼の実在論は，次第に，唯名論に近いものに変って行く．そこで，この頂点に達した時の実在論を，特にラッセルのプラトン主義と名づけておこう．（これは今あげた本の中で，彼がプラトンにふれていることからいっても，許される名前であろう．）

このプラトン主義の内容を，1910年代のラッセルの主張に即してまとめるのには，少し紙数がいる．しかし，ラッセルのおかげで進歩した現代論理学の成果を利用し，1970年代の我々の問題意識にふさわしく，これを一言であらわせば，「集合の存在をみとめる立場」ということになる．なぜなら，たとえ

ばラッセルが，プラトン風にその存在を力説した普遍者の一つである，関係も，現代では，集合の一種と考えるのが，ふつうだからである．要するに，プラトン主義者としてのラッセルがその存在を主張したものは，みな，集合であったと考えてよい．

しかし，ラッセル自身は，次第に，集合の存在に疑いをいだくようになり，プリンキピア・マテマティカ（特に二版）では，集合概念を除去した論理学をたて，そこから全数学をみちびこうとした．この試みの成功，不成功については，「命題関数」という名の，集合よりも漠然とした概念をみとめるという前提のもとでのみ，成功したといえる，とする，クワイン達の批評があたっていよう．つまり，きびしくいえば，この試みは成功しなかったといってよい．

4　実験科学としての数学

しかし，成功，不成功にかかわらず，この試みが，注目を受けるだけの価値があるのは，これが数学における1つの実験だったからである．つまり，1つの唯名論の正しさを，ア・プリオリな哲学上の議論によって決しようとはしないで，実際に唯名論の立場による数学の再編成が可能であることを，示そうとしたからである．

このような，数学における根本前提（原理，概念，公理，推論規則）の有効性を，既存の公認された事実との整合性で検定しようとするやり方は，経験科学における仮説の検証法とよく似ている．ラッセルが好んでこの検定法をとった原因の1つは，やはりかれの実在論的傾向にもとめることができよう．

彼が，数学を動物学にたとえたのは，有名な話である．つまり，両者は，ともに，世界についての情報を提供してくれる学問なのだから，似た方法をつかっても，不思議はないともいえるであろう．しかし，後になって，彼は，このたとえを撤回し，数学と経験科学が質的にちがうとする論理実証主義的な考え方にかたむくこともある．

それでも，数学における実験的なアプローチの正当性については，おそらく，ラッセルは考えを変えなかったと思われる．つまり，実在論ときりはなしても，このアプローチは有効なものと考えていたろう．

これは，我々の知識が，論理的な始点にも終点にも位せず，中間のところから始まるとする彼一流の考えからくることだといえる．つまり，中間点から論証により結果をひき出す演繹とならんで，中間点を論理的に内含する前提をいろいろ模索することの重要性をラッセルは強調した．だからこそ，実験的方法が必要になる．

　ここには，数学が，自明の真理から結果を演繹するものだとする古典的な立場，あるいは，一旦，第一原理を獲得すれば，あとは，演繹だけでことがすむとする，デカルト的な立場とは，ちがった考え方がある．

　この考え方の背後をさらにさぐるなら，いろいろな原因があげられようが，その1つとして，数字におけるパラドクスの発見をあげることができよう．19世紀末から20世紀の初頭にかけて続々発見された集合論上のパラドクスは，最も厳密な学として自他ともに許してきた数学の確実性に疑いをなげかけ，その結果，当時の数学界，哲学界に，きわめて大きなショックを与えたのである．

5　パラドクスとラッセル

　この時，ラッセルは，パラドクスが（時に誤解されたように）数学の一分科の尖端に生じた断片的な事実ではなく，我々が昔からみとめてきた論理的な推論法一般にかかわる，きわめて一般的な現象であることをみぬき，そのことを，いわゆる「ラッセルのパラドクス」の提示により，わかりやすく示した．つまり，1つの条件を与えると，この条件をみたすものが1つもないか，少なくとも1つあるか，のどちらかであることは当然である．そこで後者の場合，この条件をみたすもの全体をまとめ，これに1つの名を与えると，ここに1つの集合ができる．こういう集合が，いやしくもそれをみたすものが少くとも1つはあるようなすべての条件に対して，必ず存在するというのが，昔からの実在論者が暗々裡に仮定してきたことである．少くとも，数学における実在論は，この仮定の上に成立ってきたといってよい．ところが，この仮定こそが，パラドクスの原因であることを，ラッセルは端的に示した．

　では，このパラドクスを回避し，しかも，数学者のみとめる存在をすくうのには，どうしたらよいのか．この問いに対してラッセルが与えた答えが，オー

ダーとタイプの理論である．このうち，オーダーの理論は，ポアンカレもみとめた「悪循環を許さない禁則」，つまり，1つの集合をつかって定義されるものをその集合の元とすることを禁ずる規則にもとづいてつくられた理論である．

　この禁則は，直観的には，いかにももっともなものにみえ，これを破ったことこそ，パラドクスの出現の原因であるかとも思われる．しかし，この禁則を厳密にまもれば，実数論の展開は不可能になる．また，禁則をまもっていてもパラドクスがでてくる場合も考えられるし，逆に，禁則をおかしてもパラドクスはまず出てこない場合もある（今あげた実数論の場合など）．その上，この禁則には解釈の多義性がある．こういった事情のため，この禁則は，あまり重んじられなくなった．

　オーダーの理論をはずしたタイプの理論，いわゆる簡単なタイプの理論には，このようなこみいったわずらわしさがないし，この理論が（無限公理や選択公理をはずして考えた場合），パラドクスに対して安全であろうことは，確実といってよい．しかし，その安全なかたちでは，古典数学の再生には不十分なのである．

　集合論研究の大勢は，タイプの理論よりは，ツェルメロの創始した，公理的集合論の方におもむいた．しかし，ツェルメロの理論と似たもののことを，ラッセルも考えていた．いわゆる集合の大きさを制限する理論である．また，クワインのN・Fの前駆ともいうべき，ジグザグ理論のことも考えている．いろいろとパラドクスを回避する道を考えた上で，彼自身が実際の展開をこころみたのが，オーダーとタイプの理論だったわけである．

　こういう点にも，彼の実験的なやり方が，よく出ている．タイプの理論には，晩年までかなり強い自信を持っていたようだが，それが唯一の可能な，あるいは必然的な方向だと断定することは，ほとんどなかったようである．むしろ，いろいろな可能性を実地にためしてみることに興味を持ったからこそ，今日の集合論のさまざまなアプローチの原型を，すでに今世紀の始めにつかんでおくという，洞察力の深さを示したのであろう．

6　論理主義

このように,独断主義とは程遠い,実験的なアプローチを重んじたラッセルが,それにもかかわらず,一種のドクマに立っていた哲学者のように考えられることがある.それは,「数学と論理学とは1つのものだ」とする,あの有名な論理主義のテーゼに関連してのことである.

19世紀後半,カントルの手により,数学者の意識の表面に顔をひっぱり出された集合概念は,実は,学問が始まって以来,人類が暗々裡につかってきたものだといってよい.とにかく,これを意識的につかうと,数学上の概念がつぎつぎに定義できるということが,デデキントやフレーゲ,ペアノなどにより示された.この定義法と論理学をつかった,推論の形式の定型化とを組合せることにより,全数学を,集合論の枠におさめてしまうことができるということは,今日でこそ常識に近いことになってしまったが,当時は新鮮な驚きをさそう事実だったろう.集合概念は,一旦とり出してみると,論理的な概念の中でも最も根本的なものであることがわかるから,このことを,数学の論理学への還元と呼んでも,おかしくはないわけである.

しかし,問題は,集合論の枠の中におさめてしまったことだけで,すべてが解決はしないという点にある.特に,ラッセル自身がその存在に人々の注目をひいたパラドクスは,集合概念自身が多くの問題をはらんでいることを示している.だから,集合論を論理学とよぶのは自由であるにせよ,どのような集合論をとるかを明確に示し,かつ,この集合論が少くともパラドクスに対しては安全であることを示さなくては,あのテーゼに現代的な意味を与えることはできないことになる.

ところが,さきにいったように,ラッセル自身が,素朴集合論の修正版として提出した,オーダーとタイプの理論は,いろいろな問題点を持つもので,集合論の決定版とみるには,難点がある.特に,数学の全体をもりこむようにすれば,パラドクスに対して絶対安全という保証がない.

その上,ラッセルは,ヒルベルトの形式主義の立場に対し,終始,きわめて批判的であった.ところが,少くとも1940年代ぐらいまでは,大部分の数学

者が，もし数学の基礎づけが可能であるとすれば，それは形式主義の方法によってであると考えていたので，ラッセルは，基礎づけということを誤解しているのではないかという印象が流布していたのである．（事実，公平に見ても，ラッセル側に誤解のあったことは否定できないことだったようである．）

　また，集合概念そのものを除去しようとすることを通じ，ラッセルのいう論理学の内容は，さらに不明確なものになって行く．ラッセル自身，論理学とよばれるべきものの内容が何であるかはっきりしなくなった，という趣旨のことを何度かのべているのである．

　では，ラッセルの論理主義のテーゼは，内容のないものだったのだろうか．パラドクスに関する点では，たしかに形式主義者の批評はあたっていたといわなくてはならないだろう．しかし，集合論的な枠組みが数学に対して持つ意義を強調した点は，集合論の内容の多義性にかかわらず，今日でも意味を持つと考えられる．

　つまり，たしかに集合論の内容は，今日でも一義的に確定してはいないが，それにもかかわらず，集合概念と数学との関連を論ずることに意味があるのは，自然数の概念と数学との関連を論ずることに意味があるのと同じことである．直観主義者や形式主義者は，自然数の概念こそ，内容が一義的に確定したものであるかのように考え，これにより全数学を基礎づけようと考えた．しかし，実はこの概念に多義性のあることは，不完全性定理が示している．もっとも，一階の自然数論から，階をあげた自然数論にうつれば，公理の定型性が示せることを以て，自然数の概念の確定性を示す事実と考える人がいるかも知れないが，この定型性の概念は集合概念を予想するので，こうして示された定型性は集合概念に関連する相対性をまぬがれえない．

　そうして，結局，数学の自然数論への還元は不可能であるのに対し，集合論の方は，公理の追加というかたちで拡張をつづけて行くことにより，常に全数学をのみこむことができそうにみえる．少くとも，最近はやりのブルバキ流の教科書は，集合概念と論理記号だけをもちいて構造の概念を定義し，この構造の研究として，現存の数字を統一的に性格づけることが可能であることを示している．この性格づけが多くの人に数学の全体に対し，便利な展望法を与えていることは事実といってよい．

7　形式主義

ラッセルは，かつて，「数学とは，その主題についても，そこで我々が真理をえているかどうかについても，我々には知る手段がないような学問である」とのべたことがある．数学の公理論的な性格についての認識が普及している現在では，このいい方を理解することはむずかしくないかも知れないが，当時（1901年）は，これもショッキングな発言の1つであったろう．

ラッセルは，この考え方を後にはすてたようである．それは，公理論的な考え方に終始する形式主義に反対し，「たとえば，ペアノの公理だけでは，なぜ自然数でものを教えられるのか，わからない」として，公理に意味づけを与えようとしたことをみてもわかる．たとえば1919年の数理哲学序説で，彼はこの意味づけを試みている．

しかし，この意味づけは，集合概念をつかうものであるから，集合論自身が公理化されることを考えると，絶対的なものとはいえない．むしろ，公理主義的な考え方を徹底して行けば，数学のみならず，すべての学問の絶対的な性格があやしくなってしまうことに気がつくべきであろう．

ラッセルは，ヒルベルトに批判的であったことからもわかるように，この線を追及して行くことにより生ずる認識論的問題のことを，そうしばしばは問題にしていない．しかし，彼の影響を強くうけたカルナプやクワインは，どちらかというと，この形式主義的な側面から，ラッセル哲学の教訓をひきだしているように思われる．

実際，ラッセルの，形式主義に対する反対の1つの根拠となっていると思われる，実在論的な傾向は，反転すると形式主義の1つの根拠となりうるのである．なぜなら，実在についての認識が不可能であるとする懐疑主義（ラッセルはその論理的可能性をみとめながら，自分の立場としてはこれを否定するのが常だった）をとらないかぎり，我々は，実在認識が1つの公理論に組織されることをみとめなくてはならないからである．この公理論に形式主義的考察が適用されるのをふせぐ方法としては，1つの公理論の絶対性を，独断的に仮定するやり方しかない．論理主義が1つの独断主義と理解されることが多いのは，この間

の事情にもよるのである．しかし，論理学における試行錯誤を精力的におこなったラッセルが，いつもこの独断におちいっていたということは，考えにくいことである．

8　現在の状況とラッセル

　以上，標題と関連のあると思われることがらをいくつか拾ってみたが，これだけでも，ラッセルの関心が多方面にわたり，しかも彼がしばしば正しく，論理学のその後の発展によって生ずべき問題をさきどりしていたことがわかったかと思う．

　彼自身の解答が正しかったかどうかは，また別の問題である．というより，時代の変化につれて，彼のアプローチに対する評価もうつりかわるであろう．たとえば，1930 年代から 40 年代にかけて，彼の数理哲学に対する同情者は，数学者の中に少く，哲学者の中に多かったように思われるが，その後，形勢は，逆になったようにみえる．

　少くとも，1963 年のコーエンの結果以来，数学者にとっては，集合の性格に関する哲学的問題の所在が，かなり明かになったといえる．つまり，一方からいえば，集合概念をもちいて全数学が記述できることはほぼ数学的常識であり，他方からいえば，しかし，ほかならぬ集合概念こそ，究明を要すべき点を多々ふくむものであることが，コーエンの結果によって明かであるといってよいであろう．ところが，かつてラッセルの影響下に数学的存在に注目した多くの哲学者は，ヴィトゲンシュタインの転向に盲従し，論理学の進歩を追跡することは怠るようになってしまい，たとえばラッセルに同情的なゲーデルの哲学的意見を正しく評価するだけの力もなくなってきているように思われる．

　しかし，その点はどうあれ，ラッセルが提起したいくつかの論点を，今日の数学や，論理学の成果と関連させながら，考えてみることは，興味深いことであろう．たとえば，彼の，「悪循環を許さない禁則」についても，今日の整理されたかたちでの論理学のなかで，明確な定式化をこころみることができよう．

　そうして，何よりもまず，集合論のかたちに，数学的存在をめぐる問題，つまり，現代存在論の問題がしぼられることを，半世紀以上前から見ぬき，これ

に関する信念の変らなかった点に，彼の現代的意義をみとめるべきであろう．後期において終始彼がその完成に心をくだいた，集合なしの論理学にしても，今からみれば，1つの集合論のこころみであるとみることができるのである．

少くとも当分の間，数理哲学や存在論は，彼が探検をこころみた知的領域の内部で発展して行くであろう．

9　意味，内包性

なお，ラッセルは，意味の問題についてもよく論じたし，これこそ，論理学にとって重要な問題であると感ずる人も多いであろうに，なぜこの小文でその点についてふれなかったかについて，一言，ことわっておきたい．

理由は，ほかでもない．この問題については，現在はまだ，哲学者の議論がよく整理されていないと考えるからである．たとえば，意味をめぐって，内包性の概念が持出されることがあるけれども，この「内包性」ということばで何をいおうとしているのかはっきりしない発言が実に多いのである．この辺の整頓がゆきとどき，意味論についての公共の財産ともいうべきものがある程度できあがってから，ラッセルの業績をふりかえってみてもおそくはないと考える．

なぜなら，この小文でのべたことにしても，集合論などの最近の成果をふまえてラッセルの発言を解釈することが可能になったからこそ，論理学者の常識になったので，それ以前には，ラッセルの集合についてのいい分は，なかなかつかみにくかったからである．ラッセルは俗説に反し，明晰な著者ではない．学問のその後の発展を註釈としてはじめて生かされる，偉大ながら難解な予言者であったし，これからもそうであろう．

Principia Mathematica における命題函数　I

大　出　　　晁

　記号論理学の体系が，すべての哲学的或いは形而上学的な前提から独立であるか，またどのような哲学的・形而上学的解釈をも許容しうるという意味で中立であるかという問題は，近年屢々論議の対象とされているように思われる．この問題は各人の哲学観・形而上学観が明確でないという事情からしても，決定的な解答が得られるだろうとは私には考えられない．しかしある形式的な体系を設定する場合に，その体系がトリヴィアルなものではなく，数学の基礎的な部分を含むに足りる記号論理学的体系——ラッセル・クワインの体系——にしろ，また形式的集合論の体系にしろ，体系の全体的な枠組を決定する基本的な考え方が基礎にあると私には思われる．これを哲学的前提とよぶかどうかは各人の自由であろう．しかし重要なのは，このような基本的な立場が完全に形式的な体系の内部では形式化されていず，全体的な理論構成の方法のうちに反映されているにすぎないことである．それ故，もし我々がある体系を選ぶならば，その体系の内部ではもはや我々が任意に記号を操作することは許されない．形式的な体系が完全に形式化されていればいる程我々には自由がない．しかし体系の外では，我々はその体系を支えている基本的な立場について反省することは許されているし，幾つかの体系の間では選択の自由をもつ．そしてその選択の基準は，理論構成の全体の筋道が納得のゆくものであるかどうかにかかっている．

　なるほど，このような基本的な立場自体を公理や規則の形で形式的体系の内部に組み入れることは，場合によっては原理的に不可能でないかも知れぬが，現在我々の有する形式化された言語は極めて限られた表現能力しかもたず，従って高度に抽象的な基本的立場に関する議論を他の部分と同程度の正確さで形式化することは，想像を絶する困難を伴うであろう．また基礎的な概念のすべて

を形式化するには,ゲーデル,タルスキーの分析の示すような理論的な難点を予想することもできる.従ってこのような形式化の試みよりも前に,今迄提出されてきた形式的体系の底に implicit に含まれている基礎的な諸概念の検討が無意味であるとは思われない.私は今迄構成された種々の体系にひそむ基礎的な概念の吟味を意図しているが,ここでは先ず始めにプリンキピア・マテマティカ初版における命題函数の概念を分析することにしたい.

分析の方法としては,私は単にプリンキピアにおける命題函数の性格を明らかにするだけに止まらず,それのもつ技術的難点の解明にも力を注ぎたい.形式的体系に関する議論は,それ自体技術的な面をもたぬ場合でも,体系内部の記号の操作の問題から遊離しては殆ど内容ある議論とはなりえぬと思うからである.従ってプリンキピア初版については還元可能公理の問題が当然浮び上ってくる.この問題を中心にして,あくまでもプリンキピア全体との関連において命題函数を解明してゆくのが本稿の目的である.

1　命題函数の定義

プリンキピアの命題函数の1つの特徴は,命題に関する予備的分析を全く前提せずにその定義が直接に導入されていることである.その定義とは,即ち,

定義 I　φx が変項 x を含み,x にある一定の意味が与えられるときに命題となるところのひとつの陳述(statement)だとすれば,φx は命題函数とよばれる[1].

この定義に現われる φx は,PM[2]の例によれば「x は傷ついている」或いは「x は人間である」といった半ば記号的,また半ば言語的な表現に対応している.そして,「x が傷ついている」が一定の断定(assertion)を示していない故に,一定の真理値をもつ命題ではないのと同様に,φx も命題ではない.「x が傷ついている」が命題となるためには,x が何であるかが決定されねばならない.それ故この表現が命題となり得ないのは,変項 x の曖昧さに基づく.またそれは,「x が傷ついている」が命題となりうるように x を決定してやることによって生ずる一団の命題を曖昧に示している.この曖昧さが命題函数の基本的性格である.このように命題を生ぜしめうるようにと x がそう決

定されるものを x の値とよび，x の値が決まることによって命題函数から得られる命題をその函数の値とよぶ．a, b, c …… によって x の値を示すとすれば，φx は $\varphi a, \varphi b, \varphi c,$ …… の任意の1つを曖昧に示す．

　命題函数の次元の問題と，次に述べる命題函数それ自体という概念を別にすれば，これが命題函数について PM_1 が述べている殆ど全てであると言ってよい．このように PM_1 が命題の内部構造，例えば主語──述語の形式，或いは幾つかの語の間の関係等の問題について立ち入らなかったのは意識的なものであると思われる．つまり命題構造の文法論的論議や，真偽の問題についての心理的な要因をことさらに回避するためだと考えられよう．しかしここで指摘しておかねばならないのは，このような命題函数の定義の方法は次の2つの重要な性格を有していることである．先ず命題とは一定の断定を示し，従って真或は偽といえるところのものであること，及び命題はひとつの分割しえぬ単位であると考えられていることである．前者については我々は別に奇異と感じない，現今の論理学者は真偽を定義しえぬある基礎的な概念とし，むしろこれを用いて命題を定義するのが普通だからである．しかし PM_1 においては，この真偽の問題が断定と切り離されずにいることはやはり注目に値する．後者については，PM_1 は次のように主張する．もしも1つの命題中の述語だけが単独に切り離されうるものとする．そのとき例えば「自己肯定的でない」ということは独立した存在となって，我々は直ちに「自己肯定的でないは自己肯定的でない」といったパラドキシカルな表現──いわゆる「内包的なパラドックス」──を構成することができる．それ故に命題は単一の単位でそれを分割することは不可能であり，従っていわゆる述語変項──述語のみを示す変項──は PM_1 には現われないのである．このような立場から PM_1 においては，φa は「ソクラテスは人間である」に，φx は「x は人間である」に夫々全体として，直接に対応しているのである．

　さて，たとえ「x は傷ついている」と「y は傷ついている」という2つの表現（命題函数）が同じ文脈に現われても，x, y のとりうる値に応じて我々は同一の命題を得ることもあるし，また違った命題を得ることもある．それ故，x, y の値が実際にどのような値をとるかは別にして，一般的にはこれらの表現は常に同一の値をもつとは限らず，その文脈における曖昧な差異を示してい

る．ところが x, y の値の如何にかかわらず，その値を決定してやれば命題となるところの何かは，その文脈において常に同じものであると考えられる．このような何かを命題函数（それ自体）とよび，「$\hat{x}$ は傷ついている」という記号で表現する．従って「$\hat{y}$ は傷ついている」も全く同じ函数を表現している．それに反して「x は傷ついている」と「y は傷ついている」は，共にこの命題函数の曖昧値とよばれ，同じ文脈においてもその値を異にしうる．この考察を一般化して φx は命題函数 $\varphi \hat{x}$ の曖昧値とよばれ，x に一定の意味 a が与えられたとき，即ち φa は $\varphi \hat{x}$ の曖昧でない値とよばれる．従って，このように同一の文脈において異なりうる曖昧値に対して，与えられた文脈においては常に同一であるところの命題函数という見地からは，前述の定義は次のように書き直すことができる．

定義 II 命題函数とは，変項 x を含み，x にある値が与えられるや否や，命題となるところの何かである[3]．

以後この何かを意味するとき，クワインにならって属性という言葉を用い[4]，その曖昧値を含めていうときに，命題函数なる言葉を使うこととする．

この属性は PM_1 における最も基本的な概念（primitive idea）であるが[5]，その曖昧値 φx は前述のように φa, φb, φc, …… の 1 つを意味している．従って，φa, φb, φc, …… が既に充分に定義されている（well-defined）のでなければ，φx はその本質である曖昧さは別として，充分に定義された意味をもつことはできない．それ故，次の考察 I が定式化されて，命題函数の理論に決定的な重要性をもつこととなる．

考察 I 命題函数は，そのすべての値が充分に定義されていない限り，充分に定義された函数ではない．

それ故，「前提する」という語をこのような意味に解釈するとき，次の結論もまた定式化される．

結論 I 命題函数は，その値を前提するが，その逆ではない．

かくして PM_1 は殆ど直接に命題函数を導入するにもかかわらず，その底には一定の構造をもった命題，例えば「ソクラテスは人間である」「プラトンは人間である」等々を前提として「$\hat{x}$ は人間である」という属性，更にはより一般的に $\varphi \hat{x}$ に到達していることは殆ど決定的と思われる．しかし，属性は決し

てその値を通してのみ理解されるのではない.「ソクラテスは人間である」は「$\hat{x}$は人間である」の値として考えなくとも,充分に理解される.逆に属性も,その値である個々の命題を通して,つまり外延的に理解されなくとも理解されうるのである.属性の値の数は無限であり,必ず我々が個々的には知らぬものも存在しうるであろうから,その値の全体は内包的に知られうる,即ち,ある対象について,その対象が属性の値であるかどうかは少くとも理論的に決定されているべきだとPM₁は主張している[6].ここにPM₁の実在論的(レアリスティック)な側面を知ることはできるが,結果的には,属性の値が属性そのものに先行するという唯名論的(ノミナリマティック)な傾向の方が理論の構成には重要な影響を及ぼすことは次第に明らかにされる.

これらの考察に続いて問題となるのは量化子である.PM₁では次のようにこの量化子が導入される.xの可能なあらゆる値に対して,$\varphi \hat{x}$が真となることを$(x).\varphi x$によって表わし,xの可能な少くとも1つの値に対して$\varphi \hat{x}$が真となることを$(\exists x).\varphi x$によって表わす[7].従って,

考察II $(x).\varphi x$,$(\exists x).\varphi x$は共に属性$\varphi \hat{x}$を前提とする.

しかし,$(x).\varphi x$,$(\exists x).\varphi x$は一定の断定を示し,真偽を決定しうるものであるが故に,命題であって命題函数ではない.(勿論,φxはx以外に自由な変項を含まないとする.)それに反して,$(x).\varphi(x, y)$,$(\exists x):(y).\phi(x, y, z)$等の陳述は,そのすべての自由変項が量化されぬ限り一定の真理値をもたず,従って命題函数である.

以上がPM₁の命題函数の基本的な考え方であり,一定の断定を示すものとしての命題以外のものを殆ど要求していないが,この命題の中にはいわゆる内包的命題,即ち「Aはすべての人間は可死的であることを信する」という例にみられるように,その構成部分である命題「すべての人間は可死的である」ということの真偽のみからはその命題の真偽の決定されぬような命題も亦考察の対象として含まれている.その結果,命題函数の函数についても同様に,構成部分である函数の真理値のみからは全体の真理値の決定できぬ内包的な命題函数も亦,当然その定義の中には含まれてくる[8].それ故真理函数的な命題函数は,このように広い意味での命題函数の一形態にすぎぬ.PM₁以後の論理学者がその考察の範囲を真理函数的な命題函数に限っているのに対して,この

点は著しい対照を示していると共に，このような命題函数の概念を用いて，どのように外延的な集合の概念を規定するかに PM_1 の努力はむけられているが，この点は集合の問題に関連して述べることとする．このように広い命題函数の概念の他の重要な帰結は，この概念の広さのために PM_1 の構造論(シンタックス)が明確にされえぬことであり，そのために種々の欠陥の現われることも後に論ずるであろう．

2 悪循環原理

PM_1 の命題函数の特性，従って PM_1 の全体系の構造を決定しているのは，これから述べる「悪循環原理」(The Vicious-Circle Principle) である．この原理が設定された理由は，いわゆる「集合論のパラドックス」の分析にある．ここでは「ラッセルのパラドックス」を例として PM_1 自体の分析を述べておくのが後の考察に便利であろう．

PM_1 においては，このパラドックスは次のように定式化されている．

ラッセルのパラドックス 自己自身の成員ではないすべての集合の集合を w とする．このとき，x がどのような集合であっても，「x は w に属している」は「x は x に属していない」に等値である．それ故，x に w なる値を与えれば，「w は w に属している」は「w は w に属していない」と等値である[9]．

このパラドックスの原因は——他の例でも同様であるが——次のように分析される．「もしすべての集合が，それらが自分自身の成員でない限り w の成員であるならば，そのことは w 自身にも適用されねばならない」．即ち，「あることがある種のすべての場合について言われ，そして既に言われていることにおいてすべてが関係している場合と同種でもあり，また同種でもない新しい場合が，既に言われていることから産み出されるように見える[10]」．これを言い直せば，すべてなる語を用いてまずある全体を規定し，次にこのすべてなる語の故に既に規定された全体のうちに入る新しい成員を造ることに，パラドックスの原因があると考えられる．そこからこの種の「悪循環の虚偽」を断ち切るために，次の「悪循環原理」が設定される．

悪循環原理 I ある集りのすべてを含むものは何であろうとも，その集りの

1つ（の成員）であってはならない[11]．

或いはその逆命題（converse），

悪循環原理 II　もしも，ある全体を有しているある種の集りが，その全体によってのみ定義されうる成員をもつとすれば，その集りはいかなる全体ももたない[12]．

PM_1のこの定式化は種々の点で満足すべきものではないので，ここでは次のゲーデルによる定式化も併せてあげておくこととする．

悪循環原理　いかなる全体も，この全体によってのみ定義しうる，或いはこの全体を含む，或いはこの全体を前提する成員をもつことはできない[13]．

ゲーデルにならってこの定式化に現われる3つの語，「によってのみ定義しうる」「含む」「前提する」に応じて3つの原理を区別する[14]のが後の考察に便利だと思われるので，これをそれぞれ VCPa, VCPb, VCPc によって示し，前の2つの PM_1 の定式化をそれぞれ VCP_I, VCP_{II} とかくこととする．

さて当面の問題は，この悪循環原理が命題函数にどのように適用されるかである．このために PM_1 は次の立場をとる．既に第1節の考察 I で述べたように，命題函数の定義は命題に依存し，従って命題から構成されるある全体，即ち命題函数の値の全体に依存している．それ故 VCP[15] が命題函数に適用されるためには，結論 I が指定されているものと考えられる．かくして結論 I と VCP_I とから，VCP の特殊ケースではあるが，最も重要なケースと言われる，次の原理 I が命題函数に対して指定されることとなる．

原理 I　いかなる命題函数も，その値の中にその命題函数を前提とする何ものももつことはできない[16]．

この原理の適用は，しかし，第1節の終りで述べたように，PM_1 で扱われている極めて広い意味での，従ってその構成方法の明確に与えられていない，・・・一般的な命題函数の観念を前提としていると思われる．例えば次の PM_1 の議論を引こう[17]．1つの命題函数

(1) $(\varphi) . f_1(\varphi \hat{z}, x)$　（但し f_1 は定項とする）

をとると，これは φ が量化されているので，x の函数である．この函数の値を

決定するためには，先ず $\varphi\hat{z}$ の値即ち，φ の全体[18]を——量化子の故に——決定せねばならぬから，(1)の函数の値は $\varphi\hat{z}$ の値の全体のうちに現われることはできない（VCP_I）．或いは，(1)は x の函数であるから，x が独立変項として現われるようなすべての函数——その値が ϕx なる形の函数——から成る全体は，$\varphi\hat{z}$ の値の全体であってはならない．もしそうならば，(1)は x の函数としてそのような全体の成員であり，従って $\varphi\hat{z}$ の値の全体の成員となるが，このとき $\varphi\hat{z}$ の値の全体は，それによってのみ定義しうる(1)の函数を成員として含むこととなるから，$\varphi\hat{z}$ の値の全体なるものは存在しないこととなる（VCP_{II}）．

PM_1 のこの議論は，x を独立変項としてもつすべての函数，即ちその値が ϕx の形の函数 $\varphi\hat{z}$ の全体を考え，(1)もこの全体に属するとして，$\phi\hat{z}$ の全体が $\varphi\hat{\ }$ の値の全体となれば，VCP_{II} に反するか，或いは(1)が $\varphi\hat{z}$ の値の全体の成員であるとすれば VCP_I に反することを基礎としている．ところがもし $\varphi\hat{z}$ の値の全体が f_1 と全く独立に決定され，それに基づいて——f_1 は定項であるから——x の値に応じて(1)の値が決定されるならば，そこには通常いかなる循環もないであろう．$(\varphi):\varphi x. \supset . (\exists x).\varphi x$ にその例をみることができる．またたとえ(1)が $(\varphi).f(\varphi\hat{z},x)$ の形でも——f_1 を変項 f に変えて——全称量化子の定義領域が確定され，且つ f の構成方法の如何によっては循環を生ずることはないであろう．循環が生ずるのは，量化された $\varphi\hat{z}$ が $(\varphi).f_1(\varphi\hat{z},x)$ 或いは $(\varphi).f(\varphi\hat{z},x)$ をもその値として含むと考えられた場合にすぎない．そして $\varphi\hat{z}$ の値の全体がその値が(1)の形の函数，即ち $\phi\hat{z}$ をその値として含むのは，$\varphi\hat{z}$ の値も ϕx も共に一つの独立変項をもつ命題函数であるからに他ならない．ところが PM_1 においては $\varphi\hat{z}$ の値，即ち $\phi_1\hat{z}$，$\phi_2\hat{z}$……$\phi_1\hat{z}$，$\phi_2\hat{z}$，……[19]等は，前に述べたように内包的にとらえることができるものであって，実際の構成手段については何も与えられていない．それ故 VCP が命題函数に適用されうるのは，命題函数はすべてという語の意味のためであり，しかも PM_1 においては構造論（シンタックス）の形式化の不備から，このすべてが何を意味するかが明確でないところに起因しているのは注意されねばならない．いいかえれば，原理Ｉのいかなる命題函数もという内容的に不明確な語が VCP の適用に重要な役割を果しているのである．

さて，今 $\varphi(\varphi\hat{z})$ という形の函数が与えられたと仮定しよう．この函数の値は φx という形である．ところが φx は $\varphi\hat{z}$ を定義するために前提されている．従ってこの函数の値は $\varphi\hat{z}$ が充分に定義されぬ限り充分に定義されぬが，$\varphi\hat{z}$ を充分に定義するためには自分自身の値を定義せねばならぬ．従って循環を生ずる．それ故この函数は独立変項 $\varphi\hat{z}$ に対しては値をもたない．先の考察 II から同様に，$\varphi\{(x).\varphi x\}$，$\varphi\{(∃x).\varphi x\}$ も値をもたない．それ故任意の函数が与えられた場合，その函数がそれに対して値をもつことの可能な対象（独立変項）の一定の集りが存在する．これを命題函数の値の範囲，或いは論理的タイプとよぶ[20]．ここで今迄述べてきた議論の要求を explicit にかけば，原理 I をはるかに直接にした次の原理 II が得られる．

原理 II いかなる命題函数もその独立変項として，その函数を前提とする何ものももつことはできない．

この原理に基づいて，PM_1 は次のような命題函数の秩序関係，いわゆる「命題函数の次元（order）」を導入する[21]．先ずいかなる量化された変項をも含まない命題函数をマトリックス（函数）とよぶ．このマトリックスに基づいて次の次元の区別が導入される．

(a) 第一次マトリックス（函数）——その値が次の形のもの，φx, $\phi(x,y)$, $\chi(x,y,z)$, ……．変項の数は任意であるが個体変項に限る．

(b) 第一次函数——個体変項以外の変項を含まず，且つ個体の全体以外を前提としない函数．(a)のマトリックスから個体変項に関する量化子を導入することによって得られるが，但し全ての変項が量化されてはならない．$(y).\phi(x,y)$，$(∃x).\phi(x,y)$，$(y,z).\chi(x,y,z)$，$(y):(Ez).\varphi(x,y,z)$，……等がその例である．以後任意の第一次函数を示すために！を用い，$\varphi!x$，$\phi!(x,y)$ 等とかく．

(c) 第二次マトリックス（函数）——少くとも1つの第一次函数を独立変項としてもち，且つ個体変項と第一次函数以外のものを独立変項としてもたぬマトリックス．$f(\varphi!\hat{z})$, $g(\varphi!\hat{z},\phi!\hat{z})$, $h(\varphi!\hat{z},x)$, ……．

(d) 第二次函数——(c)の形のマトリックスの独立変項として現われる変項のあるもの（全てではない）について量化子を付したもの．即ち，$\phi!\hat{z}$ の函数としての $(\varphi).f(\varphi!\hat{z},\phi!\hat{z})$, $(x).f(\phi!\hat{z},x)$, x の函数としての $(\varphi).g(\varphi!\hat{z},x)$

等．任意の第二次函数及びその曖昧値は前と同様，$f!(\hat{\varphi}!\hat{z},\hat{\phi}!\hat{z})$, $g!(\hat{\phi}!\hat{z},x)$, $f!(\varphi!\hat{z},\phi!\hat{z})$, $g!(\varphi!\hat{z},x)$ 等とかかれる．

ここで注意しなければならないのは，PM_1 においては $\varphi!x$ は必らず $\varphi!\hat{z}$ と x との2つの変項からなる函数としてとらえられており，！の存在は函数変項の導入と等しい効果をもっていることである．従って，第二次函数の曖昧値 $f!(\varphi!\hat{z})$ は，2つの変項即ち変項としての属性 $f!(\varphi!\hat{z})$ と独立変項 $\varphi!\hat{z}$ との函数であり，その曖昧さは単に独立変項の値の曖昧さからくるのみでなく，属性のとる値の曖昧さからも生ずるのである．また $\varphi!x$ も亦，1つの第二次函数として $f(\varphi!\hat{z},x)$ の形にかかれることとなる．それ故最も簡単な場合には，$\varphi!a$, $(x).\varphi!x$, $(\exists x).\varphi!x$ がすべて第二次函数 $f!(\varphi!\hat{z})$ の値として得られるのである．

さて，以上の定義を一般化して $n+1$ 次の函数の定義を与えよう．

 (e) 第 $n+1$ 次の函数——量化されているといないとにかかわらず，ある函数の独立変項として現われる変項の最高の次数が n 次の函数であるとき，その函数を第 $n+1$ 次の函数という．

これに続いて「還元可能公理」において重要な意味をもつ「述語函数」(predicative function) の定義も述べておく必要がある．

述語函数の定義——ある函数の独立変項中に現われる変項の最高の次数が n で，且つ函数自身が $n+1$ 次であるとき，この函数を述語函数とよぶ．

一般に第 n 次の非述語函数は $n-1$ 次の独立変項をすべて量化することによって得られる．例えば $f(\varphi!\hat{z},x)$ は $\varphi!\hat{z}$ と x を独立変項とする第二次函数であるから述語函数であるが，$(\varphi).f(\varphi!\hat{z},x)$ は x の述語函数ではない．

「還元可能公理」の問題に入る前に，ここで更に，命題函数の秩序関係から逆に規定される個体及び命題の秩序について一言しておこう．PM_1 において[22]，個体 (individual) とは，命題でも函数でもなく，命題の真の構成要素 (genuine constituent)[23] となるようなものと言われる．また命題函数の秩序関係に対応して，次の命題の秩序関係が定義される．

 (f) 要素命題——いかなる函数も，また量化されたいかなる変項も含まない命題を要素命題という．

 (g) 第一次命題——個体変項をのぞき，いかなる量化された変項も，また

いかなる函数をも含まない命題で，要素命題でないものを第一次命題とよぶ．

第二次以上の命題については省略するが，(f)(g)はそれぞれ第一次マトリックス或いは函数の値として得られることは明らかである．φ（及びx）に一定値が与えられたときの，$\varphi!x$，$(x).\varphi!x$，$(\exists x).\varphi!x$ がそれである．この PM_1 の要素命題の定義は一見第一次マトリックスの曖昧値を命題とよんでいるように見えるが，その意図はむしろ「これは赤い」といった直接知覚に与えられる事態を表明するところの命題を要素的と名づけようとした処にあると思われる[24]．ではこのような意味でいかなる命題が要素的であるかという問題は，PM_1 においては全く明かにされていない．いずれにしろ要素命題という概念は，PM_1 における最も不明確で混乱した概念の1つである．

以上が「分枝的階型論」(The ramified theory of types) の基礎をなす命題函数の秩序関係である．後に述べるように，PM_1 では集合のような最も基礎的な概念でさえも全く仮象の存在でしかなく，ある属性の存在とおきかえられているので，PM_1 の構造は全くこの命題函数の性格によって規定されていると言いうる．しかし，「悪循環原理」は数学，特に実数論の構成に不可欠と思われる，例の impredicative definition を不可能としてしまうために，一度この原理によって禁止されてしまった或る種の命題をどうしても許さなければならない．それ故次の問題は，どのように，またどの程度までこれを許すかであり，その役割を負わされた「還元可能公理」の分析が重要となる．

3 還元可能公理 (The axiom of reducibility)

VCP とその結果である命題函数の秩序関係とは，パラドックスに現われる循環性を避ける意図の下に構成された．ところが周知のように，解析の基礎にはこの循環性と一見区別し難い impredicative definition が用いられる．例えば，「上界をもつ空でない実数集合は，最小上界をもつ」という定理の証明には，次のような集合 m が用いられる．一定の性質をもつ有理数の集合の集合を M とする．ある有理数 r が集合 m に属するのは，r が，M に属するある実数（即ち有理数の集合）X に属するときで，且つそのときに限る．記号的には，

$$(r)\ [r\varepsilon m.\equiv.(\exists X)(r\varepsilon X. X\varepsilon M)]$$

そして，この M の部分集合の和 m が M の最大上界なることが示される．ここでは明らかに有理数の集合の全体 M を用いて，有理数の集合 m が定義され，しかも m は M の要素となる．それ故，もし VCP によってこのような定義が認められないとすれば，解析学の構成は不可能となろう．PM_1 はこの難点を克服するために次の公理を設けるという便法を講じた．

還元可能公理 任意の命題函数 φx に対して，それと形式的に等値な述語函数が存在する．記号的には，

$$\vdash:(\exists\phi).\varphi x.\equiv_x.\phi!x$$

多変項の場合も同様に，

$$\vdash:(\exists\phi).\varphi(x,y).\equiv_{x,y}.\phi!(x,y)$$

等々[25]．

既に PM_1 自身も認め[26]，また屢々批判されているように[27]，この公理の難点は何ら直観的明証性をもっていないことである．我々はこの公理それ自体を確実であろうと信ずるいかなる根拠ももたない．それ故 PM_1 の主張するこの公理の承認理由は，これによって解析学が構成可能となり，しかも既知のパラドックスは生じないということにかかっている．ここでは先ずこの公理が同一性と集合の理論においてどのような役割を果すかを明らかにしよう．

1 同一性 (Identity)

PM_1 においては，＝の記号は identitas indiscernabilium として次のように定義される．

$$x=y.=:(\varphi):\varphi!x.\supset.\varphi!y \quad \text{Df}$$

この定義に対して通常用いられる同一性の2つの公理

(a) $x = x$
(b) $x = y . \phi x . \supset . \phi y$

はどのようにして証明されるであろうか．(a)はトートロジーからφを量化することによって得られるから問題はないとして，(b)を証明するためにはAR[28)]が用いられる．即ち，

$$\vdash :. x=y. \supset :(\varphi):\varphi!x. \supset. \varphi!y$$
$$\supset :\varphi!x. \supset. \varphi!y \tag{1}$$
$$\vdash :. \phi x. \equiv. \varphi!x: \phi y. \equiv. \varphi!y: \varphi!x. \supset. \varphi!y: \supset :\phi x. \supset. \phi y \tag{2}$$
$$[\vdash .(1).(2). \supset] \vdash :. x=y: \phi x. \equiv. \varphi!x: \phi y. \equiv. \varphi!y: \supset :\phi x. \supset. \phi y \tag{3}$$
$$\vdash \phi x. \equiv_x. \varphi!x: \supset :\phi x. \equiv. \varphi!x: \phi y. \equiv. \varphi!y \tag{4}$$
$$[\vdash .(3).(4). \supset] \vdash :. x=y: \phi x. \equiv_x. \varphi!x: \supset :\phi x. \supset. \phi y$$
$$\vdash :. x=y:(\exists \varphi): \phi x. \equiv_x. \varphi!x: \supset :\phi x. \supset. \phi y$$

即ち，

$$\vdash :. x=y. \text{AR}: \supset :\phi x. \supset. \phi y^{29)}$$

PM$_1$においては，命題函数の明確な形成規則が与えられていないので，同一性に関する代入定理もARを用いて証明されねばならない．この結果，同一性に関する通常の定理の多くはARに依存している．

2　集合の理論

PM$_1$においては，任意の命題函数がそれぞれ集合を決定するという常識的な前提が否定されるのみでなく，集合という存在が否定される．以下にその事情を述べよう．

属性$\phi \hat{z}$を満足させる，即ちその値を真ならしめるようなz（の値）の集り

を $\hat{z}(\phi z)$ で示すと,PM_1 においては $\hat{z}(\phi z)$ は不完全な記号として,ただ次のような文脈においてのみ意味をもつものとして定義される.

$$\chi\{\hat{z}(\phi z)\}. =:. (\exists \varphi): \varphi!x. \equiv_x. \phi x: \chi\{\varphi!\hat{z}\} \quad \text{Df}$$

この定義の結果,いかなる集合もその存在はいわば暫定的或いは仮象のものなのであって,我々が欲するときはいつでもこれを払拭することができる.

集合の定義が AR を前提としていることはその形から明らかであるが,更に集合に関する各種の基本的性質も AR を用いて導き出される.例えば,

$*20 \cdot 112 \quad \vdash :. (\exists g): f\{\hat{z}(\varphi!z)\}. \equiv_\varphi. g!\{\hat{z}(\varphi!z)\}$

$*20 \cdot 12 \quad \vdash :. (\exists \varphi): \varphi!x \equiv_x. \phi x: f\{\hat{z}(\phi z)\}. \equiv. f\{\hat{z}(\varphi!z)\}$

更に等値な函数は同一の集合を規定するという,

$*20 \cdot 15 \quad \vdash :. \phi x. \equiv_x. \chi x: \equiv \hat{z}(\phi z) = \hat{z}(\chi z)$

或いは,すべての集合は述語函数によって定義されるという,

$*20 \cdot 151 \quad \vdash . (\exists \varphi). \hat{z}(\phi z) = \hat{z}(\varphi!z)$

特にこの定理の結果,すべての集合は述語函数によって定義されうることとなるから,集合の次元は函数の次元と異なり,その成員のタイプに応じて,完全に,即ち1つ上のタイプに決定されることとなる.

次に x が函数 $\varphi\hat{z}$ を満足させる場合,且つその場合に限りその函数によって定義される集合の成員であるという,

$*20 \cdot 3 \quad \vdash : x \varepsilon \hat{z}(\varphi z). \equiv. \varphi x$

を例として,AR がどのような役割を証明において果すかを検討してみよう.

$\vdash :: x \varepsilon \hat{z}(\varphi z). \equiv :. (\exists \phi):. \varphi y. \equiv_y. \phi!y : x \varepsilon (\phi!\hat{z})$
$\qquad\qquad\qquad \equiv :. (\exists \phi):. \varphi y. \equiv_y. \phi!y : \phi!x$ (1)

(但しここで $x \varepsilon (\varphi!\hat{z}). =. \varphi!x$ Df を用いる)

$\vdash :. \varphi y. \equiv_y. \phi!y : \phi!x : \supset : \varphi y. \equiv_y. \phi!y : \varphi x$ (2)

$[\vdash . (\phi) . (2) . \supset] \vdash :. (\exists \phi) : \varphi y. \equiv_y. \phi!y : \phi!x \supset : (\exists \phi) : \varphi y. \equiv_y. \phi!y : \varphi x$ (3)

$\vdash :. \varphi y. \equiv_y. \phi!y : \varphi x : \supset : \varphi y. \equiv_y. \phi!y : \phi!x$ (4)

$[\vdash . (\phi) . (4) . \supset] \vdash :. (\exists \phi) : \varphi y. \equiv_y. \phi!y : \varphi x : \equiv : (\exists \phi) : \varphi y. \equiv_y. \phi!y : \phi!x$ (5)

$[\vdash . (3) . (5) . \supset] \vdash :. (\exists \phi) : \varphi y. \equiv_y. \phi!y : \varphi x : \equiv : (\exists \phi) : \varphi y. \equiv_y. \phi!y : \phi!x$ (6)

$[\vdash . (1) . (6) . \supset] \vdash :. x \varepsilon \hat{z}(\varphi z). \equiv : (\exists \phi) : \varphi y. \equiv_y. \phi!y : \varphi x$
$\qquad\qquad\qquad \equiv :. (\exists \phi) : \varphi y. \equiv_y. \phi!y :. \varphi x$
$\qquad\qquad\qquad \equiv : AR. \varphi x$
$\qquad\qquad\qquad \equiv . \varphi x$

この集合の理論と同様に，関係の理論に関する基本的な定理も AR を用いて導き出される．

*21・01　　$\varphi \hat{x}\hat{y}\phi(x,y)\}. \equiv :(\exists f) : f!(x,y). \equiv_{x,y}. \phi(x,y) : \varphi f!(\hat{u},\hat{v})\}$　Df
*21・112　$\vdash :. (\exists g) :. f\{\hat{x}\hat{y}\varphi!(x,y). \equiv_\varphi. g!\hat{x}\hat{y}\varphi!(x,y)\}$
*21・15　　$\vdash :. \phi(x,y). \equiv_{x,y}. \chi(x,y) : \equiv : \hat{x}\hat{y}\phi(x,y) = \hat{x}\hat{y}\chi(x,y)$
*21・151　$\vdash :. (\exists \varphi). \hat{x}\hat{y}\phi(x,y) = \hat{x}\hat{y}\varphi!(x,y)$
*21・3　　 $\vdash : x\{\hat{x}\hat{y}\phi(x,y)\}y. \equiv . \phi(x,y)$

このように集合及び関係に関する最も基本的な諸定理がすべて AR に依存することを明らかにした後に，更に命題函数の秩序関係が集合とその成員のタイプに対してどのように反映するかをラッセル集合の例をとって考察してみよう．ラッセル集合 κ は次のように定義しうる．

$$\alpha\varepsilon\kappa. \equiv_a . \sim(\alpha\varepsilon\alpha) \qquad (1)$$

今 α に集合 $\hat{z}(\phi!z)$ をとれば，(1)の右辺は $*20\cdot3$ によって，

$$\sim(\hat{z}(\phi!z)\varepsilon\hat{z}(\phi!z)). \equiv . \sim\phi!\{\hat{z}\phi(!z)\}$$
$$\equiv . \sim[(\exists\varphi):\phi!x. \equiv_x. \varphi!x:\varphi!\{\hat{z}\}]$$

従って前に拒否されたのと全く同じ形の函数 $\varphi!(\varphi!\hat{z})$ が現われることとなる．それ故自己自身を要素とする集合が意味をもたないのは，自己自身を独立変項にもつ函数が意味をもたぬからであり，かくしてラッセル集合は PM_1 から姿を消す．

先に述べたように $*20\cdot151$ の結果として，集合は必ずその成員のタイプより1次上であることが保証される．それ故通常「階型論」(Theory of types) とよばれる，成員とその集合及び集合の集合等々の階層的区別をもつ理論は，PM_1 においては命題函数の秩序関係の帰結として現われることは明らかである．

一方，PM_1 が集合の存在を否定する根拠は，次の考察にある[30]．もしそれを定義する命題函数と独立な集合の存在を前提するならば，AR は直ちに得られる．即ち，「x は α に属する」という命題函数は，そのとき，α を定義する函数がどの次元に属しようと常に有意味であり，且ついかなる量化された変項をも含まぬ故，x の述語函数である．それ故このような命題函数は必ず述語函数として表現される．ここから，命題函数の秩序関係と AR とから構成される理論は，集合の客観的存在を許す理論よりも弱く，しかも集合の客観的存在を許せば，直ちにラッセルのパラドックスが得られるから，集合の存在は否定さるべきであるという PM_1 の主張が生れる．

私はこれまで命題函数の秩序関係と AR とがどのように PM_1 の基本的構造を規定しているかを検討してきた．次に節を改めて自然数論及び解析学の種々の困難と PM_1 の理論的構造との関係を紙数の許す範囲で概観しよう．

4　還元可能公理の重要な帰結

　命題函数の秩序関係の結果，PM_1 においては普遍集合 V，空集合 Λ，自然数 0，1，2，……等がすべてタイプの別をもつことはよく知られている．即ち，

$V = \hat{x}(x = x)$　Df
$\Lambda = -V [= \hat{x}(x \sim \varepsilon V)]$　Df
$0 = \iota{'}\Lambda [= \hat{y}(y = \Lambda)]$　Df
$1 = \hat{\alpha}\{(\exists x). \alpha = \iota{'}x\} [= \hat{\alpha}\{(\exists x). \alpha = \hat{y}(y = x)\}]$　Df
$2 = \hat{\alpha}\{(\exists x,y). x \neq y. \alpha = \iota{'}x \cup \iota{'}y\}$　Df

等の定義から明らかなように，集合として定義されているこれらの記号は，その成員が一定のタイプをもつときにのみ意味がある．従って厳密には，あるタイプの（成員の）Λ，V，0，1，……等と言われねばならない．それ故証明の文脈に現われるときも，その文脈において一定のタイプを与えられたときにのみ有意味なのであり，タイプの別を明らかにしない言い廻しは全く便宜的なものにすぎない．この意味でこれらの記号は，タイプに関して曖昧であると言われる．

　このように数がタイプに関して曖昧である以上，数の間の算術的関係＋，－，×等も当然タイプに関して曖昧となる．厳密には，～，∨等の論理的記号もその項に現われる命題函数の次元に応じて異なる意味をもちうる．特に量化された変項に一定の値を考える場合，タイプの別は充分留意される必要がある．

　このようにタイプに関して曖昧な記号が用いられる場合，我々は平行的に同じ手続きを用いさえすれば，欲するところの定理が得られることを前提として別個に証明を展開する労を省いているにすぎないが，この種の記号は数論の構成に重要な意味をもってくる．

　さて，数論の構成のうえに通常もっとも重要なのは，数学的帰納法及びデデキントの切断の問題である．前者は自然数論に，後者は実数論にとって基本的重要性をもつ．ここでは技術的にあまり細かい点まで立ち入ることは不可能で

はあるが，PM_1 におけるこれら理論の特性を特に AR との関連において追求することにする．

1 数学的帰納法

PM_1 においては帰納的関係し R_* が先ず次のように定義される．即ち，x が関係 R の領域(フィールド)に属し，且つ集合 μ の成員の R に関する後継者も μ の成員であって，x が μ に属するならば y も μ に属するという条件を充たす x と y との間の関係が R_* とよばれる．記号的には，

*90・01 $R_* = \hat{x}\hat{y}\{x \varepsilon\, C'R : R``\mu \subset \mu . x\varepsilon\mu . \supset_\mu . y\varepsilon\mu\}$ Df

この関係に関する基本定理の殆どが，直接間接に前に証明した *20・3 と全く平行に証明される *21・3 に，従って AR の使用に依存している．例えば，

*90・1 $\vdash :. xR_*y. \equiv : x\varepsilon\, C'R : R``\mu \subset \mu . x\varepsilon\mu . \supset_\mu . y\varepsilon\mu$

における *21・3 の関係は説明を要しないであろうが，この帰納的関係に関する諸定理の証明で極めて重要な方法は，いわゆる「相続集合」(hereditary class) $R``\mu \subset \mu$ の μ に様々な集合を代入することである．その例として *90・73 の証明を引こう．この証明の3行目では，

$\vdash :. xR_*y. \supset : R``C'R \subset C'R . x\varepsilon\, C'R . \supset . y\varepsilon\, C'R$

即ち，関係 R の領域(フィールド) $C'R$ は R に関して相続集合なることが言われる．また *90・17 では μ に $\overleftarrow{R}`x$ が代入される．しかしこれらの集合は，

*33・112 $C'R = \hat{x}\{(\exists y) : xRy . \lor . yRx\}$
*32・111 $\overleftarrow{R}`x = \hat{y}(xRy)$

という条件を充たしているから，それを定義する函数の次数を異にしている．

従ってR_*の定義中の量化されたμが一定タイプに関するのみであるならば、この種の推論は成立しえぬこととなり、これが許されるためには AR が前提されていることは明らかであろう．故に

＊90・131 の 4 行目，
$$\vdash :. y\varepsilon\, C`R : R``\mu \subset \mu\,.\, y\varepsilon\mu\,.\, \supset_\mu .\, x\varepsilon\mu :$$
$$\supset : y\varepsilon\, C`R : R``C`R \subset C`R\,.\, y\varepsilon\, C`R\,.\, \supset .\, x\varepsilon\, C`R$$

のような推論は明らかに集合に関する AR の適用を予想している．もし AR によってすべての集合，従って$C`R$も亦$x$の述語函数によって定義されうることが前提されなければ，先件の全称量化子$\mu$は$x$, $y$よりも1つ上のタイプであるのに，後件の$C`R$は2つ上のタイプとなるから，μを$C`R$に個別化することは不可能となる．

これと共に帰納的カーディナル数，即ち自然数の理論で重要な意味をもつ＊90・112 の証明は殆ど直接に AR を使用する．即ち，

＊90・112　$\vdash :. xR_*y : \varphi z\,.\, zRw\,.\, \supset_{z,w} .\, \varphi w : \varphi x :\supset .\, \varphi y$

を証明するために，先ず定義から自明の＊90・111 から出発して，

$$\vdash ::xR_*y\,.\, \equiv :.\, x\varepsilon\, C`R :.\, z\varepsilon\mu\,.\, zRw\,.\, \supset_{z,w} .\, w\varepsilon\mu : x\varepsilon\mu :\supset .\, y\varepsilon\mu$$

のμに任意の集合$\hat{z}(\varphi z)$を代入すると，

$$\vdash ::xR_*y \supset :. z\varepsilon\, \hat{z}(\varphi z)\,.\, zRw\,.\, \supset_{z,w} .\, w\varepsilon\, \hat{z}(\varphi z) : x\varepsilon\, \hat{z}(\varphi z) :\supset : y\varepsilon\, \hat{z}(\varphi z) :.$$
$$\supset :.\, \varphi z\,.\, zRw\,.\, \supset_{z,w} .\, \varphi w : \varphi x :\supset .\, \varphi y$$

これから求める式は直ちに得られるが，この証明の最後の行は疑いもなく＊20・3を，従って AR を用いている．自然数論ではこの形の帰納法における，φx, φzに任意の函数を考えることによって各種の重要な定理が証明されている

(例えば，＊120・11，＊120・13，＊120・15等).

2 デデキントの切断

　有理数の集合を 2 つの空でない集合 X_1，X_2 に分け，X_1 に属するすべての有理数は X_2 に属するすべての有理数より小ならしめることができるとする．このときこの組み分けをデデキントの切断とよぶ．デデキントの実数論はこの切断によって実数を次のように性格づけることにある．ある切断において X_1 が最大元をもつか，X_2 が最小元をもつかいずれかの場合には，それらの最大元，最小元は有理数であり，従って X_1，X_2 はそれぞれ有理数に対応している．しかし X_1 が最大元をもたず，X_2 も最小元をもたぬとき，この切断は gap とよばれ，無理数は切断が gap を産むときに生ずる．それ故有理数及び無理数を含む実数の定義は，最大元をもたぬ X_1 を用いることによって得られる．即ち最大元をもたぬ有理数の集合 X_1 が（1つの）実数とよばれ，X_2 が最小元 x をもつとき X_1 は有理数 x に対応するが，最小元をもたぬとき X_1 は無理数に対応する．

　さて PM_1 においてデデキントの切断は一般的に次のように定義される．集合 α は空でなく，且つ P なる系列的——非対称的，推移的，結合的[31]——な関係によって順序づけられている集合，即ち P の領域 $C'P$ に含まれているとする．この $C'P$ が $P``\alpha$ [32]（$\alpha$ の成員の $P$ に関する先行者の集合）と，$p'\overleftarrow{P}``\alpha$ [33]（α の各成員の後継者から成る集合の共通部分，即ち α の成員の後継者の集合の集合から $P``\alpha$ を除いたもの）とに分けられるとき，この組み分けが $\alpha$ による $C'P$ のデデキントの切断とよばれる．この切断によって，$\alpha$ の $P$ に関する最後の成員が存在するときはそれを除いて[34]，$C'P$ の他の成員はすべて $P``\alpha$ か $p'\overleftarrow{P}``\alpha$ の何れかに属し，$P``\alpha$ のすべての成員は $p'\overleftarrow{P}``\alpha$ のすべての成員に先行している．これが上述の集合 X_1，X_2 にほぼ対応することは，P を有理数の大小関係と考えれば明らかである．

　PM_1 ではこの系列的関係 P を，2 つ以上の成員を含むある集合の集合 κ の成員である 2 つの異なる集合 β，γ 間の包含関係ととることによって実数論を基礎づける．今このような包含関係を Q とし，κ の部分集合を λ とするとき，部分集合 λ の和 $s'\lambda$ [35] が κ に属するならば，この $s'\lambda$ は λ の最大元（maximum）か上限（upper limit）である．即ち，

＊210・233 $\beta,\gamma\varepsilon\kappa. \supset_{\beta,\gamma}:\beta \subset \gamma. \vee .\gamma \subset \beta:. Q = \hat{\beta}\hat{\iota}(\beta,\gamma\varepsilon\kappa.\beta \subset \gamma.\beta \neq \gamma):.$
$\kappa \sim \varepsilon 1:.\lambda \subset \kappa:.s`\lambda\varepsilon\kappa.: \supset :.s`\lambda = \mathrm{limax_Q}`\lambda$ [36]

更に，この κ に既述の $P``\alpha$ の形の集合の集合，即ち $D`P\varepsilon(=\hat{\beta}\{(\exists\alpha).\beta = P``\alpha\}$ ＊37・23）をとれば，Q は $D`P\varepsilon$ の成員である集合 $\beta$，$\gamma$ 間の包含関係，即ち $P_{lc}【D`P\varepsilon$ に等しいことがいえる．即ち，

  Hp. 210・233. $\kappa \subset Cl`C`P. \supset . Q = P_{lc}【\kappa$ （＊210・13）

と，更に $D`P\varepsilon \subset Cl`C`P$ なることがいえる（＊37・24，＊33・161）ことから，

  Hp. 210・233. $\kappa = D`P\varepsilon. \supset . Q = P_{lc}【D`P\varepsilon$

これと P が系列的なることを用いると，

$P\varepsilon$ Ser. $\dot{\exists}!P. \lambda \subset D`P\varepsilon. \supset :s`\lambda\varepsilon D`P\varepsilon. s`\lambda = \mathrm{limax}(P_{lc}【D`P\varepsilon)`\lambda$ (1)
  （＊210・233，＊211・64，＊211・66，＊211・68）

$D`P\varepsilon$ は $P``\alpha$ の形の集合，即ち α による切片（segment）[37] の集合であるから，$P_{lc}【D`P\varepsilon$ は $P$ によって順序づけられる系列の切片間の包含関係によって順序づけられた切片の系列となる．それ故これを $s`P$ とかくと，(1)は最終的に

$P\varepsilon$ Ser. $\dot{\exists}!P. \lambda \subset D`P\varepsilon. \supset :s`\lambda\varepsilon D`P\varepsilon. s`\lambda = \mathrm{limax}(s`P)`\lambda$

となり，系列的関係 P が空でない[38]ならば，切片の部分切片 λ は切片系列 $s`P$ に関して $s`\lambda$ なる最大元或いは上限（$\mathrm{limax}(s`P)`\lambda$）をもつこととなる．他方，$P$ が系列的ならば，$s`P$ も系列的であり（＊212・31），且つ $P$ が空でないならば $s`P$ も空でない（＊212・14）．また α が $D`P\varepsilon$ の部分切片で，且つ P に関して最大元も上限ももたないときには，$P``\alpha$ は α の各成員の P に関する先行者

の集合（切片）の集合$\vec{P}`` α$の$s`P$に関する上限となることが証明される．即ち

$$P\varepsilon \text{ Ser.} \overset{.}{\exists}!P. \ α \subset D`P\varepsilon. \ \sim\text{E!max}_{P}` α. \ \sim\text{E!lt}_{P}` α. \ \supset. P`` α$$
$$= \text{lt}(s`P)` α. \ s`P\varepsilon \text{ Ser.} \overset{.}{\exists}!s`P \quad (2)$$
$$(*35\cdot 91, \ *212\cdot 63, \ *212\cdot 631, \ *212\cdot 632)$$

それ故，今 P に有理数間の大小関係 H をとれば，H は系列的であり（*304・23），且つ空でない限り(1)(2)の P に関する条件を充たすから，(1)の $λ$ は $s`H$ に関して有理数を最大元或いは上限としてもつ有理数から成る切片として，有理数に対応すると考えることができる．それに対して(2)の $α$ は H に関して最大元も上限ももたぬ切片であり，この切片によって決定される切片 $H`` α$ は，$s`H$ に関して切片 $α$ の各成員に先行するすべての切片の集合 $\vec{H}`` α$ の上限となる．かくして我々は，有理数系列の切片の系列 $s`H$ を実数の系列とみなすことができる．

実数の系列がデデキント的であることはこれに基づいて容易に証明しうる（*214・33）が，これらの考察において AR は基本的な重要性をもつ．ここではその1例をあげよう．上にも述べた

$$*211\cdot 64 \quad \vdash : λ \subset D`P\varepsilon. \ \supset. s` λ\varepsilon D`P\varepsilon$$

において，先件の $λ$ は後件の $s` λ$ よりも次元が低い，従って，$s` λ$ に関する AR が前提されぬ限り，$s` λ$ の成員が $λ$ の成員と同じ次元に属するという特殊な場合を除いて，この種の定理は一般的には証明不可能であり，我々はこれと同様な多くの例を見出すことができるのである[39]．

5　批判的考察

以上の命題函数の理論の概観に続いて，若干の批判的考察を加えることにしたい．

PM_1 の命題函数の問題点は次の諸点に要約できよう．1つはその意味論的側

面，即ち，表現と意味内容及び意味それ自体の分析の問題であり，第二はその構造論的な問題であり，第三には悪循環原理とその帰結に関する問題及び第四には属性と no-class theory の問題である．

　PM_1 は命題を分析するに当って，ある言語表現とその意味内容との区別について全くふれていない．現在では既に常識的となり，またフレーゲが夙に詳細に分析したこの問題が何故無視されたかは理解に苦しむ．そしてこの無差別は一方では意味論的なパラドックスの充分な分析を不可能としたと共に，他方ではいわゆる「意味」の二面，即ち，「指示」（denotation, Bedeutung）と「意義」（sense, connotation, Sinn）の無差別と相まって，命題を充分に性格づける根拠を与えることを不可能とし，命題の真偽の問題が個体の存在の問題と切り離されず，その唯名論的な傾向は論理学を無用な認識論的論議の中に引きこむ傾向を生じた．それのみでなく，「無意味」（meaningless）という語の不注意な使用は後に屢々誤解を産んだように思われる．いずれにしろ，意味の充分な分析は悪循環原理——特に PCV_{II} の形における——の表現にとっても重要な関係があると思われる．しかしこれらの問題については他の箇所で既に論じた[40]のでここでは深く立ち入らずに，他の問題に考察を限ることとする．

　命題函数の構造論上の問題として，そのシンタックスが不明確な点は既に述べた．この問題は後に論ずる属性の問題を別にすれば，1つには，数学が果していわゆる内包的な命題を必要とするかという点にかかっている．もし一般的な形での内包的命題が必要であるならば，論理学がとりあげねばならぬのは日常言語的な殆ど全ての表現となり，我々はその分析に多大の困難を感ずると共に，記号論理学の体系を構成する必要をも失う恐れがある．数学が全く内包的命題を必要としないという結論を出すことは，現在の記号論理学の範囲で全く理想的に数学を構成しうるといい得ない以上早急とも思われる．しかしその殆どを必要としないことは明らかであるし，よしんば必要だとしても我々は外延的命題のみでは不充分であることが明らかになった後に試みても差支えはない．従って当面の課題として数学的体系の構成に目的を限り，且つ外延的命題のみを使用するという立場にたてば，PM_1 の命題の概念は明らかに広すぎる．それ故この見地から PM_1 の命題を限定し，そのシンタックスを明確にすることは可能であるし，またその努力はなされてきて一応所期の結果を得たものとい

えよう[41]．この点では重大な問題は残っていないと思われる．従ってここでは主として第三及び第四の問題を考察することとしよう．

　悪循環原理に関して先ずとりあげねばならないのは，PM_1 自身果してこの原理を守るものかどうか，更にもし守るとすればどのような形においてであるかである．この点を分析するために既に述べたある集合の集合 κ に属する集合の何れかに属する成員の集合，いわゆる和集合 $s`\kappa$ を例にとろう．$s`\kappa$ の定義は，

$$s`\kappa = \hat{x}\{(\exists \alpha):x\varepsilon\alpha.\alpha\varepsilon\kappa\} \quad \text{Df}$$

この定義と集合の定義及び集合 α に関する量化子の定義，

$$(\exists \alpha).f\alpha. =.(\exists \varphi).f\{\hat{z}(\varphi!z)\} \quad \text{Df}$$

を用いて，$s`\kappa$ 自体 $\kappa$ の成員であるという表現 $s`\kappa\varepsilon\kappa$ をかきなおすと，

$$\begin{aligned}
s`\kappa\varepsilon\kappa. &\equiv. \hat{x}\{(\exists \alpha).x\varepsilon\alpha.\alpha\varepsilon\kappa\}\varepsilon\kappa. \\
&\equiv. \hat{x}\{(\exists \alpha).x\varepsilon\alpha.\alpha\varepsilon\hat{\alpha}(\varphi!\alpha)\}\varepsilon\hat{\alpha}(\varphi!\alpha) \\
&\equiv. \varphi![\hat{x}\{(\exists \alpha).x\varepsilon\alpha.\alpha\varepsilon\hat{\alpha}(\varphi!\alpha)\}] \\
&\equiv. \varphi![\hat{x}\{(\exists \alpha).x\varepsilon\alpha.\varphi!\alpha\}] \\
&\equiv. \varphi![\hat{x}\{(\exists \phi).x\varepsilon\hat{z}(\phi!z).\varphi!\{\hat{z}(\phi!z)\}\}] \\
&\equiv. \varphi![\hat{x}\{(\exists \phi).\phi!x.\varphi!\{\hat{z}(\phi!z)\}\}] \\
&\equiv. \varphi![\hat{x}\{(\exists \phi).\phi!x(\exists \phi).\varphi!\{(\phi!\hat{x})\}] \\
&\equiv ::(\exists \chi):.(\exists \phi).\phi!x(\exists \phi).\varphi!(\phi!\hat{x}):\equiv_x.\chi!x:.\varphi!(\chi!\hat{x})
\end{aligned}$$

この等値関係の右辺の後から 2 行目には循環が見られる．即ち，$\varphi!$ によって規定される属性を満足させる x の集合が再び $\varphi!$ によって規定されている．この循環は集合の記号をすべて追いだすことによって，最後のラインでは消えうせている．これが即ち，AR 及びその帰結が VCP の禁ずる定義を可能にする端的な例である．この事情は次のようなある集合の集合の積集合 $p`\kappa$ につい

ても全く同様である．

$$
\begin{aligned}
p`\kappa\varepsilon\kappa. &\equiv. \hat{x}\{x\varepsilon\alpha. \supset_x. \alpha\varepsilon\kappa\}\varepsilon\kappa \\
&\equiv.\varphi![\hat{x}\{x\varepsilon\alpha. \supset_a.\varphi!\alpha\}] \\
&\equiv.\varphi![\hat{x}\{(\exists\phi).\phi!x. \supset.(\exists\phi).\varphi!(\phi!\hat{x})\}] \\
&\equiv::(\exists\chi):.(\exists\phi).\phi!x. \supset.(\exists\phi).\varphi!(\varphi!\hat{x}):\equiv_x:\chi!x:.\varphi!(\chi!\hat{x})
\end{aligned}
$$

このように κ の和集合或いは積集合が κ そのものに属するという事態は，特に実数論と極めて関係のふかい $*210$，$*211$ において屡々おこる．最も直接的な例としては，$*211\cdot 63$，$*211\cdot 64$ の λ にそれぞれ sect`$P$, $D$`$P\varepsilon$ を入れることによって得られる s`sect`P ε sect`$P$, $s$`D`$P\varepsilon$ $\varepsilon$ $D$`$P\varepsilon$ である．従ってこれらは決して架空の事例ではない．

この考察から次の2つの結論をうることができる．1つはこのような循環的定義が許される以上，PM₁ の無矛盾性の問題は外見ほど単純なものではなく，既知のパラドックスは回避されうるとしても他のパラドックスが現われないということに対しては充分の保証はないということである．このような無矛盾性の証明に対する可能性の論議はさておきその必要性は充分に認められねばならない．第二の結論はこの循環が等値式の最後で消えうせる仕方に関係している．循環を消しさるのは x に関する述語函数の存在であるが，我々は一般に非循環的な述語函数を実際に構成してみせることはできないのであって，もしも構成の方法を知らないならば，現実には循環的な定義にたよるほかはなく，ただ架空的にそのような非循環的な述語函数の存在を AR によって要請しているにすぎない．それ故 PM₁ 自体 VCP を，特にその VCPa の形において厳密に守るものとはいい難いことを結論せざるをえない．即ち，ある全体 κ に関してのみ定義されるもの（s`$\kappa$, $p$`κ）がその全体 κ に属する（s`$\kappa\varepsilon\kappa$, $p$`$\kappa\varepsilon\kappa$）ことを PM₁ は必ずしも禁じているとはいえないのである．

この結論は定義と定義される対象との関連についての考察を要求する．例えばもし我々が「クラスの中で一番背の低い学生」というならば，これはある学生を全体との関連において定義している．我々はまたこのような場合に，クラスの学生を背の低いものから順に並べれば，この順序の最初の項が定義されて

いる学生であり，例えばその学生の身長をとることによってその学生に関する直接的な定義的述語をうることができる．このような方法の可能なとき，我々は全体を用いて定義される対象を全体を用いずに直接的に定義しうるのである．ARはいわばこのような方法が常に存在することを要請しているものと解することができる．ところが今クラスのメンバーが有限でないとすれば，このような方法が常に可能であると信ずる理由はない．今対象のもつ性質を叙述するだけの定義を叙述的定義とよび，ある対象を構成する，或いは確定する手続きを与えるような定義を構成的定義とよぶとすれば，ARは叙述的定義に対して等値な構成的定義の存在を要求するものと考えることもできる．ところが「クラスの中で一番背の低い学生」という定義は，客観的に存在する対象について一定の性質を叙述すると考える限り，全体との関連を用いているとはいえ悪循環とはいいえない．しかし構成的定義がある対象を構成するのに，構成さるべき対象の全体を用いるならばこれは悪循環であるのみでなく，定義として意味をもちえぬであろう．他方我々が知覚的な対象を扱う場合，我々は定義を自然に叙述的とみなす．しかし抽象的な対象を扱う場合には，我々の定義対象は定義の表現とより密接に関係しており，恰も我々の与える定義そのものが対象を産みだす如くに，従ってすべての定義が構成的であるように考える傾向がある．それ故このとき定義は循環的でないことが要求されるであろう．従ってVCPaが意味をもつのは定義が構成的と解された場合となる．

　PM_1が唯名論的な傾向をもつことは既に述べた．この傾向は数学的対象を我々が定義によって産みだすという立場とも無縁ではない．もし数学的な対象，例えば集合が学生の如く我々の言語表現と無関係に存在するものと考えられるならば，我々が集合をその全体との関連において性格づけることに何らの不合理も認めないであろう．集合その他の定義において循環を拒否するのは，PM_1が集合を定義によって産みだされる何かと見なしていることに起因している．それ故数学的対象に対してより実在論的立場に立つならば，我々はVCPについてより詳細な検討を必要とすると思われる．VCPaについては既に述べたが，実在論的立場からはVCPb，VCPcについても検討の余地のあることはゲーデルが論じている[42]通りである．

　PM_1がVCPを定立した意図は，むしろすべての定義を構成的定義に限定し

ようとする処にあったとも思われる．数学的対象を，それを産みだす言語表現の側から考察すれば，言語表現は有限個の記号の列として常に構成可能であるから，言語表現，即ち定義と，それによって産みだされる数学的対象自体も構成可能となろう．このような立場が実際に数学的体系を構成するのに適当であり充分であるかという問題にはふれぬとしても，PM_1の体系をこの立場から解釈するには次の難点がある．先ず既に述べたように，その個々の値から独立に認識しうると考えられている属性の存在のために，命題函数の理論それ自体が決して構成的には与えられていないことである．次に言語のレベルが潜在的には命題函数の理論の中に含まれているとしても，明確に与えられていないために，記号の系列を記号の系列にすぎぬものとみなしうるメタ－言語の立場をはっきりとることができないことである．この混乱は，例えば命題函数の次元に関する議論のうちに明らかに見られる．$(\varphi).f(\varphi\hat{z},x)$ が x の函数であっても φz の値のうちに現われることができないことを論ずる場合に，量化された φ がすべての一変項の属性をその領域とすることが前提されている．ところがこの一変項の属性が具体的にどのように構成されるかは全く明らかにされていない．それは認識論的にも何か直接に与えられたものであり，この不明確さはメタ－言語における記号の使用の欠除とともに，すべての φ のすべてが何を意味しうるかという問題に対して解答することを全く妨げている．それ故 VCP を循環を禁ずるメタ－言語的な要求と解するためには，先ず命題函数の外延化とともに属性の形成規則の明確化が必要となる．

　これらの考察から，我々は自然に属性の存在と no-class theory という第四の問題に導かれる．PM_1 は属性の存在を認容することによって集合の存在を抹消する．このように極めて分析不充分な属性を基礎として集合をかきかえることが妥当であるかどうかが問題になると共に，PM_1 の体系内でこの属性は記号の操作からいっても便利なものではない．2つの対象のすべての述語的属性が一致する場合にそれらの対象を同一であると認める同一性の定義は，同じ対象を規定する属性の同一性に対して何らの拘束をも与えない．いいかえれば，次の関係は PM_1 では成立しない．

$\varphi x.\equiv_x.\psi x:\supset:\varphi\hat{x}=\psi\hat{x}$

この結果同一性と等値関係に基づく代入の規則は集合に対しては成立するが属性に関しては成立しえないこととなる．この点が集合の属性に対する利点なのである．他方 PM_1 の no-class theory は数学的対象を我々によって産みだされるものと考える傾向から発し，集合なる語は単なる言い廻しの上での問題にすぎぬとみなす態度から生じていることも明らかである．しかし，もし集合その他の対象が我々の形成する定義と独立に存在しうるものと考えるとき，属性と集合との差別が果して必要であるかが問題とされうるとともに，no-class theory は当然否定されることとなろう．それ故 no-class theory の妥当性は，技術的には PM_1 が認める属性よりも狭いある種の抽象的存在――それが属性とよばれようと，集合とよばれようと――の認容によって数学に充分な体系が構成しうるかどうかにかかっている反面，数学的対象に対する我々の基本的態度にも関連している．

結論的にいえば，PM_1 の全体系はその唯名論的傾向と実在論的傾向との奇妙な混乱の上に成立しており，還元可能公理も厳密な構成主義的な立場からは超越的である一方，実在論的立場からは構成主義的な傾向とみなすことができる．しかし基本的には PM_1 も一種の実在論とよばれねばならぬことは，属性に関する論議から明らかであるといえよう．PM_1 は唯名論的な，そして自ら実在論であることを積極的に肯定することを欲せぬ実在論である．このような体系のもつ困難は種々あり，ここではふれえなかった問題も多いが，それらについては他の体系との比較の際に，後に論ずる機会があろう．更に PM_1 の記述論についても全くふれなかったが，この問題も言語の一般的性質と関連して後に論ずることとしたい．

注

1) *Principia Mathematica*, Vol. 1, p. 14.
2) 以後 *Principia Mathematica* 初版を PM_1 と略記する．
3) PM_1, Vol. 1, p. 38.
4) W. V. Quine, On Frege's Way Out, *Mind*, Vol. 64, N. S., (1995), pp. 145-159, p.146.

5) PM₁, Vol. 1, p. 164.
6) Ibid., pp.39-40.
7) Ibid., p. 41.
8) Ibid., p. 73.
9) PM₁, Vol. 1, p. 60.
10) Ibid., p. 62.
11) Ibid., p. 37.
12) Ibid., p. 37.
13) K. Gödel, "Russell's Mathematical Logic", *The Philosophy of Bertrand Russell*, edited by P. Schilpp, New York, 1944, pp. 123-153, p. 133.
14) K. Gödel, Ibid., p. 135.
15) 以後VCPは「悪循環原理」をⅠ，Ⅱの形を区別せずに意味する時に用いられる．
16) PM₁, Vol. 1, p. 39.
17) Ibid., pp. 48-49.
18) $\varphi\hat{z}$の値とは，φに一定の値を与えることによって得られる$\varphi\hat{z}$の値を意味する．それに反して$\varphi\hat{z}$に対する値とは，xに一定値を与えることによって得られる値を意味し，従って前者は$\varphi_1\hat{z}$, $\varphi_2\hat{z}$, …$\psi_1\hat{z}$, $\psi_2\hat{z}$, …（φ_1, φ_2, ψ_1, ψ_2等は定項），後者はφa, φb, φc, …等となる．PM₁, Vol. 1, p. 40, & p. 49, commentaries.
19) 前注参照．
20) PM₁, Vol. 1, p. 50.
21) Ibid., pp. 50-54, & pp. 162-164.
22) Ibid., p. 51, pp. 54-55, & pp. 161-164.
23) ここでの真のとは集合或いは記述の如く他の表現によって抹消されることのないという意味である．Ibid., p. 51.
24) この点については注14の引用箇所と pp. 91-92 及び pp. 43-44 における叙述を比較されたい．
25) PM₁, Vol. 1, p. 51, & p. 167.
26) Ibid., pp. 59-60.
27) F. P. Ramsey, *The Foundations of Mathematics*, London, 1931, p. 28.
28) 以後「還元可能公理」をARと略記する．
29) 以後証明そのもの及びその記号法に関しては厳密にはPM₁の方法を踏襲しない．直観的に把握し易いようにステップを補ったのみならず，その略記法に関しても記号論理上の常識的な判断によって把握しうるものに限った．
30) PM₁, Vol. 1, p. 58.
31) 関係Pが結合的であるとは，Pの領域に属する相異なる任意の2つの成員の間にP或いはその逆$\breve{P}$の何れかが必ず成立することをいう．
    *202・103 ⊢ ::$P\varepsilon$ connex. ≡ :. $x,y\varepsilon\, C`P$. ⊃$_{x,y}$:xPy. ∨. $x=y$. ∨. yPx
32) $P``\alpha$は「αの成員に対して関係Pを有する項の集合」$\hat{x}\{(\exists y).\, y\varepsilon\alpha.\, xPy\}$を意味する．

33) $\overleftarrow{P}"\alpha$ は「α の成員 x に P なる関係をもつ y の集合の集合」$\hat{\beta}\{(\exists x). x\varepsilon\alpha. \beta = \overleftarrow{P}`x\}$, 即ち $\hat{\beta}\{(\exists x). x\varepsilon\alpha. \beta = \hat{y}(xPy)\}$ を意味する. 他方 $p`\kappa$ は κ の成員であるすべての集合 γ の共通部分, $\hat{\gamma}(\gamma\varepsilon\kappa. \supset_{\gamma}. x\varepsilon\gamma)$. 従って $p`\overleftarrow{P}"\alpha$ は $\hat{x}\{\gamma\varepsilon\hat{\beta}\{(\exists y). y\varepsilon\alpha. \beta = \hat{z}(yPz)\}. \supset_{\gamma}. x\varepsilon\gamma\}$ を意味する.

34) α が P に関して最後の成員 y を有するとすれば, yPz なる z は α の外に出てしまうから y は $P"\alpha$ に属することはできない. 更にこの y, z は共に $\overleftarrow{P}"\alpha$ に属しているが, P は非相称的であるから y は $\overleftarrow{P}`y$ に属することはできず, 従って $p`\overleftarrow{P}"\alpha$ にも属しない.

35) $s`\lambda = x\{(\exists \alpha). x\varepsilon\alpha. \alpha\varepsilon\lambda\}$ Df

36) $\text{limax}_{Q}`\lambda$ は $Q$ に関する $\lambda$ の上限 (upper limit) 或いは最大元 (maximum) を意味する. 即ち, $x = \text{limax}_{Q}`\lambda. \equiv . x = \text{lt}_{Q}`\lambda$

37) PM_1 においては segment $D`P\varepsilon$ は section, $\text{sect}`P (= \hat{\alpha}\{\alpha \subset C`P. P"\alpha \subset \alpha\})$ よりも狭い.

38) 即ち少くとも1対の対象 x, y があって, xPy が成立する.

39) $*211.64$ は $*211.681$ を通して $*212.44$ の証明に必要であり, 更に $*212.44$ は $*214.33$ の証明に要求される.

40) 拙稿 "La fonction propositionelle de Principia Mathematica", *Annals of the Japan Association for Philosophy of Science*, Vol. 1, pp. 171-186. Vol. 1, pp. 171-186. を参照されたい.

41) 例えば, K. Gödel, "Über formal unentscheidbare Sätze der Principia Mathematica und verwandter Systeme", *Monatshrift für Mathematik und Physik*, Vol. 38 (1931), pp. 173-198.

42) K. Gödel, "Russell's Mathematical Logic", p. 136.

* 本稿は昭和32年度慶応義塾学事振興金補助によって成れる研究の一部である.

悪循環原理，分岐タイプ，そして「ラッセルの構成主義」

戸田山和久

はじめに

『プリンキピア・マテマティカ』において，ラッセルは分岐タイプ理論を正当化するために悪循環原理（vicious-circle principle）に訴えた．周知のように，悪循環原理による分岐タイプ理論の正当化に関しては，ラムジー，ゲーデルらの批判がある．彼らは，悪循環原理の採用はラッセルの構成主義的傾向を示すものとして理解している．この点は，クワイン，そしてラッセルに比較的好意的な唯名論者チハラにも共有されている．私自身もかつてそのように書いたことが一度ならずある[1]．ところが，現代ラッセル研究の第一人者ピーター・ヒルトンは，1992年に書いた論文において，ラッセルの悪循環原理を構成主義から切り離して理解しうること，そしてそのように理解された悪循環原理による分岐タイプ理論の正当化は成功していることを主張した[2]．この解釈は，先に述べたラムジー，ゲーデル流の解釈と対比することによって初めてその斬新さが理解できる．以下では，悪循環原理が『プリンキピア』において果たしている役割とラムジー，ゲーデルの批判点をまず確認し（第1節），次にラムジー，ゲーデルとの対比の元でヒルトンの説を再構成し（第2節），最後にヒルトンの解釈はうまくいかないことを示すとともに，いわゆる「ラッセルの構成主義」はいかなる仕方で問題にされるべきかを述べる（第3節）．

1

ラッセルは，『プリンキピア』で，ラッセルのパラドクス，ブラリ＝フォルティのパラドクスに代表される論理的パラドクスと，うそつきのパラドクス，

リシャールのパラドクスに代表される意味論的パラドクスとを一挙に解消する体系を目指した．そのため，論理的パラドクスを回避するためのタイプ，意味論的パラドクスの回避を目的としたオーダーという，交差する2種の階層を命題関数そのものに導入して，いわゆる分岐タイプ理論を構築することとなった．それぞれのパラドクスにはともにある種の循環性が含まれていることは確かであるが，両者の論理的な性質はかなり異なる．しかしながら，ラッセルはこれら2種類の階層区分を同一の原理すなわち悪循環原理から導き出すことによって，それらが恣意的でアド・ホックな解決策ではなく，1つの同じ根拠から得られるものであることを強調する．

例えば，オーダーの区分が導入される節は次のように始められている．

> だが我々の構成すべき階層体系は，一見そう思われるほどには単純ではない．すなわち，aを代入項（argument）としてとりうる諸関数は1個の不当な全体（illegitimate totality）を形成しており，それら自身が関数の階層体系へと分割されることを必要としているのである[3]．

ここで明らかなのは，ラッセルはオーダーの区別の必要性を不当な全体の禁止から導出しようとしていることである．そして，不当な全体の禁止こそが悪循環原理の眼目であった．また，タイプの階層区分も悪循環原理から導出される．

> かくして，悪循環原理からも，また直接の検討からも我々は次の結論へと導かれる．すなわち，与えられた対象aが代入項となりうるような諸関数は，互いに対する代入項となることができず，またそうした関数と，この関数が代入項となりうるような諸関数とは，いかなる項も共有しないということである．かくして我々は階層体系を構成するよう促されることになる[4]．

同一の原理から導出されるという事実が，論理的に性格を異にする2種類のパラドクスにそれぞれ別個に対処するための2つの本来無関係な階層体系に統一を与えているのだ，ととりあえずは言えよう．実際，ラッセルは「論理的タ

イプの理論」と題された『プリンキピア』第二章の冒頭で，「回避すべきパラドクスをいくつか分析すると分かることは，それらは皆，一種の悪循環の結果生じるということである．」と述べている[5]．

この診断と，それゆえパラドクスを解決するには何らかの仕方で悪循環の発生をブロックすればよいという治療方針は，ラッセルがポアンカレから学んだものである．このことは，この引用箇所の直後で，「問題となる悪循環は，対象の集まりの中に，その集まり全体によってしか定義できないような要素が含まれてよいと考えることによって生ずる．」と述べられていることからも明らかであろう．悪循環を定義という場面において定式化するのは，ポアンカレに特徴的な立場である．1906 年にポアンカレは『数学と論理』と題する論文のなかで，パラドクスは悪循環を犯した定義によって生じると指摘し，同様の示唆がすでにリシャールによってなされているということを述べた．この指摘に従って，ラッセルは同年，『論理学のパラドクス』というフランス語の論文を書き，そのなかで悪循環の誤謬がすべてのパラドクスの根源にあるということを認めている．

しかしながら，ラッセルによる悪循環原理の定式化は必ずしも明確なものとは言えない．むしろ，本来無関係な 2 つの階層区分に統一的な外見を与えるという目的のためには，悪循環原理は曖昧なものであったほうが都合が良かったとさえ言えよう．ゲーデル，ラムジーの分岐タイプ理論への批判はひとつにはこの点にかかわる．

分岐タイプ理論についての批判的コメント「ラッセルの数理論理学」のなかで，ゲーデルは，タイプ，オーダーの両階層と悪循環原理の関係を次のように評価している．

『プリンキピア』ではこれ（単純タイプ理論）がオーダーの理論と結びついて，結果として「分岐階層」を生み出しているのだが，単純タイプ理論はまったくオーダーの理論とは独立しており，悪循環原理とも何等の関係ももたないのである[6]．

この評価の裏付けは，『プリンキピア』第 2 版でのラッセルの方針転換であ

る．第2版でラッセルは命題関数の命題関数へ，その関数自身より高いオーダーの命題関数を代入することを（限定付きであるが）認めている．また，関数はその値を通じてのみ，つまり外延的にのみ命題の中に現れることができるという新しい公理を導入している．この公理の眼目は，命題関数は，外延がはっきり決まっている関数ならば，たとえその定義の中でどのようなオーダーの量化子が使われていようとも，いずれもその代入項としてとることができる，とするところにある．

また，ラムジーも，「（分岐）タイプの理論は実は2つの種類の矛盾にそれぞれ対応するための別々の部分からなっている．これら2つの部分は，両者が『悪循環原理』からかなりいい加減な仕方で導出されることによって統合されている．しかし，私にはそれらを別個に考えることが不可欠に思える．」と述べている[7]．両者の分岐階層への批判のポイントはこれにつきるものではないが，ここでは，タイプとオーダーの階層区分の悪循環原理からの導出は，それほど単純なことがらではないという論点を確認するにとどめ，次に悪循環原理そのものに目を転じよう．

ゲーデルはラッセルの著作には3種類の異なった悪循環原理が存在するとしている[8]．すなわち，

悪循環原理(1)　いかなる全体もその全体によってのみ定義しうるようなメンバーを含むことはできない．

悪循環原理(2)　いかなる全体もその全体を前提する（presuppose）ようなメンバーを含むことはできない．

悪循環原理(3)　いかなる全体もその全体を包含する（involve）ようなメンバーを含むことはできない．

このうち，「悪循環原理(1)」はラッセルがポアンカレから学んだ悪循環原理の原型に近い定式化である．しかし，これは集合論的パラドクスの解決，つまりタイプ階層の導入を正当化するには使いにくい形をしている．なぜなら，集合論的パラドクスは定義とか自己言及に直接かかわるものではないからである．このためラッセルは，「悪循環原理」と題された節の冒頭でポアンカレの著作に言及しつつ第一の形で原理を掲げておきながら，それに続くタイプの階層を導入する議論のなかではそれを第二，第三の形に述べなおして利用している．

おそらくラッセル自身は，これらの定式化の間に違いがあるとは認めずに，文脈に応じて適当に使い分けていたというのが実情だろう．これに対し，ゲーデルは次のように述べている．

> 第二，第三のものは第一のものよりはるかに正しく思えるということにまず注目すべきだろう．しかし，とりわけ興味深いのは第一の形である．というのも，この形の原理だけが非可述的定義を不可能にし，それゆえデデキントやフレーゲによって遂行された論理からの数学の導出，ならびに現代数学それ自体のかなりの部分を破壊するものだからである[9]．

たしかに，古典数学は実数の定義などにおいて非可述的定義を多用するため，第一の形の悪循環原理が非可述的定義を禁止するものだとするならば，悪循環原理にもとづく体系では古典数学を展開することは不可能だろう．一方『プリンキピア』に基づいて古典数学を展開することは可能である．このことから，ゲーデルは『プリンキピア』ですら第一の形での悪循環原理に従ってはいないということが帰結すると主張し，そのことをもって，悪循環原理が間違っていることが示されたとしている．

さらにゲーデルは，ラムジーへの参照を要求しつつ次のように述べる．

> …第一の形式の悪循環原理が当てはまるのは，そこに含まれる存在者が，我々によって構成されたものであるときに限るように思われる．この場合は，明らかに，これから定義する当の対象が属している全体を引き合いに出さずにおこなわれるような定義（すなわち構成の記述）が存在しなければならなくなる．これから構成されるはずのものそれ自体が属する全体に基づいてものの構成を行うことは確かにできない相談だからである．しかしながら，我々の構成とは独立に存在する対象が問題になる場合には，それを含む当の全体に言及することによってのみ記述しうる（つまり一意的に特徴づけることができる）メンバーを含む全体が存在したとしても，少しもばかげたところはない[10]．

この論点はすでにラムジーが述べていたものである．ラムジーは，次のような秀逸な例を挙げている．或るグループの中の1人の人物を，「このグループで最も背の高いひと」という具合に特定する場合，或る人物をその人物が属する全体に言及して特定しており，その意味では第一の悪循環原理に反しているにもかかわらず，どこにもパラドクスを生じるようなところはない．以上のことから，ゲーデルは，第一の形の悪循環原理は，論理学と数学の対象，特に命題，クラス，観念などに対して構成主義的な（あるいは唯名論的な）立場をとったときにのみ当てはまると主張する．

　このように，ゲーデルは，第二，第三の形式での悪循環原理はプラトニストにとっても受容可能であるが，第一の形式の悪循環原理は構成主義者にのみ受容可能なものであると考えている．つまり，第一の形式の悪循環原理を認めるか否かが構成主義者とゲーデルに代表されるプラトニストとを分かつ規準であるというわけである．私もこうした見解に引きずられて，悪循環原理はラッセルの構成主義的傾向の反映だと考えていたのだった．もちろん，ラッセルには構成主義的・唯名論的傾向がないわけではない．クラス記号を命題関数に還元し消去する無クラス理論は，クラスの存在に関する唯名論であり，クラス記号の命題関数への消去的還元は，クラスは論理的構成物であるという主張として理解できる．しかし，いま問題になっているのは命題関数へのタイプとオーダーの導入だった．その命題関数は『プリンキピア』の公式的な存在論では体系の基本的な存在者である．つまり，実在する命題関数の階層区分の正当化のために悪循環原理が呼び出されているのだ．したがって，悪循環原理はラッセルの構成主義的傾向の現れだと言ってすましていることは，それが結果的には正しいとしても不誠実な態度とならざるをえまい．悪循環原理と構成主義の結びつきは，たしかにポアンカレについては成り立つだろう．しかし，これをそのままラッセルにも読み込んでしまうわけにはいかないのではないか，また，ゲーデルのラッセル評価をそのまま鵜呑みにするわけにはいかないのではないか，無クラス理論に見られる唯名論をそのまま論理と数学全体に対する唯名論に横滑りさせてはいけないのではないか．このような反省を私に促すことになった，ピーター・ヒルトンの論考を次にとりあげて検討しよう．

2

ヒルトンはまず，考察を第一，第二の悪循環原理に限定する．第三のものは前二者のどちらかと同じものとして扱われる．彼がまず主張することは，ゲーデルの評価におおむねそったもので，

（A）　悪循環原理(1)は，すべての対象とすべての定義についてあてはまる一般的主張として理解するなら，ラムジーの例が示しているように，端的に間違っている．したがって，ラッセルは（ポアンカレも），このように定式化された悪循環原理には何らかの制限を課していたと考えるべきである．

（B）　悪循環原理(2)は，曖昧である．広くとるとゲーデルの言うように正しく思われる．しかし，その場合この原理はあまりに一般的で弱い形而上学的主張となってしまい，何らかの補助的原理で補うことなしにはタイプ区分の正当化のためには全く役立たないトリビアルなものにすぎなくなる．

第二の点については説明が必要だろう．問題は，まず悪循環原理(2)がまちがっているということではなく，「前提する」という語が決定的に曖昧だということである．そこでまずヒルトンはこの主張を次の2つの出発点から帰結するものとして捉え直そうと提案する．

テーゼ(1)　全体を前提するとは，全体の個々のメンバーを前提することである

テーゼ(2)　いかなるものも自分自身を前提しない

これらの出発点から悪循環原理(2)が帰結することは自明であろう．ヒルトンはこれらの出発点の正しさを示すために，「XはYを前提する」というのを「Yは時間的ないし論理的にXに先立つ」と読み換えることを提案している．私見では，テーゼ(1)は，全体は諸部分を超えるものではない，という反全体論的形而上学の原理に他ならない．テーゼ(2)は，「先立つ（prior）」という語の定義からして自明と言ってよいだろう．ともかく，これらの出発点は相当程度に自明であるということを認めて次に進もう．

2つのテーゼ，そしてそれらから帰結する悪循環原理(2)はこのように自明であるが，自明であるがゆえにそれ自体からは何も帰結しない．この原理を個

別のケースに適用し意味のある帰結を引き出すには，いかなる存在者がいかなる全体を前提しているかについての存在論的な態度決定が必要になる．そして，こちらの態度決定はしばしば疑わしいものになりがちで，その結果悪循環原理(2)自体は正しくても，その適用例は論争の余地のあるものになりうる．

そこで，次の課題はラッセルにおいてどのような補助的な原理が用いられているかを見いだすこと，そしてその原理と悪循環原理に照らして分岐タイプ理論が正当化できるかを判定することになる．ヒルトンはここで，まずポアンカレとの比較に手がかりを求める．すでに述べたようにポアンカレの悪循環原理の定式化は，「定義」という語による第一の定式化である．これはポアンカレが数学的対象を定義，さらには我々の心と独立に存在するものとは考えていないということ，つまり彼が本来の意味での構成主義者であることを意味している．しかし，ラッセルの場合にはそのような単純な評価はできない．なぜなら，ヒルトンによれば構成主義は当時のラッセルにとって異質な考え方だったはずだからである．ラッセルは基礎的対象の命題関数に関しては実在論者であり，命題関数が我々の定義や構成やその他の心理的なものに依存して存在しているとは考えていない．このことの有力な証拠が還元公理である．還元公理は，いかなる命題関数にもそれと形式的に同値な可述的関数が存在することを主張する．そのような可述的関数がどのようなものかはわからないし，それが我々に構成できるのか，定義できるのかということはもっとわからない．しかし，この公理はとにかくそのような条件を満たす命題関数は存在するのだ，と主張する．したがって，還元公理は構成主義者にとっては理解不能な公理だということになる．このことと，ラッセルの一貫した論理に対する実在論的姿勢とを考え合わせると，この時期のラッセルが構成主義者であったということは考えにくい，とヒルトンは主張する．

とするなら，2つの問題が生じるだろう．つまり，

（i） ラッセルが命題関数に関して実在論者であったとすると，彼はどのようにして悪循環原理を命題関数に適用してタイプやオーダーの階層区分を正当化したのだろうか．

この問いは，悪循環原理を構成主義によってのみ正当化可能であると考えていたのでは問題化されえない問いであると言える．

（ii）ラッセルが命題関数に関して実在論者であったとすると，彼がポアンカレ風に「定義」に言及して悪循環原理を定式化することもある（つまり悪循環原理(1)）のはなぜだろうか．悪循環原理一般は構成主義を必要としないとしても，悪循環原理(1)を論理数学的対象に適用する場合には構成主義が必要となることはすでに見たとおりである．

ヒルトンの論文はこれら2つの問題に解決を与えようとしたものと再構成することができる．

まず，第一の問題について見ることにしよう．悪循環原理(2)は，ほとんど自明な原理であり構成主義者のみならず実在論者にとっても理解可能な原理である．したがって，命題関数に関して実在論をとるラッセルが命題関数について悪循環原理(2)を採用することを阻むものは何もない．必要なのはそれを個別例に適用するための存在論的原理である．つまり，命題関数が問題になる場面では，何がメンバーで何が全体なのか，そして前提するということはどういうことなのかについての補助的な原理が必要になる．そこでヒルトンが注目したのが，ラッセルの言う命題関数の不特定性（ambiguity）である．ラッセルは次のように言う．

> 命題関数の本質をなすのは，このような不特定性である．我々が x を特定せずに「ϕx」について語るとき，我々はその関数のひとつの値を意味しているのであるが，それは特定の値ではない．このことを，「ϕx」は，ϕa，ϕb，ϕc 等を不特定的に表示すると言うことによって表現しよう．（ϕa，ϕb，ϕc 等は，「ϕx」の種々の値である．）
> 「ϕx」が ϕa，ϕb，ϕc 等を不特定的に表示すると言うとき，これによって我々が意味しているのは，「ϕx」は対象 ϕa，ϕb，ϕc 等のうちのひとつ（特定のひとつではなく不特定のひとつであるが）を意味するということである．そのことから帰結するのは，「ϕx」が正しく定義された（正しく定義されたと言っても，関数がその本質としてもつ不特定性を失うわけではないが）意味をもつのは，対象 ϕa，ϕb，ϕc 等が正しく定義されているときだけだということである．すなわち，或る関数が正しく定義された関数となるため

には，そのすべての値がすでに正しく定義されていなければならない．このことから，どんな関数も，その値のなかに，その関数を前提とするようないかなるものも含んではならないということが帰結する[11]．

すなわち，命題関数「ϕx」にはそのすべての値ϕa，ϕb，ϕc等が存在論的に先立っており，命題関数「ϕx」はそのすべての値ϕa，ϕb，ϕc等を前提する，という原理が，実在するプラトニスティックな対象として考えられた命題関数についての形而上学的原理として背景に置かれているからこそ，ラッセルは無内容な悪循環原理(2)からタイプの階層を導出できたのである．ラッセルが命題関数についての実在論を捨てずに悪循環原理を平気で用いることができたからくりは，命題関数の不特定性のテーゼというこの補助的原理にある．

命題関数の不特定性のテーゼと悪循環原理から，直ちにタイプ区分の正当性が帰結する．つまり，命題関数「ϕx」はその値の全体$\{\phi a, \phi b, \phi c \cdots\}$を前提する，したがって，それらの構成要素となっているa，b，c…等々の全体も前提するのだとすると，悪循環原理(2)により，全体$\{a, b, c \cdots\}$はそれを前提するようなメンバーを含むことはできないのであるから，命題関数「ϕx」は全体$\{a, b, c \cdots\}$のメンバーではない．したがって，命題関数「ϕx」は「ϕx」自身を代入項としてとることはできない．

では，オーダー区分の正当性はどうか．ヒルトンはこのことについて，十分な叙述をしているとは言いがたいが，これも正当化可能であろう．ただし，これにはさらに次のような付加的原理が必要となると思われる．

テーゼ(1) 例えば，$(\forall \phi)F(\phi!\hat{z}, x)$のような命題関数は，それを表す言語的表記法に量化が含まれているのみならず，この命題関数自体が量化を含んでいる．

テーゼ(2) 命題関数が量化を含む場合，その量化に現れる命題関数はもとの命題関数の構成要素であり，したがってもとの命題関数は量化に現れる命題関数を前提している．

テーゼ(3) 量化は命題関数を含むものであり，命題関数「ϕx」はその値の全体ϕa，ϕb，ϕc…したがって，「ϕx」が意味を持つようなxの値の範囲全体a，b，c…を前提する[12]．

例えば命題関数「$(\forall \phi) F(\phi!\hat{z}, x)$」は，量化を含んでいる．その量化には命題関数「$F(\phi!\hat{z}, x)$」が含まれているから，テーゼ(2)により「$(\forall \phi) F(\phi!\hat{z}, x)$」は「$F(\phi!\hat{z}, x)$」を前提している．さらに，テーゼ(3)により，命題関数「$F(\phi!\hat{z}, x)$」はそれが意味を持つような変項 $\phi!\hat{z}$ の値の範囲全体 {Px, Ox, Rx, …} を前提する．前提するという関係は推移律を満たすと考えてよいだろうから，結局命題関数「$(\forall \phi) F(\phi!\hat{z}, x)$」はそれにふくまれる量化の論議領域の全体 Px, Ox, Rx, … を前提している．したがって悪循環原理(2)により，命題関数「$(\forall \phi) F(\phi!\hat{z}, x)$」は Px, Ox, Rx, … のメンバーではありえない．このようにして，命題関数の不特定性のテーゼ，悪循環原理(2)といくつかの付加的な原理から，オーダーの区分の必要性を導出することができた．

以上の議論のすぐれた点は，タイプの区分の正当性もオーダーの区分の必要性も悪循環原理の同じヴァージョン，すなわち(2)から導出されている点である．このことにより，タイプの階層については「前提する」ないし「含んでいる」により定式化された悪循環原理，オーダーの階層については，それが避けようとしているのが意味論的パラドクスであるから，「定義する」を用いた悪循環原理，という具合に悪循環原理の多義性に依存せずに分岐タイプ理論の根拠づけができることになる．したがって，分岐タイプ理論は2種類の矛盾にそれぞれ対応する本来別個の部分が，曖昧な悪循環原理からいい加減な仕方で導出されることによって統合されているように見えるにすぎない，というラムジーの評言は訂正されるべきであろう．

次に，ヒルトン流に再構成されたラッセルの議論が，集合論の累積階層 (cummurative hierarchy) を正当化するための反復的集合観 (iterative conception of sets) ときわめて似通っていることにも注目しよう．すなわち，反復的集合観が階層化されるべき集合に対する実在論を背景にしているのと同様に，ヒルトン＝ラッセルの議論も階層化されるべき命題関数に対する実在論を背景にしている．また，反復的集合観が集合がすでに形成されたものを材料にして段階的に集合が形成されてゆく，という疑似歴史的描像（これを形式化したものが段階理論と呼ばれる）に依拠しているのと同様に，ヒルトン＝ラッセルの議論での悪循環原理(2)の導出においてもすでに生成されたものから段階的に命題関数が形成されてゆく．これはヒルトンが「前提される」を「時間的ない

し論理的に先立つ」と読み換えることによって，悪循環原理(2)の導出の出発点となる原理の自明さを示そうとしたことに現れている．このことは，反復的集合観が累積階層を正当化する程度には，ヒルトン＝ラッセルの描像も分岐タイプの階層を正当化しうるのではないかということを意味する．

　しかしながら，残った疑問がある．悪循環原理(2)だけからオーダーの階層が導出できるということと，命題関数に関する実在論とを考え合わせると，ラッセルが悪循環原理を構成主義的な色彩を濃厚にもつ(1)の形でも用いていることが理解しにくくなる．この問題に対するヒルトンの解答は，一言で言えばラッセルにおいては「定義」ということの意味が通常考えられているものとは異なる，ということだ．ヒルトンがここで依拠しているのは，ゴールドファーブの見解である[13]．ゴールドファーブは，構成主義者ではなかったはずのラッセルがどのようにしてタイプの分岐を導入する理由をもちえたのかという問題を論じる過程で，「特定 (specification)」と「呈示 (presentation)」という注目すべき区別を提案した．

　クラスの分岐階層という発想はラッセルにはない．一貫してラッセルはクラスをみな同じオーダーとして扱っており，クラスの存在を認めることはオーダーの区別を無化するという意味において還元公理と同値だと考えていたのである．クラスに分岐タイプを導入しようとすれば，確かにある種の構成主義的立場に立つ必要が出てくる．なぜなら，クラスの同一性はそれがどのような要素を含んでいるかによって決まってしまうのだから，クラスにさらにオーダーの区別を導入してクラスの分岐階層を構成するためには，ちょうど同じ要素からなっていてもまだ異なる2つのクラスというものが可能でなければならない．そのような違いがあるとしたら，それぞれのクラスがどのように特徴づけられたかという構成主義的要素以外にはあるまい．したがって，クラスの分岐階層が問題となっている限りは，オーダーの導入と構成主義とを結びつけるゲーデル的議論は正しい．しかし，ラッセルが分岐階層を導入しようとしていたのは命題関数と命題である．そして，クラスと命題関数ではそれを特定するということの意味が違うため，クラスの場合はオーダーの導入は構成主義につながるのに対し，命題関数の場合はそうはならない．

　クラスの特定とは，特定しようとする当のクラスのメンバーのすべてそして

それらだけに当てはまる命題関数を与えることである．したがって，特定それ自体は，どのようなクラスが特定されたのかについては何も語らない．例えば，「nとn+2という形をした素数の組すべてからなるクラス」ということによって或るクラスが特定されるが，そのクラスがどのようなクラスであるかを知ること，例えば無限クラスか有限クラスかといったことを知ることは別問題である．クラスの場合には，このように特定そのものと特定された対象との間にギャップが存在する．しかし，命題関数の場合にはこのギャップが存在しない．特定そのものが特定される対象をすでに与えてしまうのである[14]．そこでゴールドファーブは命題関数については「特定」に代えて「呈示」という語を用いることを提案する．

　さて，ラッセルが悪循環原理(1)の定式化で用いている「定義」がここで言う「呈示」であると解するなら，定義は命題関数に外から与えられる規定ではなくなり，その命題関数の内部構造の呈示ということになる．そうすると，命題関数の定義が量化を含むなら，その命題関数それ自体にも量化が含まれることになる．したがって，悪循環原理(1)は，命題関数に適用した場合，「いかなる命題関数の集まりも，呈示のうちにその集まりに対する量化を含む命題関数を含むことはできない．」という原理に他ならず，これは「前提する」を「呈示において前提する」と理解した悪循環原理(2)にすぎない．

3

　以上の解釈は，『プリンキピア』におけるラッセルが，ふつう構成主義に結びつけられて理解される悪循環原理(1)を掲げているにもかかわらず，命題関数に関する強い実在論者でありうること，そして彼が実在論者であるにもかかわらず，分岐タイプの導入を正当化しうる道があることを示している．そしてその副産物として，彼が述べている様々なヴァージョンの悪循環原理は，実は統一的に理解できるということも示された．いわゆる「ラッセルの構成主義」なるものは，彼が悪循環原理を借用した相手であるポアンカレの構成主義から，あるいはラッセル以後盛んになった構成主義的数学との連想，あるいは無クラス理論（No-class theory）に見られる唯名論的傾向から持ち込まれた幻である

可能性が強い．私も，悪循環原理が構成主義的立場によってのみ正当化可能であるから悪循環原理に依拠するこの時期のラッセルは構成主義的傾向を持っていたはずだと即断してしまっていた．ヒルトン論文は「ラッセルの構成主義・唯名論」問題をさらに深いレベルで再考することを促すものである．

にもかかわらず，ヒルトンの解釈は，『プリンキピア』以前・以後のラッセルの思考の歩みと，とりわけ無クラス理論とを視野に入れて総合的に判断しようとすると，その説得力のかなりの部分が失われてしまうように思われる．とはいえ，私は，ラッセルはやはり構成主義者だったと主張したいわけではない．本節での目標は，「ラッセルの構成主義」問題はどのような観点から考察されるべきかについての教訓を引き出すことにある．

ヒルトンの解釈は，一般化された悪循環原理(2)に，命題関数の不特定性という補助的原理を付加することによって，タイプとオーダーの区分をともに正当化しようとするものだった．しかし，ここで次のような疑問が頭をもたげてくる．つまり，このような形で命題関数に階層を導入することが正当化されてしまうなら，無クラス理論は何だったのだろうか．先に，ヒルトン＝ラッセルの議論と反復的集合観との類似性を指摘しておいた．なぜ，ラッセルはクラスという対象の存在を認めた上で，そのクラスに対し「要素関係において前提する」という関係についての適切な形而上学的補助原理を与えて，クラスへのタイプの導入を命題関数の場合と同様に直接行わなかったのだろうか．なぜ，クラス記号の命題関数への消去的還元，すなわち無クラス理論という迂回路を通った仕方を採用しているのだろう．これは，理論の基礎的存在者の種類は少ないほどよい，というオッカムの剃刀によっては説明がつかない．なぜなら先に述べたように，クラスの存在を認めることは還元公理と同値であり，ラッセルは無クラス理論を採用した代償として，還元公理という身分のいかがわしい公理を置かざるをえなくなったのである．そして，還元公理を採用したことがいかに論理主義のプログラムにとって厄介な問題を生むかということについては多言を要しないだろう．これほどの犠牲を払ってまで，なぜラッセルは無クラス理論にこだわったのか．

この謎は，ラッセルがくりかえし無クラス理論がパラドクスの解決の鍵であるという趣旨の発言を行っているという事実によりなおさら深まる．1つの解

決策は，ヒルトンがごく簡単に示唆しているように，ラッセルは命題関数への
タイプ導入に役立つ形而上学的原理，すなわち命題関数の不特定性のテーゼを
正当化することはできると思っていたが，クラスについての同様の原理を正当
化することは難しいあるいはできないと思っていたから，クラス記号を命題関
数に文脈的・消去的に還元した上で，命題関数のタイプに一元化することが，
「すべてのパラドクスの解決の鍵」であると考えたのだ，とすることであろう．
これは，追求してみる価値のある示唆ではあるが，次のような難点があると思
われる．「超限数と順序型の理論における或る困難について」という論文に
1906年に追加された注の中で，ラッセルは「無クラス理論はすべての困難を
完全に解消することができるということに，今ではほとんどいかなる疑いも持っ
ていない」と宣言している[15]．ところが，この時期に彼が模索していた無ク
ラス理論は，『プリンキピア』のものとは非常に異なる，置き換え理論（substi-
tutional theory）というものであった[16]．そして，置き換え理論においては，
クラスは命題関数へと消去的に還元されるのではなく，命題と個体に消去的に
還元される．つまり，置き換え理論では命題関数は基礎的な存在者ではなく，
ラッセルが実在論者であるとしても，それは命題と個体についての実在論者な
のである．

　そうすると我々は，無クラス理論がパラドクスの解決の鍵であるということ
はいかなる意味で言われているのかを再考せねばならないであろう．それは，
論理的主語にはタイプの区別がないはずだ，というラッセルが少なくとも『数
学の諸原理』（1903）の頃から抱いていた基本的確信に関係している．例えば
彼は，「人間性が歩く」は偽であるが無意味ではないと考えていた．「人間性」
は概念であり，概念は歩かないからである．タイプの階層を導入するというこ
とは，命題の論理的主語になることのできる存在者の範囲を限定し相対化する
ことになる．彼はこれが論理の普遍性に反すると考えたのである．さて，クラ
スがもし存在者でありそれゆえ論理的主語であるとすると，それにタイプの階
層を導入することはできない．存在者に，パラドクスを防ぐという目的のため
だけに恣意的に階層や制限をおくことはできないのである．そうすると，ラッ
セルにとっての解決策は，タイプの区分を導入するべき対象を，存在者すなわ
ち論理的主語ではないとすることである．そのためには，クラスという対象を

指示しているように見える記号は，本当は何も指示していない不完全記号であって，クラス記号が現れる命題は，「現在のフランス国王」がそれが現れる文脈全体に書き換えをほどこして消去されたように，文脈的に消去されねばならない．ラッセルは，こうしたクラス記号の消去のための理論を無クラス理論と呼んだのだった．無クラス理論がパラドクスの解決の鍵なのは，それがクラスへのタイプの導入と論理的主語の無階層性（存在の一義性！）とを調和させることのできる唯一の方法だったからだ．そしてこうした解釈はヒルトン自身のものでもあったはずである．

ラッセルが実現した無クラス理論は2つある．1つは置き換え理論であり，もう1つは『プリンキピア』におけるクラス記号の命題関数への還元である．この2つの無クラス理論には，クラスが消去的に還元される行き先が，置き換え理論では命題と個体，『プリンキピア』では命題関数である，というすでに述べた違いの他に，非常に重要な違いがある．それはクラスのタイプが，何から派生させられるかという点である．『プリンキピア』では，クラスのタイプはそのクラスを定める命題関数のタイプから直接派生するのに対し，置き換え理論では，クラスは命題と個体の一項関係，クラスのクラスは命題と個体の二項関係，…という対応になる．ここで重要なのは，置き換え理論では，クラスのタイプが，クラスが還元される行き先の命題ないし個体のタイプから派生するのではない，ということである．つまり，置き換え理論ではあらゆる命題と個体は同一タイプであり，したがって，置き換え理論はそれが前提する基本的存在者にタイプの階層を持ち込まないように作られている．これに対し，『プリンキピア』では，それが前提する基本的存在者（つまり命題関数）にタイプの階層が堂々と持ち込まれているのである．

このように，置き換え理論と『プリンキピア』の間には非常に大きな断絶があるということになると，ラッセルが『プリンキピア』で無クラス理論を採用した理由とそれ以前に無クラス理論を採用した理由はまるで異なるということになってしまう．クラスが還元される行き先の命題関数がタイプの区分をもつのだとしたら，無クラス理論は論理の普遍性と調和するようにタイプを導入するという働きは全く果たしていないことになるからだ．だとしたら，論理の普遍性を損なわないような仕方でパラドクスを解決するというラッセルがねばり

強く追求していた目標は『プリンキピア』において放棄されたことになるのだろうか．

私はそのように考えないですむ道が1つあると思う．それは，『プリンキピア』を失敗作，あるいはとりあえずのものと見なし，ラッセルがなしとげたかったことと実際になしえたことのギャップという観点から『プリンキピア』を見直すことである．この観点に立つと，「実在論者／構成主義者ラッセル」の問題は全く異なる相貌を帯びてくる．手がかりは，ヒルトンが命題関数の不特定性のテーゼを引き出してきた箇所，とりわけ「「φx」は，φa, φb, φc等を不特定的に表示する（denote）」という言い方である．「不特定的に」「表示する」という語は，ラッセル哲学のキーワードである．それがこうした重要な箇所でいいかげんに使われているとは考えにくい．この1節は，ラッセルが命題関数「φx」を表示句，すなわち「all men」や「現在のフランス国王」やクラス記号と並ぶものと見なしていたことを強く示唆している．また，『プリンキピア』では，命題関数が不特定的に表示するところのものである命題についても，「命題は，（中略）誤った抽象にすぎない．」そして，「これは，命題を表す句は我々の言う『不完全な』記号だということである．」と述べられている[17]．これを額面通りに受け取ると，命題関数が存在論的に前提しているはずの命題も，当の命題関数も誤った抽象だということになる．こうした事態を，『プリンキピア』には両立しがたい2つの存在論が混在していると理解することもできるだろうが，私は次のように提案したい．ラッセルは，論理の普遍性とパラドクスの解決を両立させるという目標を『プリンキピア』においても捨てていない．ラッセルはタイプを導入する必要のあるあらゆる「対象」すなわち，クラス，命題関数，命題を消去する必要があったし，それを目指していた．しかし，『プリンキピア』ではそれを中途半端な形で提示せざるをえなかった．還元に成功したのは，クラスだけであり，命題についてはそれが不完全記号であることを宣言するだけにとどまった．そして，命題関数についてはそれが基礎的な存在者であるかのように理論を組み立てざるをえなかったのである．ラッセルは数学の哲学における自らの目標を一度も果たしえたことがなく，また果たした気にもなれなかった哲学者なのである．

かりにラッセルが『プリンキピア』しか書かなかったのなら，ヒルトンが提

案する「命題関数についての実在論者ラッセル」は妥当なラッセル像であろう．しかし，『プリンキピア』のラッセルがどの程度実在論者であり構成主義者・唯名論者であるかという問題は，『プリンキピア』を彼のプログラム全体の中で位置づけ，評価する作業と切り離してしまったなら，意義のある問題にはならないのではなかろうか．

注

1) ラッセル・ホワイトヘッド著，岡本・加地・戸田山訳『プリンキピアマテマティカ序論』，哲学書房，1988 の訳者解説 p.329-30，および，飯田隆編『リーディングス・数学の哲学：ゲーデル以後』，勁草書房，1995 の「第１部への道案内」p.11
2) Peter Hylton, Comments on Philippe de Rouilhan, *Philosophical Studies*, vol.65. 1992. pp.183-91
3) Bertrand Russell & A. N. Whitehead, *Principia Mathematica*. vol.1, 1910, p.48
4) Russell & Whitehead, *ibid*, p.48
5) Russell & Whitehead, *ibid*, p.37
6) Kurt Gödel, "Russell's mathematical logic", in *Kurt Gödel Collected Works*, vol.II, 1990, pp.126-27
7) Frank P. Ramsey, "The foundations of mathematics", in *Foundations*, 1978, p.175
8) Kurt Gödel, *ibid*., p.127
9) Kurt Gödel, *ibid*., p.127
10) Kurt Gödel, *ibid*., pp.127-28
11) Russell & Whitehead, *ibid*., p.39
12) ラッセルがこのことを認めていたことは，次の引用からも明らかだろう．
「「(x)φx」や「(∃x)φx」の中の x の領界は，「φx」が意味を持つような x の値の範囲全体に広がるものである．したがって，「(x)φx」や「(∃x)φx」の意味には，そのような範囲が確定しているという想定も含まれている．」Russell & Whitehead, *ibid*., p.16
13) Warren Goldfarb, "Russell's Reasons for Ramification", in *Rereading Russell*, (eds.) C. Wade Savage & C. Anthony Anderson, 1989, pp.24-40
14) このことは，命題関数の特定がクラスの特定と同じように行われることがありえない，ということではない．クラスの特定と類比的な命題関数の特定をあえてつくれば，「ゲーデルが最後に，自然数 5 について当てはまるかどうかを考えていた命題関数」というようなものになるだろう．これにより，何らかの命題関数が特定されるが，それがどのような命題関数なのかはわからない．これは「特定」と言って

良いかもしれないが,ラッセルの考える「定義」ではない.
15) Russell, "On some difficulties in the theory of transfinite numbers and order types", in *Essays in Analysis by Bertrand Russell*, (ed.) Douglas Lackey, 1973. p.164
16) 置き換え理論については,拙論「『プリンキピア・マテマティカ』における或る不整合の背景について」,東京大学文学部哲学研究室論集第7巻,pp.59-72,および Peter Hylton, "Russell's substitutional theory", *Synthese*, vol.45, 1980, pp.1-31 を参照。
17) Russell & Whitehead, *ibid.*, p.44

初期ラッセルにおける「表示」の概念
―― 1903～1904 年の草稿を中心に

中川　大

1　はじめに

　1903 年に『数学の原理』（*The Principles of Mathematics*）を出版してから，1910 年にホワイトヘッド（Whitehead, Alfred North, 1861-1947）との共著で『プリンキピア・マテマティカ』（*Principia Mathematica*）第 1 巻を刊行するまでに，バートランド・ラッセル（Bertrand Russell, 1872-1970）が提出したさまざまな哲学的な着想のなかでも，いわゆる「記述の理論」（Theory of Descriptions）と「タイプの理論」（Theory of Types）とが，研究者たちの関心をもっとも惹きつけてきた．しかしながら，それらの理論についての検討は，それがラッセルの哲学への歴史的関心に由来するものであるばあいであっても，たとえば，言語哲学的関心に導かれた，記述の理論の検討であったり，数学の哲学への関心にもとづくタイプの理論の検討であったりすることがほとんどであり，その両者の関係をも視野に入れた研究はあまりないように思われる．

　けれども，ラッセルの哲学を本来の意味あいで歴史的に研究しようとするならば，初期ラッセル哲学の言語哲学的側面と数学の哲学にかかわる側面とを，そうあっさりと分離して考えることは得策ではない．それは，初期ラッセルの着想をその全体において把握することが，初期ラッセル哲学の歴史的研究のためには必要となるはずだという，ごく一般的な理由によるばかりではない．初期ラッセル哲学の研究において，特段の注意を払われている，記述の理論とタイプの理論は，ともにラッセルの命題関数（propositional functions）の理論に依拠して構築されており，二つの理論の内的な連関は，当然われわれの探究の対象とされるべきものだからである．

　本稿は，そのような問題意識を端緒としているけれども，しかし，そうした

問題に包括的な解明を与えようとするものではもちろんない．本稿では，初期ラッセルの言語哲学的側面と数学の哲学にかかわる側面とを統一的にとらえるという目標に向かうための，ごく基礎的で限定された作業をおこなうことにしたい．それは，ラッセルが彼の記述の理論をつくりだしたその経緯について，ラッセルが関数というものをどのようにとらえていたか，という視点からとらえ直す，という作業である．そのために，『数学の原理』から1905年の論文「表示について」("On Denoting")までの時期の，つまり1904年前後のラッセルの一連の草稿にそって，ラッセルにおける「表示すること」(denoting)という観念について検討していきたい．

以下の前半では，次のように議論を進める．まず，記述の理論によって「表示」という観念が放棄された，という一般的な理解においては，ラッセルの著作を整合的に読むことができないのではないか，という問題を提出する．そして，その問題に対して，この矛盾は，ラッセルが「表示」の概念を両義的に用いていることに由来する，という暫定的な解決を示す．続いて，暫定的な解決は誤っているけれども，ラッセルが誤っているわけでもないということ，すなわち，ラッセルは「表示」概念を多義的に用いているわけではなく，しかしそれにもかかわらず，矛盾に陥っているわけでもない，ということを示す．論文の後半では，ラッセルの説のわかりにくさが，彼の関数観の特異性に起因することを指摘し，1904年前後の草稿にしたがって，変項と表示という枠組みにもとづく，ラッセル独自の関数論の概略を追っていく．

2　「表示」という概念は二つあるか

ラッセルの1905年の論文「表示について」は，いわゆる記述の理論を提唱した論文として知られる．「記述の理論」という術語は，「記述（単数名詞句に定冠詞をつけてえられる単称名辞）[1]について，それを構文論的に消去する技巧を与える理論」という意味で解されるのがふつうである．それはもちろんそれ自体としては適切な理解である．しかし，記述句をどのように処理するかという問題は，「表示について」で忽然と出現した問題ではない．ラッセル自身の脈絡において1905年の議論の要点をおさえるためには，この問題がどのよう

なしかたで初期ラッセル哲学の主題にのぼってきたのかを確認しておかなければならない．

さて，この問題については，1903年の『数学の原理』において，すでに周到な検討がなされている．「表示について」での議論の趣旨は，むしろ，『数学の原理』で採られていた取り扱いの方向を，すっかり放棄してしまうところにあると言ってよい．それでは，『数学の原理』でのラッセルの叙述を簡単に見てみよう．

> しかし，記述（description）が可能であるという事実——概念（concepts）を採用することによって，概念でないもの（thing）を示しうるという事実——は，ある概念とある項（terms）とのあいだの論理的関係に拠っている．その関係によって，そのような概念がそのような項を，本来的かつ論理的に**表示**（denote）するのだ[2]．

すなわち，ラッセルの本来の文脈においては，記述とは，概念を用いて概念以外の項（「項」という用語は概念とものとの総称として用いられる）を示すことである．そして，『数学の原理』のラッセルは，そうした意味での記述がどのように可能となるか，という問題を，概念に，それがものを表示するという作用を帰属させることによって，解決しようとする．

『数学の原理』と「表示について」のあいだの時期の草稿では，ラッセルはしばしば，この問題を「アーサー・バルフォア氏の問題」として定式化している．その定式化によれば，「現在の英国首相は先代の英国首相の甥である」という命題が（1903〜04年当時に言明されたとき），アーサー・バルフォア氏をその意味の構成要素として含まないにもかかわらず，アーサー・バルフォア氏についての命題でありうるのは，「現在の英国首相」という句が表現する複合体（complex）としての意味が，アーサー・バルフォア氏を表示しているからだということになる[3]．要するに，「表示について」以前の時期のラッセルの理解によれば，表示句が表現する（express）意味と表示句が指示する（designate）存在者——つまり表示対象——との間には，その意味がその存在者を表示する（denote）という関係が成り立つのであり，その表示という作用によって記述

という作用が説明されるのである．

　ところが，「表示について」で提示された理論においては，もはやそのような発想は採られない．いわゆる記述の理論は，記述を説明するのではなく，むしろ解消しようとする．すなわち，記述の理論は，こうした問題を引き起こす記述句を構文論的に消去して，この「記述の問題」——命題がその構成要素ではない対象についての命題にどのようになりうるのか，という問題——そのものを解消してしまう．「表示について」以前には，記述という作用を説明するために，表示という作用が想定されていた．しかし，記述の理論によれば，そもそも問題を引き起こした記述句自体が，その記述句があらわれるかのように見えた命題の，本来の論理形式においてはあらわれてこないのであるからして，かつて記述の問題を説明するために要請された，表示という観念も，もはや捨てられてしかるべきであると思われる．

　しかし，それでは1905年以降，「表示する」という観念は，ラッセルの哲学から失われてしまったのであろうか．この問いには，否定的な答えが返されることになる．というのも，たとえば命題関数についてのラッセルの議論においては，「命題関数が命題を不特定的に（ambiguously）表示する」といった言い回しが，その後も用いられ続けるからである．じっさい，そのような用語法は，1910年の『プリンキピア・マテマティカ』にまでも持ち越されている．

> 関数の本質をなすのは，この種の不特定性である．われわれが x が特定されていないばあいに「ϕx」について語るとき，われわれはその関数のひとつの値を意味しているのであるけれども，確定した値を意味しているのではない．このことをわれわれは，「ϕx」が ϕa, ϕb, ϕc を**不特定的に表示する**，と言って表現することができる（ϕa, ϕb, ϕc は，「ϕx」のさまざまな値である）[4]．

　記述の理論の提出によって，表示という観念によって記述の問題を解決するという，『数学の原理』以来の方策は捨てられたのだ，という見方からすれば，これはいささか奇妙な印象を与える事実である．そうした見方からすれば，表示という観念は，1905年で放棄されたはずである．しかし，事実は，1910年

の段階においても，表示という観念は，依然として用いられている．「表示について」の議論によって，表示という観念は放棄されたのではなかったのだろうか．

しかしながら，このように問うことは，擬似問題をたてることである，という反論の声があがりそうである．すなわち，この疑問には簡単に答が与えられるようにも思われる．つまり，「命題関数が命題を表示する」といわれるときの「表示する」と，「意味が対象を表示する」といわれるときの「表示する」とは，まったく同じ観念であるわけではないのかもしれない，と指摘すれば，それですむことではないか．

しかも，こうした解釈が論理的に可能だ，ということだけではなく，この理解にはテキスト上の支持を与えることもできるように見える．1904年の草稿において，ラッセル自身が，表示的な（denoting）関数と非表示的な（undenoting）関数とを区別して，前者は「xの父（the father of x）」のような関数であり，後者は「xは人である（x is a man）」のような関数——つまり命題関数——である，としているからである．

> われわれは，二つの根本的に異なる種類の従属変項（dependent variable）を区別しなければならない．従属変項のもろもろの値が，もろもろの命題ないし複合的意味であるとき，独立変項（independent variable）の対応するもろもろの値は，従属変項のもろもろの値を現実に構成している要素である．こうして，「ソクラテスは人である」は，「xは人である」の値であり，また，（xの値である）ソクラテスは，「ソクラテスは人である」の構成要素である．しかし，$\sin x$のような事例について考えるなら，従属変項の値はみな，対応する意味によって表示されるなにものかであり，xの値は構成要素ではない．こうして，$\sin \pi/2 = 1$であるけれども，$\pi/2$は1の構成要素ではない．「$\sin \pi/2$」が指示しているのは複合的意味であって，この意味が表示しているものではない，と言うことはわれわれにはできない．なぜなら，$\sin x$についての命題——たとえば$\sin^2 x + \cos^2 x = 1$——はどんな命題でも，その意味に関しては偽であり，その意味が表示している数についてのみ成り立つ．そして，「xの父」のような関数と同様に，xの値は，関数の対応する値の

構成要素ではない.

　はじめに,一つの変項をもつ関数だけにかぎって考えよう.こうした関数を,われわれは,それらが「xの父」に似ているか,それとも「xは人である」に似ているかにしたがって——すなわち,それらの値が,独立変項の対応するもろもろの値を含んでいる意味によって表示されるのか,それとも,それらそのものが独立変項の対応するもろもろの値を含んでいる複合体であるのかにしたがって——**表示的**な関数として定義することができるか,それとも**非表示的**な関数として定義することができる.関数そのものはつねに表示し,その表示対象はそのもろもろの値から成っているということがわかるだろう.しかし,その関数のもろもろの値が上の種類のものであるときには,われわれはそれを非表示的関数と呼ぶ.命題関数(すなわち,そのもろもろの値が命題である関数)が非表示的関数であるのに対して,数学の通常の関数がすべて表示的関数であることは,明白なことである[5].

つまり,命題関数は,関数「xの父」がそうであるように,その値が独立変項の対応する値を含む意味によって表示されるものだという意味あいで「表示的」であるのではないけれども,命題を不特定的に表示するという意味あいでの表示はすることになる.「関数そのものはつねに表示し」ているわけである.そのような意味において,非表示的関数であるところの命題関数は,それが「非表示的」であるといわれているときに「表示」しないといわれているのとは,別の意味あいでの「表示」をしていることになる.だから,記述の理論で排除された「表示」(命題関数が「非表示的」であるといわれるときに「表示」しないといわれている意味あいでの「表示」)と,「命題関数が命題を表示する」といわれるときの「表示」は,そもそも別の観念だったのである.そして,論文「表示について」以降にラッセルの著作に現われる「表示」は,後者のそれである,とみなすことができるように思われる.

　しかし,それは錯覚である.子細に見れば,ここでのラッセルの区別立ては,二種類の表示概念が峻別されていることを示すものではない.たしかに,一つの同じものについて,それが表示するとともに表示しないといわれているのならば,矛盾律を侵さないかぎり,そこには二つの表示概念があらわれているの

でなければならない．しかし，ここで命題関数が非表示的であるというのは，命題関数そのものが表示しないということではない，ということが見てとれるはずである．それでは，なにが表示しないというのか．独立変項の意味——それも関数の値に対応する意味——を含むところの，従属変項の意味が表示しないのである．そして，命題関数は，従属変項の意味（つまり命題）が表示しないことから，いわば第二義的に「非表示的」であるといわれているにすぎない．

してみると，表示的関数「xの父」のほうについても，それが「表示的」と呼ばれるのは，たとえば意味「ソクラテスの父」がソクラテスの父を表示するということによってなのであって，表示的関数そのものは，そのような意味がしている表示とは別に，関数そのものとしての表示をしているということになる．

すなわち，ラッセルによって命題関数が非表示的でありかつ表示するといわれるとき，それは表示概念が二種類あることが示唆されているのではない．表示することには，関数そのものが表示することと，意味が表示することとの二通りあることが示唆されているのである．そして，「表示について」の議論によって不要のものとされたのは，後者の表示にほかならない．だから，記述理論の採用によって排除されたのは，表示の観念そのものではない，と言わなければならない．そこでは，意味が表示することが——少なくとも必要不可欠な道具立てとしては——拒否されたのである．

したがって，『プリンキピア・マテマティカ』に至っても，表示することが取りざたされていることには，なんの不思議もなかったということになる．表示することが，もっぱら記述の問題を解決するために要請される概念装置なのであれば，記述の理論を提唱したのちにもそれが持ち込まれるのは，なるほど奇妙なことであろう．しかし，「表示について」以前においてすでに，ラッセルにおいて表示という概念は，単に記述の問題にかかわる観念ではなく，関数一般の性格づけにかかわるものとしてとらえられていたのである．

3　初期ラッセルの関数観

表示という観念をめぐって，われわれを困惑させていた問題は，見かけ上の

ものにすぎなかったことが明らかになったように思われる．われわれに見かけ上の困難を与えていたのがなにかは，明らかであろう．それは，ラッセルの特異な関数観にほかならない．初期ラッセルにおける関数は，独立変項と従属変項という枠組みからなっており，それはしかも表示という観念と密接にかかわる．これは少なくとも今日のわれわれにとっては，相当に異物的なものに見える，関数についてのとらえ方である．1904年前後のラッセルの草稿を追うことによって，そのような彼の関数論の輪郭をとらえ，あわせて表示という観念に関する混乱をあらためて解きほぐすことにしよう．

ラッセルは，フレーゲ的な関数観——ラッセルの言い回しでは，関数を「[x がその中に現われる表現 X から] 端的に x が，ただし x がそこから除去された場所が見えるまま残るように，除去されたときに，表現 X について残っているもの[6]」と見なすこと——を明確に拒否する[7]．そして，ラッセルにとっての関数とは，次のようなものである．

> この種類のとかあの種類のとか特定されていない関数は，もしも x が変項アーギュメントであるならば，記号 ϕx で表わされる．**関数**とは，ある値を**アーギュメント**と呼ばれる変項 x にわりあてることによって，ある一群（a set）の存在者から一つのそしてただ一つの存在者が選び出されるように，その一群の存在者を不特定的に表示する任意の仕方（any way of ambiguously denoting）である．[選び出される] この一つが，アーギュメント x についての関数の**値**と呼ばれる．関数そのものは，その値のどれとも違って，値あるいは値を表示する複合体を不特定的に表示する．それを $\phi \hat{x}$ で表わす[8]．

ここで示されているのは，たとえば「x の父」という関数が「ソクラテスの父」や「アレクサンドロスの父」といった，もろもろの複合体を不特定的に表示し，「ソクラテスの父」や「アレクサンドロスの父」といった複合体がそれぞれの表示対象を表示することによって，関数「x の父」は，それらの表示される表示対象を関数の値として不特定的に表示する，ということであると思われる．

記述の理論を導入することによって，関数名は，記述句と同様に不完全記号として文脈的に分析されるようになり，複合体による表示という観念は放棄される．しかし，それにもかかわらず，関数による表示という観念は残されることになる．

　さて，上の例にでてきた関数「xの父」は，定常的ではなく可変的であり，しかもその変化は，xの値の変化につれて生ずる変化であるから，それは，xが独立変項であるのに対して，従属変項であるといわれる．つまり，ラッセルの関数把握は，（フレーゲが忌み嫌った[9]）変項という観念によって支えられる．それは，独立変項と従属変項という，伝統的な枠組みにのっとった関数観である．

　　基本的に二種類の変項がある．(1)存在者変項（entity-variable）．(2)結合様式変項（mode-of-combination-variable）．第二のものは，数学においてはいささか修正された形で現われる．どちらの種類も独立変項である．従属変項は，それらの独立変項と，確定した定項的結合様式（definite constant mode of combination）が，いっしょになって確定する．

（中略）

　　われわれは，記号$\phi\text{'}\hat{x}$[10]を，一つの存在者がある複合体の中にはいることができるすべての可能な仕方のうちの，ある変項的なものを表示するために用いる．そこには，極端なばあいとして，複合体がその存在者そのものに縮退したばあいも含まれる．

　　変項$\phi\text{'}\hat{x}$は，その値として，ある存在者を他の複数の存在者と結合する特定の仕方をとる．こうして，その値域（range of value）は，独立存在者変項（independent entity-variable）xの値域とは異なる．結合様式は存在者であるので，$\phi\text{'}\hat{x}$の可能な値は，xの可能な値のうちにあるものである．しかし，結合様式ではない存在者もあるので，$\phi\text{'}\hat{x}$の可能な値ではないxの可能な値も存在する．

（中略）

　　$f\text{'}\hat{x}$を$\phi\text{'}\hat{x}$のある特定の値としよう．そのとき，$f\text{'}\hat{x}$は**関数**と呼ばれるものであり，それはとりわけ，**存在者の関数**（function of entities）ないし存

在者関数（entity-function）である．

　x が任意の存在者であるとき，$f\text{'}x$ は $f\text{'}\hat{x}$ の値である．すなわち，$f\text{'}x$ は，x が，$f\text{'}\hat{x}$ によって差し示される（indicated）ような特定の仕方で，なんらかの他の存在者と結合されているような，複合体である[11]．

　ここで「結合様式」と呼ばれているのは，複合体からその構成要素をすべて取り去ったあとに残るような，複合体のもろもろの構成要素を結合する仕方のことである．ラッセルによれば，それは，なんらかの存在者ではあるけれども，複合体の構成要素ではない．というのも，それが複合体の構成要素の一つであったならば，結合様式と他の構成要素とを結合する仕方もまた存在するのでなければならないからである[12]．

　ラッセルにおいては，関数そのものは，複合体から変項部分を捨象した定項部分のことでもあるから，結合様式というものを考えることで，複合体から関数が導かれるのではなく，関数から複合体が導かれるのだという帰結がえられる．複合体の記述には，その複合体の構成要素がどのように結合されているかということ——つまり $\hat{x}(\phi\text{'}x)$ [13]で差し示される結合様式——が含まれざるをえないからである[14]．

　このように，ラッセルの関数論は，表示という観念と独立変項・従属変項という枠組みが交差する，複雑な構成を有する．1903 年の『数学の原理』で，表示という概念が登場したそのときには，記述の問題を解決するという目的が前面におしだされていた．しかし，初期ラッセル哲学が展開していくなかで，表示という作用は，単に記述句に対応する複合体が，命題の構成要素ではない対象を表示する，という意味あいでの「表示」ではなくなっていく．ラッセルの関数についての把握が成立していく過程で，「表示」という概念装置は，むしろ関数についての彼の議論一般を支える要石へと，その役割を拡げているのである．そして，記述の問題にかかわる意味あいでの「表示」は，今度はかえって，（非表示的関数と区別されるものとしての）表示的関数における「表示」として，関数をめぐるラッセルの議論全体の新しい見取り図の中に，位置づけ直されていくことになる．

こうしてわれわれは,「なぜ『プリンキピア・マテマティカ』に表示の話が出てくるのか」という見当はずれの問いから解放されて,問題を正しく設定し直すことができる.正しい問題は,「関数」(および「命題関数」)という概念を特徴づけるために,ラッセルが選んだ「表示」という観念は,はたして適切なものでありえたのか,という問いでなければならない.

注

1) 不定冠詞＋単数名詞句を「不特定 (ambiguous) 記述」, 定冠詞＋単数名詞句を「確定 (definite) 記述」と呼ぶけれども, 単に「記述」というばあいは, ふつう後者のことである.
2) POM, p.53.
3) 4-11a, p.284, pp.289-290, 4-14, p.315-328.
4) PM, p.39 (邦訳 134 頁).
5) 4-14, pp.331-332.
6) 4-3a, p.50, cf. POM, p.508.
7) ラッセルは, フレーゲの関数把握では不都合である理由として, 次のようなことをあげている. まず, 同一関数 (identical function) ── x の関数としての x ── をうまく扱えない. これから関数が残ることを期待して x を除去すると, なにも残らなくなってしまうけれども, 同一関数はなにものかであるはずだからである. また, フレーゲによれば, $2x^3+x$ においては, 関数は $2(\ )^3+(\ )$ であることになる. しかし, これでは, 二つの空所に同じ文字が充填されなければならないということを示すことができない.
8) 4-5, p.86.
9) フレーゲは, ジャーデイン (Jourdain, Philip E.B., 1879-1919) 宛ての書簡のなかで, ラッセルが変項を使用していることに痛烈な批判を加えている. Cf. Frege [1976], S.129-133 (邦訳 224～233 頁).
10) ラッセルは当初, 関数をあらわすのに,「$\phi \hat{x}$」という記号を用いた (cf. 4-3a, 4-11a, pp.289f.). その後, 表示的関数をあらわすのに「$\phi ' x$」, 命題関数をあらわすのに「$\phi ! x$」という記号を用いるようになる (cf. Grattan-Guinness [1977], p.79).

　しかし, 記法上のその区別は, のちには放棄され, 後者の記号は命題関数のうちでも, ある種の限定されたもの (述定的関数 (predicative function)) を示すために, そして, 前者の記号は, あるクラスの成員を関数でとばしたさきの対象から成るクラスをあらわす記号「$\phi ``(u)$」との対比のために, 主に用いられるようになる (cf. *ibid.*, p.49).

　なお,「$\phi ' \hat{x}$」は,「$\phi ' x$」が関数の値を示すのに対して, 関数そのものを示すた

めに用いられる．
11) 4-6, pp.98-99.
12) Cf. 4-7, pp.254-255, 4-15, p.395f.
　　この「結合様式」という観念を，1913年の草稿『知識の理論』(*Theory of Knowledge*) にあらわれる，命題の「形式」(form) という観念の原型をなすものとみなすことも，あるいは可能かもしれない．命題の形式もまた，命題の構成要素すべてを取り去ったあとに論理的与件として残される対象だからである．
13) $\mathrm{Co}(x)$ が x を含む任意の複合体であるとき，「$\hat{x}\{\mathrm{Co}(x)\}$」は，$\mathrm{Co}(x)$ が関数でないときにも意味をもつので，「$\phi'\hat{x}$」よりも一般的に用いることができる (cf. 4-7, p.255).
14) Cf. 4-7, pp.254-255, 4-9, p.265.

参照文献
ラッセルの著作
POM, Russell, B., *The Principles of Mathematics*, 1903, Allen&Unwin.

ラッセルの論文集成第4巻 (Russell, B., *Foundations of Logic, 1903-05: The Collected Papers of Bertrand Russell 4*, ed. by A. Urquhart, 1994, Routledge——「FOL」と指示する) に (たとえば)「3a」という番号で収録されている草稿は「4-3a」と指示することにする．

4-3a, "Functions and Objects" (1903), pp.50-52, in FOL.

4-5, "On Functions, Classes and Relations" (1904), pp.85-95, in FOL.

4-6, "On Functions" (1904), pp.96-110, in FOL.

4-7, "Fundamental Notions" (1904), pp.111-259, in FOL.

4-9, "On the Nature of Functions" (1904), pp.264-272, in FOL.

4-11a, "On the Meaning and Denotation of Phrases" (1903), pp.284-295, in FOL.

4-14, "On Meaning and Denotation" (1904), pp.314-358, in FOL.

4-15, "On Fundamentals" (1904), pp.359-413, in FOL.

"On Denoting", pp.414-427, in FOL.（清水義夫訳「指示について」，坂本百大編『現代哲学基本論文集I』，1986年，勁草書房，45-78頁．）

PM, Whitehead, A.N. & Russell, B., *Principia Mathematica*; Vol. I, Revised edition, 1927, Cambridge U.P.（岡本賢吾・戸田山和久・加地大介訳『プリンキピア・マテマティカ　序論』，1988年，哲学書房．）

Theory of Knowledge, Russell, B., *Theory of Knowledge: The 1913 Manuscript*, ed. by E.R. Eames, 1993, Routledge.

それ以外の文献
Frege [1979], Frege, Gottlob, *Wissenschaftlicher Briefwechsel*, herausgegeben von G. Gabriel et al., 1976, Felix Meiner.（野本和幸編『フレーゲ著作集6　書簡集　付「日記」』，2002年，勁草書房．）

Grattan-Guinness [1977], Grattan-Guinness, I., *Dear Russell-Dear Jourdain: A Commentary on Russell's Logic, Based on His Correspondence with Philip Jourdain*, 1977, Columbia U.P.

※本稿は，平成11〜12年度科学研究費補助金奨励研究（A）「分析哲学の起源をめぐる哲学史的基礎研究」（課題番号11710001）による研究成果の一部を含む．

後　記

本書では収録論文はなるべく初出時のままのかたちにしておく方針をとるそうなので，あきらかな誤記と思われる箇所を訂正し，文献表の書き方を少し変えて最近出版された邦訳文献を加えるにとどめた．

しかしながら，本文での議論は——学会のワークショップでの問題提起が原型であることを割り引いても——はなはだ不満足なものであって，ほんらいは全面的に書き改めるべきであると思う．「改稿するとすれば」どのようなしかたになるか，若干の覚え書きをして，最小限の補訂に代えたい．

まず，ラッセルの草稿を紹介することにかまけて，1903年の『数学の原理』についておざなりにしたのがよくない．ここでとりあげた一連の草稿は『数学の原理』をふまえて書かれているのだから，とりわけ命題関数をあつかった第7章，変項をあつかった第8章での議論にしたがって，問題設定の基調をあきらかにするほうが（わたしが本文の第2節でやったような藁人形をたたくような議論をするよりも）よかった．

この論文の趣旨は，「表示」の概念がたんに言語哲学的な「記述の問題」に関わるものではなく，むしろラッセルの関数論に結びつくものであることを示すことにあったのだから，たとえば「命題関数にかんしては，クラスの観念，表示の観念，*any*の観念が根本的である」（POM, p.94）といった言明を出発点にすえて，その着想が以降の草稿でどのように展開されるのか吟味することもできただろう．（本文での「ラッセルの関数についての把握が成立していく過程で，「表示」という概念装置は，むしろ関数についての彼の議論一般を支える要石へと，その役割を拡げているのである」という表現が，『数学の原理』の関数論は

表示観念に負っていないような印象を与えたとすれば，本文での表現が不適切なのである．この着想そのものは1903年の段階ですでに明確であると思われる．）『数学の原理』での変項についての議論が表示の理論と連携していることを切り口にすれば，本文第3節の「独立変数と従属変数という枠組み」での関数論についての説明も，もう少し実のあるものになったのではなかろうか．

　もうひとつ述べれば，変項を使用することは，ブラッドリー（Bradley, F.H., 1846-1942）的な観念論を回避するための方策にほかならないと，ラッセルが明言している（POM, p.90）ことを指摘しておくべきだったかもしれない．「記述の問題」とは，概念を用いて概念ならざるものについて語るにはどうすればよいか，という問題だった．ラッセルにとってそれは，「人間について語ることを人間の概念について語ることへと還元する」観念論をめぐる問題でもあったのであり，それはまた数学において変項（変数）を使うことの問題でもあったのである．わたしの「マイノング学派におけるラッセルのパラドクス」（『科学哲学』36-2（2003），21〜32頁）を読んでくださったかたには「またか」と思われそうなのだけれども，どうもこの時期のラッセルにとって，観念論論駁という問題設定は，きわめて切実なものであったと考えざるをえない．

　ところで，本文でもふれたように，フレーゲは数学の哲学で変項の観念を使うことを徹底的に批判しているのだけれども，ラッセルはその批判にもかかわらず，「変項と表示」の枠組みで関数について論じ続けたようにみえる．このことは，ピーター・サイモンズが，「表示について」でラッセルがフレーゲの意義と意味の理論を批判している議論を，いわば偽装したブラッドリー批判であると論じている[*]のを考え合わせると，なかなか興味深い．「表示について」は，記述理論を提出した論文にほかならない．いっぽう，本文でのわたしの論点のひとつは，記述理論の提出がすなわち表示という概念の放棄ではない，ということであった．さて，「表示について」でのフレーゲ批判の実質が観念論論駁にあったのだとすれば，（変項の使用はブラッドリー批判に直結するのだから）それは「変項と表示」という枠組みを擁護することと連動するものであってなんの不思議もない．つまり，記述理論を提唱することは，表示観念を放棄することであるどころか，むしろ「表示」概念にもとづく関数論を保持しようとする志向と結びついていると解釈しうるのである．

*Simons, Peter, "On What There Isn't: The Meinong-Russell Dispute", in Irvine, A. (ed.), *Bertrand Russell: Critical Assessments*, vol.III, 1999, Routledge, pp.69-100 or in Simons, P., *Philosophy and Logic in Central Europe from Bolzano to Tarski: Selected Essays*, 1992, Kluwer Academic, pp.159-191.

フレーゲの Gedanke とラッセルの Proposition
—— "On Denoting" の意義について

松阪陽一

1 はじめに

本シンポジウムのタイトルは「フレーゲ——その歴史的位置付けと展開」となっているものの[1]，本稿で私が扱いたいのは，フレーゲの見解そのものというより，特に言語哲学におけるフレーゲとラッセルの関係についてである．フレーゲの「意義と意味についてÜber Sinn und Bedeutung」[2]が出版されて100年以上，ラッセルの「表示について On Denoting」が発表されてから2005年でちょうど100年になるが，フレーゲとラッセルの言語に対するアプローチのどちらにより根本的な洞察を認めるのかは，現代の言語哲学者にとってもいまだに大きな問題であると言える．特に，叙述文の内容を理論的に探究する際に，フレーゲの思想（Gedanke）を出発点にするのか，あるいはラッセルの単称命題（singular proposition）をモデルにとるのかは，間接話法や命題的態度の報告文に関する意味論研究での分水嶺を成していると言っても過言ではないだろう．

フレーゲの言語哲学への影響を語るとき，中心となるのはやはり，意義（Sinn）と意味（Bedeutung）の区別である．この区別とラッセルの見解との関係は少々複雑である．以下での議論と関係する範囲でのみ歴史的経緯を手短に紹介すると，ラッセルは1905年の論文 "On Denoting" で，いわゆる「記述の理論 the theory of descriptions」を発表するが，その直前まで彼は，自らがフレーゲの区別と「厳密にではないにしても，大筋で一致する」と考えた区別，すなわち意味（meaning）と表示対象（denotation）の区別を奉じていた[3]．しかし，"On Denoting" では一転して，「意味と表示対象の区別全体が，誤って考え出された」と主張するに至る[4]．この主張は，"On Denoting" に登

場する長く，ほとんど理解不可能とさえ思える議論の結論として現れるものであるが，この議論はときに "Gray's elegy argument" とも呼ばれ，"On Denoting" が出版されて以来解釈者たちを悩ませてきたという経緯がある．しかし，最近出版された遺稿からは，まさにこの難解な批判こそが，ラッセルが記述の理論を発見するにいたる直接のきっかけになったことが明らかになってきた．以下では，ラッセルの議論はいったい何を言わんとしているのか，またそこからフレーゲの思想（Gedanke）とラッセルの命題（proposition）の違いについて得られる教訓はどのようなものなのかについて，いくつか私見を表してみたい．

2 予備的考察

まず，記述の理論を発見する直前にラッセルが採っていた立場と，フレーゲの見解についての関係を見ておこう．この時期のフレーゲとラッセルは頻繁にドイツ語で書簡のやりとりをしており，その中から，彼らの立場の違いをよく示すものとしてよく引用される応酬を紹介することから始めたい．

フレーゲからラッセルへ（1904 年 11 月 13 日）
……雪原をいただいたモンブラン自体は，モンブランは 4000 メートル以上の高さがある，という思想の構成要素ではありません．……「月」という語の意義（Sinn）が，月は地球よりも小さいという思想の構成要素です．月自体（すなわち，月という語の意味（Bedeutung））は，「月」という語の意義の一部ではありません[5]．

ラッセルからからフレーゲへ（1904 年 12 月 12 日）
モンブランは，その雪原すべてにもかかわらず，「モンブランは 4000 メートル以上の高さである」という命題で実際に主張されているものの構成要素であると私は考えます．……これは私見によればある複合体（客観的命題とも呼べるでしょう）であって，モンブランそのものがその構成要素です．このことを認めないと，われわれはモンブランそのものについては何も知らない

ということになるでしょう[6].

フレーゲによれば,「モンブランは4000メートル以上の高さである」といった文が表現し,またわれわれの知識や信念の対象となるのは,彼が「思想(Gedanke)」と呼ぶ存在者である.フレーゲはまた思想とは文の意義(Sinn)であり,従って,たとえばこの文が表す思想の構成要素となっているのは,モンブランそのものではなく,「モンブラン」という語の意義——モンブランという対象の「与えられ方」となっている存在者——なのだとも考えていた.これに対してラッセルは,主張や知識の対象となるのは彼の言う「客観的命題(ein objectiver Satz)」であり,そこにはモンブランそれ自体が,「その雪原すべてにもかかわらず(trotz aller seiner Schneefelder)」含まれていると主張している.ここで「客観的命題」とラッセルが呼んでいるものこそ,現代の言語哲学で「ラッセル的命題」であるとか「単称命題」と呼ばれているものに他ならない.

このようにラッセルは知識や主張の対象が物そのものを含むと考えたわけだが,この時期のラッセルは,これには例外が存在するとも考えていた.それは彼が「表示句(denoting phrases)」と呼んだ類の表現——特に,本稿での関心となるのは確定記述句——を含むような文が表現する命題である.たとえば,次の文を考えてみよう.

(1) Socrates is bald.
(2) The teacher of Plato is bald.

(1)は「Socrates」という固有名を単称名辞として含む文であり,これが表現する命題は,ソクラテスその人を含むような単称命題であるとされる.これに対して,(2)は「The teacher of Plato」という確定記述を主語としてもつ文であり,これが表現する命題は,ソクラテス自身ではなく,ソクラテスを表示(denote)するような対象を含む命題であるとされるのである.本稿ではその詳細は省略せざるを得ないが,(2)のような文が表現する命題に限っては,ラッセルはフレーゲと同様に,対象そのものが含まれているわけではなく,対象を表

わす (represent) 他の存在者，ラッセル自身の言い方をするならば，「それ自身の論理的性格からしてシンボル的」[7]であるような存在者を含むと考えたわけである．このような存在者を，1903 年の『数学の原理』でラッセルは「表示的概念 denoting concept」と呼び，その後の草稿や「表示について」では，「表示的複合体 denoting complex」という呼び方をしている．ラッセルが，自らの表示的概念と表示対象（表示的概念が表示する対象）の区別を，フレーゲの意義と意味の区別と「大筋で一致する」と考えたのは，このことのゆえであった．以下の議論を円滑に進めるため，上の文ふたつが表現する命題を慣例に従って次のように表しておく．

(1P) ＜Socrates, Baldness＞
(2P) ＜^{m}the teacher of Plato^m, Baldness＞

ここで用いられている「^{m} ... ^{m}」という表現は，カプランによる意味引用 (meaning quotes) であり，上添え字の 'm' の間に挟まれた表現の意味を表すものと理解することにする[8]．ここで重要なのは，(1P) に含まれるのは「Socrates」という名前ではなく，ソクラテス自身であり，(2P) に含まれるのも，意味引用を含む表現ではなく，そのような表現によって表される表示的複合体そのものであるという点である．ラッセル自身は，(2P) のように表示的複合体を含む命題に特に名前を与えていないが，ここではとりあえずこうした命題を「表示的命題」と呼ぶことにして，先を急ぐことにしよう．

3 The Gray's Elegy Argument

しかし，"On Denoting" のラッセルは，表示的複合体の存在を否定するに至る．そのことをラッセルに促したのが，冒頭で言及した議論なのである．「意味 (meaning) が表示対象 (denotation) に対してもつ関係は，かなり奇妙な困難を含んでおり，これらの困難はそれ自体で，こうした困難に行き着く理論が誤っているに違いないことを証明するのに十分であると思われる」という一文から始まるこの議論は晦渋を極め，その詳細な解釈を試みることはもとよ

り本稿の目的ではない[10]．しかし，ラッセルの議論は，その大筋において，意義と意味の区別，あるいは表示的複合体と表示対象の区別を保持しようとする論者に，ある種のジレンマを提出しようとしたものとして理解できるのではないか，と私は考えている．表示的複合体そのものについて語ろうとする試みから，解決しがたいジレンマが生じるとラッセルは考えていたのではないかと思われるのである．

以下で，そのジレンマとはどのようなものなのかを説明してみよう．まず，ラッセルは次のようなペアに注意を引く．

(3) The center of mass of the solar system is a point.
(4) ᵐThe center of mass of the solar systemᵐ is a point.[11]

前者は，太陽系の質量中心，すなわち重心について語る真な文であり，確定記述句「the center of mass of the solar system」が表現する表示的複合体を含む命題を表す．この命題を，

(3P) <ᵐthe center of mass of the solar systemᵐ, ᵐis a pointᵐ>

と表すことにしよう．(3P)は表示的複合体を含んでいるものの，この命題自体はこの表示的複合体についてのものではなく，太陽系の重心についてのものであることは，既に見たとおりである．これに対して，(4)は(3P)に含まれる表示的複合体そのものについて語る（偽な）文である．

ラッセルのジレンマは，(4)がどのような命題を表すのかについて生じる．まず，この文の表す命題が単称命題であるとしよう．すると，(4)の主語である「ᵐthe center of mass of the solar systemᵐ」は，一種の固有名のようなものであり，(4)の表す命題には，この名前が指す対象，すなわち ᵐthe center of mass of the solar systemᵐ そのものが含まれていることになるだろう．つまり，(4)の表す命題は次のようなものになるはずである．

(4P) <ᵐthe center of mass of the solar systemᵐ, ᵐis a pointᵐ>

しかし，よく見ると分かるとおり，この命題は(3P)とまったく同じものである．つまり，(3P)と(4P)は本来異なる対象についての異なる命題であるはずなのに，ここではその区別が崩壊してしまっているのである．ラッセルが，「表示的複合体を命題のなかにおいたその瞬間，その命題は表示対象についてのものになる[12]」と言うとき，彼が意図していたのはこの現象であると思われる．

では，(4)が表す命題は表示的命題なのだろうか．問題の表示的複合体について直接語ることができないのだとすれば，われわれは何らかの表示句の助けを借りて，言い換えれば，何らかの表示的命題を表すことによって，当の表示的複合体について語るしかないということになる．「ᵐthe center of mass of the solar systemᵐ」という表現はこの表示的複合体を直接指示するわけではなく，何か別の，新たな表示的複合体を表現することによって，この表示的複合体について語っているのだということになるだろう（図1参照）．

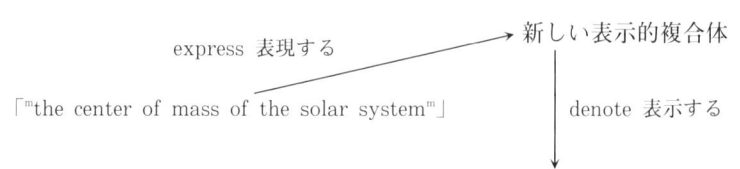

```
                    express 表現する
                         ─────────────→  新しい表示的複合体
「ᵐthe center of mass of the solar systemᵐ」
                                              │ denote 表示する
                                              ↓
                         ᵐthe center of mass of the solar systemᵐ （表示的複合体）
```

図1

しかし，ラッセルは，一般に「表示対象から意味［表示的複合体］への逆向きの道（backward road）は存在しない[13]」ということを理由に，この選択肢を斥ける．これがジレンマの第二の角である．このラッセルの論点は理解しにくいものであるが，現在私は，ここでラッセルが指摘している困難は，フレーゲの体系に生じるある問題と関係があると考えている．この関係がどのようなものであるのかを説明するために，まず間接話法についてのフレーゲの見解を振り返っておこう．

そもそもこのラッセルのジレンマは，表示的複合体について語る際に生じるとされたものであった．これをフレーゲの体系に移すと，「意義について語る

際に生じる困難」ということになる．しかし，フレーゲは一般に意義について語ることに困難があるとは考えていない．それどころか，フレーゲによれば，通常の信念報告文や間接話法の文は，文の意義について語っているのである[14]．

(5) Mary believes that Socrates is wise.
(6) John said that Kyoto is pretty.

(5)や(6)に現れる「Socrates is wise」や「Kyoto is pretty」といった文は，that 節のなかに現れており，フレーゲの見解によれば，その通常の意味（Bedeutung），すなわち真理値ではなく，その通常の意義，すなわち思想を指示（bedeuten）する．ラッセルは，表示句の表す表示的複合体について語る際に，その表示句を引用符（われわれの場合には意味引用符）に入れたわけであるが，フレーゲは，文を that 節のスコープのなかに埋め込むことが，文の意義について語る際の方法になっていると考えたことになる．つまり，フレーゲに従えば，意義について語ることには困難があるどころか，日常われわれが難なく行っていることなのだ，ということになるだろう．しかし，このフレーゲの説に対して自然に生じる疑問は，that 節の内部で文はどのような意義を表現することになるのか，というものであろう．フレーゲは，そのような意義を文の「間接的な意義」と呼び，通常の意義とは区別している (ibid.)．そして，文が that 節の内部でもつ間接的意味とは，その文の通常の意義に他ならないということになる．

しかし，フレーゲの体系では，文が間接話法の脈絡に多重に埋め込まれたときに何を指示（bedeuten）するのかに関して，奇妙な問題が生じる．たとえば，

(7) Mary believes that John said that Kyoto is pretty.

において，文「Kyoto is pretty」は二重に that 節の中に埋め込まれて現れているが，これは(5)におけるこの文の現れが指示したもの，つまり「Kyoto is pretty」の意義を指示するのだろうか，それとも何か他の存在者を指示するのだろうか．残念ながら本稿でこの問題を詳しく議論するゆとりはないが，ここ

でフレーゲが認めた可能性のある原理をいくつか仮定すると，(7)における「Kyoto is pretty」の現れは，この文の通常の意義ではなく，何か他の存在者を指示しなければならないことが証明できると思われる[15]．フレーゲ自身もラッセルに宛てた書簡のなかで，that 節の中に二重に埋め込まれた文が，一回埋め込まれたときとは違う存在者を指示することを認めており，これを文の「二重に間接的な意味」と呼んでいる[16]．更に，彼が文の間接的な意味を通常の意義と同一視したことから考えて，文の二重に間接的な意味とは，その文の間接的な意義であると考えることが自然であるように思われる．

　フレーゲが間接的意義や二重に間接的な意味の存在を認めなければならなかったのかどうか，つまり間接的意義の必要性はフレーゲの体系において不可避なものであったのかどうかについては，実は様々な興味深い議論がある[17]．しかし，既に述べたように，フレーゲ自身は間接的意義の必要性を認めていたように思われるし，少なくともフレーゲがラッセルに対して認めていたと思われる理論に従うと，文には通常の意義と意味だけでなく，間接的意義なるものがあるということになるだろう．さらに，文を間接話法の脈絡に埋め込む操作に限りはない以上，たとえば，

(8) Paul knows that Mary believes that John said that Kyoto is pretty.

のような文で「Kyoto is pretty」が何を指示するのかを説明しようとすれば，文の間接的意義のみならず，二重に間接的な意義を認める必要が出てくるだろう（図2参照）．

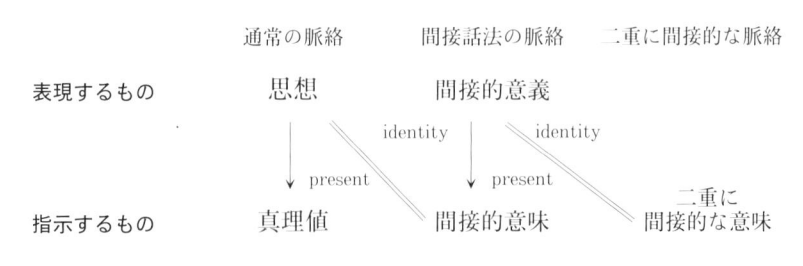

	通常の脈絡	間接話法の脈絡	二重に間接的な脈絡
表現するもの	思想	間接的意義	
	↓ present	↓ present	
指示するもの	真理値	間接的意味	二重に間接的な意味

図2

ここから，フレーゲはたんに文の間接的意義，二重に間接的な意義だけでなく，無限に多くの間接的意義の存在を認めなければならなくなるように思われる．たとえばデイヴィドソンは，この問題のゆえに，もし英語のような自然言語がフレーゲの言うとおりに機能するのだとすれば，それは人間に習得可能な言語ではなくなってしまうだろうと批判している[18]．なぜなら，このような言語を習得しようとすれば，われわれは結局ひとつの文に対して，たんにその意義のみならず，無限に多くの間接的意義を習得しなければならなくなると思われるからである[19]．

　さて，ラッセルに話を戻そう．表示的複合体について語ろうとする際，その表示的複合体を表示する更なる表示的複合体に訴えればよいという立場に彼が見いだした困難は，表示的複合体の無限階層の問題であったとは考えにくい[20]．現在私は，ラッセルを悩ませたのは，意味引用を含む表現がいかにして更なる表示的複合体を表現するのかという問題であったと考えている[21]．意味引用は，その形式からして，それが表示する[22]表示的複合体を表す表現を含んでいる．従って，それが全体としてどのような表示的複合体を表すにせよ，それは，その部分を成す表現が何を表すのかに依存して決定可能なものでなければならないように思われる．しかも，意味引用がその他に含んでいる表現は意味引用符だけであり，それはすべての意味引用表現に共通するものであることから，意味引用が全体として表現する表示的複合体は，結局，その意味引用に含まれる表現が表す表示的複合体——それが表示する表示的複合体——だけから決定されなければならないように思われる．しかし，これは表示対象から表示的複合体への「逆向きの道」は存在しないという一般原理に反するのである．すると，意味引用が表現すべき表示的複合体は，いったい何によって決定されることになるのか．

　この困難がフレーゲの体系に生じた問題と共有するのは，われわれが語りたい対象——表示的複合体あるいは意義——を表示し，従ってわれわれにその対象を「与えて」くれるとされる存在者——更なる表示的複合体あるいは間接的意義——の不可測性である．デイヴィドソンによる習得不可能性の問題は，この不可測性のひとつの表れにすぎない．表示的複合体について語ることをわれわれに許すとされるこの存在者が，どのようにしてわれわれに利用可能なもの

になるのかの明確な描像なしに，た・ん・に・意味引用を表示句として扱うことをラッセルは潔しとしなかったはずである．結局のところ，記述の理論を発見する以前のラッセルにとって，論理学が真に関わるのは言語表現ではなく表示的複合体を含む存在者であり[23]，われわれがそれらの存在者についていかにして体系的に語りうるのかが理解不可能であるというのは，彼にとって耐え難い結論であっただろうからである[24]．

4　引用名と直接話法

ここで，前節で見た現象をよりよく理解するために，引用符の働きについて少し考えてみよう．フレーゲは間接話法と直接話法を類比的に扱っていたと思われる[25]．

(6) John said that Kyoto is pretty.
(9) John said, "Kyoto is pretty".

既に見たように，(6)における「Kyoto is pretty」の現れはこの文の通常の意義を指示するとフレーゲは考えたわけであるが，(9)におけるこの文の現れはこ・の・文・自・身・を指示するとフレーゲは考えたとされる[26]．この場合，引用符自体は意味論的な値をもたず，たんにその内部で語がどのように働くのかを明示する働きをもつのだとされる．この理論は，ときに「引用の同一説（Identity Theory of Quotation）」とも呼ばれ[27]，これに従えば引用符の内部の語がたんに言及されているだけでなく，使用されてもいることになるなど，興味深い特徴をもっている．

ところで，フレーゲの間接話法の理論に関しては，間接的意義という現象が生じたのであった．興味深いのは，フレーゲによる引用や直接話法の理論に関して類似の現象は生じないのか，という問題であろう．ここで次のような文のペアを考えてみる．

(10) Kyoto is pretty.

(11) "Kyoto" is pretty.

前者は言うまでもなく,京都という街が素晴らしいと述べた文であるが,後者は,街ではなく「Kyoto」という語が素晴らしいと述べた文である.フレーゲによれば,(11)における語「Kyoto」は引用符のなかに現れており,自分自身を指すのだから,(11)に関して彼の理論は正しい結果を出していることになる.もし(11)を書き下したのがジョンであるなら,われわれはこの事実を次の文を用いて報告できるだろう.

(12) John said, "'Kyoto' is pretty".

さて,この文でわれわれはジョンが(11)を発話(あるいは書き記した)したことを報告しているわけであるが,ジョンが言ったとされる文には引用符も含まれるのだろうか.そうだとすると,多少困った問題が持ち上がる.ひとつには,(11)で使われているのは二重引用符であるが,(12)で引用されている文に使われているのは一重の引用符である.すると,われわれは(12)は厳密に言えば偽であると考えるべきなのだろうか.また,この場合は書き言葉で表現された発話の報告をしているわけだが,(11)を Mary が話し言葉で表現したとしたらどうなるだろう.話し言葉には,標準的に用いられている引用符というものがない.従って,彼女はいわゆる finger dance quotes などの手段に訴えて,自分の意図を明確にする必要があるだろう.しかし,その場合そもそも引用符が使われていないのだとすると,その発話を(12)で報告することはできないということになるのだろうか.

　これらの問いに対する答えにはさまざまな可能性があるものの,ここでは議論の便宜上,(12)のような文で報告されているのは,引用符を含む文なのではなく,引用を含む文であり,引用符のなかに現れる引用符自体は統辞論的な実体をもたず,その中に現れる語の働き方を指定しているだけなのだと考えることにしよう.実際,これはフレーゲ的な引用の理論がもつ精神に沿った考え方でもあると思われる.

　ところで,(12)において,語「Kyoto」の現れは二重に引用符に囲まれた脈

絡に登場している．この語の現れは，いったい何を指すのだろうか．「この語自身を指すのだ」という答えは，ただちに困難に直面する．なぜなら，

(13) John said, "Kyoto is pretty".

における「Kyoto」の現れはすでに引用符の内部にある以上，この語自身を指すことになる．すると，(12)と(13)における「Kyoto」の現れは同じものを指すことになり，われわれは，(12)と(13)の区別を付けられなくなるからである．この困難を回避するひとつの方法は，間接話法の場合と同様に，語が二重に引用された脈絡に現れる場合には，それが一重に引用された脈絡に現れる場合とは異なる対象を指示するのだと考えることであるかもしれない．(「間接的表現」？)

さて，フレーゲにとって，間接話法の対象である思想(Gedanke)に言語の側で対応するのはもちろん文であるが，ラッセルの単称命題に対する言語的な類比物がもしあれば，それはどのようなものになるのかを考察することは興味深い．ラッセルの単称命題には，対象のシンボルになっている何かではなく，対象そのものが入っていたのであった．すると，もし単称命題に言語的な対応物があるとしたら，それは指示表現ではなく対象そのものが言語的存在者のなかに直接現れているようなものになるだろう．実は，カプランがわれわれとはまったく異なった目的のためにではあるが，単称命題の「言語的(？)対応物」として，$entence なるものを発明しているので，ここではそれをモデルにして考えを進めることにしよう[28]．普通の文は主語に述語を結びつけて形成されるわけだが，$entence とは，大雑把に言って，述語を直接対象と結びつけてできる存在者である[29]．つまり，たとえば，「Kyoto is pretty」という文は，「Kyoto」という名前に「is pretty」という述語を結びつけてできるが，この文と同じことを言うのに，名前を経由することなしに，京都という街に直接「is pretty」という述語を結びつけてできた統辞論的(？)対象を考えるわけである．このように $entence にはものが直接入っているわけなので，発話するのも書き下すのもおそらく大変困難であろうが，ともあれそのような存在者を理論的に認めることにしよう．

さて，$entence とは名前ではなく対象そのものと述語を結びつけてできるものであるが，その結びつけられる対象がたまたま言語的存在者，たとえば名前であるような場合もあるだろう．たとえば，「Kyoto」という名前に，直接「is pretty」という述語を結びつけてできる $entence について，考えることができるはずである．そうした $entence は，京都の街が素晴らしいと言っているのではなく，その「Kyoto」という語が素晴らしいのだと言っていることに注意する必要がある．ところで，そのような $entence のトークンをもし書き下せたら，それはどのように見えるだろう．それは結局，次のようにものになるはずである．

(14) Kyoto is pretty.

しかしこれは，

(10) Kyoto is pretty.

とどこが違うのだろう．(10)は京都が素晴らしいと述べている通常の文であり，従ってそのトークンも同じことを表現するはずである．しかし，(14)はある名前が素晴らしいと言っている $entence であるはずなのに，ここではこの両者の区別が付けられなくなっているかのようである．
　私は，ここで生じている困難がまさに，ラッセルの Gray's elegy argument において，表示的複合体を含む単称命題に関して生じた困難であると考えている[30]．そして，ここでの混乱の原因は明らかであると思える．混乱の原因は，通常の文の場合と $entence の場合の両方に，主語と述語，あるいは対象と述語を「結びつける」という概念を用いたことにある．つまり，普通の文と $entence とは，述語が何と「結びついている」のかによってのみ区別されるわけではなく，そもそもまったく異なった結合の様式を必要としているのである[31]．そして，このことがラッセルの議論に対するひとつの回答を与えると思われる．ラッセルには，単称命題と表示的命題を，そのなかに何が現れるのか，すなわち，対象そのものが現れるのか，あるいは対象を表示する表示的複合体

が現れるのかによって区別する傾向がある．しかし，これは誤っている．これらふたつの種類の命題を認めたいのであれば，ラッセルはこれらに異なった構造を認めるべきだったのである[32]．そして，単称命題が，本来表示的命題とは異なる構造をもった存在者であることがラッセルに明確に意識されていれば，Gray's elegy argument をラッセルが提出することはなかったのではないかと思われる．

5　むすびにかえて

　以上のような理由で，ラッセルの議論は水も漏らさぬ議論ではないと私は考えている．しかし，彼の洞察の重要性は明らかであるし，何よりも，ラッセルはこの議論に促されて記述の理論を発見するに至ったわけである．つまり，記述の理論によって，表示的複合体の存在そのものを否定するという方向にラッセルは向かったわけである．

　ところで，もしラッセルが記述の理論を発見した後で，上で述べたような解決の可能性に気づいていたらどうなっていただろうか．彼は，表示的複合体と表示対象の区別を再び受け入れる可能性を考慮しただろうか．そのような可能性はほとんどないと私は考えている．理由は，そもそも命題とはどういうものなのかに関するラッセルの根本的な考え方にある．

　最初に見たフレーゲとラッセルのやりとりからも明らかであるように，彼らは知識や信念の対象が持つ性質について大きく異なった見解を抱いていたものの，フレーゲの思想とラッセルの客観的命題は，それぞれの体系でよく似た理論的役割を演じている．どちらも平叙文を主張するときにわれわれが表現するものであるとされるし，またどちらも命題的態度の対象となるものでもある．ここからわれわれは，ラッセルとフレーゲは，知識や信念の対象が——それが「思想」と呼ばれるのか「命題」と呼ばれるのかは別にして——ときとして対象そのものを含みうるのかどうかに関して争っていたのだと考えてしまうかも知れない．実際，現代の言語哲学者の多くは——あるいはフレーゲ自身も——彼らの論争の性格をそのように理解しているのではないかと思われる．しかし，私の考えでは，このことは問題の核心ではない．ラッセルの命題とフレーゲの

思想と本当の相違は，ラッセルの命題はそもそも表象，あるいはラッセルの用語で言えばシンボリックなもの，ではまったくないという点にあるのである．偽な命題の扱いに関しては，ラッセルは命題の存在論を捨て去るまで満足のいく見解に至らなかったようであるが，彼にとって真な命題は，ほとんど事実と区別できないような存在者である．つまり，われわれが単称命題を知ることができるとラッセルが主張するとき，われわれは事実をそのまま直接知ることができるのだと彼は主張していたのである．従って，もしわれわれがフレーゲとラッセルの論争を，世界の表象がときとして対象そのものを含みうるのかどうかという問題を提起しているものとして読むとすれば，われわれはミスリードされたことになるだろう．ラッセルの観点からすれば，問題はむしろ，なぜ事実がそれ自身表象的な性格をもちうるのか，というものであったはずである．なぜなら，表示的命題は，そこに含まれる表示的複合体のゆえに，それ自体表象的な性格をもっているからである．このことが分かれば，なぜ表示的命題がラッセルにとってそれほどまでに奇妙なものであったのかが理解できる．フレーゲ的な視点から眺めれば，表示的命題の方が正常で単称命題の方が異常な性格をもつものに思える．しかし，ラッセルの視点からすれば，正常なのは単称命題の方であり，表示的命題の方が変則的な存在者だったのである[33]．

ここで，先ほど用いた $entence について一言述べておくべきだろう．先ほどわれわれは，$entence を単称命題の「言語的対応物」として導入したが，$entence が単称命題に対応するという観点自体，すでにフレーゲ的なものであると言わねばならない．名前の代わりに対象自体と結びついている「文もどき」という観念の奇妙さは，おそらくフレーゲが単称命題について感じた奇妙さをよく表している．しかし，ラッセルの命題観からすれば，そもそも単称命題に言語的な対応物などあり得ないのである．単称命題とは事実のように世界内的な存在者であり，文のように何かを表したりするものでは始めからないからである．

このように考えれば，記述の理論の直前までラッセルが認めていた表示的複合体や表示的命題の必要性とは，そもそもまったく異なった視点から言語や人間の知識活動を理論化していた二人の知的巨人が，わずかの間共有した認識であったことが分かる．しかし，表示的複合体は，結局ラッセルの体系の特異点

であった.記述の理論においては,表示的複合体の存在を必要とするかに思えた現象は,すべて単称命題と命題関数に対する操作によって説明される.前節で考察した,命題の異なった構造による解決が,ラッセルの体系に生じた特異点について語ることを許してくれたのに対し,記述の理論はその特異点そのものの解消を可能にしたのである.

ともあれ,本稿でのわれわれの考察が正しければ,表示的複合体あるいは意義について語ることはいかにして可能かという問題に対して,ラッセルは結局語られるべき表示的複合体の存在を否定することにより問題そのものを消去し,フレーゲは意義の種類を増やすという方向で反応したということになる.これらはまったく逆の方向性を示しているものの,それはフレーゲの思想(Gedanke)とラッセルの命題がもともと持っていた性格の相違を,彼らがそれぞれの仕方で追求した結果生じたものと見ることができる.そして,ラッセルの方法は記述の理論を産み,フレーゲの手法は独自の興味深い理論的可能性を示しているように思える.彼らの残した知的遺産が今なお枯れぬ泉であることの,もうひとつの証をここに見て本稿を閉じることにしたい.

注

1) 本稿は,2004年10月2日に京都大学に開かれた,日本科学哲学会でのフレーゲに関するシンポジウムのために準備した原稿に,加筆・修正を加えたものである.枚数や時間の制約もあり,この難解で興味深いテーマを本稿で十分に論じ切れたとはもとより考えていない.今回十分に扱えなかった問題については,いずれ他稿を期したいと思っている.なお,本稿の母体となった英文のメモに対して有益なコメントをいただいた,David Kaplan並びにTerence Parsons両教授にお礼を申し上げたい.(なお,アンソロジー収録の機会を利用して,用語や文献参照に関して若干の手直しを行った.)

2) Gottlob Frege, *Funktion, Begriff, Bedeutung*, Vandenhoeck & Ruprecht, 1975. 所収. 以下での言及もこの版による.

3) "The distinction between meaning (*Sinn*) and indication (*Bedeutung*) is roughly, though not exactly, equivalent to my distinction between a concept and what the concept denotes." Bertrand Russell, *Principles of Mathematics*, George Allen & Unwin LTD., 1903, p. 502.

4) Alasdair Urquhart (ed.), *The Collected Papers of Bertrand Russell*, Vol. 4,

Routledge, 1994, p. 422. 以下，*Collected Papers* と略記する．
5) Gottlob Frege, *Wissenschaftlicher Briefwechsel*, Felix Meiner Verlag, 1976, p. 245.［邦訳，野本和幸編『フレーゲ著作集 6 書簡集』勁草書房，2002 年，161 頁．ただし，文体上の理由から訳文は少し変えてある．］
6) Ibid., pp. 250-1.［邦訳 168-9 頁］
7) *Principles of Mathematics*, p. 47.
8) David Kaplan, "Quantifying In", *Synthese* 19 (1968-69): 178-214, p. 186.
9) Russell, *Collected Papers*, p. 421.
10) そのような解釈に挑戦した最近の試みとして以下の二つを挙げておこう．Gideon Makin, *The Metaphysicians of Meaning*, Routledge, 2000; Nathan Salmon, "On Designating", *Mind* 114 (2005): 1069-1133.
11) 表示的複合体について語るためにラッセルは普通の引用符を用いているが，ここでは混乱を避けるためにカプランの意味引用を用いることにする．
12) "The moment we put the complex in a proposition, the proposition is about the denotation", *Collected Papers*, p. 422. 私の知る限り，ラッセルの議論においてこの現象が中心的な役割を果たしているということを最初に明晰に指摘したのは，"Demonstratives" のカプランである．David Kaplan, "Demonstratives", in Almog et al. (eds.), *Themes From Kaplan*, Oxford University Press, 1989, p.496, n. 23. カプランはまた，同じ箇所でこの困難に対する解決も提案している．彼の提案は，(4)の表す命題を(3P)から区別するためには，命題中での表示的複合体の現れを，たとえばその表示的複合体のシングルトンで置き換えればよいというものである．その場合，(4)の表す命題は，(4P)ではなく次のようになるだろう．

(4P') < {^{m}the center of mass of the solar system^m}, ^{m}is a point^m >

この提案は，アドホックで問題の真の解決には達していないという印象を与えるかもしれない．実際，私自身そのような印象をもっていた時期があったことを告白せねばなるまい．しかし，現在は私は，この提案はラッセルのジレンマの第一の角に対して，基本的に正しい解決を与えると考えている．カプランの解決については，注32 で再び触れることにする．
13) *Collected Papers*, p. 422.
14) "Über Sinn und Bedeutung", p. 43.
15) たとえば，バージの次の論文を参照．Tyler Burge, "Frege and the Hierarcy", in his *Truth, Thought, Reason: Essays on Frege*, Clarendon Press, 2005. 所収．サーモンの前掲論文は，バージの議論がラッセルの Gray's Elegy argument と同様の構造をもつという，興味深い指摘をしている．
16) Frege, *Wissenschaftlicher Briefwechsel*, p. 236.［邦訳 150-1 頁］
17) たとえば，Michael Dummett, *Frege: Philosophy of Language*, 2nd edn.,

Harvard Unuiversity Press, 1981, p. 267ff; Terence Parsons, "Frege's Hierarchies of Indirect Sense and the Paradox of Analysis", *Midwest Studies in Philosophy* 6 (1981): 37-57.

18) Donald Davidson, "Theories of Meaning and Learnable Languages", in his *Inquiries into Truth and Interpretation*, 2nd edn, Oxford University Press, 2001. 実際には，Davidson の直接の批判はフレーゲ自身ではなく，フレーゲから強い影響を受けて定式化された Church の体系に向けられたものである．(Alonzo Church, "A Formulation of the Logic of Sense and Denotation", in P. Henle et. al. (eds.), *Structure, Method, and Meaning*, Liberal Arts Press, 1951.) 実を言うと，Church の体系に存在する意義の階層が，間接的意義の階層と見なせるかどうかについては疑念がある．この問題に立ち入ることはできないものの，パーソンズの次の興味深い論文を参照．Terence Parsons, "The Logic of Sense and Denotation: Extensions and Applications", in C. Anthony Anderson et.al. (eds.), *Logic, Meaning, and Computation*, Kluwer Academic Publishers, 2001.

19) 上のような批判に対して，最近タイラー・バージは間接的意義の階層が，必ずしも言語学習の障害になるわけではないと論じている．("Postscript to 'Frege and the Hierarcy'", in his *Truth, Thought, Reason: Essays on Frege*. また，密接に関連する議論として，Terence Parsons による意義の階層の固定性（rididity）に関する考察も参照．Parsons, op.cit.) 問題は，表現の間接的意義がそれぞれ別々の修得を必要とするようなものであるのかどうかにかかっている．バージによれば，ある表現の意義を学ぶ人は，同時にその間接的意義，二重に間接的意義，等々も学ぶのであり，これらが別個の経験的学習を必要とするわけではない．もちろん，このようなことが可能であるためには，表現の間接的意義は，何らかの仕方でその通常の意義から決定できるものである必要がある．つまり，意義から間接的意義への「逆向きの道（backward road）」が存在する必要があるのである（Burge, op.cit., p. 176.).

20) ラッセルの論拠のひとつが，表示対象から表示的複合体への「逆向きの道」が存在しないという点に基づいていたことを思い起こす必要がある．バージの立場から明らかであるように，かりに「逆向きの道」が存在したとしても，無限階層が直ちに霧散するわけではない．このことは，ラッセルが懸念を抱いていたのはそうした階層の存在そのものではなかった，という推測を支持するように思われる．

21) 「かくして "'C'" と C は異なる存在者であり，"'C'" は C を表示すると思われよう．しかし，これは説明ではあり得ない．なぜなら，"'C'" と C の関係がまったく謎めいたままにされているからである．C を表示するはずの "'C'" を，われわれはどこで見つければよいのだろうか？」(*Collected Papers*, p. 422.ただし，引用符は意味引用に改めてある．)

22) ここで私は，意味引用は一種の表示句であるという前提のもとに話を進めている．

23) *Principles of Mathematics*, p. 47.

24) それは，いわば現代の論理学者が，自らの体系のもつ統辞論についてどのようにして体系的に語ることができるのか分からない，といった状況に類比的であろう．なお，フレーゲの問題に対するバージの反応にならって，表示的複合体から，それを表示する表示的複合体への「逆向きの道」を認めるという方策も，ラッセルを満足させなかったと思われる．そのような方策は，結局，後者が前者に対してもつ認識論的な優先性を否定することに基づいていると思われるからである．それは，ラッセルの場合，意味引用が，その表示対象をいかなる意味で記述していると言えるのかがまったく理解不可能なものになる，ということを意味する．そして，これはバージのフレーゲにとっても，間接的意義がいかなる意味で意義の「与えられ方」となっているのか，あるいは，間接的意義はいかなる意味でそもそも意義の一種であると言えるのか，という問題として現れると思われる．残念ながら，しかし，本稿でこれ以上この問題に立ち入ることはできない．

25) Frege, "Über Sinn und Bedeutung", p. 43.

26) 実を言うと，この見解をフレーゲに帰すことには様々な問題がある．（たとえば，次の論文を参照．Terence Parsons, "What Do Quotation Marks Name? Frege's Theories of Quotations and That-Clauses", *Philosophical Studies* 42 (1982): 315-28.）しかしここでは，語や文が引用符の内部に現れると，その現れは自分自身を指すというのが，フレーゲの見解であるということにして論を進めよう．

27) Corey Washington, "The Identity Theory of Quotation", *The Journal of Philosophy* (1992): 582-605.

28) David Kaplan, "Opacity", in E. Hahn and P.A. Schilpp (eds.), *The Philosophy of W.V. Quine*, Open Court, 1986, p. 243ff.

29) これはもちろん大雑把に過ぎる特徴付けであり，カプラン自身は，$entenceを"valuated sentence" とも呼び，自由変項を含む式に対する付値の概念を用いてその存在論的な性格を説明している．

30) そして，この洞察もカプランに帰せられるべきである．"Opacity" への "Appendix C", 特にそこでの注119を参照．

31) 従って，本来(14)は(10)とまったく異なった構造をもつ存在者であり，そのことを明記する表記法があれば望ましい．たとえば，次のような表記法はどうだろう．

(14') "Kyoto" is pretty.

この表記法は，引用符を含む文が，実は一種の$entenceであったという見解を示唆する．このような見解を擁護することは可能であると現在私は考えているものの，これは本稿ではこれ以上立ち入ることのできない（もうひとつの）問題である．

32) そして，注12で見たカプランの解決も，この観点から理解されなければならない．(4P)を(3P)から区別するためには，(4P)における表示的複合体の現れをそのシングルトンで置き換えるべしというカプランの提案は，本来これらの命題が

もつ構造の違いを復元すべし，というものに他ならない．個人的な回顧が許されるなら，私自身がカプランの解決の意味を理解できたのは，引用符の働きについての前注で言及した着想についてあれこれアイデアを試している最中に，本節で提示したパズルに思い至ったときのことであった．

33) この点は，ヒルトンの次の論文でも強調されている．Peter Hilton, "The Theory of Descriptions", in Nicholas Griffin (ed.), *The Cambridge Companion to Bertrand Russell*, Cambridge University Press, 2003.

34) たとえば，バージ（前掲 "Postscript"）は，間接的意義を一種の「正準的意義（canonical sense）」として理解する道を模索している．

C　日本における
フレーゲ・ラッセル文献目録

凡　例

- 本文献目録はさまざまな文献やデータベースを参照し，可能な限り実物を実際に見た上で作成したものである．主要な参照文献は下に示した．
- 文献の配列は原則的に発表年順とした．ただし，フレーゲ・ラッセル本人の著作物の翻訳については，独自の配列を行っている．
- ラッセル文献目録の論文篇には，原則的にラッセルの哲学・思想を扱っている論文ないし論文に準ずるもののみを挙げた．
- ラッセル本人の著作物の翻訳，ラッセル関連の論文等は，便宜上理論哲学関連（論理学，数学基礎論，言語哲学，存在論，認識論などに関するもの）［翻訳篇①・論文篇②］と，それ以外（倫理思想，宗教論，教育思想，政治思想，平和思想，哲学や自然科学の通俗的解説など）［翻訳篇②・論文篇③］とに分けて掲載した．
- 本文献目録以前に出た，日本でのラッセル関連の文献目録等では，市井のラッセル研究者松下彰良氏の『バートランド・ラッセル書誌』と，松下氏のホームページ「バートランド・ラッセルのページ」に掲載されているその増補版が非常に充実したものであり，是非一読をお勧めしたい．

　本文献目録作成にあたり，特に以下の方々や各機関に謝意を表します．
　上記『ラッセル書誌』，「バートランド・ラッセルのページ」の作成者，松下彰良氏．『科学哲学文献目録』の編者，瀬在良男・古田智久の両氏．CiNii，Webcat Plus 等を運営する国立情報学研究所．また国会図書館，東京大学付属図書館，早稲田大学図書館，中央大学図書館，日本大学文理学部図書館，首都大学東京図書情報センターの各位．
　なお，紙幅の都合等で本文献目録には収録しなかったデータ，および主要文献の現物ないしコピーは，首都大学東京哲学教室に保管されています．

主要参照文献
○『全集・合集収載翻訳図書目録 45/75』（全3巻），日外アソシエーツ，1996.
○石山洋他編『明治・大正・昭和前期雑誌記事索引集成　社会科学編』（全70巻・別巻2巻），皓星社，1994-98.
○石山洋他編『明治・大正・昭和前期雑誌記事索引集成　人文科学編』（全50巻・別巻2巻），皓星社，1995-99.
○科学基礎論学会編『科学基礎論文献目録』，南窓社，1977.
○教育ジャーナリズム史研究会編『教育関係雑誌目次集成　第Ⅰ期・教育一般編』（全20巻），日本図書センター，1986-87.
○国立国会図書館参考書誌部監修，日外アソシエーツ編『雑誌記事索引（人文・

社会編）累積索引版』，日外アソシエーツ.
○国立国会図書館図書部編『国立国会図書館蔵書目録』，国立国会図書館.
○瀬在良男・古田智久編『科学哲学文献目録 Part Ⅰ［1868〜1945年］』，私家版，1994.
○図書館科学会編『全国短期大学紀要論文索引 1950—1979』（全6巻），埼玉福祉会，1981-82.
○凸版印刷株式会社編『大宅壮一文庫雑誌記事索引総目録 人名編』（全6巻），大宅壮一文庫，1985.
○日外アソシエーツ編『思想哲学書 全情報 1945-2000』（全5巻），日外アソシエーツ，2001.
○日外アソシエーツ編『翻訳図書目録 明治・大正・昭和戦前期』（全4巻），日外アソシエーツ，2006-07.
○日外アソシエーツ編『翻訳図書目録45/76』（全3巻），日外アソシエーツ，1991.
○K. Blackwell and H. Ruja, *A Bibliography of Bertrand Russell* (3 vols.), Routridge, 1994.
○牧野力「バートランド・ラッセル研究（Ⅰ）——著書各章見出索篇——」，『教養諸学研究』（早稲田大学政治経済学部教養諸学研究会）No.47（1974），pp.1-37.
○牧野力「バートランド・ラッセル研究（Ⅱ）——原著書・訳書所蔵図書館リスト——」，『教養諸学研究』（早稲田大学政治経済学部教養諸学研究会）No.49（1975），pp.19-40.
○牧野力「バートランド・ラッセル研究（Ⅲ）——日本における関連資料（完）——」，『教養諸学研究』（早稲田大学政治経済学部教養諸学研究会）No.51（1976），pp.69-96.
○牧野力編著『ラッセル思想辞典』，早稲田大学出版部，1985.
○松下彰良編『バートランド・ラッセル書誌 日本版・第3版』，私家版，1985.
○松下彰良編『早稲田大学教育学部教員図書室 ラッセル関係資料コーナー 所蔵資料目録（簡略版）－1992.4.1現在－』，私家版，1992.

主要参照データベース・ホームページ
○Webcat Plus
○CiNii（NII論文情報ナビゲータ）
○NACSIS Webcat（総合目録データベースWWW検索サービス）
○NDL-OPAC（国立国会図書館蔵書検索・申込システム）
○バートランド・ラッセルのページ（作：松下彰良）
　——http://www005.upp.so-net.ne.jp/russell/（2007/11現在）

フレーゲ文献目録

翻訳篇①──フレーゲ本人の著作物の翻訳
○「概念文字」(1879)──抄訳(「概念文字」第Ⅰ部)(石本新訳),石本新編『論理思想の革命:理性の分析』,東海大学出版会,1972,pp.28-56.
○藤村龍雄編『フレーゲ著作集1 概念記法』,勁草書房,1999.
  所収論文:
  ・「概念記法──算術の式言語を模造した純粋な思考のための一つの式言語」(1879)(藤村龍雄訳)
  ・「概念記法の応用」(1879)(藤村龍雄・大木島徹訳)
  ・「ブールの論理計算と概念記法」(1880/81)(戸田山和久訳)
  ・「概念記法の科学的正当化について」(1882)(藤村龍雄・大木島徹訳)
  ・「概念記法の目的について」(1882)(藤村龍雄・大木島徹訳)
  ・「ペアノ氏の概念記法と私自身のそれについて」(1897)(戸田山和久訳)
○「算術の基礎」(1884)──抄訳(緒言・第1節〜第11節)(横田栄一訳・解説),『札幌商科大学学会論集 人文編』No.26(1980),pp.159-178.
○野本和幸・土屋俊編『フレーゲ著作集2 算術の基礎』,勁草書房,2001.
  所収論文:
  ・「存在に関するピュンヤーとの対話」(1884以降)(中川大訳)
  ・『算術の基礎』(1884)(三平正明・野本和幸・土屋俊訳)
  ・「算術の形式理論について」(1885)(渡辺大地訳)
  ・「フレーゲからマーティ宛[?]書簡」(1882)(野本和幸訳)
  ・「フレーゲ宛シュトゥンプの書簡」(1882)(野本和幸訳)
○野本和幸編『フレーゲ著作集3 算術の基本法則』,勁草書房,2000.
  所収論文:
  ○『算術の基本法則』(1893/1903)(野本和幸・金子洋之・横田栄一訳)
    ──第Ⅱ部,第Ⅲ部については抄訳
○「意義と意味について」(1892)(土屋俊訳),坂本百大編『現代哲学基本論文集1』,勁草書房,1986,pp.1-44.
○藤村龍雄編訳『フレーゲ哲学論集』,岩波書店,1988.
  所収論文:「関数と概念」(1891),「意義と意味について」(1892),「概念と対象について」(1892),「関数とは何か」(1904),「思想」(1918),「否定」(1918),「複合思想」(1923)
○黒田亘・野本和幸編『フレーゲ著作集4 哲学論集』,勁草書房,1999.

所収論文：
- 「論理学」［I］（1879-1891）（大辻正晴訳）
- 「論理学についての 17 のキー・センテンス」（1892 以前）（藤村龍雄訳）
- 「関数と概念」（1891）（野本和幸訳）
- 「概念と対象について」（1892）（野本和幸訳）
- 「意義と意味について」（1892）（土屋俊訳）
- 「意義と意味詳論」（1892-95）（野本和幸訳）
- 「論理学」［II］（1897）（関口浩喜・大辻正晴訳）
- 「関数とは何か」（1904）（野本和幸訳）
- 「論理学入門」（1906）（野本和幸訳）
- 「私の論理的教説概観」（1906）（野本和幸訳）
- 「論理学上の私の基本的洞察」（1915）（野本和幸訳）
- 「思想──論理探求［I］」（1918）（野本和幸訳）
- 「否定──論理探求［II］」（1918）（野本和幸訳）
- 「ダルムシュテッターへの手記」（1919）（野本和幸訳）
- 「複合思想──論理探求［III］」（1923）（高橋要訳）
- 「論理的普遍性──論理探求［IV］」（1923 以降）（高橋要訳）

○野本和幸・飯田隆編『フレーゲ著作集 5 数学論集』, 勁草書房, 2001.
所収論文：
- 「慣性法則について」（1891）（丹治信春訳）
- 「返答──『算術の基礎』へのカントール氏の批評に対して」（1885）（中戸川孝治訳）
- 「書評 カントール氏の「超限に関する理論」について」（1892）（中戸川孝治訳）
- 「E. G. フッサール『算術の哲学』I の批判」（1894）（斉藤了文訳）
- 「E. シュレーダー『論理代数講義』における幾つかの点についての批判的解明」（1895）（藤村龍雄・大木島徹訳）
- 「幾何学の基礎について」（1903）（田村祐三訳）
- 「幾何学の基礎について II」（1903）（田村祐三訳）
- 「幾何学の基礎について」（1906）（田村祐三・岡本賢吾・長沼淳訳）
- 「シェーンフリース「集合論の論理的パラドクス」について」（1906）（岡本賢吾訳）
- 「数学における論理」（1914 春）（田畑博敏訳）
- 「数学と数学的自然科学の認識源泉」（1924/25）（金子洋之訳）
- 「数と算術」（1924/25）（金子洋之訳）
- 「算術の基礎づけにおける新たな試み」（1924/25）（金子洋之訳）

○「フレーゲ＝フッサール往復書簡」（1891/1906）（野家伸也訳）,『理想』No.639 (1988), pp.54-63.
○野本和幸編『フレーゲ著作集 6 書簡集 付「日記」』, 勁草書房, 2002.
所収書簡：
- 「フレーゲ＝フッサール往復書簡」（1891/1906）（野家伸也訳）

- 「フレーゲ＝ペアノ往復書簡」(1894-1903)（小林道夫・松田毅・Andrea Leonardi訳）
- 「フレーゲ＝ヒルベルト往復書簡」(1895-1903)（三平正明訳）
- 「クチュラよりフレーゲ宛書簡」(1899-1906)（小林道夫訳）
- 「フレーゲよりリープマン宛書簡」(1900)（野本和幸訳）
- 「フレーゲ＝ラッセル往復書簡」(1902-1912)（土屋純一訳）
- 「フレーゲ＝コルゼルト往復書簡」(1903)（岡本賢吾訳）
- 「フレーゲ＝ジャーデイン往復書簡」(1902-1914)（中川大・長谷川吉昌訳）
- 「フレーゲ＝ディンクラー往復書簡」(1910-1920)（田畑博敏訳）
- 「フレーゲよりウィトゲンシュタイン宛書簡」(1914-1920)（野本和幸訳）
- 「フレーゲよりツィグモンディ宛書簡」(1918以降)（野本和幸訳）
- 「フレーゲよりリンケ宛書簡」(1919)（野本和幸訳）
- 「フレーゲ＝ヘーニヒスワルト往復書簡」(1925)（野本和幸訳）
- 「フレーゲの「日記」」(1924年3月10日〜5月9日)（樋口克己・石井雅史訳）

翻訳篇②──関連する翻訳

○フッセール『算術の哲学』，寺田弥吉訳，モナス，1933．
○ルートヴィヒ・ウィトゲンシュタイン『論理哲学論考』（初出1921，単行本出版1922）
  ○「論理哲学論考」（坂井秀寿訳），藤本隆志・坂井秀寿訳『論理哲学論考』，法政大学出版局，1968，pp.27-200．
  ○「論理哲学論」（山元一郎訳），『ラッセル ウィトゲンシュタイン ホワイドヘッド』（世界の名著58），中央公論社，1971，pp.303-429．
  ○「論理哲学論考」（奥雅博訳），奥雅博訳『論理哲学論考他（ウィトゲンシュタイン全集1）』大修館書店，1975．
  ○「言語と世界──『論理哲学論考』から──」（黒田亘抄訳），黒田編『ウィトゲンシュタイン』（世界の思想家23），平凡社，1978，pp.37-89．
  ○末木剛博『ウィトゲンシュタイン論理哲学論考の研究』（全2巻），公論社，1976-77．
  ○『論理哲学論考』，野矢茂樹訳，岩波文庫，2003．
  ○『論理哲学論考』，中平浩司訳，ちくま学芸文庫，2005．
  ○『論理哲学論考』，木村洋平訳，評論社，2007．
○ルドルフ・カルナップ『意味と必然性──意味論と様相論理学の研究──』，永井成男他訳，紀伊国屋書店，1974．
○ウィトゲンシュタイン『数学の基礎』，中村秀吉・藤田晋吾訳，大修館書店，1976．
○ディヴィッド・カプラン「DTHAT」（野本和幸訳），『理想』No.549（1979），pp.136-148，No.550（1979），pp.71-91．
○アンソニー・ケニー『ウィトゲンシュタイン』，野本和幸訳，法政大学出版局，1982．

○ソール・A・クリプキ『名指しと必然性　様相の形而上学と心身問題』，八木沢敬・野家啓一訳，勁草書房，1985.
○マイケル・ダメット『真理という謎』，藤田晋吾訳，勁草書房，1986.
○J・R・サール『言語行為　言語哲学への試論』，坂本百大・土屋俊訳，勁草書房，1986.
○ケルナー『数学の哲学』，山本新訳，公論社，1987.
○ソール・A・クリプキ「信念のパズル」（信原幸弘訳），『現代思想』Vol.17, No.3, 1989, pp.76-108.
○J・N・モハンディ『フッサールとフレーゲ』，貫成一訳，勁草書房，1991.
○ドナルド・デイヴィドソン「真理と意味」（野本和幸訳），デイヴィドソン『真理と解釈』，野本和幸・植木哲也・金子洋之・高橋要訳，勁草書房，1991, pp.2-29.
○G・E・アンスコム，P・T・ギーチ『哲学の三人——アリストテレス・トマス・フレーゲ』，野本和幸・藤澤郁夫訳，勁草書房，1992.
○エルンスト・トゥーゲントハット，ウルズラ・ヴォルフ『論理哲学入門』，鈴木崇夫・石川求訳，晢書房，1993.
○マイケル・ダメット『分析哲学の起源』，野本和幸・岡本賢吾・高橋要・長沼淳訳，勁草書房，1998.
○G・H・フォン・ヴリグト『論理分析哲学』，服部裕幸監修，牛尾光一訳，講談社学術文庫，2000.
○アンソニー・ケニー『フレーゲの哲学』，野本和幸・大辻正晴・三平正明・渡辺大地訳，法政大学出版局，2001.
○岡本賢吾・金子洋之編『フレーゲ哲学の最新像』，勁草書房，2007.

論文篇①——単行本
○田辺元『数理哲学研究』，岩波書店，1925.
○河田敬義『自然数論』，河出書房，1947.
○末木剛博『記号論理学』，東京大学出版会，1962.
○末木剛博『論理学概論』，東京大学出版会，1969.
○藤田晋吾『意味と実在』，勁草書房，1984.
○野本和幸『フレーゲの言語哲学』，勁草書房，1986.
○飯田隆『言語哲学大全Ⅰ　論理と言語』，勁草書房，1987.
○野本和幸『現代の論理的意味論　フレーゲからクリプキまで』，岩波書店，1988.
○飯田隆『言語哲学大全Ⅲ　意味と様相（下）』，勁草書房，1995.
○竹尾治一郎『分析哲学の発展』法政大学出版会，1997.
○野本和幸『意味と世界　言語哲学論考』，法政大学出版局，1997.
○竹尾治一郎『分析哲学入門』，世界思想社，1999.
○田畑博敏『フレーゲの論理哲学』，九州大学出版会，2002.
○野本和幸・山田友幸編『言語哲学を学ぶ人のために』，世界思想社，2002.

○野本和幸『フレーゲ入門生涯と哲学の形成』, 勁草書房, 2003.
○服部裕幸『言語哲学入門』, 勁草書房, 2003.
○金子洋之『ダメットにたどりつくまで 反実在論とは何か』, 勁草書房, 2006.
○藤村龍雄『現代における哲学の存在意味 論理・言語・認識』, 北樹出版, 2006.
○飯田隆編『哲学の歴史 第11巻 論理・数学・言語』, 中央公論新社, 2007.
○三上真司『もの・言葉・思考——形而上学と論理——』, 東信堂, 2007.

論文篇②——論文

◆1910-1944
○今福忍「所謂新しき論理の根本原理に就きて」,『哲学雑誌』Vol.30, No.338（1915）, pp.1-36, No.339（1915）, pp.35-59.
○TANABE, H. "Zur philosophischen Grundlegung der natrülichen Zahlen", *Tohoku Mathematical Journal*, Vol.7（1915）, pp.95-115.
○田辺元「自然数論」,『哲学雑誌』Vol.30, No.337（1915）, pp.33-67, No.338（1915）, pp.37-73.
○三宅剛一「数の対象性」,『哲学研究』Vol.14, No.158（1929）, pp.1-56.
○平野智治「数学基礎論の展望」,『東京物理学校雑誌』No.531（1936）, pp.63-70, No.532（1936）, pp.87-93.
○下村寅太郎「「実・無限」の数学的形成」, 下村著『無限論の形成と構造』, 弘文堂, 1944, pp.105-175.

◆1945-1959
○石本新「論理実証主義の展望——その論理学を中心として——」,『思想』No.387（1956）, pp.17-28.
○末木剛博「数理の論理化——フレエゲの論理学——」,『哲学雑誌』Vol.72, No.736（1957）, pp.1-29.

◆1960-1969
○竹尾治一郎「判断の客観性について」, 植田清次編『現代哲学の基礎——分析哲学研究論集その五——』, 早稲田大学出版部, 1960, pp.122-146.
○大出晁「集合と外延」,『哲学』（三田哲学会）No.40（1961）, pp.197-226.
○大出晁「集合・外延・内包——とくに「意味」と「指示」に関連して——」,『哲学』（日本哲学会）特別報告, No.12（1962）, pp.26-40.
○杉原丈夫「数学及び他の諸科学との関係」, 田中美知太郎編『講座哲学大系 第三巻 科学理論と自然哲学』, 人文書院, 1963, pp.244-275.
○好田順治「数学の基礎に関する思想Ⅰ——19世紀に於ける論理—数学的流れについて——」,『名古屋学院大学論集』No.13（1968）, pp.235-252.
○藤田晋吾「ウイットゲンシュタイン研究（二）——論理主義批判の観点——」,『金沢

大学法文学部論集　哲学編』No.16（1968），pp.59-82.
○藤村龍雄「フレーゲからヴィトゲンシュタイン――「論理学哲学論考」への道――」，『哲学雑誌』Vol.83,No.755（1968），pp.75-95.
○好田順治「数学の基礎に関する思想II――論理主義と直観主義について――」，『名古屋学院大学論集』No.16（1968），pp.284-302.
○速川治郎「哲学的論理学」，『科学哲学』Vol.2（1969），pp.49-62.
○藤村龍雄「フレーゲの論理思想」，『東京水産大学論集』No.4（1969），pp.87-103.

◆1970-1979
○石本新「解説」，石本編『論理思想の革命――理性の分析――』，東海大学出版会，1972，pp.1-24.
○中村秀吉「同一性と普遍の問題」，中村著『パラドックス』，中公新書，1972，pp.69-120.
○内田種臣「現象学と分析哲学――フッサールとフレーゲ――」，『科学哲学』Vol.6（1973），pp.18-28.
○野本和幸「フレーゲの意味論」，『科学哲学』Vol.6（1973），pp.29-40.
○西山佑司「フレーゲと前提規則」，『慶応義塾大学言語文化研究所紀要』No.5（1973），pp.113-125.
○野本和幸「Gottlob Fregeの存在論-1- 対象Gegenstandの世界」，『茨城大学教養部紀要』No.5（1973），pp.1-23.
○野本和幸「ゴットロープ・フレーゲの存在論」，『思想』No.596（1974），pp.39-63.
○石本新「自然言語と論理学」，『科学哲学』Vol.9（1976），pp.57-69.
○菅豊彦「フレーゲの＜意味＞について」，『言語科学』（九州大学教養部言語研究会）No.11・12（合併号）（1976），pp.69-77.
○野本和幸「フレーゲ言語の再構成と可能的多世界モデル」，『哲学』（日本哲学会）No.26（1976），pp.173-185.
○藤田晋吾「論理学復興をこえて」，『理想』No.516（1976），pp.158-179.
○末木剛博「フレエゲとラッセル」，末木著『ウィトゲンシュタイン論理哲学論考の研究II　註釈編』，公論社，1977，pp.339-402.
○西脇与作・藁谷敏晴「Frege的論理と非Frege的論理」，『哲学』（三田哲学会）No.65（1977），pp.23-49.
○野本和幸「様相論理のモデル論と哲学的諸問題」，『理想』No.524（1977），pp.150-179.
○野本和幸「論理学から自然言語へ」，野林正路・野元菊雄編『ことばと情報』（『日本語と文化・社会5』），三省堂，1977，pp.1-58.
○藤村龍雄「SinnとBedeutungについて――固有名の場合――」，『哲学雑誌』Vol.92,No.764（1977），pp.143-160.
○山田小枝「Fregeの前提条件」，『ノートルダム清心女子大学紀要　文化学編』（ノートルダム清心女子大学）Vol.1,No.1（1977），pp.1-8.

○石本新「フレーゲ革命とそのインパクト──「概念文字」百周年を記念して──」,『理想』No.559（1979）, pp.124-136.
○鈴木茂男「Frege の言語と論理学に関する考え方について」,『新潟大学教育学部紀要 人文・社会科学編』No.21（1979）, pp.55-65.
○土屋俊「フレーゲにおける固有名の意味について──「意味と指されるものについて」論文冒頭箇所の解釈をめぐって──」,『哲学雑誌』Vol.94,No.766（1979）, pp.166-182.
○土屋俊「フレーゲの「概念記法」(1879)の目的について──「言語」の概念をめぐって──」,『科学哲学』Vol.12（1979）, pp.63-76.
○横田栄一「フレーゲの哲学と数学理論・客体の歴史性」,『札幌商科大学学会・札幌短期大学学会論集 人文編』No.24（1979）, pp.153-183.

◆1980-1989
○田畑博敏「主語・述語からアーギュメント・関数へ──フレーゲ論理学の「意味論」的基礎づけ──」,『哲学年報』（九州大学文学部）No.39（1980）, pp.91-118.
○野家伸也「フッセルとフレーゲ現代哲学史への一視角」,『思想』 No.670（1980）, pp.121-136.
○田畑博敏「フレーゲの論理学：『概念文字』I, II 章研究」,『鳥取大学教養部紀要』No.15（1981）, pp.27-59.
○野本和幸「可能世界意味論と形而上学」,『哲学』（日本哲学会）特別報告, No.31（1981）, pp. 57-83.
○横田栄一「フレーゲの論理主義的理念-1-」,『札幌商科大学学会論集 人文編』No.28（1981）, pp.45-65.
○栗原靖「フレーゲの遺産：Contextualism」,『文化紀要』（弘前大学教養部）No.16（1982）, pp.1-30.
○土屋純一「記述理論の成立」,『金沢大学文学部論集 行動科学科篇』No.2（1982）, pp.87-106.
○野本和幸「直示性・指標性・社会性──新言語哲学の展開」,『理想』No.590（1982）, pp.31-48.
○NOMOTO, K. "G. Frege's Semantics and Ontology", *Formal Approaches to Natural Language, Proceedings of the Second Colloquim on Montague Grammar and Related Topics, March 1982*, Tokyo Working Group of Montague Grammar, 1982, (VIII), pp.1-27.
○藤田晋吾「論理学は超物理学か」,『秋田大学教育学部研究紀要 人文・社会科学』No.32（1982）, pp.1-16, No.34（1984）, pp.1-15.
○武笠行雄「フレーゲに於ける概念記法の構想について」,『論集』（東京大学文学部哲学研究室）No.1（1982）, pp.89-101.
○横田栄一「フレーゲの論理主義的理念-2-」,『札幌商科大学論集 人文編』No.32（1982）, pp.23-43.

○田島節夫「言語行為論と現象学」,『人文学報』(東京都立大学人文学部) No.161 (1983), pp.83-124.
○野本和幸「フレーゲにおける論理哲学の形成——意味論の視点から——」,『哲学研究』Vol.47,No.548 (1983), pp.1-58.
○宮田幸一「フッサールの固有名の意味について」,『哲学』(日本哲学会) No.33 (1983), pp.192-202.
○武笠行雄「フレーゲの文脈原則について」,『論集』(東京大学文学部哲学研究室) No.2 (1983), pp.109-122.
○武笠行雄「フレーゲに於ける記号言語と予備学」,『哲学』(日本哲学会) No.33 (1983), pp.181-191.
○金子浩和「フレーゲの文脈原理について」,『比較思想の途』(筑波大学) No.3 (1984), pp.20-29.
○横田栄一「フレーゲの論理主義的理念-3-」,『札幌学院大学人文学部紀要』No.35 (1984), pp.59-71.
○渡辺二郎「フッサールとフレーゲ研究序説 (その1)」,『論集』(東京大学文学部哲学研究室) No.3 (1984), pp.1-17.
○高木敏美「フレーゲの文脈原理」,『立命館文学』No.475-477 (合併号) (1985), pp.106-125.
○木戸正幸「フレーゲをめぐる2つのパラドクスについて——der Begriff *Pferd* のパラドクスとラッセルのパラドクス」,『立命館文学』No.478-480 (合併号) (1985), pp.1-54.
○田村祐三「幾何学の基礎——フレーゲVS. ヒルベルト——」,『福井大学教育学部紀要第Ⅰ部 人文科学 哲学編』No.35 (1985), pp.41-52.
○野本和幸「現代意味論における『論考』の位置」,『現代思想』Vol.13, No.14 (1985), pp.372-401.
○NOMOTO, K. "Frege on Indexicals", (The Absracts of the XVII World Congress of Philosophy, Montreal, 1983, pp.54-55), *Annals of the Japan Association for Philosophy of Science* (以下 *Annals of JAPS* と略称), Vol.6, No.5 (1985), pp.36-41.
○武笠行雄「フレーゲと形式主義」,『科学基礎論研究』Vol.17,No.2 (1985), pp.73-79.
○野本和幸「言語理解とは何か」,『科学哲学』Vol.19 (1986), pp.13-29.
○渡辺二郎「フレーゲ『算術の基礎』とフッサール『算術の哲学』」,『論集』(東京大学文学部哲学研究室) No.5 (1986), pp.1-61.
○渡辺二郎「フレーゲ対フッサール, ラッセル対ハイデッガー」,『現象学年報』No.3 (1987), pp.7-27.
○野家啓一「「幾何学の基礎」と現象学——ヒルベルト, フレーゲ, フッサール——」,『現象学年報』No.3 (1987), pp.29-48.
○野本和幸「言語哲学の諸相」,『言語』Vol.16,No.13 (1987), pp.26-34.
○藤田康子「フレーゲの sense と denotation の定義をめぐって」,『人文論究』(関西学

院大学人文学会）Vol.37,No.1（1987），pp.167-179.
- 三上真司「真理・関数・志向性――フレーゲとフッサールとの関連について――」，『論集』（東京大学文学部哲学研究室）No.6（1987），pp.113-125.
- 野本和幸「フレーゲ・ルネサンス――フレーゲ意味論の射程――」，『理想』No.639（1988），pp.2-19.
- 横山栄一「言語と計算――フレーゲの「概念記法」を巡って――」，『理想』No.639（1988），pp.35-43.
- 飯田隆「フレーゲと分析的存在命題の謎」，『理想』No.639（1988），pp.44-53.
- 山田友幸「フレーゲ的な意味論と言語行為――語句の意味の言語行為への寄与をめぐって――」，『理想』No.639（1988），pp.64-74.
- 武笠行雄「フレーゲと内容の個別化――心的態度のクラスに於ける人間の経験の特殊性に対するある拒絶――」，『理想』No.639（1988），pp.75-87.
- 金子洋之「意味論から意味理論へ――デイヴィッドソン，ダメットとフレーゲ――」，『理想』No.639（1988），pp.88-98.
- 清水哲郎「アベラールの意味論からフレーゲを見ると…」，『理想』No.639（1988），pp.99-105.
- 内井惣七「論理，数学，言語」，内井惣七・小林道夫編『科学と哲学――論理・物理・心・言語――』，昭和堂，1988，pp.3-51.
- 山田友幸「言語の哲学」，沢田允茂・黒田亘編『哲学への招待』，有斐閣，1988，pp.57-76.
- 加賀美鉄雄「Gottlob Frege の "Begriffsschrift, a formula language, modeled upon that of arithmatic, for pure thought" について」，『中央大学論集』No.10（1989），pp.55-63.
- 野本和幸「信念文のパズル」，『現代思想』Vol.17,No.7（1989），pp.115-133.

◆1990-1999
- 谷沢淳三「意味の二要素：Bhartrhari と Frege」，『比較思想研究』No.17（1990），pp.39-45.
- 田畑博敏「ラッセルのパラドクスとフレーゲの論理主義」，『鳥取大学教養部紀要』No.24（1990），pp.1-19.
- NOMOTO, K. "Über den Zusammenhang zwischen Gedanken, Erkenntniswert und Oratio obliqua bei Frege", (Vortrag im philosophischen Kolloquium, Universität Göttingen, 1980.8.), *Annals of the JAPS*, Vol.7,No.5（1990），pp.251-266.
- NOMOTO, K. "Kritische Bemerkungen zur Theorie Freges über 'token-reflexive' Ausdrücke", (Vortrag im philosophischen Kolloquium, Universität Göttingen, 1980.10.), 『哲学』（北海道大学哲学会）No.26（1990），pp.1-31.
- 美濃正「指示と意味 反フレーゲ的意味論の展開」，神野慧一郎編『現代哲学のフロンティア』，勁草書房，1990，pp.134-166.

○WATANABE, J.: Seinsverständnis, Aussage und Zeitlichkeit - Zum Ploblem bei Frege, Husserl, Russell und Heidegger, in: H. Busche / G. Heffernan / D. Lohmar (Hrsg.): *Bewußtsein und Zeitlichkeit - ein Problemschnitt durch die Philosophie der Neuzeit*, Königshausen & Neumann, 1990, S.293-306.
○藁谷敏晴「集合と命題の論理形式」,『現代思想』Vol.18,No.10（1990）, pp.202-213.
○内井惣七「数学的論理学の成立」, 神野慧一郎編『現代哲学のバックボーン』, 勁草書房, 1991, pp.11-32.
○SATO, M. "Adding Proof Objects and Inductive Definition Mechanisms to Frege Structures", T. Ito, A. R. Meyer (eds.), *Theoretical Aspects of Computer Software* [LNCS. 526] [International Conference TACS'91 (Sendai, Japan, September 1991) Proceedings], Springer, 1991, pp.53-87.
○野本和幸「名指しと信念 ポスト・クリプキ意味論の一展開」,『ゲームと計算』(現代哲学の冒険9), 岩波書店, 1991, pp.69-149.
○村越行雄「「前提」概念に関するストローソンの定義」,『跡見学園女子大学紀要』No.24（1991）, pp.17-43.
○野本和幸「意味と信念序説」, 小塩節編集委員会編『ヨーロッパ精神とドイツ——出会いと変容——』, 郁文堂, 1992, pp.391-406.
○野本和幸「訳者解説」, G・E・アンスコム, P・T・ギーチ『哲学の三人——アリストテレス・トマス・フレーゲ』, 野本和幸・藤澤郁夫訳, 勁草書房, 1992, pp.297-313.
○芦田利恵子「指標詞について——新フレーゲ派のアプローチ——」,『阪南論集 人文・自然科学編』Vol.28,No.4（1993）, pp.109-116.
○石黒ひで「「言語論的転回」とはなにか」,『岩波講座 現代思想4 言語論的転回』, 岩波書店, 1993, pp.87-116.
○藤村龍雄「論理学の革命」,『岩波講座 現代思想4 言語論的転回』, 岩波書店, 1993, pp.117-141.
○中川大「前提と記述——真偽 二値性へのふたつの態度——」,『科学基礎論研究』Vol.21,No2（1993）, pp.7-12.
○NOMOTO, K. "Davidson's Theory of Meaning and Fregean Context-Principle", (Dummett's Seminar on the Context-Principle, Oxford, 1992.3.; Logik Koloquium, Universität Konstanz, 1992.6.), *From the Logical Point of View*, Prague, 1993, pp.32-47.
○NOMOTO, K. "Glaubenssätze und direkter Bezug", (Philosophisches Kolloquium, Universität Konstanz, 1992.6.), *Annals of the JAPS*, Vol.8,No.3（1993）, pp.17-41.
○村越行雄「固有名の指示：固有名詞に関する記述理論と因果理論の相違」,『跡見学園女子大学紀要』No.26（1993）, pp.11-50.
○山下尚也「フレーゲと論理主義」,『哲学論文集』(九州大学哲学会) No.29（1993）, pp.113-130.

- 木戸正幸「フレーゲにおける間接話法の問題」,『立命館経済学』Vol.43,No.5（1994）, pp.56-63.
- 田畑博敏「パラドクスの起源：フレーゲの「意味」論の問題点」,『鳥取大学教養部紀要』 No.28（1994）, pp.1-9.
- 野本和幸「意味と真理の探求」,『岩波講座 現代思想7 分析哲学とプラグマティズム』, 岩波書店, 1994, pp.123-151.
- 野本和幸「言語と哲学――言語的転回の射程――」,『哲学』（日本哲学会）No.44 （1994）, pp.1-16.
- 野本和幸「フレーゲとカント」, 牧野英二他編『カント』, 情況出版, 1994, pp.77-85.
- 山田友幸「フレーゲからオースティンへ 語の意味とは言語行為への寄与である」,『言語』Vol.23,No.10（1994）, pp.40-47.
- 武笠行雄「『論理哲学論考』とフレーゲ」, 飯田隆編『ウィトゲンシュタイン読本』, 法政大学出版局, 1995, pp.96-106.
- 山田友幸「言語ゲームと体系的意味論」, 飯田隆編『ウィトゲンシュタイン読本』, 法政大学出版局, 1995, pp.254-271.
- 大谷岳文「論理と倫理――フレーゲの『日記』をめぐって――」,『竜谷哲学論集』No.10（1995）, pp.26-38.
- 岡本賢吾「概念形成の媒体としての「文」――「文は名ではない」という『論考』のフレーゲ批判との関連で――」,『現代思想』Vol.23,No.4（1995）, pp.301-307.
- 野家伸也「フッサール・フレーゲ・認知科学」,『東北工業大学紀要 2 人文社会科学編』 No.15（1995）, pp.1-6.
- NOMOTO, K. "Frege on Truth and Meaning", (Abstracts of Frege-Kolloquium in Jena, 1993.10.), in: I. Max / W. Stelzner (Hrsg.): *Logik und Mathematik*, de Gruyter, 1995, S.249-259.
- NOMOTO, K. "The Semantics of Belief Sentences", (The Prague Conference in Honour of G.Frege,1992.8.),『人文学報』（東京都立大学人文学部）No.256（1995）, pp.1-36.
- NOMOTO, K. "A Semantic Proposal for Solving Puzzles about Belief", *Abstracts of the 10th International Congress of Logic, Methodology and Philosophy of Science*, Florence, 1995, p.571.
- HAYASHI, S. and KOBAYASHI, S. "A New Formalization of Feferman's System of Functions and Classes and its Relation to Frege Structure", *International Journal of Foundations of Computer Science*, Vol.6, No.3, 1995, pp.187-202.
- 村越行雄「指標詞と指示詞――指示と意味の関係に対するフレーゲ的説明と反フレーゲ的説明――」,『跡見学園女子大学紀要』No.28（1995）, pp.37-83.
- 横田栄一「フレーゲによる概念記法の構成――自然言語の自己分割――」,『北見大学論集』No.34（1995）, pp.211-245.
- 赤星慶一「主張と真理：フレーゲの場合」,『人文論究』（関西学院大学人文学会）

Vol.46,No.1(1996),pp.154-164.
○及川和剛「算術の認識論としてのフレーゲの哲学」,『論集』(東京大学大学院人文社会系研究科哲学研究室) No.15 (1996), pp.202-216.
○金子洋之「抽象的対象と指示」,『生田哲学』No.2 (1996), pp.17-41.
○田畑博敏「フレーゲの一般系列理論:『概念記法』第3部研究」,『鳥取大学教育学部研究報告 人文社会科学』Vol.47,No.1 (1996), pp.25-47.
○田畑博敏「フレーゲ以後の演繹体系について」,『鳥取大学教育学部研究報告 人文社会科学』Vol.47,No.1 (1996), pp.49-73.
○長谷川吉昌「定義・文脈・意味──フレーゲ『算術の基礎』の第二原則をめぐって──」,『哲学』(北海道大学哲学会) No.32 (1996), pp.39-56.
○及川和剛「フレーゲにおける＜思想＞の実在論」,『論集』(東京大学大学院人文社会系研究科哲学研究室) No.16 (1997), pp.43-50.
○田畑博敏「算術命題の本性に関する諸家の見解のフレーゲによる批判的考察:『算術の基礎』第1部研究」,『鳥取大学教育学部研究報告 人文社会科学』Vol.48,No.1 (1997), pp.19-32.
○田畑博敏「数と単位をめぐるフレーゲの批判的考察:『算術の基礎』第2,3部研究」,『鳥取大学教育学部研究報告 人文社会科学』Vol.48,No.1 (1997), pp.33-44.
○田畑博敏「フレーゲとヒルベルトの論争」,『鳥取大学教育学部研究報告 人文社会科学』Vol.48, No.2 (1997), pp.211-221.
○金子洋之「抽象的対象と様相」,『哲学』(日本哲学会) No.49 (1998), pp.43-55.
○三平正明「フレーゲのプラトニズム」,『哲学誌』(東京都立大学哲学会) No.40 (1998), pp.33-45.
○須長一幸「フレーゲ算術とヒュームの原理」,『哲学』(北海道大学哲学会) No.34 (1998), pp.25-37.
○竹尾治一郎「真理と意味」, 竹尾著『言語と自然』, 関西大学出版部, 1998, pp.3-27.
○藤村龍雄「フレーゲ」, 廣松渉他編『岩波哲学・思想事典』, 岩波書店, 1998, pp.1413-1414.
○岡本賢吾「算術の言語から概念記法へ (1) : フレーゲの初期の体系をめぐって」,『哲学誌』(東京都立大学哲学会) No.41 (1999), pp.20-37.
○三平正明「フレーゲのプラトニズムと数学の応用可能性」,『哲学』(日本哲学会) No.50 (1999), pp.225-233.
○谷沢淳三「パーニニ文法学派の固有名論と＜フレーゲのパズル＞」,『人文科学論集 人間情報学科編』(信州大学人文学部) No.33 (1999), pp.21-35.
○田畑博敏「フレーゲの定理について」,『鳥取大学教育地域科学部紀要 地域研究』Vol.1, No1 (1999), pp.69-79.
○野本和幸「言語・論理・数学と世界記述」,『岩波講座 科学/技術と人間 第10巻 科学/技術と言語』, 岩波書店, 1999, pp.135-168.
○野本和幸「G. フレーゲ『算術の基本法則』における論理と数学の哲学」,『人文学報』(東京都立大学人文学部) No.295 (1999), pp.1-96.

○野本和幸「編者解説」，黒田亘・野本和幸編『フレーゲ著作集4 哲学論集』，勁草書房，1999，pp.313-343.
○藤村龍雄「フレーゲの生涯――解説に代えて」，藤村龍雄編『フレーゲ著作集1 概念記法』，勁草書房，1999，pp.245-269.
○渡辺大地「ウィトゲンシュタイン前期のフレーゲ批判：一般性の問題を中心に」，『哲学誌』（東京都立大学哲学会）No.41（1999），pp.102-119.

◆2000-
○三平正明「フレーゲとベナセラフ：数とは何かを巡って」，『科学哲学』Vol.33,No.2（2000），pp.147-161.
○津留竜馬「フレーゲの無矛盾性証明とラッセルのパラドクス」，『科学哲学』Vol.33,No.2（2000），pp.163-175.
○須長一幸「フレーゲ算術と構造主義」，『科学基礎論研究』Vol.28,No.1（2000），pp.9-14.
○津留竜馬「抽象的対象の導入は正当化されるのか」，『科学基礎論研究』Vol.28,No.1（2000），pp.15-21.
○ARAI, T. "A Bounded Arithmetic AID for Frege Systems", *Annals of Pure and Applied Logic*, Vol.103（2000），pp.155-199.
○TABATA, H. "Frege's Theorem and His Logicism", *History and Philosophy of Logic*, Vol.21, No.4（2000），pp.265-295.
○野本和幸「編者解説」，野本和幸編『フレーゲ著作集3 算術の基本法則』，勁草書房，2000，pp.435-479.
○NOMOTO, K. "Why, in 1902, Wasn't Frege Prepared to Accept Hume's Principle as the Primitive Law for His Logicist Program?" (*Abstracts of the 11th International Congress of Logic, Methodology and Philosophy of Science*, Cracow, 1999.8, p.444), *Annals of the JAPS*, Vol.9, No.5（2000），pp.1-12.
○吉原雅子「信念文が不透明である理由」，『科学基礎論研究』，2000，No.94, vol.27-2, pp.15-20.
○岡本賢吾「「論理主義」は何をするのか――フレーゲの場合――」，『科学哲学』Vol.34,No.1（2001），pp.7-19.
○井上直昭「シーザー問題」，『科学哲学』Vol.34,No.1（2001），pp.49-60.
○須長一幸「シーザー問題の行方」，『科学哲学』Vol.34,No.1（2001），pp.61-74.
○飯田隆「編者解説」，野本和幸・飯田隆編『フレーゲ著作集5 数学論集』，勁草書房，2001，pp.323-332.
○池田さつき「対象について考える」，『哲学誌』（東京都立大学哲学会）Vol.43（2001），pp.75-86.
○小山虎「単文のパズルと固有名についての新たな視点」，『年報人間科学』（大阪大学人間科学部社会学・人間学・人類学研究室）No.22（2001），pp.161-174.
○田畑博敏「フレーゲの方法による算術の導出」，『鳥取大学教育地域科学部紀要 地域

- 研究』Vol.2,No.2（2001），pp.141-163.
- 田畑博敏「フレーゲの算術導出の哲学的意義」、『鳥取大学教育地域科学部紀要　地域研究』Vol.2,No.2（2001），pp.165-171.
- 野本和幸「フレーゲ，初期フッサールそしてその後——算術および論理学の哲学（論理的意味論）を巡って——」、『現象学年報』No.17（2001），pp.35-47.
- 野本和幸「抽象的存在とパラドクス——フレーゲの場合」、丹治信春（代表）『意味及び様相の形而上学との関連から見た認識活動への自然主義的アプローチの再検討』［平成12年度科学研究費補助金基盤研究（C）研究成果報告書］，2001，pp.13-28.
- 野本和幸「編者解説」、野本和幸・土屋俊編『フレーゲ著作集2 算術の基礎』、勁草書房，2001，pp.190-239.
- 宗宮好和「フレーゲにおける「文の意義」について」、『千葉大学人文研究 人文学部紀要』No.30（2001），pp.171-202.
- 渡辺大地「中期ウィトゲンシュタインとフレーゲ，形式主義：「応用」の問題」、『哲学誌』（東京都立大学哲学会）No.43（2001），pp.38-54.
- 井上直昭「C. ライトの戦略はフレーゲの論理主義を確立しているのであろうか」、『科学哲学』Vol.35,No1（2002），pp.15-26.
- 中川大「フレーゲ的記号法とルイス・キャロルのパラドクス」、『哲学年報』（北海道哲学会）No.49（2002），pp.1-13.
- 野本和幸「論理と言語の哲学」、坂本百大・野本和幸編『科学哲学——現代哲学の転回——』、北樹出版，2002，pp.80-96.
- 野本和幸「編者解説」、野本和幸編『フレーゲ著作集6 書簡集 付「日記」』、勁草書房，2002，pp.385-431.
- 藤村龍雄「側面から見た『概念記法』——ダメットの「分析」と「分解」に寄せて——」、『立正大学大学院紀要』No.18（2002），pp.53-63.
- 野本和幸「思想の言葉：ゴットロープ・フレーゲ現代哲学・論理学への分水嶺」、『思想』No.954（2003），pp.2-5.
- 飯田隆「『概念記法』の式言語とはどんな言語なのか」、『思想』No.954（2003），pp.106-122.
- 三平正明「フレーゲとカントールの対話」、『思想』No.954（2003），pp.123-140.
- 津留竜馬「概念記法は何故矛盾したのか」、『思想』No.954（2003），pp.141-158.
- 岡本賢吾「「命題」・「構成」・「判断」の論理哲学——フレーゲ／ウィトゲンシュタインの「概念記法」をどう見るか——」、『思想』No.954（2003），pp.159-183.
- 長谷川古呂「現代論理学の誕生と哲学の変容」、『思想』 No.954（2003），pp.184-194.
- 野本和幸「ことばと信念序説」、岡本賢吾（代表）『論理学・数学の哲学的基礎づけに関する実在論，構成主義，物理主義の体系の比較と評価』［平成13年—16年度科学研究費補助金基盤研究(B)(1)研究成果報告書］，2003，pp.18-27.
- 津留竜馬「フレーゲ構造とは何か」、岡本賢吾（代表）『論理学・数学の哲学的基礎づけに関する実在論，構成主義，物理主義の体系の比較と評価』［平成13年—16年度科学研究費補助金基盤研究(B)(1)研究成果報告書］，2003，pp.58-68.

- IIDA, T. "Frege and the Idea of Formal Language", *Annals of the JAPS*, Vol.12, No.1 (2003), pp.15-23.
- 井上直昭「シーザー問題と『算術の基本法則』第1巻第10節におけるフレーゲの約定」,『科学哲学』Vol.36, No.1 (2003), pp.17-28.
- 佐藤英明「フレーゲの心理主義批判」,『中央学院大学社会システム研究所紀要』No.3 (2003), pp.37-51.
- 三笠俊哉「二つの自然数概念――フレーゲと前期ウィトゲンシュタイン――」,『一橋研究』Vol. 28, No.3 (2003), pp.1-13.
- 井上直昭「フレーゲの同一視可能テーゼ」,『筑波哲学』No.13 (2004), pp.61-69.
- 門脇俊介「言語表現とは何か」, 門脇俊介『フッサール』, 日本放送出版協会, 2004, pp.45-75.
- 金子洋之「『算術の基礎』Die Grundlagen der Arithmetik (1884)」,『現代思想』Vol.32, No.11 (2004), pp.100-103.
- 田畑博敏「フレーゲ論理主義の可能性」,『哲学論文集』(九州大学哲学会) No.40 (2004), pp.55-72.
- 中山康雄「前提と信念」,『大阪大学大学院人間科学研究科紀要』Vol.30 (2004), pp. 91-112.
- 野本和幸「G. フレーゲの生涯, ならびに論理哲学探究の構成と方法」,『哲学』(北海道大学哲学会) No.40 (2004), pp.1-28.
- 藤村龍雄「『概念記法』の言語思想 (その一)」,『立正大学人文科学研究所年報』No.41 (2004), pp.1-8.
- 野本和幸「フレーゲ論理哲学的探究の認識論的位相とメタ理論の可能性」,『科学哲学』Vol.38, No.2 (2005), pp.1-19.
- 佐藤雅彦「フレーゲの計算機科学への影響」,『科学哲学』Vol.38, No.2 (2005), pp.21-33.
- 松阪陽一「フレーゲのGedankeとラッセルのProposition――"OnDenoting"の意義について――」,『科学哲学』Vol.38, No.2 (2005), pp.35-51.
- 三平正明「フレーゲ:論理の普遍性とメタ体系的観点」,『科学哲学』Vol.38, No.2 (2005), pp.53-76.
- 三平正明「論理主義の現在」, 飯田隆編『知の教科書 論理の哲学』講談社選書メチエ 341, 講談社, 2005, pp.149-82.
- 中川大「フレーゲ真理論における規範と自然――「思想」第1段落の解釈をめぐって」, 新田孝彦 (代表)『行為と認知の統合理論の基礎』[平成14―16年度科学研究費補助金基盤研究 (B)(2) 研究成果報告書], 2005, pp.201-213.
- 西山佑司「表現の意味, 真理条件, 解釈の関係をめぐって――言語哲学の回顧と展望」,『哲学』(日本哲学会) No.56 (2005), pp.113-129.
- 野本和幸「フレーゲ・初期フッサールそしてその後」, 哲学史研究会編『現代の哲学:西洋哲学史二千六百年の視野より』, 昭和堂, 2005, pp.54-94.
- 藤村龍雄「『概念記法』の言語思想 (その2)」,『立正大学大学院紀要』No.21 (2005),

pp.39-54.
○平石美喜子「フレーゲ論理主義の認識論的意味づけ」、『創価大学大学院紀要』Vol.28（2006）, pp.363-380.
○市川三紀「来歴否認の意味論的解明——フレーゲの固有名と指標詞の意義理論を手懸かりに——」、『創価大学大学院紀要』Vol.28（2006）, pp.381-403.
○飯田隆「'Begriffsschrift' という名称について」、飯田編『西洋精神史における言語と言語観：継承と創造』、慶応義塾大学出版会、2006, pp.5-19.
○大西琢朗「フレーゲの論理主義と数の存在論」、『哲学論叢』（京都大学哲学論叢刊行会）No.33（2006）, pp.43-54.
○小草泰「直示的思想に関するエヴァンズ説の検討」、『科学哲学』Vol.39,No.2（2006）, pp.85-100.
○SAKURAGI, S. "Frege's Redundancy Thesis", 『科学哲学』Vol.39,No.1（2006）, pp.29-45.
○中川大「論理的真理は綜合的か——ラッセルの論理主義——」、『思想』No.987（2006）, pp.73-87.
○野本和幸「論理的意味論の源流、モデル論の誕生、そしてその展開——論理と言語の間で——」、田中一之編『ゲーデルと20世紀の論理学②』、東京大学出版会、2006, pp.191-272.
○NOMOTO, K. "The Methodology and Structure of Gottlob Frege's Logico-philosophical Investigations", *Annals of the JAPS*, Vol.14, No.2（2006）, pp.1-25.
○武笠行雄「フレーゲの文脈原則について（再論）」、『電気通信大学紀要』Vol.18, No.1/2（2006）, pp.89-96.
○大西琢郎「概念記法と概念形成」、『人文知の新たな統合に向けて 第五回報告書上巻』、京都大学大学院文学研究科21世紀COEプログラム「グローバル化時代の多元的人文学の拠点形成」、2007, pp.141-166.
○久木田水生「フレーゲの論理主義再考——数学的帰納法の導出を例として——」、『人文知の新たな統合に向けて 第五回報告書上巻』、京都大学大学院文学研究科21世紀COEプログラム「グローバル化時代の多元的人文学の拠点形成」、2007, pp.167-191.
○金子洋之「フレーゲ」、飯田隆編『哲学の歴史 第11巻 論理・数学・言語』、中央公論新社、2007, pp.127-196.
○岡本賢吾「編者解説」、岡本賢吾・金子洋之編『フレーゲ哲学の最新像』、勁草書房、2007, pp.343-365.
○野本和幸「フレーゲ」、日本数学会編『岩波数学辞典第4版』（第417項）、岩波書店、2007, p.1829.

（荒磯敏文編）

ラッセル文献目録

※本目録では，利用者の便宜を考え，以下に挙げる文献のうち，松下彰良氏の「バートランド・ラッセルのページ」にラッセル関連文献として挙げられていることが確認できた文献（2007/11時点，その文献の一部のみが挙げられているものも含む）には，＊をつけて示した．

翻訳篇①──ラッセル本人の著作物の翻訳のうち，理論哲学に関するもの

○*A Critical Exposition of the Philosophy of Leibniz*（1900）
　＊細川薫訳『ライブニッツの哲学』，弘文堂，1959．
○"Recent Work on the Principles of Mathematics"（1901）［後に"Mathematics and the Metaphysicians"と改題され，注を6つ追加した上で *Mysticism and Logic*（1917）に再録（第5章）］
　○三品薫焉訳「数学と哲学者」，『東洋哲学』Vol.27, No.1（1920），pp.28-34, No.3（1920），pp.30-39.
○G・フレーゲ，B・ラッセル「フレーゲ＝ラッセル往復書簡［1902-1912］」（土屋純一訳），『フレーゲ著作集6　書簡集　付「日記」』所収，野本和幸編，勁草書房，2002，pp.117-171.
　──ラッセルからフレーゲへの1902年6月16日付の書簡，フレーゲからラッセルへの1902年6月22日付の書簡は，好田順治「数学の基礎に関する思想Ⅱ──論理主義と直観主義について──」［『名古屋学院大学論集』No.16（1968），pp.284-302］でほぼ全文が訳されている（pp.288-290）
○"On Denoting"（1905）［後に *Logic and Knowledge*（1956）などに再録］
　○林雄一郎訳「指示について」，J. R. ニューマン他編『数学と論理と』所収，東京図書，1970，pp.158-181；＊清水義夫訳「指示について」，坂本百大編『現代哲学基本論文集Ⅰ』所収，勁草書房，1986，pp.45-78.
○*Philosophical Essays*（1910）
　○中島力造梗概訳「哲学論集」，『倫理心理宗教教育社会学哲学新著梗概』第八集所収，目黒書店，1913，pp.139-173.
○*Principia Mathematica*, Vol. Ⅰ（1910）［ホワイトヘッドとの共著］
　○林雄一郎訳「論理的型の理論，悪循環の原理と矛盾」（第1巻第2章の一部訳），J. R. ニューマン他編『数学と論理と』所収，東京図書，1970，pp.144-157；＊市井三郎抄訳「プリンキピア・マテマティカ」，『人類の知的遺産66　ラッセル』所収，講談社，1980，pp.155-167；＊岡本賢吾・戸田山和久・加地大介抄訳『プリンキピア・マテマティカ序論』，哲学書房，1988．
○*The Problems of Philosophy*（1912）
　＊稲毛詛風訳『新哲学綱領』，天佑社，1921；＊中込本治郎訳『哲学の問題』，三共出版社，1924；＊八木林二訳『哲学の諸問題』，金星堂，1933；＊新井慶訳『哲学の諸問題』，育生社，1946；＊柿村峻訳『哲学入門』，社会思想研究会出版部，1953；＊中

村秀吉訳『新訳哲学入門』, 社会思想社, 1964;＊生松敬三訳『哲学入門』, 角川文庫, 1965;＊高村夏輝訳『哲学入門』, ちくま学芸文庫, 2005.
○"The Philosophy of Bergson"（1912）［後に少し加筆して *A History of Western Philosophy*（1945）に所収（第3巻第28章）］
　＊高橋里美抄訳「ラッセルのベルグソン哲学批評」,『法華』Vol.2, No.2（1915）, pp. 98-105.
○*Our Knowledge of the External World*（1914）
　＊佐々木喜市訳『哲学に於ける科学的方法』, 三共出版社, 1925;＊石本新訳「外部世界はいかにして知られうるか」, 山元一郎編『世界の名著58 ラッセル ウィトゲンシュタイン ホワイトヘッド』所収, 中央公論社, 1971, pp.81-304.
○"The Ultimate Constituent of Matter"（1915）［後に *Mysticism and Logic*（1917）（第7章）などに再録］
　○訳者不明「物質の終極要素」（梗概訳）,『東亜之光』Vol.11, No.2（1916）, pp.97-98.
○*Mysticism and Logic and Other Essays*（1917）
　＊松本悟朗訳『ラッセル叢書』（全7分冊）, 日本評論社, 1921［7分冊全部合わせると *Mysticism and Logic* の全訳となる］;＊江森巳之助訳『神秘主義と論理』（バートランド・ラッセル著作集4）, みすず書房, 1959.
○"The Philosophy of Logical Atomism"（1918-19）［後に *Logic and Knowledge*（1956）に再録］
　＊黒崎宏抄訳「論理的原子論」, 石本新編『論理思想の革命――理性の分析』所収, 東海大学出版会, 1972, pp.114-144;＊高村夏輝訳『論理的原子論の哲学』, ちくま学芸文庫, 2007.
○*Introduction to Mathematical Philosophy*（1919）
　＊宮本鐵之助訳『数理哲学概論』, 改造社, 1922;＊平野智治訳『数理哲学序説』, 弘文堂, 1942;＊中村秀吉訳「数理哲学入門」,『世界の大思想26 ラッセル 社会改造の諸原理他』所収, 河出書房新社, 1966, pp.157-301.
○*The Analysis of Mind*（1921）
　＊竹尾治一郎訳『心の分析』, 勁草書房, 1993.
○"Philosophy in the 20th Century"（1924）［後に *Sceptical Essays*（1928）に再録（第5章）］
　＊SKP生訳「二十世紀の哲学」,『文明大観』大正14年7月号（1925）, pp.25-45.
○*The ABC of Relativity*（1925）
　＊金子務・佐竹誠也訳『相対性理論への認識』, 白揚社, 1971.
○*An Inquiry into Meaning and Truth*（1940）
　＊毛利可信訳『意味と真偽性―言語哲学的研究―』, 文化評論社, 1973.
○*Human Knowledge: Its Scope and Limits*（1948）
　＊鎮目恭夫訳『人間の知識』（全2巻）（バートランド・ラッセル著作集9・10）, みすず書房, 1960.

○*My Philosophical Development*（1959）
　＊野田又夫訳『私の哲学の発展』，みすず書房，1960；＊（バートランド・ラッセル著作集別巻として再版）みすず書房，1963.

翻訳篇②――ラッセル本人の著作物のうち，理論哲学以外
　以下に挙げたのは，倫理宗教社会政治思想に関する著作中でも比較的理論的な著作（但し，哲学史，自伝，短編集なども含む）の邦訳である．紙幅の関係上戦前の翻訳は省き，入手しやすい戦後の翻訳に限った．配列はほぼ原著述の編年順である．
○*German Social Democracy*（1896）
　＊河合秀和訳『ドイツ社会主義』，みすず書房，1990.
○*A Free Man's Worship*（1903，単行本 1923）
　＊市井三郎訳「自由人の信仰」，『世界の大思想 26 ラッセル 社会改造の諸原理他』（以下，『世界の大思想 26 ラッセル』と略称）所収，河出書房新社，1966, pp.303-313.
○"The Elements of Ethics"（1910）［*Philosophical Essays*（1910）の第 1 章］
　○矢島羊吉梗概訳「倫理学の原理」，W・セラーズ，J・ホスパーズ編『現代英米の倫理学 I』所収，現代倫理学研究会訳，福村書店，1959, pp.3-12.
○*Principles of Social Reconstruction*（1916）
　＊市井三郎訳「社会改造の諸原理」，『世界の大思想 26 ラッセル』所収，河出書房新社，1966, pp.3-155.
○*Political Ideals*（1917）
　＊牧野力訳『政治理想』，理想社，1963.
○*Roads to Freedom*（1918）
　＊栗原孟男訳『自由への道』，角川文庫，1953.
○*The Practice and Theory of Bolshevism*（1920）
　＊江川照彦訳『ソビエト共産主義』，社会思想研究会，1959；＊河合秀和訳『ロシア共産主義』，みすず書房，1990.
○*The Problems of China*（1922）
　＊牧野力訳『中国の問題』，理想社，1971.
○*What I Believe*（1925）
　＊大竹勝訳「何を信ずるか」，『宗教は必要か』所収，荒地出版社，1959, pp.63-109.
○*On Education: Especially in Early Childhood*（1926）
　＊堀秀彦訳「教育論」，『幸福論 教育論』（世界大思想全集 哲学・文芸思想篇 18）所収，河出書房，1954, pp.163-353；＊魚津郁夫訳『教育論』（バートランド・ラッセル著作集 7），みすず書房，1959；＊安藤貞雄訳『教育論』，岩波書店，1990.
○*Why I Am Not a Christian*（1927）［後に *Why I Am Not a Christian and Other Essays*（1957）に再録］
　＊市井三郎訳「なぜ私はキリスト教徒でないか」，『世界の大思想 26 ラッセル』所収，

河出書房新社，1966，pp.315-333.
○*Sceptical Essays*（1928）
　＊多田幸蔵訳「懐疑主義的随筆」（抄訳），『権威と個人』所収，南雲堂，1958，pp.125-176,181-188；＊東宮隆訳『懐疑論集』，みすず書房，1963；＊柿村峻訳『懐疑論』，角川文庫，1965；＊大竹勝訳「懐疑論」，『ラッセル　チャーチル』（ノーベル賞文学全集第22巻）所収，主婦の友社，1972，pp.19-131.
○*Marriage and Morals*（1929）
　＊江上照彦訳『結婚と道徳』，社会思想研究会，1955；○大場正史抄訳「性道徳はなぜ必要か」，ラッセル他『現代社会の性問題』所収，河出新書，1956，pp.11-20；＊蔓沢遼・大内義一訳『愛と性の位置』（抄訳），河出書房，1956；＊後藤宏行，しまね・きよし訳『結婚論』（バートランド・ラッセル著作集8），みすず書房，1959；＊柿村峻訳『結婚論』，角川文庫，1963；＊安藤貞雄訳『ラッセル結婚論』，岩波文庫，1996.
○"What I Believe"（1929）
　＊喜多村浩訳「私は信ずる」，C. Fadiman編『私は信ずる－欧米諸名家の人生観－』所収，社会思想研究会出版部，1952，pp.117-141.
○*The Conquest of Happiness*（1930）
　＊堀秀彦訳『幸福論』，角川文庫，1952；＊片桐ユズル訳『幸福論』（バードランド・ラッセル著作集6），みすず書房，1959；＊日高一輝訳『幸福論』（抄訳），講談社文庫，1972；＊安藤貞雄訳『ラッセル幸福論』岩波書店，1991.
○*The Scientific Outlook*（1931）
　＊矢川徳光訳『科学の眼』，創元社，1949.
○"In Praise of Idleness"（1932）［後に*In Praise of Idleness*（1935）に再録（第1章）］
　○小林靖昌訳「怠惰のすすめ」，E・フロム編『社会主義ヒューマニズム（下）』所収，城塚登監訳，紀伊国屋書店，1967，pp.9-23.
○*Education and the Social Order*（1932）
　＊鈴木祥蔵訳『教育と社会体制』，黎明書房，1952.
○*Freedom and Organization*, 1814-1914（1934）
　＊『自由と組織——一八一四－一九一四——』（全2巻）（バートランド・ラッセル著作集2・3），大淵和夫・鶴見良行訳（第1巻），大淵和夫・鶴見良行・田中幸穂訳（第2巻），みすず書房，1960.
○*In Praise of Idleness and Other Essays*（1935）
　＊堀秀彦・柿村峻訳『怠惰への讃歌』，角川文庫，1958.
○*Religion and Science*（1935）
　＊津田元一郎訳『宗教と科学』，元々社，1956.
○*Power: A New Social Analysis*（1938）
　＊東宮隆訳『権力―その歴史と心理―』，みすず書房，1951；＊（バートランド・ラッセル著作集第5巻として再版）みすず書房，1959.
○*How to Read and Understand History*（1943年小冊子として出版）

＊市井三郎訳「歴史を読むことと理解すること」,『世界の大思想 26 ラッセル』所収, 河出書房新社, 1966, pp.335-371.
○*A History of Western Philosophy* (1945)
＊『西洋哲学史』(上・中・下巻), 市井三郎訳, みすず書房, 1954-56；＊(バートランド・ラッセル著作集第 11－14 巻として再版) みすず書房, 1959.
○*Authority and the Individual* (1949)
＊江上照彦訳『権威と個人』, 社会思想研究会, 1951；＊多田幸蔵訳「権威と個人」,『権威と個人』, 南雲堂, 1958, pp.5-123,177-181.
○"What Desires Are Politically Important?" (1950) [後に "Politically Important Desires" として *Human Society in Ethics and Politics* (1953) に再録]
＊大竹勝訳「いかなる欲望が政治的に重要か」,『ラッセル チャーチル』(ノーベル賞文学全集第 22 巻) 所収, 主婦の友社, 1972, pp.11-18.
○*Unpopular Essays* (1950)
＊山田英世・市井三郎訳『人類の将来―反俗評論集―』, 理想社, 1958.
○*New Hopes for a Changing World* (1951)
＊赤井米吉訳『原子時代に住みて――変わりゆく世界への新しい希望――』, 理想社, 1953.
○*The Impact of Science on Society* (1951, 英国版 1952)
＊堀秀彦訳『科学は社会を震撼した』, 角川新書, 1956；＊市井三郎抄訳「科学と人間社会」, ホワイトヘッド, ラッセル『世界思想教養全集 16 現代科学思想』所収, 河出書房新社, 1964, pp.313-387.
○*Satan in the Suburbs and Other Stories* (1953)
＊内山敏訳『ラッセル短篇集』, 中央公論社, 1954.
○"What Is Democracy?" (1953) [後に *Fact and Fiction* (1961) に再録 (第 2 部の 2)]
＊牧野力訳「民主政治是か非か」, ラッセル他『民主政治是か非か』所収, 国際文化研究所, 1955, pp.1-48.
○"The Russell-Einstein Manifesto" (1955)
○白川通信訳「核兵器に関する科学者の宣言」,『自然』(中央公論社) Vol.10, No.10 (1955), pp.50-51.
○"Science and Human Life" (1955) [後に *The Basic Writings of Human Life* (1961) などに再録]
○長野敬訳「科学と人間生活」, J. R. ニューマン編『科学とは何か』上巻所収, 商工出版社, 1957, pp.5-26.
○*Human Society in Ethics and Politics* (1954)
＊勝部真長・長谷川鑛平訳『ヒューマン・ソサエティ――倫理学から政治学へ』, 玉川大学出版部, 1981.
○"The Threat of Universal Annihilation" (1955) [ラッセルからアインシュタインへの書簡, アインシュタインからラッセルへの書簡などを含む]

○金子敏男訳「世界絶滅の脅威」, O.ネーサン, H. ノーデン編『アインシュタイン平和書簡3』所収, みすず書房, 1977, pp.714-741.
○ *Why I Am Not a Christian and Other Essays on Religion and Related Subjects*（1957）
　＊大竹勝訳『宗教は必要か』, 荒地出版社, 1959.
○ *Portraits from Memory and Other Essays*（1956）
　＊中村秀吉訳『自伝的回想』（バートランド・ラッセル著作集1）, みすず書房, 1959.
○ *Bartrand Russell's Best, Silhouette in Satire*（1958）
　＊柿村峻訳『宗教・性・政治―ラッセル珠玉集―』, 社会思想研究会出版部, 1960.
○ *Common Sense and Nuclear Warfare*（1959）
　＊飯島宗享訳『常識と核戦争――原水爆戦争はいかにして防ぐか――』, 理想社, 1959.
○ "The Expanding Mental Universe"（1958）
　＊大竹勝訳「拡大する宇宙の精神的把握」, サタデー・イヴニング・ポスト編『わが精神の冒険』所収, 荒地出版社, 1961, pp.27-41.
○ *Wisdom of the West*（1959）
　＊東宮隆訳『西洋の知恵　図説西洋哲学思想史』（上下巻）, 社会思想社, 1968.
○ *Bartrand Russell Speaks His Minds*（1960）
　＊東宮隆訳『ラッセルは語る』, みすず書房, 1964.
○ *Fact and Fiction*（1961）
　＊牧野力訳『民主主義とは何か　自由とは何か』（抄訳）, 理想社, 1962；＊北川悌二抄訳『事実と虚構』, 音羽書房, 1962.
○ *Has Man a Future?*（1961）
　＊日高一輝訳『人類に未来はあるか』, 理想社, 1962.
○ *Unarmed Victory*（1963）
　＊牧野力訳『武器なき勝利』, 理想社, 1964.
○ *War Crimes in Vietnam*（1967）
　＊日高一輝訳『ヴェトナムの戦争犯罪』, 河出書房新社, 1967.
○ *The Autobiography of Bertrand Russell*（3 vols.）（1967-69）
　＊日高一輝訳『ラッセル自叙伝』（全3巻）, 理想社, 1968-73.
○ *The Art of Philosophizing and Other Essays*（1968）
　＊吉田謙二訳『哲学する方法』, ビジネス・リサーチ社, 1978.
○ *Dear Bertrand Russell*（*A Selection of His Correpondence with the General Public 1950-1968*）（ed. by B. Feinberg and R. Kasrils）（1969）
　＊日高一輝訳『拝啓バートランド・ラッセル様　市民との往復書簡――宗教からセックスまで』, 講談社, 1970.
○ *Mortals and Others, Bertrand Russell's American Essays 1931-1935*, Vol.1（1975）
　＊中野好之・太田喜一郎訳『人生についての断章』, みすず書房, 1979.

＊岩松繁俊「バートランド・ラッセルとの平和往復書簡」[英文]，『経営と経済』（長崎大学経済学部研究会）Vol.55, No.4（1976）pp.47-60, Vol.56, No.1（1976）pp.43-64, No.2（1976）pp.35-55, No.3（1977）pp.193-218.

翻訳篇③――関連する翻訳

○アンリ・ポアンカレ『科学と方法』，山本修訳，叢文閣，1925；吉田洋一訳，岩波書店，1926.
＊C・H・ダグラス・クラーク『再び宗教は必要か』，相川高秋訳，荒地出版社，1959.
――ラッセルの Why I Am Not a Christian（1927）に対する反論
＊アラン・ウッド『バートランド・ラッセル―情熱の懐疑家―』，碧海純一訳，みすず書房，1963.
○「バートランド・ラッセル平和財団」（訳者不明），『世界』No.219（1964），pp.46-49.
――ラッセル平和財団のアピールの翻訳，ラッセルのメッセージ含む
＊ラッセル，サルトル他『ラッセル法廷』（全2巻），ベトナムにおける戦争犯罪調査日本委員会編，人文書院，1967-68.
＊ルードヴィッヒ・ヴィトゲンシュタイン「論理哲学論考」（坂井秀寿訳），ヴィトゲンシュタイン著『論理哲学論考』，藤本隆志・坂井秀寿訳，法政大学出版局，1968, pp.27-200.
――同書には他にも翻訳多数（詳しくはフレーゲ文献目録を参照されたい）
＊J・ルイス『バートランド・ラッセル 哲学者とヒューマニスト』，中尾隆司訳，ミネルヴァ書房，1971.
○ウィラード・ヴァン・オーマン・クワイン『論理学的観点から』，中山浩二郎・持丸悦朗訳，岩波書店，1972；飯田隆訳，勁草書房，1992.
＊ケン・コーツ編『社会主義ヒューマニズム―バートランド・ラッセル生誕百年祭記念論文集―』，日本ラッセル協会訳，理想社，1975.
○L・ウィトゲンシュタイン『数学の基礎』，中村秀吉・藤田晋吾訳，大修館書店，1976.
○ディヴィッド・カプラン「DTHAT」（野本和幸訳），『理想』No.549（1979），pp.136-148, No.550（1979），pp.71-79.
＊A・J・エイヤー『ラッセル』，吉田夏彦訳，岩波書店，1980.
＊アンソニー・ケニー『ウィトゲンシュタイン』，野本和幸訳，法政大学出版局，1982.
＊L・グリーンスパン『科学と自由―ラッセルの予言―』，野村博訳，世界思想社，1982.
＊ドラ・ラッセル『タマリスクの木 ドラ・ラッセル自叙伝』，山内碧訳，リブロポート，1984.
○ソール・A・クリプキ『名指しと必然性―様相の形而上学と心身問題―』，八木沢敬・野家啓一訳，産業図書，1985.
○J・R・サール『言語行為 言語哲学への試論』，坂本百大・土屋俊訳，勁草書房，

1986.
○ケルナー『数学の哲学』，山本新訳，公論社，1987.
○ピーター・F・ストローソン「指示について」（藤村龍雄訳），坂本百大編『現代哲学基本論文集Ⅱ』，勁草書房，1987, pp.203-251.
○ソール・A・クリプキ「信念のパズル」（信原幸弘訳），『現代思想』Vol.17, No.3 (1989), pp.76-108.
＊クルト・ゲーデル「ラッセルの数理論理学」（戸田山和久訳），『現代思想』Vol.17, No.13（1989）pp.84-107.
＊ヘルベルト・ゴットシャルク『バートランド・ラッセル小伝──自由なる世界人の教育──』，鈴木祥蔵訳，明石書店，1989.
○レイ・モンク『ウィトゲンシュタイン』（全2巻），岡田雅勝訳，みすず書房，1994.
　──ラッセルの書簡，ウィトゲンシュタインからラッセルへの書簡からの引用を数多く含んでいる
○ソール・クリプキ「話し手の指示と意味論的指示」（黒川英徳訳），『現代思想』Vol.23, No.4（1995）, pp.266-295.
○F・P・ラムジー『ラムジー哲学論文集』，D・H・メラー編，伊藤邦武・橋本康二訳，勁草書房，1996.
○ポール・グライス「前提と会話の含み」，グライス著『論理と会話』，清塚邦彦訳，勁草書房，1998, pp.241-261.
○G・H・フォン・ヴリクト『論理分析哲学』，服部裕幸監修，牛尾光一訳，講談社学術文庫，2000.

論文篇①──単行本
○田辺元『数理哲学研究』，岩波書店，1925.
○輿水実『言語哲学』，不老閣書房，1935.
○輿水実『言語哲学総説』，国語文化研究所，1944.
○末綱恕一『数学と数学史』，弘文堂書房，1944.
○河田敬義『自然数論』，河出書房，1947.
○白石早出雄『数と連続の哲学』（共立全書5），共立出版，1951.
＊碧海純一『ラッセル』，勁草書房，1961.
○末木剛博『記号論理学』，東京大学出版会，1962.
＊柴谷久雄『ラッセルにおける平和と教育』，御茶の水書房，1963.
＊沢田允茂『バートランド・ラッセルと論理学』，日本バートランド・ラッセル協会，1966.
＊岩松繁俊『20世紀の良心＝バートランド・ラッセルの思想と行動』，理論社，1968.
＊金子光男『ラッセル』，清水書院，1968.
＊末木剛博『論理学概論』，東京大学出版会，1969.
＊吉田夏彦『哲学と論理学』，日本バートランド・ラッセル協会，1969.

＊日高一輝『人間バートランド・ラッセル 素顔の人間像』，講談社，1970．
＊岩松繁俊『平和への告発――バートランド・ラッセルとナガサキ』，精文館，1971．
○吉田夏彦『ことばと実在 形式主義と集合の哲学』，新曜社，1971．
＊碧海純一『合理主義の復権 反時代的考察』，木鐸社，1973．
＊金子光男『ラッセル倫理思想研究』，酒井書店，1974．
＊野村博『ラッセルの社会思想』，法律文化社，1974．
＊日高一輝『ラッセル――恋愛と結婚』，河出書房新社，1974．
＊牧野力『ラッセル思想と現代』，研究社出版，1975．
＊市井三郎『人類の知的遺産66 ラッセル』，講談社，1980．
○田村祐三『数学の哲学』，現代数学社，1981．
＊高田熱美『ラッセル教育思想研究』，創言社，1983．
＊牧野力編著『ラッセル思想辞典』，早稲田大学出版部，1985．
○飯田隆『言語哲学大全Ⅰ 論理と言語』，勁草書房，1987．
○野本和幸『現代の論理的意味論――フレーゲからクリプキまで』，岩波書店，1988．
○飯田隆『言語哲学大全Ⅲ 意味と様相（下）』，勁草書房，1995．
○竹尾治一郎『分析哲学の発展』，法政大学出版会，1997．
○大西駿二『英国文豪の思想』，近代文芸社，1997．
○野本和幸『意味と世界――言語哲学論考』，法政大学出版局，1997．
○竹尾治一郎『分析哲学入門』，世界思想社，1999．
○野本和幸・山田友幸編『言語哲学を学ぶ人のために』，世界思想社，2002．
○服部裕幸『言語哲学入門』，勁草書房，2003．
＊三浦俊彦『ラッセルのパラドクス―世界を読み換える哲学―』，岩波新書，2005．
○飯田隆編『哲学の歴史 第11巻 論理・数学・言語』，中央公論新社，2007．
○三上真司『もの・言葉・思考―形而上学と論理―』，東信堂，2007．

論文篇②――理論哲学に関する論文
◆1910-1944
○高橋里美「ラッセルの真理に対する見解」，『哲学雑誌』Vol.27, No.309（1912），pp.89-108, No.310（1912），pp.57-73, Vol.28, No.312（1913），pp.61-75．
○三島衛「新実在論」，『六合雑誌』Vol.33, No.6（1913），pp.25-27．
○今福忍「所謂新しき論理の根本原理に就きて」，『哲学雑誌』Vol.30, No.338（1915），pp.1-36, No.339（1915），pp.35-59．
○田辺元「自然数論」，『哲学雑誌』Vol.30, No.337（1915），pp.33-67, No.338（1915），pp.37-73．
○TANABE, H. "Zur philosophischen Grundlegung der natuerlichen Zahlen", *Tohoku Mathematical Journal*, Vol.7（1915），pp.95-115．
○中沢臨川「新理智哲学」，『早稲田文学』No.110（1915），pp.2-13．
○TANABE, H. "Über die logische Grundlage des Zahlenkontinuums", *Tohoku

Mathematical Journal, Vol. 9 (1916), pp.46-60.
○錦田義富「最近のライブニッツ研究に就て」,『哲学研究』Vol.2, No.21 (1917), pp. 1-35.
○大島正徳「実験主義と新実在論」, 尼子止編『最近哲学の進歩』, 大日本学術協会, 1920, pp.81-108.
○綾川武治・久保勘三郎「ラッセルの新実在論」, 綾川・久保著『近世哲学思潮大観』, 東京刊行社, 1920, pp.109-116.
＊土田杏村「ラッセルの思想の根本的立場（上）――ラッセル研究の第一――」,『文化』Vol.1, No.4 (1920), pp.30-45.
○三宅剛一「判断対象の構成に就て」,『哲学研究』Vol.5, No.55 (1920), pp.13-47.
＊土田杏村「ラッセルの哲学」,『改造』Vol.3, No.7 (1921), pp.9-14.
＊西田幾多郎「学者としてのラッセル」,『改造』Vol.3, No.9 (1921), pp.81-83.
＊桑木厳翼「鋭角的人物」,『改造』Vol.3, No.9 (1921), pp.102-108.
○稲毛詛風「ラツセルの哲学」,『創造』Vol.3, No.1 (1921), pp.68-71, No.2 (1921), pp.52-54.
＊大島正徳「バートランド, ラッセルの哲学に就て」,『哲学雑誌』Vol.36, No.413 (1921), pp.1-24, No.414 (1921), pp.47-85.
○城戸幡太郎「ラッセル氏の心理学説を評す」,『哲学雑誌』Vol.37, No.428 (1922), pp.88-110.
○宮本鉄之助「還元可能性の公理（The Axion of Reducibility）に就いて」,『哲学雑誌』Vol.37, No.425 (1922), pp.75-82, No.428 (1922), pp.112-120, No.429 (1922), pp.90-94.
○伊藤恵「バートランド・ラッセル氏の改造論と新実在論の哲学」,『学習研究』Vol.2, No.2 (1923), pp.31-45.
○吉田実「数学と論理学」,『算術教育』No.9 (1923), pp.27-32, No.10 (1923), pp.60-68.
○大島正徳「バートランド・ラッセルの哲学」, 大島著『英米新実在論』(『哲学講座 哲学の諸学派研究 下』所収), 近代社, 1927, pp.43-76.
○白石早出雄「無限集合可能の条件及びラッセルの論理説」, 白石著『現代数理哲学問題』(『哲学講座 哲学の諸問題研究 下』所収), 近代社, 1927-28, pp.47-72.
○三宅剛一「数の対象性」,『哲学研究』Vol.14, No.158 (1929), pp.1-56.
＊高木貞治「数理が顕く（？）」, 高木著『続数学雑談』(続輓近高等数学講座), 共立社, 1930-31, pp.73-122.
○桑木厳翼「科学主義――ラツセル」, 桑木著『現代哲学思潮』, 改造社, 1932, pp.153-187.
○佐藤信衛「数と時間」, 佐藤著『自然の認識に於ける原理』, 鉄塔書院, 1932, pp.89-127.
○平野智治「数学基礎論の展望」,『東京物理学校雑誌』No.531 (1936), pp.63-70, No.532 (1936), pp.87-93.

○輿水実「数学的論理学の動向（ラッセル以後）」,『算術教育』No.173（1937），pp.20-28.
○兒山敬一「ラッセルの部類説」, 兒山著『数理哲学』, モナス，1937，pp.335-364.
○戸川行男「ラッセルの哲学——自然科学の哲学——」, 金子馬治編『現代哲学十二講』, 理想社，1937, pp.501-48.
○吉岡修一郎「集合論と現実」,『綜合科学』Vol.2, No.8（1937），pp.18-27.
○ONO, K. "Logische Untersuchungen über die Grundlagen der Mathematik", *Journal of the Faculty of Science, Imperial University of Tokyo, Section I*, Vol.3, Part 7（1938），pp.329-389.
○河野伊三郎「ラッセルの世界観」,『科学ペン』Vol.3, No.1（1938），pp.64-70
＊下村寅太郎「バートランド・ラッセル」,『進化主義』, 河出書房，1938，pp.177-214
＊下村寅太郎「「イギリス的哲学者」としてのラッセル」, 下村著『科学史の哲学』, 弘文堂書房，1941，pp.20-47.
○大島正徳「ラッセルの学説」, 大島著『現代実在論の研究』, 至文堂，1943，pp.486-509.
○下村寅太郎「「実・無限」の数学的形成」, 下村著『無限論の形成と構造』, 弘文堂，1944，pp.105-175.

◆1945-1959
○伊藤誠「科学論理学の展望」,『基礎科学』No.10（1949），pp.12-17.
＊篠原雄「言語と世界構造——バートランド・ラッセルの近著『意味と真実性えの探究』を読んで——」,『思想の科学』Vol.4, No.1（1949），pp.19-33.
＊伊藤誠「ラッセル」,『理想』No.200（1950），pp.64-72.
＊西川竹彦「ラッセルの「感覚与件」に就いて」,『信州大学繊維学部研究報告』No.3（1953），pp.158-162.
○吉田夏彦「形式主義としての論理実証主義」,『哲学雑誌』Vol.70, No.727（1955），pp.51-69, Vol.71, No.730（1956），pp.55-76.
＊福鎌達夫「RussellとDeweyの「真理」論争」,『千葉大学文理学部紀要　文化科学』Vol.1, No.3（1955），pp.149-165.
＊菊川忠夫「ロジカル・アトミズムの形成と展開——ラッセルとその系譜——」,『倫理学研究』No.4（1956），pp.76-88.
○吉村融「現代イギリス哲学の動向（一）——特に分析哲学の展開を中心として——」,『哲学雑誌』Vol.71, No.733（1956），pp.1-46.
○坂本百大「存在の意味論的解析」, 植田清次編『言語・意味・価値——分析哲学研究論集その二——』, 早稲田大学出版部，1956，pp.221-251.
○市井三郎「分析哲学——論理実証主義を含む運動の歴史と西欧民主主義——」,『岩波講座　現代思想Ⅵ　民衆と自由』, 岩波書店，1957，pp.315-354.
＊坂本百大「言語の階層構造」,『哲学雑誌』Vol.72, No.736（1957），pp.45-59.
＊植田清次「現代哲学の一方向——デューイ的行動主義か，ラッセル的実在論か——」,

植田清次編『科学哲学への道―分析哲学研究論集その四―』，早稲田大学出版部，1958，pp.7-27.
＊鈴木茂男「ラッセルの論理学の思想的背景――『数学原理』の成立をめぐって――」，植田清次編『科学哲学への道―分析哲学研究論集その四―』，早稲田大学出版局，1958，pp.219-241.
＊大出晁「Principia Mathematica における命題函数Ⅰ」，植田清次編『科学哲学への道―分析哲学研究論集その四―』，早稲田大学出版局，1958，pp.242-275.
○吉村融「分析哲学の発展史(2)――日常言語の分析から――」，末木剛博編『講座 現代の哲学Ⅱ 分析哲学』，有斐閣，1958，pp.51-100.
○中村秀吉「論理学と数学」，末木剛博編『講座 現代の哲学Ⅱ 分析哲学』，有斐閣，1958，pp.177-221.
○大出晁「Principia Mathematica における命題函数Ⅱ」，『哲学』（三田哲学会）No.35（1958），pp.95-119.
○OIDE, A. "La fonction propositionelle de Principia Mathematica", *Annals of the JAPS*, Vol.1, No.3 (1958), pp.21-36.
＊小岩健介「経験論における論理主義の立場－ラッセル研究－」，『宮城県農業短期大学学術報告』No.6（1959），pp.105-111, No.7（1960），pp.80-84.

◆1960-1969
○鈴木茂男「科学言語としての論理学――Russell, Hilbert, Carnap をめぐって――」，植田清次編『現代哲学の基礎―分析哲学研究論集その五―』，早稲田大学出版部，1960，pp.44-70.
○竹尾治一郎「判断の客観性について」，植田清次編『現代哲学の基礎―分析哲学研究論集その五―』，早稲田大学出版部，1960，pp.122-146.
○永井博「数概念の成立」，永井著『数理の存在論的基礎』，創文社，1961，pp.3-55.
＊中村雄二郎・生松敬三・田島節夫・古田光「現代哲学と現代思想(1)――人間と自然――」，中村・生松・田島・古田著『思想史――歴史的社会を貫くもの』，東京大学出版会，1961，pp.207-231.
○山元一郎「階型的言語行動としての哲学」，『思想』No.448（1961），pp.96-108.
＊吉田夏彦「ラッセルの理論哲学」，『理想』No.345（1962），pp.1-10.
＊石本新「ラッセルの論理学」，『理想』No.345（1962），pp.11-22.
＊鈴木茂男「Wittgenstein の Russell への影響について―Russell の Logical Atomism 成立をめぐって―」，『新潟大学教育学部紀要』Vol.3, No.1（人文・社会科学編）（1962），pp.11-30.
○MAEHARA, S. "Cut-Elimination Theorem concerning a Formal System for Ramified Theory of Types Which Admits Quantification on Types", *Annals of the JAPS*, Vol.2, No.2 (1962), pp.1-10.
○杉原丈夫「数学及び他の諸科学との関係」，田中美知太郎編『講座哲学大系 第三巻 科学理論と自然哲学』，人文書院，1963，pp.244-275.

○赤摂也「数学の基礎」, 赤著『新初等数学講座 現代の数学 第6分冊 基礎論』, ダイヤモンド社, 1963, pp.5-41.
○武田弘道「現代哲学との交渉」, 田中美知太郎編『講座哲学大系 第三巻 科学理論と自然哲学』, 人文書院, 1963, pp.276-287.
＊永井成男「存在仮定のない論理学―Principia Mathematica の体系から存在仮定を除く試み―」,『科学哲学年報』Vol.3（1963）, pp.21-31.
＊藤村龍雄「記述理論の諸問題」,『哲学雑誌』Vol.78, No.750（1963）, pp.181-202.
○石本新「論理学と哲学」, 碧海純一・石本新・大森荘蔵・沢田允茂・吉田夏彦編『科学時代の哲学1 論理・科学・哲学』, 培風館, 1964, pp.181-199.
＊川戸好武「ラッセル知識論――1912年まで――」,『弘前大学人文社会』No.32（1964）, pp.18-35.
＊吉田夏彦「現代合理主義の発展」, 清水幾太郎編『思想の歴史8 近代合理主義の流れ』, 平凡社, 1965, pp.249-312.
○瀬在良男「論理実証主義と論理主義的記号理論」, 瀬在著『記号論序説 その歴史と体系』, 駿河台出版社, 1966, pp.55-85.
＊永井成男「論理実証主義における原子論的還元主義とその限界」,『科学哲学年報』Vol.6（1966）, pp.1-5.
○坂本百大「判断と推論」, 沢田允茂編『明治図書講座 現代科学入門9 現代の論理学』, 明治図書出版, 1967, pp.67-93.
＊吉田夏彦「論理と数」, 沢田允茂編『明治図書講座 現代科学入門9 現代の論理学』, 明治図書出版, 1967, pp.94-115.
＊小池平八郎「ラッセルの外界論」, 小池著『英国経験論における外界存在の問題』, 未来社, 1967, pp.278-408.
○針生清人「二つの論理的原子論」,『白山哲学』No.5（1967）, pp.42-71.
○好田順治「数学の基礎に関する思想Ⅱ―論理主義と直観主義について―」,『名古屋学院大学論集』No.16（1968）, pp.284-302.
　――ラッセルからフレーゲへの 1902年6月16日付の書簡の翻訳と, フレーゲからラッセルへの 1920年6月22日付の書簡のほぼ全文訳を含む（pp.288-290）
○藤原晋吾「ウイットゲンシュタイン研究（二）――論理主義批判の観点――」,『金沢大学法文学部論集 哲学編』No.16（1968）, pp.59-82.
○吉田夏彦「現代の論理学」, 沢田允茂・大森荘蔵・市井三郎編『岩波講座 哲学Ⅹ 論理』, 岩波書店, 1968, pp.37-74.
○吉田夏彦「哲学・論理学・数学」,『数理科学』No.59（1968）, pp.36-40.
＊服部千代子「経験的知識について－B. Russell の実在論から－」,『大阪成蹊女子短期大学研究紀要』No.6（1969）, pp.101-110.
＊吉田謙二「バートランド・ラッセルの構成的理論について」,『大阪電気通信大学研究論集 人文・社会科学篇』No.5（1969）, pp.16-32.

◆1970-1979
* 吉田夏彦「ラッセルの数理哲学と論理学」,『理想』No.448 (1970), pp.8-15.
* 一柳富夫「ラッセルの認識論」,『理想』No.448 (1970), pp.16-25.
○竹尾治一郎「分析哲学と形而上学」,『理想』No.461 (1971), pp.34-47.
○武田弘道「分析哲学――その生い立ち――」,『理想』No.461 (1971), pp.69-78.
* 本多修郎「現代科学の境位――ラッセルの科学思想――」,『理想』No.445 (1970), pp.1-8.
* 吉田謙二「バートランド・ラッセルの構成主義理論における還元関係について」,『大阪電気通信大学研究論集 人文・社会科学篇』No.6 (1970), pp.89-107.
* 山元一郎・石本新「三人の科学哲学者――科学哲学と言語哲学の革命」, 山元一郎編『世界の名著58 ラッセル ウィトゲンシュタイン ホワイトヘッド』, 中央公論社, 1971, pp.5-79.
* 宇藤昌吉「ラッセル論――バートランド・ラッセルの哲学に関する二, 三の方法論的考察」,『科学基礎論研究』Vol.10, No.3 (1971), pp.1-9.
○渋谷克美「ラッセルの記述理論――マイノングの問題を中心として――」,『哲学会誌』(弘前大学哲学会) No.7 (1971), pp.17-24.
* 野本和幸「Bertrand Russell の存在論＜その1＞ 》存在論と論理《 (1903～1910)」,『茨城大学教養部紀要』No.3 (1971), pp.1-26.
○石本新「解説」, 石本編『論理思想の革命――理性の分析』, 東海大学出版会, 1972, pp.1-24.
* 一柳富夫「ラッセルの認識論と現代」,『倫理学年報』No.21 (1972), pp.167-180.
○竹尾治一郎「分析哲学」, 藤沢令夫編『哲学を学ぶ人のために』, 世界思想社, 1972, pp.125-147.
○中村秀吉「論理的パラドックス」, 中村著『パラドックス』, 中公新書, 1972, pp.1-67.
* 野本和幸「バートランド・ラッセルの記述理論形成の過程――意味論・存在論の見地から――」,『哲学研究』Vol.45, No.524 (1972), pp.29-52.
* 石黒満「内面的関係と外面的関係――主としてラッセルにしたがって――」,『哲学雑誌』Vol.88, No.760 (1973), pp.179-193.
* 石本新「数理論理学の系譜 1872→1970――様相論理学の現場から」,『遊』No.7 (1973), pp.129-141.
○藤田晋吾「問題概念としての意味」,『哲学』(日本哲学会) No.23 (1973), pp.85-96.
* 吉田謙二「バートランド・ラッセルの構成主義理論における論理的限界について」,『人文学』No.124 (1973), pp.25-52.
* 吉田謙二「バートランド・ラッセルの構成概念としての＜時間＞について」,『人文学』No.127 (1974), pp.27-48.
* 太田黒実「B. ラッセル」,『熊本大学教育学部紀要 第2分冊 人文科学』No.24 (1975), pp.145-153.
○大出晁「論理学から見た「存在」の問題」,『哲学』(日本哲学会) No.26 (1976), pp.

1-20.
* 黒崎宏「ウィトゲンシュタインとラッセル――ハイエクの「未完の草稿」を読んで――」,『月刊言語』Vol.5, No.9（1976）, pp.82-89.
○山本巍「問題としての実体――アリストテレス実体論の見取図――」,『理想』No.516（1976）, pp.2-26.
* 石黒満「与えられたものと構築されたもの――センス・データ理論――」,『山形大学紀要 人文科学』Vol.8, No.4（1977）, pp.109-141.
* 斎藤繁雄「ラッセル」, 飯島宗享編『現代哲学の課題 現代10大哲学』, 富士書店, 1977, pp.197-221.
○末木剛博「フレエゲとラッセル」, 末木著『ウィトゲンシュタイン論理哲学論考の研究Ⅱ 註釈編』, 公論社, 1977, pp.339-402.
○田村祐三「数学的知識（1）」,『福井大学教育学部紀要 第Ⅰ部 人文科学 哲学編』No.27（1977）, pp.35-47.
○田村祐三「数学における普遍と個別」,『福井大学教育学部紀要 第Ⅰ部 人文科学 哲学編』No.29（1979）, pp.23-37, No.30（1981）, pp.1-14.
* 土屋純一「ブラッドリとラッスル――いわゆる「内的関係の学説」をめぐって――」,『金沢大学法文学部論集 哲学篇』Vol.27（1979）, pp.1-21.
* 吉田謙二「バートランド・ラッセルの論理的構成の方法について――＜数＞の定義を手がかりとして――」,『人文学』No.134（1979）, pp.10-38.

◆1980-1989
* 土屋盛茂「パラドックスとラッセルのタイプ理論」,『香川大学一般教育研究』No.17（1980）, pp.13-42.
○中村秀吉「時間の論理的構成」, 中村著『時間のパラドックス』, 中公新書, 1980, pp.69-87.
* 服部裕幸「ラッセルの自我に関する議論について」,『哲学と教育』No.28（1980）, pp.21-31.
* 吉田謙二「バートランド・ラッセルの＜空間＞と＜時間＞の関係について」,『文化学年報』（同志社大学文化学会）No.29（1980）, pp.1-22.
* 吉田謙二「バートランド・ラッセルの「分析」について」,『人文学』No.136（1981）, pp.33-56.
* 田中芳美「B・ラッセルの哲学」,『ぱいでいあ』（大阪薬科大学）Vol.6（1982）, pp.75-88.
* 田村慶一「ラッセルの論理的構成と言語論的構想――論理的原子論の哲学――」,『白山哲学』No.16（1982）, pp.119-139.
* 土屋純一「記述理論の成立」,『金沢大学文学部論集 行動科学科篇』No.2（1982）, pp.87-106.
○野本和幸「直示性・指標性・社会性――新言語哲学の展開」,『理想』No.590（1982）, pp.31-48.

- ○藤田晋吾「論理学は超物理学か」,『秋田大学教育学部研究紀要 人文・社会科学』No.32 (1982), pp.1-16, No.34 (1984), pp.1-15.
- ＊吉田謙二「バートランド・ラッセルの記述の理論における「記述句」について」,『人文学』No.137 (1982), pp.1-18.
- ＊土屋純一「見知りによる知識」,『金沢大学文学部論集 行動科学科篇』No.3 (1983), pp.109-121.
- ○宮田幸一「フッサールの固有名の意味について」,『哲学』(日本哲学会) No.33 (1983), pp.192-202.
- ＊日下部哲夫「ラッセルのデューイ批判」,『日本デューイ学会紀要』No.25 (1984), pp.72-77.
- ○中戸川孝治「Empty Subject Terms について――記述の理論による消去と,喩例の使用制限――」,『比較思想の途』Vol.3 (1984), pp.30-35.
- ＊吉沢昌恭「懐疑,科学,哲学」,『広島経済大学研究論集』Vol.7, No.1 (1984), pp.27-43.
- ○柴田正良「指示と非存在」,『科学哲学』Vol.18 (1985), pp.89-102.
- ＊立山善康「デューイ真理観についての一考察――ラッセルとの論争を手がかりとして――」,『日本デューイ学会紀要』No.26 (1985), pp.37-42.
- ＊土屋純一「ラッスルの判断論 (一)」,『金沢大学文学部論集 行動科学科篇』No.5 (1985), pp.103-112.
- ○野本和幸「現代意味論における『論考』の位置」,『現代思想』Vol.13, No.14 (1985), pp.372-401.
- ＊吉田謙二「バートランド・ラッセルの確定的記述について」,『人文学』No.141 (1985), pp.1-17.
- ＊吉田謙二「バートランド・ラッセルの認識的手続きについての一考察」,『文化学年報』(同志社大学文化学会) No.34 (1985), pp.19-36.
- ○渡辺二郎「フレーゲ対フッサール,ラッセル対ハイデッガー」,『現象学年報』No.3 (1987), pp.7-27.
- ○野本和幸「言語哲学の諸相」,『月刊言語』Vol.16, No.13 (1987), pp.26-34.
- ○今井知正「語られるものと語らせるもの」,『千葉大学人文研究』No.17 (1988), pp.77-133.
- ＊九鬼一人「ラッセルの否定の概念」,『哲学』(日本哲学会) No.38 (1988), pp.212-222.
- ＊戸田山和久「『プリンキピア・マテマティカ』における或る不整合の背景について」,『論集』(東京大学文学部哲学研究室) No.7 (1988), pp.59-72.
- ○渡辺二郎「ラッセル批判」,渡辺著『構造と解釈』,放送大学教育振興会, 1988, pp.103-124.
- ＊中川大「記述と直知の理論――初期ラッセル哲学の再構成」,『哲学』(北海道大学哲学会) No.25 (1989), pp.85-105.
- ○野本和幸「信念文のパズル」,『現代思想』Vol.17, No.7 (1989), pp.115-133.

◆1990-1999
○木村慎哉「固有名による指示について」,木村著『知覚と世界』,昭和堂,1990,pp.236-255.
○永井成男「論理主義的意味論と語用論の新展開」,『科学哲学』Vol.23(1990),pp.29-37.
○WATANABE, J.: Seinsverständnis, Aussage und Zeitlichkeit - Zum Ploblem bei Frege, Husserl, Russell und Heidegger, in: H. Busche / G. Heffernan / D. Lohmar (Hrsg.): *Bewußtsein und Zeitlichkeit - Ein Problemschnitt durch die Philosophie der Neuzeit*, Königshausen & Neumann, 1990, S.293-306.
＊赤星啓一「ウィットゲンシュタインとラッセル──その論理的原子論の比較検討──」,『人文論究』(関西学院大学人文学会)Vol.41, No.1(1991), pp.43-56.
○石本新「レスニェウスキー存在論における確定記述」,『科学哲学』Vol.24(1991), pp.57-73.
○岩倉孝明「指示的確定記述と意味成分分析」,『哲学雑誌』Vol.106, No.778(1991), pp.227-244.
○内井惣七「数学的論理学の成立」,神野慧一郎編『現代哲学のバックボーン』,勁草書房,1991, pp.11-32.
○清塚邦彦「確定記述による直接指示──ドネランの区別について──」,『科学基礎論研究』Vol.20, No.3(1991), pp.27-34.
○清塚邦彦「＜個体述語＞としての存在」,『科学哲学』Vol.24(1991), pp.75-88.
○土屋純一「ラッセルとムア──言語哲学の台頭──」,神野慧一郎編『現代哲学のバックボーン』,勁草書房,1991, pp.85-104.
○野本和幸「名指しと信念 ポスト・クリプキ意味論の一展開」,『ゲームと計算』(現代哲学の冒険9),岩波書店,1991, pp.69-149.
○村越行雄「「前提」概念に関するストローソンの定義」,『跡見学園女子大学紀要』Vol.24(1991), pp.17-43.
＊吉田謙二「バートランド・ラッセルの科学的推理,正当化のための「要請」の必然性」,『人文学』No.151(1991), pp.1-23.
＊藁谷敏晴「レシニェフスキー存在論とラッセルの記述理論」,『科学基礎論研究』Vol.20, No.3(1991), pp.177-182.
○清塚邦彦「存在文の解釈について」,『文化』(東北大学文学会)Vol.55, No.3・4(1992), pp.46-64.
＊柴田啓文「ラッセルの命題論とウィトゲンシュタインの命題論」,『立命館文学』No.522(1992), pp.206-221.
○田中芳美「ラッセルの哲学」,田中著『現代哲学の基底』,世界思想社,1992, pp.35-66.
○石黒ひで「「言語論的転回」とはなにか」,『岩波講座 現代思想4 言語論的転回』,岩波書店,1993, pp.87-116.
＊岡本賢吾「関係の存在をどう捉えるか ラッセルが「アイデアリズム」の哲学から引

き出した一つの問題」,『現代思想』Vol.21, No.8（1993), pp.290-309.
＊竹尾治一郎「解説」,ラッセル著『心の分析』,竹尾治一郎訳,勁草書房, 1993, pp. 377-391.
○中川大「前提と記述──真偽二値性へのふたつの態度──」,『科学基礎論研究』Vol.21, No.2（1993), pp.7-12.
＊中川大「判断論の解体──ウィトゲンシュタインのラッセル批判をめぐって──」,『哲学』（北海道大学哲学会）Vol.29（1993), pp.40-57.
○ NOMOTO, K. "Glaubenssätze und direkter Bezug" (Philosophisches Kolloquium, Universität Konstanz, 1992.6.), *Annals of the JAPS*, Vol.8, No.3（1993), pp.17-41.
＊林隆「ラッセルの物質，空間，時間の構成」,『京都産業大学論集 人文科学系列』Vol.20（1993), pp.1-23.
○飯田隆「存在論の方法としての言語分析」,『岩波講座 現代思想7 分析哲学とプラグマティズム』,岩波書店, 1994, pp.67-94.
＊大辻正晴「言語論的転回──ラッセル判断理論とウィトゲンシュタイン──」,『科学基礎論研究』Vol.22, No.1（1994), pp.21-26.
＊田中正「ヒュームの懐疑と近代物理学の展開──アインシュタインとラッセルの争点」,田中著『物理学と自然の哲学』,新日本出版社, 1995, pp.111-160.
○NOMOTO, K. "The Semantics for Belief Sentence" (The Prague Conference in Honour of G.Frege,1992.8.),『人文学報』（東京都立大学人文学部）No.256（1995), pp.1-36.
＊岡本賢吾「ラッセルのパラドクスと包括原理の問題」,『現代思想』Vol.25, No.9（1997), pp.133-142.
○石黒ひで「ウィトゲンシュタインとタイプ理論」（中川大訳）,『現代思想』Vol.25, No.9（1997), pp.208-224.
○久保陽一「ラッセルのヘーゲル批判について」,久保著『ヘーゲル論理学の基底──反省批判と関係の存在論──』,創文社, 1997, pp.231-255.
○谷沢淳三「upalakṣaṇa と「指示的用法」──Vākyapadīya を手がかりにして──」,『印度学仏教学研究』Vol.45, No.2（1997), pp.67-72.
＊戸田山和久「悪循環原理，分岐タイプ，そして「ラッセルの構成主義」」,『哲学雑誌』Vol.112, No.784（1997), pp.91-110.
○永井成男「個体名言語を対象言語とする一階述語論理学による論理主義の新展開へ向けて」,永井成男・和田和行『哲学的論理学』,北樹出版, 1997, pp.228-245.
○中川大「前提と同定─ストローソン指示理論の再検討」,『哲学』（北海道大学哲学会）Vol.33（1997), pp.57-75.
＊橋本康二「ラッセルの最初の真理論」,『哲学論叢』No.24（1997), pp.64-75.
＊吉田謙二「B・ラッセルの論理主義に関する一考察──「分析」と「構成」の動態──」,『同志社哲学年報』No.20（1997), pp.1-25.
○赤星慶一「『数学の諸原理』の意味論・1」,『人文論究』（関西学院大学人文学会）

Vol.48, No.1（1998), pp.110-122.
○竹尾治一郎「真理と意味」，竹尾著『言語と自然』，関西大学出版部，1998，pp.3-27.
○角田秀一郎「ラッセルの逆理の懐疑的解決」，『人間文化研究科年報』Vol.14（1998),
pp.1-10.
＊橋本康二「存在論的転回と多重関係理論——中期ラッセル哲学の研究（一）——」，
『哲学・思想論集』No.24（1998), pp.53-88.
○赤星慶一「『数学の諸原理』の命題分析方法について」，『関西学院哲学研究年報』
Vol.33（1999), pp.28-42.
＊野阪宜正「バートランド・ラッセルの「記述の理論」における心理的意味の解明」，
『同志社哲学年報』No.22（1999), pp.95-112.
○橋本康二「量化をめぐるラッセル」，『哲学・思想論叢』Vol.17（1999), pp.59-70.
○三上真司「「無対象表象」：その存在論的合意の還元と承認 ブレンターノ学派・記述
理論・内包論理学」，『横浜市立大学論叢 人文科学系列』Vol.50, No.1（1999), pp.
147-182.
＊吉田謙二「B・ラッセルの科学的推理に関する要請の整序試論」，『アルケー』No.7
（1999), pp.12-23.

◆2000-
○橋本康二「真理対応説の再検討——真理と対応（一）——」，『哲学・思想論集』
No.26（2000), pp.39-60.
＊吉田謙二「B・ラッセルの論理主義的還元について」，『文化学年報』（同志社大学文
化学会）No.49（2000), pp.97-112.
○吉原雅子「信念文が不透明である理由」，『科学基礎論研究』，Vol.27, No.2（2000),
pp.15-20.
○嶋本隆光「モルタザー・モタッハリーの近代西洋唯物主義（無神論）批判——B.ラッ
セル批判を中心に」，『えくす・おりえんて』Vol.5（2001), pp.157-182.
＊中川大「初期ラッセルにおける「表示」の概念——1903～1904年の草稿を中心に
——」，『科学哲学』Vol.34, No.1（2001), pp.37-48.
○中川大「存在を否定すること マイノング—ラッセル論争についての覚え書き」，『哲
学倫理学研究』（北海道教育大学）Vol.5（2001), pp.11-20.
○中村直行「仮言命題等に関する提唱についての考察——*Principia Mathematica*を
超えて——」，『中部哲学会年報』No.34（2001), pp.63-88.
○野本和幸「抽象的存在とパラドクス——フレーゲの場合」，丹治信春（代表）『意味及
び様相の形而上学との関連から見た認識活動への自然主義的アプローチの再検討』
［平成12年度科学研究費補助金［基盤研究(C)］研究成果報告書］，2001, pp.13-28.
＊三上真司「存在と名辞（続）ラッセルとそれ以降」，『横浜市立大学論叢 人文科学系
列』Vol.52, No.3（2001), pp.45-87.
○野本和幸「論理と言語の哲学」，坂本百大・野本和幸編『科学哲学—現代哲学の転回—』，
北樹出版，2002, pp.80-96.

○野矢茂樹「これでラッセルのパラドクスは解決する」，野矢著『ウィトゲンシュタイン『論理哲学論考』を読む』，哲学書房，2002，pp.66-87.
＊戸田山和久「置き換え理論，そしてラッセルの数学の哲学についてまだわかっていないこと」，『科学哲学』Vol.36, No.2（2003），pp.1-19.
＊中川大「マイノング学派におけるラッセルのパラドクス──エルンスト・マリの観念論論駁──」，『科学哲学』Vol.36, No.2（2003），pp.21-32.
＊三平正明「ラッセルのパラドクス：もう一つの起源」，『科学哲学』Vol.36, No.2（2003），pp.33-48.
＊照井一成「素朴集合論とコントラクション」，『科学哲学』Vol.36, No.2（2003），pp.49-64.
＊向井国昭「超集合論── circularity の理論の現在──」，『科学哲学』Vol.36, No.2（2003），pp.65-77.
＊岡田光弘「矛盾は矛盾か」，『科学哲学』Vol.36, No.2（2003），pp.79-102.
＊岡本賢吾「命題を集合と同一視すること──包括原理からカリー＝ハワード対応へ」，『科学哲学』Vol.36, No.2（2003），pp.103-118.
＊高村夏輝「ラッセルのセンスデータ論と正当化」，『哲学・科学史論叢』No.5（2003），pp.101-136.
○中川大「方向と意味─ウィトゲンシュタインのカント的転回─」，岡本賢吾（代表）『論理学・数学の哲学の基礎づけに関する実在論，構成主義，物理主義の体系の比較と評価』［平成 13 年─16 年度科学研究費補助金基盤研究(B)(1)研究成果報告書］，2003，pp.9-17.
＊加地大介「『数学原理』 Principia Mathematica（1910-1913）」，『現代思想』Vol.32, No.11（2004），pp.114-117.
○倉田剛「マイノングの対象論」，『論集』（東京大学大学院人文社会系研究科・文学部哲学研究室）No.23（2004），pp.97-110.
○中山康雄「前提と信念」，『大阪大学大学院人間科学研究科紀要』Vol.30（2004），pp.91-112.
○荒磯敏文「痕跡を通した指示をともなう確定記述の指示的用法について」，『科学哲学』Vol.38, No.1（2005），pp.47-61.
○久木田水生「ラッセルの記述の理論とタイプ理論の関係について」，『哲学論叢』No.32（2005），pp.48-59.
○野村恭史「分岐タイプと還元公理──『プリンキピア・マテマティカ』新旧両版の内的連関をめぐって　　」，『北海道大学文学研究科紀要』No.116（2005），pp.1-24.
○松阪陽一「フレーゲの Gedanke とラッセルの Proposition──"On Denoting" の意義について」，『科学哲学』Vol.38, No.2（2005），pp.35-51.
○山田健二「ラッセルのプラグマティズム批判」，『哲学年報』（北海道哲学会）No.52（2005），pp.13-24.
○久木田水生「ラッセルの論理主義における非基礎付け主義」，『哲学研究』No.581（2006），pp.54-69.

○中川大「論理的真理は総合的か──ラッセルの論理主義──」、『思想』No.987（2006）, pp.73-87.
○野村恭史「『論考』とタイプ理論──『プリンキピア』第二版を手がかりに──」、『科学基礎論研究』Vol.33, No.2（2006）, pp.39-47.
○野本和幸「論理的意味論の源流，モデル論の誕生，そしてその展開──論理と言語の間で」、田中一之編『ゲーデルと20世紀の論理学②』、東京大学出版会, 2006, pp.191-272.
○藤田晋吾「アキレスと亀のパラドックス─ラッセルの解決を擁護して─」、『流通経済大学論集』Vol.41, No.1（2006）, pp.47-63.
○高村夏輝「代表象説のどこが間違っているのか」、『科学哲学』Vol.40, No.1（2007）, pp.81-93.
○土屋純一「ラッセル」、廣松渉他編『岩波哲学・思想事典』、岩波書店, 1998, p.1655.
○戸田山和久「ラッセル」、飯田隆編『哲学の歴史 第11巻 論理・数学・言語』、中央公論新社, 2007, pp.197-276.

論文篇③──理論哲学以外についての論文
◆1910-1944
○千葉鉱蔵「バアトランド・ラッセル氏と思想言論の自由問題」、『丁酉倫理会倫理講演集』No.171（1916）, pp.67-85.
＊中沢臨川「ベルトランド・ラッセルの立場」、『中央公論』Vol.34, No.10（1919）, pp.31-62.
＊小泉信三「学問芸術と社会主義」、『三田学会雑誌』Vol.13, No.11（1919）, pp.1-27.
○中島力造「新実有派の倫理学説」、中島著『最近倫理学説の研究』、岩波書店, 1919, pp.137-154.
＊室伏高信「福田博士とベルトランド・ラッセル 『解放の社会政策』と『真正のデモクラシー』」、『中央公論』Vol.34, No.8（1919）, pp.46-58.
＊生田弘治・本間久雄「ラッセル」、生田・本間著『社会改造の八大思想家』、東京堂書店, 1920, pp.91-142.
＊奥井復太郎「ラッセルの思想とウキリアム・ジェームス」、『三田学会雑誌』Vol.14, No.8（1920）, pp.122-133, No.9（1920）, pp.123-131, No.10（1920）, pp.144-157.
＊杉森孝次郎「ラッセルとその主張の批判的解剖」、『太陽』Vol.26, No.1（1920）, pp.2-10, No.2（1920）, pp.33-43.
＊室伏高信「ラツセル評伝」、『改造』Vol.3, No.1（1921）, pp.115-135.
○吉田静致「ラッセルの愛国心論を批評す」、『教育論叢』Vol.5, No.3（1921）, pp.1-11.
＊石沢久五郎「ラツセル，モネー及びパルメリーの社会改造論＝貧富研究其一三＝」、『実生活』No.64（1922）, pp.58-68.
＊宮島新三郎・相田隆太郎「ラツセルの社会改造論」、宮島・相田著『改造思想十二講』、

新潮社，1922，pp.115-154.
＊長谷川万次郎［如是閑］「ラッセルの社会思想と支那」，長谷川著『現代社会批判』，弘文堂書房，1922，pp.505-542.
○三浦藤作「新実在論派の倫理学説」，三浦著『輓近倫理学説研究』，文化書房，1923，pp.181-259.
＊川村豊郎「ラッセルの文明観と其の哲学」，『企業と社会』No.14（1927），pp.136-155.
○得能文「新実在論の人生観に就て」，得能著『最究竟者』，大村書店，1927，pp.147-173.
○永野芳夫「バァトランド・ラセル」，『現代欧米の哲学（仏・英・米・伊篇）』，改造社，1934，pp.295-315.

◆1945-1959
○今井新太郎「ラッセルの政治理念と国際主義」，『世界国家』Vol.3,No.2（1949），pp.10-14.
＊「ラッセルの「西欧哲学史」について」，唯物論研究会編『現代観念論哲学批判』，三一書房，1950，pp.135-157.
＊横田三郎「教育と政治」，『人文研究』（大阪市立大学文学会）Vol.4,No.1（1953），pp.51-66.
＊牧野宇一郎「個人と市民―ラッセルの教育目的」，『人文研究』（大阪市立大学文学会）Vol.5,No.3（1954），pp.49-77.
○山田英世「現代イギリス，アメリカの倫理学（Ethical Theory）――倫理的名辞の定義の問題を中心として――」，植田清次編『論理実証主義――分析哲学研究論集その一――』，早稲田大学出版部，1954，pp.439-468.
＊山田雄三「バートランド・ラッセル」，『あるびよん』No.26（1954），pp.23-28.
＊服部弁之助「バートランド・ラッセルの倫理思想」，『学術研究――人文・社会・自然――』Vol.4（1955），pp.155-163.
＊柴谷久雄「B・ラッセルの教育思想研究序説」，『教育科学』（広島大学教育学研究会）No.14（1956），pp.143-153.
＊市井三郎・吉田夏彦「BERTRAND RUSSELL の思想と生活」，『総合』Vol.1,No.3（1957），pp.182-193.
＊山本政夫「ラッセルの理性倫理について―特に"Human Society in Ethics and Politics"を中心として―」，『大阪学芸大学紀要 A．人文科学』No.5（1957），pp.60-70.
＊松原定信「B・ラッセルの倫理的基調」，『滋賀大学学芸学部紀要 人文科学・社会科学・教育科学』No.8（1958），pp.13-21.
＊山本政夫「ラッセルの倫理学――幸福と理性の倫理――」，大関将一編『現代の倫理学－新しい道徳教育の基礎－』，理想社，1958，pp.55-121.

◆1960-1969
＊碧海純一「ラッセルの戦争と平和の思想」,『思想』No.429（1960）, pp.1-12.
＊岡本仁三郎「社会改造と教育――バートランド・ラッセルの教育論の一考察――」,『大阪学芸大学紀要 A. 人文科学』No.8（1960）, pp.58-68.
＊柿山範人「ラッセルの倫理学について」,『埼玉大学紀要 人文科学篇』Vol.8（1960）, pp.7-19.
＊鎮目恭夫「ラッセルか バナールか？」,『思想』No.450（1961）, pp.43-54.
＊前田達郎「平和論と哲学―ラッセル、ルソー、カント、マルクス平和論の方法論をめぐって―」,『研究紀要』（新潟大学教育学部長岡分校）No.7（1961）, pp.7-16.
＊竹尾治一郎「ラッセルの教育思想」,『理想』No.345（1962）, pp.23-29.
＊久田見昇「ラッセルにおける性と結婚」,『理想』No.345（1962）, pp.30-37.
○柴崎武夫「Bertrand Russell と人間開発」,『英語教育』（大修館書店）Vol.10,No.12（1962）, pp.8-10,p.51.
＊福田恒存「平和か自由か―ラッセル批判―」,『自由』Vol.4,No.2（1962）, pp.2-15.
＊牧野力「ラッセルの国際政治思想――英国中立化論について――」,『季刊国際政治』1961年4号（1962）, pp.89-98.
○山本政夫「B・ラッセルにおける結婚の倫理について」,『道徳と教育』Vol.4,No.12（1962）, pp.2-7.
＊井上治郎「道徳教育への一つの視点――B・ラッセルを媒介として――」,『徳島県立教育研究所研究紀要』No.12（1963）, pp.75-83.
＊岩谷元輝「バートランド・ラッセルの宗教観」,『人文研究』（神奈川大学人文学会）No.24（1963）, pp.105-126.
○岩松繁俊「たゆまぬ「平和」への献身 バートランド・ラッセルのこと」,『月刊社会党』No.78（1963）, pp.117-133.
○HITOTSUYANAGI, T.（一柳高明）"A Cynical Probe into Bertrand Russell's Thoughts on Religion",『パスート』Vol.2（1963）, pp.59-70.
＊牧野力「ユートピアの図式――序言」,『教養諸学研究』（早稲田大学政治経済学部教養諸学研究会）No.17（1963）, pp.21-38.
＊太田彰一「ラッセルとニィチェ」,『岡山大学法文学部学術紀要』No.20（1964）, pp.33-44.
＊小野修「バートランド・ラッセルにおける抵抗の思想と行動」,『同志社法学』Vol.16,No.5（1964）, pp.1-35.
＊金子光男「B・ラッセル教育思想研究――政治権力と教育――」,『東京家政大学研究紀要』No.4（1964）, pp.99-108.
＊金子光男「B・ラッセル社会倫理基礎論――人間性探究の理論――」,『倫理学年報』No.13（1964）, pp.72-81.
＊金子光男「B・ラッセル倫理学序論」,『倫理学研究』（東京教育大学倫理学会）No.12（1964）, pp.21-39.
＊信岡巽「T・E・ヒュームの戦争観―バートランド・ラッセルとの論争をめぐって―」,

『亜細亜大学誌諸学紀要 人文・社会・自然』No.12（1964），pp.49-65.
○HITOTSUYANAGI, T.（一柳高明）"A Study of the Influence of Christianity on Bertrand Russell's Thoughts",『パスート』Vol.4（1964），pp.73-94.
* 岩松繁俊「社会思想家としてのバートランド・ラッセル――バートランド・ラッセル研究序説――」,『経営と経済』Vol.45,No.2・3（合冊）（1965），pp.261-282.
* 金子光男「政治権力と人間の自由―Ｂ・ラッセルの所説に基いて―」,『東京家政大学研究紀要』No.5（1965），pp.109-116.
* 金子光男「Ｂ・ラッセルの政治権力と倫理について――社会体制との関連において――」,『倫理学年報』No.14（1965），pp.115-124.
* 清水重夫「バートランド・ラッセル―九十三才の世紀の哲人―」,『新政経』No.180（1965），pp.30-37, No.181（1965），pp.20-27.
* 池尾健一「ラッセルのヒューマニズム」,『理想』No.393（1966），pp.37-44.
* 岩松繁俊「バートランド・ラッセルにおける平和活動の機関としての二つの平和財団について」,『経営と経済』Vol.46,No.2（1966），pp.45-105.
* 岩松繁俊「バートランド・ラッセルの平和思想と反帝国主義」,『経営と経済』Vol.45,No.4（1966），pp.141-208.
* 小野修「政治理論の哲学的連関にかんする一考察（一）――バートランド・ラッセルを中心として――」,『同志社法学』Vol.17,No.6（1966），pp.23-40.
* 小野修「政治思想の理論的基礎（二）――ラッセルにおける倫理的認識の変遷――」,『同志社法学』Vol.18,No.1（1966），pp.26-52.
* 金子光男「Ｂ．ラッセルの社会体制と教育について――科学的社会と教育――」,『東京家政大学研究紀要』No.6（1966），pp.119-128.
* 金子光男「Ｂ・ラッセルの社会体制論と倫理について」,『倫理学年報』No.15（1966），pp.100-110.
○本間征一郎「ラッセルの宗教批判について」,『精神科学』（日本大学哲学研究室）No.5（1966），pp.37-42.
○松原定信「バートランド・ラッセルの社会理想について」,『滋賀大学教育学部紀要 人文科学・社会科学・教育科学』No.16（1966），pp.1-8.
* 山崎時彦「ラッセルのCivil Disobedience論――その成立の周辺――」,『法学雑誌』（大阪市立大学法学会）Vol.12,No.4（1966），pp.1-40.
* 岩松繁俊「バードランド・ラッセルの戦争犯罪裁判」,『経営と経済』Vol.46,No.3・4（合冊）（1967），pp.119-145.
* 大竹勝「ラッセルの人間像と宗教観」,『東京経済大学人文自然科学論集』No.17（1967），pp.1-24.
* 金子光男「Ｂ・ラッセルのナショナリズム論――その論理構造と課題について――」,『東京家政大学研究紀要』No.7（1967），pp.135-144.
* 堀内守「現代教育思想の原型（その一）」,『人文学報』（東京都立大学人文学部）No.60（1967），pp.27-60.
* 宗像誠也「ベトナム戦争と人間の尊厳――ラッセル法廷に寄せて――」,『教育』（国

土社）Vol.17,No.7（1967），pp.6-14.
* 今村与志雄「日本文化・魯迅・ラッセル」，尾藤正英編『中国文化叢書10 日本文化と中国』，大修館書店，1968，pp.288-306.
* 小野修「権力の視点にもとづく社会分析」，『同志社法学』Vol.19,No.4（1968），pp.1-26，No.5（1968），pp.1-20.
* 金子光男「B・ラッセル教育哲学の今日的課題――ナショナリズムと教育の問題を中心として――」，『教育哲学研究』No.18（1968），pp.14-33.
* 金子光男「B・ラッセルの人間像形成論」，『精神科学』（日本大学哲学研究室）No.7（1968），pp.32-46.
* 金子光男「B.ラッセルのヒューマニズム論――断固たる絶望から希望の倫理へ――」，『東京家政大学研究紀要』No.8（1968），pp.135-143.
* 高田熱美「B.Russell における倫理と教育の問題」，『九州大学教育学部紀要』No.14（1968），pp.1-11.
* 高橋正雄「B・ラッセルのＳＰＤ論――紹介と今日的意義――」，『フェビアン研究』Vol.19,No.9（1968），pp.1-9，No.10（1968），pp.1-11，No.11（1968），pp.1-11.
* 牧野力「民主主義の第三の試煉――ラッセルの民主主義論研究――」，『教養諸学研究』（早稲田大学政治経済学部教養諸学研究会）No.29（1968），pp.25-48.
* 岩松繁俊「バートランド・ラッセル」，『思想の科学』（第5次）No.91（1969），pp.48-53.
* 小野修「バートランド・ラッセルにおける非武装と中立の思想」，憲法研究所編『永世中立の諸問題』，憲法研究所出版部，1969，pp.60-74.
* 金子光男「現代日本教育の自立的思想＝B・ラッセルの示唆するもの＝」，『東京家政大学研究紀要』No.9（1969），pp.105-113.
* 高田熱美「B.Russell における性格の教育について」，『九州大学教育学部紀要』No.15（1969），pp.1-12.

◆1970-1979
* 市井三郎「バートランド・ラッセルの中国論」，『中国』（中国の会）No.84（1970），pp.38-48.
* 柴谷久雄「ラッセルの教育思想」，『教育新時代』No.29（1970），pp.1-7.
* 金子光男「ラッセル教育思想の日本的課題」，『教育新時代』No.29（1970），pp.7-15.
* 高田熱美「ラッセル教育学における義務の問題」，『教育新時代』No.29（1970），pp.15-21.
* 由良君美「ラッセル卿のために」，『理想』No.448（1970），pp.1-7.
* 岩松繁俊「ラッセルの自由論と社会変革論」，『理想』No.448（1970），pp.26-33.
* 鈴木祥蔵「バートランド・ラッセルの教育」，『理想』No.448（1970），pp.34-40.
* 金子光男「ラッセルの幸福論」，『理想』No.448（1970），pp.41-49.
* 間瀬啓允「ラッセルにおける宗教と神・批判」，『理想』No.448（1970），pp.50-57.
* 日高一輝「ラッセルの平和運動」，『理想』No.448（1970），pp.58-64.

* 河合秀和「知識人の自由と独立——バートランド・ラッセル卿の死に際して——」,『世界』No.293（1970）, pp.146-158.
* 木村伊勢雄「現代文明の危機と新しい宗教——シュヴァイツァー, ラッセル, トインビーの思想を中心にして——」,『国士舘大学人文学会紀要』Vol.2（1970）, pp.35-58.
* 高田熱美「教育における欲望, 衝動, 精神の問題—Russell の倫理学を中心として—」,『九州大学教育学部紀要』No.16（1970）, pp.15-25.
* 高田熱美「ラッセル倫理学における「善」の意味について——教育目的の基底として——」,『教育哲学研究』No.21（1970）, pp.32-47.
* 谷川徹三「ラッセルと宗教——ラッセル追悼——」,『世界』No.293（1970）, pp.138-145.
* 牧野力「バートランド・ラッセルについて——"Open mind and open heart"——」,『文京女子短期大学紀要』No.3（1970）, pp.189-204.
* 小野修「ラッセルの教育論」,『木野評論』No.2（1971）, pp.118-135.
* 清岡雅雄「平和考察——バートランド・ラッセルの思考に立ちて」,『西南学院大学法学論集』Vol.4, No.1・2（合冊）（1971）, pp.29-53.
* 市井三郎「B・ラッセルをしのぶ——生誕百年によせて——」,『世界』No.319（1972）, pp.316-319.
* 粂輝明「B. ラッセルの倫理思想」,『一宮女子短期大学紀要 人文・社会科学編』No.7（1972）, pp.1-9.
* 塩見慎朗「ラッセルにおける平和教育の基底」,『神学と人文』Vol.12（1972）, pp.246-265.
* 野村博「B・ラッセルの倫理思想」,『人文学論集』（仏教大学文学部学会）Vol.6（1972）, pp.21-37.
* 藤田武雄「バートランド・ラッセルの宗教観」,『浜松短期大学研究論集』No.14（1972）, pp.1-29.
* MAKINO, T. "Russell's Influence in China and Japan",『教養諸学研究』（早稲田大学政治経済学部教養諸学研究会）No.41（1972）, pp.55-63.
○ 川田哲朗「バートランド・ラッセルの教育思想」,『社会科における研究と教育 佐々木竜作教授退官記念論文集』, 佐々木竜作教授退官記念事業会, 1973, pp.96-108.
* 塩見慎朗「ラッセルにおける愛情と同情の問題」,『神学と人文』Vol.13（1973）, pp.115-129.
* 野村博「B・ラッセルの政治思想」,『人文学論集』（仏教大学文学部学会）Vol.7（1973）, pp.1-21.
* 藤本一雄「B・ラッセルの教育観とA・S・ニイルの教育観の思想的連関」,『芦屋大学創立十周年記念論文集』, 文雅堂銀行研究社, 1973, pp.91-112.
○ 赤堀孝「ラッセルの教育思想」,『フィロソフィア』No.62（1974）, pp.1-28.
* 春日佑芳「ラッセルの孤独と人間愛」,『防衛大学校紀要』No.29（1974）, pp.1-37.
○ 高田熱美「教育における価値と自由の問題—— Bertrand Russell を中心として——」,『九州大学医療技術短期大学部紀要』No.1（1974）, pp.13-21.

* 野村博「B・ラッセルの宗教思想」,『仏教大学研究紀要』No.58（1974）, pp.17-62.
* IWAMATSU, S. "The Beginning of My Correspondence with Bartrand Russell about Peace",『経営と経済』Vol.55,No.2・3（合冊）(1975), pp.51-64.
* 尾渡達雄「ラッセル倫理学の展開と英国倫理の伝統」,『大分大学教育学部研究紀要 B集 人文・社会科学』Vol.4,No.5（1975）, pp.57-67.
○ 高田熱美「教育における倫理的価値について——Bertrand Russellを中心として——」,『九州大学医療技術短期大学部紀要』No.2（1975）, pp.1-12.
* 野村博「B・ラッセルの権力論」,『社会学部論叢』（仏教大学社会学部学会）No.9（1975）, pp.13-28.
○ 野本和幸「バートランド・ラッセルの倫理思想」, 松永希久夫・岡野昌雄編『西洋精神の源流と展開』, ペディラヴィウム会, 1975, pp.177-207.
* 牧野力「バートランド・ラッセルの公害論」,『争点』Vol.3,No.10（1975）, pp.10-17.
* 塩見慎朗「ラッセル教育思想における個人と集団の問題」,『神学と人文』Vol.16（1976）, pp.1-17.
* 小野修「バートランド・ラッセルと対ソ予防戦争論」,『広島平和科学』No.1（1977）, pp.89-109.
* 小野修「ラッセルと平和の探究」,『平和研究』No.2（1977）, pp.99-110.
* 牧野力「バートランド・ラッセルの社会主義論」,『教養諸学研究』（早稲田大学政治経済学部教養諸学研究会）No.56（1977）, pp.1-26.
* 牧野力「バートランド・ラッセルの宗教論」,『教養諸学研究』（早稲田大学政治経済学部教養諸学研究会）No.54（1977）, pp.63-78.
* 桑原作次「バートランド・ラッセルの教育思想」,『白鴎女子短大論集』Vol.4,No.1（1978）, pp.46-70, Vol.5,No.1（1979）, pp.1-45.
* 高田熱美「バードランド・ラッセルの教育思想」,『九州大学医療技術短期大学部紀要』No.5（1978）, pp.1-12, No.6（1979）, pp.1-11, No.8（1981）, pp.7-16, No.9（1982）, pp.1-9, No.14（1987）, pp.69-79, No.15（1988）, pp.87-99, No.22（1995）, pp.31-39, No.23（1996）, pp.1-8, No.24（1997）, pp.1-15.
* 野村博「バートランド・ラッセルにおける自由の概念」,『三船祥二郎教授古稀記念論文集 現代社会と人間の諸問題』, 三船祥二郎教授古稀記念論文集編集委員会, 1978, pp.111-126.
* 住田和子「バートランド・ラッセルの教育思想に於ける自由の概念」,『光塩学園女子短期大学紀要』No.1（1979）, pp.17-36.
* 工藤亨「初期B・ラッセルと「自然主義（広義）」」,『倫理学年報』No.28（1979）, pp.103-118.
* 牧野力「'OPEN MINDS; OPEN HEARTS'——バートランド・ラッセルの著書の内側にひそむもの——」,『人文社会科学研究』（早稲田大学理工学部一般教育人文社会科学研究会）No.17（1979）, pp.17-38.
* 牧野力「バートランド・ラッセルの「不可知論」について」,『教養諸学研究』（早稲田大学政治経済学部教養諸学研究会）No.58・59・60（合併号）(1979), pp.21-38.

◆1980-1989
* 秋山安永「D. H. Lawrence と Bertrand Russell の人間的思想的相違について」,『八幡大学社会文化研究所紀要』No.7（1980）, pp.68-91.
* 塩見慎朗「ラッセルの大学論」,『神学と人文』Vol.20（1980）, pp.65-85.
* 牧野力「バートランド・ラッセルの教育論」,『教養諸学研究』（早稲田大学政治経済学部教養諸学研究会）No.61・62・63（合併号）（1980）, pp.25-52.
* 内野末雄「ソ連・中国・日本——B・ラッセルの分析によせて——」,『二松学舎大学論集』昭和56年度号（1981）, pp.85-110.
* 吉浜精一郎「科学哲学における政治と倫理——バートランド・ラッセル」, 飯坂良明・渋谷浩・藤原保信編『現代の政治思想』, 理想社, 1981, pp.153-185.
* 岩松繁俊「バートランド・ラッセルの差別にたいするたたかい」,『ながさき部落解放研究』No.5（1982）, pp.74-95.
* 倉持三郎「D.H.Lawrence と Bertrand Russell——思想の比較——」,『東京学芸大学紀要 第2部門 人文科学』Vol.33（1982）, pp.81-98.
* 鈴木祥蔵「バートランド・ラッセル——平和教育の先駆者——」, 白石晃一・三笠乙彦編『イギリス』（現代に生きる教育思想 第2巻）, ぎょうせい, 1982, pp.387-424.
* 野阪滋男「福沢諭吉とB・ラッセル」,『茨城大学人文学部紀要 社会科学』No.15（1982）, pp.25-56, No.17（1984）, pp.95-121.
* 日下部哲夫「ラッセル哲学における宗教の問題」,『大正大学大学院研究論集』No.8（1984）, pp.147-158.
* 塩見慎朗「ラッセルにおける恐怖と勇気の問題」,『神学と人文』Vol.24（1984）, pp.31-44.
○ 秋山安永「Bertrand Russell の思想に関する覚え書き」,『八幡大学論集』Vol.35,No.4（1985）, pp.61-84.
* 吉沢昌恭「創造と成長」,『広島経済大学研究論集』Vol.8,No.1（1985）, pp.43-53.
* 三浦俊彦「バートランド・ラッセルと中国・日本」,『比較文学』No.29（1986）, pp.7-21.
* 三浦俊彦「反核平和運動における利己心 バートランド・ラッセルと核時代」,『正論』No.160（1986）, pp.112-27.
* 三浦俊彦「ラッセルとベトナム戦争——倫理の核時代——」,『比較文学・文化論集』Vol.2,No.1（1986）, pp.86-98.
* 岡本馨「B・ラッセルの教育観」,『研究論叢』（京都外国語大学）Vol.29（1987）, pp.408-417.
* 碧海純一「ラッセル・ポパー・民社主義」,『かくしん』No.210（1988）, pp.57-59, No.211（1988）, pp.57-59, No.212（1988）, pp.57-59, No.213（1988）, pp.57-59, No.218（1988）, pp.57-59, No.219（1988）, pp.57-59, No.225（1989）, pp.52-55, No.226（1989）, pp.33-37.
○ 嵯峨久明「「平和のための教育」へのストラテジー——B・ラッセルとM・モンテッソーリをとおしての一考察——」,『社会認識教育学研究』Vol.4（1989）, pp.13-16.

*塩見慎朗「ラッセルにおける権威と個人の問題」,『大阪樟蔭女子大学論集』No.26 (1989), pp.129-141.

*吉沢昌恭「事実と価値——ヒューム,ラッセル,ヘア——」,『広島経済大学研究論集』Vol.12,No.3(1989), pp.57-72.

◆1990-1999

○兼武進「T・E・ヒュームとバートランド・ラッセル」,『跡見学園短期大学紀要』No.27(1991), pp.81-96.

*松丸修三「B・ラッセル教育思想研究ノート(1)―教育への関心の発生と教育思想の形成―」,『足利工業大学研究集録』No.17(1991), pp.245-252.

*大西駿二「ノーベル文学賞受賞者 Bertrand Russell の社会主義観――ラッセルの洞察力と現代的意義――」,『長崎県立大学論集』Vol.26,No.2(1992), pp.1-23.

○田中芳美「ラッセルの倫理学」,田中著『現代哲学の基底』,世界思想社,1992,pp.149-168.

*松丸修三「バートランド・ラッセルの大学教育論」,『足利工業大学研究集録』No.18(1992), pp.301-308.

*塩見慎朗「ラッセルにおけるナショナリズムと国民教育」,『大阪樟蔭女子大学論集』No.30(1993), pp.145-157.

*高田熱美「人間の尊厳性の問題(1)―ラッセルからホワイトヘッドへ―」,『九州大学医療技術短期大学部紀要』No.20(1993), pp.35-43.

*松丸修三「『社会改造の原理』に見られるバートランド・ラッセルの教育思想――その出現の経緯・内容・特質」,『足利工業大学研究集録』No.19(1993), pp.381-388.

○山田敏「バートランド・ラッセルの遊び論」,山田著『遊び論研究―遊びを基盤とする幼児教育方法理論形成のための基礎的研究―』,風間書房,1994,pp.571-598.

○岡昌宏「ラッセル『教育論』をめぐって―教育における破壊と建設の問題―」,岡著『教育の理念と諸問題』,近代文藝社,1994,pp.107-117.

*田原迫龍磨「B．ラッセルにおける人類平和への政治と教育」,『福岡教育大学紀要 第四分冊 教職科編』Vol.44(1995), pp.87-107.

○大西駿二「英国人と自由」,『防衛大学校紀要 人文科学分冊』No.72(1996), pp.1-28.

*小野修「バートランド・ラッセルと自由の精神」,『同志社大学英語英文学研究』Vol.68(1997), pp.219-238.

○高田熱美「Bertrand Russell の教育思想――教育における性の問題――」,『福岡大学人文論叢』Vol.29,No.2(1997), pp.589-609.

*清水研「常識的幸福論―『ラッセル幸福論(The Conquest of Happiness)』講義」,『梅花女子大学文学部紀要 人文・社会・自然科学編』Vol.32(1998), pp.1-29, Vol.33(1999), pp.1-27.

○高田熱美「Bertrand Russell の教育思想――家庭と学校――」,『福岡大学人文論叢』Vol.29, No.4(1998), pp.2301-2322.

○高田熱美「Bertrand Russell の教育思想――教育における宗教――」,『福岡大学人文論叢』Vol.30,No.1（1998）, pp.97-116, No.2（1998）, pp.871-895.
○高田熱美「Bertrand Russell の教育思想――自由と規律――」,『福岡大学人文論叢』Vol.30,No.3（1998）, pp.1525-1552.

◆2000-
＊田形みどり「バートランド・ラッセルとＤ・Ｈ・ロレンスの対立」,『東海大学紀要海洋学部一般教養』No.25（2000）, pp.35-44.
＊嶋本隆光「「知」の意味するもの―比較文化（思想・社会）の枠組みについて―」,『日本語・日本文化』No.27（2001）, pp.1-29.

(四津雅英編)

初出一覧

本アンソロジーへの再録を快諾された，各執筆者，またはそのご遺族，ならびに初出の掲載誌ないし書籍の出版社各位に厚く感謝の意を表する．

石本新「フレーゲ革命とそのインパクト——「概念文字」百周年を記念して」，『理想』No.559（1979），pp.124-136．

野本和幸「フレーゲ論理哲学的探究の認識論的位相とメタ理論の可能性」，『科学哲学』Vol.38, No.2（2005），pp.1-19．

横田榮一「言語と計算——フレーゲの「概念記法」を巡って」，『理想』No.639（1988），pp.35-43．

飯田隆「『概念記法』の式言語とはどんな言語なのか」，『思想』No.954（2003），pp.106-122．

土屋俊「フレーゲにおける固有名の意味について——「意味と指されるものについて」論文冒頭箇所の解釈をめぐって」，『哲学雑誌』Vol.94, No.766（1979），pp.166-182．

佐藤雅彦「フレーゲの計算機科学への影響」，『科学哲学』Vol.38, No.2（2005），pp.21-33．

岡本賢吾「「命題」・「構成」・「判断」の論理哲学——フレーゲ／ウィトゲンシュタインの「概念記法」をどう見るか」，『思想』No.954（2003），pp.159-183．

吉田夏彦「ラッセルの数理哲学と論理学」，『理想』No.448（1970），pp.8-15．

大出晁「Principia Mathematica における命題函数 I」，植田清次編『科学哲学への道——分析哲学研究論集 その四』，早稲田大学出版部，1958，pp.242-275．

戸田山和久「悪循環原理，分岐タイプ，そして「ラッセルの構成主義」」，『哲学雑誌』Vol.112, No.784（1997），pp.91-110．

中川大「初期ラッセルにおける「表示」の概念——1903〜1904年の草稿を中心に」，『科学哲学』Vol.34, No.1（2001），pp.37-48．

松阪陽一「フレーゲの Gedanke とラッセルの Proposition——"On Denoting"の意義について」，『科学哲学』Vol.38, No.2（2005），pp.35-51．

人名索引

あ 行

アインシュタイン　Einstein, A.　12
アクゼル　Aczel, P.　135
アッベ　Abbe, E.　5, 11
荒磯敏文　iii, 296
アリストテレス　Aristoteles　1, 4
アルモグ　Almog, J.　273
アンゲレリ　Angelelli, I.　2
アンスコム　Anscomb, G. E. M.　2
飯田隆　ii, 20, 30, 34, 89
石本新　i-ii, 28-29, 37
井上直昭　34
ウィギンズ　Wiggins, D.　125
ヴ（ウ）ィトゲンシュタイン　Wittgenstein, L.　2, 10, 15, 45, 46, 63, 66, 143, 188
植田清次　25
ヴェン　Venn, J.　5
エヴァンズ　Evans, G.　67
エルブラン　Herbrand, J.　55
オイラー　Euler, L.　51
大出晁　ii, 25-27, 29, 191
岡本賢吾　ii, 31, 33, 34, 63
オースティン　Austin, J. L.　2, 9, 56
小野勝次　24

か 行

ガウス　Gauss, K.　4
カッシラー　Cassirer, E.　21
金子洋之　32-34
カプラン　Kaplan, D.　67, 268, 272, 273, 275
ガリレオ　Galileo Galilei　42
カルナ（ッ）プ　Carnap, R.　2, 3, 10, 11, 18, 47, 67, 124, 187
河田敬義　25

カント　Kant, I.　51, 52, 58, 112
カント（ー）ル　Cantor, G.　7, 9, 13, 37, 43, 48, 49, 51, 53, 60, 184
ギーチ　Geach, P.　2, 66
清塚邦彦　31
ク（ー）チュラ（ー）　Couturat, L.　1, 43
グッドマン　Goodman, N.　18
クライン　Klein, F.　6, 20
クリプキ　Kripke, S.　2, 41, 67, 124
黒田成勝　24
黒田亘　31
クワイン　Quine, W. V.　3, 61, 107, 124, 184, 187, 191, 221
クーン　Kuhn, T.　42
ゲーデル　Gödel, K.　16, 55, 62, 85, 132, 192, 197, 221, 223, 225, 226
ゲンツェン　Gentzen, G.　57, 58, 130, 169
コーエン　Cohen, P.　188
コーシー　Cauchy, A.　49, 51
ゴールドファーブ　Goldfarb, W.　55, 232, 233

さ 行

サイモンズ　Simons, P.　254
坂本百大　25
佐藤雅彦　ii, 127
サーモン　Salmon, N.　273
沢田允茂　28
三平正明　31, 33, 34, 63
下村寅太郎　24
ジャーデイン　Jourdain, P.　251
シュトゥンプ　Stumpf, G.　65
シュリック　Schlick, M.　19
シュレーダー　Schröder, E.　5, 43, 55, 80, 103, 106, 109, 110

327

ショルツ　Scholz, H.　2, 37, 44
白石早出雄　23, 25
末木剛博　25
末綱恕一　24
スコット　Scott, D.　65
スコーレム　Skolem, T.　55
ストローソン　Strawson, P.　2
須長一幸　34
スルガ　Sluga, H.　86
ゼーガー　Seeger, H.　79

た　行

高木貞治　20
竹尾治一郎　28, 30
田中一之　33
田辺元　20
田畑博敏　30, 107
田村祐三　29, 30
ダメット　Dummett, M.　2, 44, 62, 66, 67, 69, 77, 78, 96, 111, 112, 114-117, 119, 121-125, 143, 273
タルスキ（一）　Tarski, A.　3, 47, 69, 70, 85, 130, 171, 192
チハラ　Chihara, C.　221
チャーチ　Church, A.　2, 3, 27, 58, 65, 67, 131, 133, 274
ツェルメロ　Zermelo, E.　9, 48, 60, 184
辻正次　24
土屋俊　ii, 29, 111, 124
土屋純一　29
都留竜馬　33, 34
デイヴィドソン　Davidson, D.　3, 274
ディ（ド）・モーガン　De Morgan, A.　38
ディリクレ　Dirichlet, J.　4, 51
ティール　Thiel, C.　3
デカルト　Descartes, R.　183
デデキント　Dedekind, R.　1, 7, 9, 17, 49, 51, 185, 210, 225
戸田山和久　ii, 20, 31, 34, 221
ドネラン　Donnellan, K.　67
富岡勝　31
トーメ　Thomae, J.　54, 70

な　行

永井博　28
中川大　ii, 31, 241
中村秀吉　25, 29
ナトルプ　Natorp, P.　21
ニュートン　Newton, I.　42
ニール　Kneale, W. and M.　44
野家啓一　30
野村恭史　31
野本和幸　ii, 1, 29, 30, 32, 51

は　行

ハイネ　Heine, E.　70
バージ　Burge, T.　273, 274, 275
橋本康二　31
パース　Peirce, C. S.　43, 55
長谷川吉昌　33, 34
パーソンズ　Parsons, C.　11, 60, 61
パーソンズ　Parsons, T.　272, 274, 275
パーツィヒ　Patzig, G.　2
ハッカー　Hacker, P.　95, 96
パトナム　Putnam, H.　19
ピーコック　Peacocke, C.　125
ビスマルク　Bismarck, O. D. L.　11
ヒットラー　Hitler, A.　11
ヒルトン　Hilton, P.　221, 226-231, 234, 276
ヒルベルト　Hilbert, D.　1, 9, 10, 20, 54, 60, 69-71, 132, 185, 187
ヒンティッカ　Hintikka, J.　85
ファイアーアーベント　Feyerabend, P.　50
ファイン　Fine, K.　62
ファース　Furth, M.　2
藤田晋吾　28
藤村龍雄　28, 30, 32
フッサール　Husserl, E.　1, 2, 7, 42
ブラウアー　Brouwer, L. E. J.　9, 60, 132
ブラック　Black, M.　2
ブラッドリ（一）　Bradley, F. H.　12, 254
プラトン　Platon　181
ブール　Boole, G.　5, 38, 43, 55, 69, 77, 80-86, 104
フレーゲ　Frege, G.　→ 事項索引

ブレンターノ　Brentano, F.　45
ブーロス　Boolos, G.　61, 62
ペアノ　Peano, G.　1, 10, 12, 17, 43, 51, 105, 185
ヘイエノールト　van Heijenoort, J.　55, 85, 86
ベイカー　Baker, G.　95, 96
ヘイル　Hale, B.　61
ベナセラフ　Benacerraf, P.　52
ポアンカレ　Poincaré, H.　16, 43, 223, 224, 226, 227, 233
ボルツァーノ　Bolzano, B.　38, 51
ホワイトヘッド　Whitehead, A. N.　10, 12, 39, 241

ま　行

マイノング　Meinong, A.　14
前原昭二　28
マーキン　Makin, G.　273
マッカーシー　McCarthy, J.　129
松阪陽一　ii, 257
マーティン・レーフ（マルティン＝レーフ）　Martin-Löf, P.　57, 130, 136, 154
三浦俊彦　20
三上真司　32
三宅剛一　21, 22
ムア　Moore, G. E.　12
武笠行雄　30
モンタギュー　Montague, R.　3, 67

や　行

横田栄一　ii, 30, 77, 107
吉田謙二　28
吉田夏彦　ii, 25, 28, 29, 124, 179
四津雅英　iii, 326

ら　行

ライト　Wright, C.　60-62
ライプニッツ　Leibniz, G. W.　43, 49, 55, 59, 68, 81
ラッセル　Russell, B.　→ 事項索引
ラムジー　Ramsey, P.　16, 221, 223-226, 231
リーマン　Riemann, G.　4, 51
ルカシェーヴィッチ　Lukasiewics, J.　46
レーヴェ（ベ）ンハイム　Löwenheim, L.　2, 10, 55, 85, 86
レスニェウスキー　Lesniewski, S.　46, 47
レスニク　Resnik, M.　75
ロック　Locke, J.　125

わ　行

ワイエルシュトラース　Weierstrass, K. T. W.　51
ワイル（ヴァイル）　Weyl, H.　7, 23, 59
ワシントン　Washington, C.　275
渡辺二郎　30
渡辺大地　34

事項索引

あ　行

曖昧
　　——さ　192
　　——値　194
　　——でない値　194
悪循環原理（悪循環を許さない禁則）　16, 184, 188, 196, 197, 201, 214, 221
悪友問題　62, 65
「明けの明星」vs「宵の明星」　67, 115, 119
アーサー・バルフォア氏の問題　243
与えられ方　8, 59, 66, 113-115, 118-122
新しい（学問）領域　68, 71
アプリオリ　6, 51, 53, 57, 61, 112
アポステリオリ　53
「アリストテレス」　111
アリストテレス式三段論法　38
アルゴリズム　153
「アレキサンダー大王の家庭教師」　111
イエナ（イェーナ）　1, 4, 37
意義 Sinn　7, 8, 13, 41, 58, 59, 66-68, 189, 213, 258, 259, 261-265, 274-276（意味 Sinn）111-125
　　——のゆれ　121
　　——の確定性　163
　　間接的——　67, 263-266, 274, 275
「意義と意味について（意味と指されるものについて）」　14, 111, 123, 257
「意義と表示の論理」　3
『遺稿集』　2
一対一対応　6, 16, 59, 61
一般性　100, 106
『一般認識論』　19
遺伝性　16
遺伝的性質　24
意図　123

意味 Bedeutung　7, 8, 41, 58, 66, 68, 213, 258, 261（指されるもの Bedeutung）111-125
　　——の理論　125, 143
　　間接的——　67, 263, 264
『意味と世界——言語哲学論考』　30
意味論（セマンティクス）　40, 54, 58, 153, 171, 189
　　——的カテゴリー　66
　　——的区別　66
　　——的正当化　65
　　——的説明　65
　　——的パラドクス　16, 222
多世界——　41, 44
プログラミング言語の——　134, 146
色合い　8
ヴ（ウ）ィスマール　4, 37
ウィーン学派（団）　46, 47
エアランゲン・プログラム　6
置き換え理論　235
「オデッセウス」　120

か　行

階　15, 67
外延　41, 67
　　——記号　60
　　——的命題　213
　　——の理論　62
　　概念の——　7, 9, 60
解釈　68, 69, 153
　　可変的な——　69
解析学　104
概念　13, 60, 66, 67, 100, 113
　　生産的な——形成　59
　　二階——　62

論理的—— 72
概念記法（文字）　　4, 10, 29, 37, 38, 43, 45,
　　51, 55, 59, 62, 65, 67-69, 77, 78, 80, 82,
　　83, 85, 89, 93, 95-106, 112, 114, 148, 150
「概念記法の応用」　　98
「概念記法の科学的正当化について」　　95,
　　103, 104
「概念記法の目的について」　　94, 98, 103,
　　104
外部主義　　63
『外部世界はいかにして知られ得るか』　　45
解明　　63, 66
　　メタメタ的——　　66-68
科学
　　——革命　　41, 42
　　——哲学　　48
　　——と価値　　49
　　——方法論　　47
『科学時代の哲学』　　28
『科学哲学——フレーゲの現代性』　　33
『学術書簡集』　　2
拡張性　　59
確定
　　——済みの内容／意味　　69
　　——的内容　　68
　　——的な解釈済みの記号体系　　69
　　——法　　8, 59, 114, 121
可述的　　62
　　——関数　　17
型　　→　タイプ
　　——自由　　16, 61
　　——付き　　16
　　——付ラムダ計算　　146
　　——理論　　9, 23, 65, 130
　　——理論の無矛盾性　　24
　　単純——理論　　15
語り　　66, 67
仮定　　57, 168
　　——付判断　　136
かどうか疑う　　123
可能性　　145
可能世界　　170
カリフォルニア・セマンティクス　　3

関係
　　——の理論　　205
　　外的——説　　13
　　結合——　　66
　　成員——　　16
　　多項——　　15
　　同値——　　59
　　内的——説　　12
還元可能公理（原理）　　23, 24, 201, 202,
　　207
関（函）数　　66, 67, 242, 244-254
　　——算　　55
　　——・独立変項（アーギュメント）分析
　　　5, 58, 175
　　——の値域　　9
　　——の不飽和性　　131, 137
　　——の連続性　　8
　　——表現　　67
　　——論的分析　　5, 56, 58, 59
　　帰納的——論　　3
　　原初的な論理的——表現　　58
　　述語　　200, 202
　　述定的——　　251
　　真理——　　163, 195
　　第1次——　　199
　　非循環的な述語——　　215
　　表示的——　　245-247, 250, 251
観念論　　254
幾何学　　78, 84
「幾何学の基礎について」　　71
記号　　69, 112, 113, 115, 120, 124
　　——言語　　82, 93-95
　　——図式／シェマ　　64
　　——論理体系　　191
　　完全な——体系　　58
　　不完全——　　13, 17, 249
木構造　　129
記述　　242-244, 247, 250-254
　　——句　　242, 244, 249, 250
　　——による知識　　18
　　——理論　　13, 241, 242, 244, 246, 247,
　　　249, 254, 257, 271, 272
　　確定——　　13, 111, 251

事項索引　　331

不特定（不確定）── 13, 251
基数（自然数） 16, 59
　──オペレータ 61
基礎づけ 4
帰納法の一般的原理 19
基本定理 55
寄与 112, 114
極限 8
「金星」 111
空所の有無 68
クラス 60, 83
　無──理論 17, 217, 218, 233
経験主義 6
形式（／図式） 69
　──言語 69, 95
　──的公理体系化 69
　──的集合論の体系 191
　──的図形 68
　──的部分 94, 99, 108
　──の演算ゲーム 69
　──理論 64, 69, 70
　──理論を内容にもつ数学 70
　論理── 15, 66, 166
形式主義 4, 6, 9, 60, 69, 70, 132, 185, 187
　──的言語観・幾何学観 70
　──的手法 64
　──批判 54, 64, 70
　ゲーム── 70
　理論── 70
系列 59, 210-212
　──数 22
決定不能 153
ゲッティンゲン 1, 4, 20
『ゲーデルと20世紀の論理学』 33
言語 69, 121-123
　──行為論 56, 144
　──的表現とその意味内容との区別 213
　──哲学 40, 48, 54, 144
　──の硬直性 67
　──への転回 54
　式── 93-95, 100, 106
　対象── 65, 67, 69, 130
　日常── 55, 93, 94, 108, 120

普遍的記号── 59, 68, 69
　補助── 55, 64
　メタ── 64, 66, 67, 85, 130, 153, 217
　論理的に完全な── 9, 51, 55, 58, 60, 62, 65, 68, 69
『言語哲学大全』 30
「現在のフランス国王」 236
現実 166
現象学 1, 40, 42, 45
検証主義 121
現象主義 18
『現象の構造』 18
『現代合理主義の発展』 28
『現代数理哲学問題』 23
『現代における哲学の存在意味』 32
『現代の論理的意味論』 30
ケンブリッジ（ヂ） 10, 11, 45
厳密化 51
権利問題 51
語彙対照表 72
構成 144
　──主義 60
　──的数学 135
　──的定義 216
　段階的── 81, 82
　論理的── 18
合成 41, 58
　──原理 55, 58, 59
後続 59, 52
　──者 16
構文解析 129
公理 54, 69, 70, 149
　──系 38
　──的集合論 9, 24, 48, 60, 184
　還元── 17, 228
　存在── 61
　包括── 15
　無限── 16
『心の分析』 18, 45
個数言明 6, 62
個体 113, 200
　──領域 22
『ことばと実在』 25, 29, 124

固有名　67, 111, 114-116, 119-123
コンピュータ・プログラミング言語　58

さ　行

最小元　210
最大元　210
再認　118, 119
作用域　14
算術　77-80, 122
　　——化　51
　　——式　95-99, 103-105, 109
　　——の式言語　95-97, 99, 102, 106
　　——の分析性　53
　　——の論理学への還元　39
　　——の論理的もしくは形式的本性　69, 70
『算術の基礎』　5, 39, 42, 45, 51, 65, 106, 118, 122
『算術の基本法則』　7, 9, 39, 60, 78, 97, 98, 100, 103, 104
『算術の哲学』　39
思惟（思考）の法則　79, 80, 100
自我　18
シークエント　169
次元（オーダー）　16, 183, 184, 199, 222
　　——自由　61
思考　56
示唆　66, 68
シーザー問題　60, 65
指示　13, 213
事実　13, 162
　　——問題　52
自然演繹　130
自然数　39, 52
　　——一般の定義　16
　　——論　23, 39
「自然数論」　20
『自然数論』　25
思想　66, 67, 112, 114, 123, 143, 257, 258, 259, 263, 268, 270-272
　　——の真理性の承認　57
事態　162
実在論　13, 121, 180, 195, 218
　　多元的——　12, 13

実数
　　——の系列　212
　　——の連続性　17
　　——論　49, 201
『自伝』　19
自明性　24
示し　66, 67
『社会改造の諸原理』　19
社会契約説　125
写像　143
集合
　　——の存在を否定する根拠　206
　　——の理論　203
　　——論　12, 51, 189
　　——論的パラドクス　16, 196
　　カントル——論　21
　　相続——　208
　　素朴——論　9, 48, 60
　　反復的——観　231
　　和——　214
自由主義　19
充当　58
種子のなかの植物　68
樹状表記　58
主張　56, 143
　　——力　56, 131
述語　67
述語論理　38, 146
　　高階——の公理体系化　58
　　第一階——　9
循環　214
順序対　69
状況　168
上限　210, 211
衝動　19
情動主義　11, 19
承認　145
情報　114-116, 120
証明　94, 144
　　——ターム　158
　　——論　56
　　完全性——　55
　　条件付——　57

事項索引　333

有意味性―― 65
除去 58
新カント派 21
心情 11
真と見なすこと 57
新ヘーゲル主義者 12
真理
　――対応説 15
　――値 111, 157
　――値名 56, 59
　――保存性 65
　――論 15
　自立的な論理的―― 102, 106
　論理的―― 101
心理主義 6, 52
真理条件 167
　――的意味論 3, 59, 66, 85
水平線 98, 103
推論 54, 56, 57, 72, 131
　――規制 149
　――（理性）計算 55, 59, 68, 85
　――法則 58
　擬似―― 57
　隙間のない―― 8, 55
数 62 → 自然数, 実数
　――式 91, 92
　集合―― 22
　順序―― 24
　無理―― 210
数学
　――基礎論 9, 12, 24, 60, 146
　――的記号 89-92, 107
　――的記号の体系 93
　――的帰納法 8, 17, 24, 59, 208
　――的体系の構成 213
　――的対象 216
　――の危機 12
　――の基礎づけ 38
　――の論理化 24
　実験科学としての―― 182
　メタ―― 77, 83, 86
『数学原理（プリンキピア・マテマティカ）』
　　10, 12, 15, 39, 45, 191, 221, 241, 244, 247, 251
『数学と数学史』 24
『数学の（諸）原理』 7, 12, 13, 21, 42, 241-244, 250, 253, 254
「数とは何か，何であるべきか」 7
『数と連続の哲学』 25
『数の概念』 25
「数の対象性」 22
『数理哲学研究』 21
『数理哲学序説』 12
素手 68
ストア派 38
政治社会倫理思想 19
正当化 52, 56
　――条件 145
　――の問題 79
　論理的―― 53
『世界の論理的構築』 18
ゼクエント算 57, 58
切片 211
説明 64
　――言語 64, 69
　原初記号の―― 65
　メタ的―― 63-65, 66
センシビリア 18
センス・データ 18
全体論的一元論 12
前提 14, 56, 122
　――から結論への推論 57
　――への遡及 57
像 143
『草稿 1914-1916』 162
総（綜）合的 8, 53
相互参照 92, 107
相似（的） 16, 21
相対性理論 12
想定 57, 168
属性 194, 195, 217
存在論 22, 47, 80, 189

た 行

第一次的・第二次的現れ 14
第Ⅴ公理 15, 59, 60, 65

新V　62
対象　66, 67, 100, 112, 117, 119
　　——化　117
　　——約定説　14
　　——領域の存在性　22
　可変的な——領域　69
　単純——　163
　日常的——　18
　物理学の——　18
　論理的——　6
代数的計算　84
代入
　　——可能性　123
　　——の規則　218
タイプ　222　→　型
　　——の区別　67
　　——理論（階型論）　15, 65, 146, 184, 206, 241
　　論理的——　199
多重量化　8, 82
　　——理論　5
　　二階——　59
タルスキ的手法　64
単称名辞　13
断定　192, 193
値域　60, 113
　　——関数記号　60
　　——名の意味確定　65
知覚対象　18
力　8, 56
　発語内の——　56
置換　72
　　——関数　72
　　——における不変性　72
『知識の理論』　15, 252
『知の教科書 論理の哲学』　34
抽象
　　——原理　58, 65
　　——構文　129
　　——的なもの　179
　　——的普遍者　18
　　——理論　59
　高階——構文　137

ラムダ——　175
論理的——原理　7, 59, 60, 62
中性的一元論　18
直観　54, 122
　　——主義　9, 60, 132
　　——主義的縮減　23
　　——主義的タイプ理論　154
　　——的明証性　17, 202
陳述　192
ツァイス財団　9, 11
定義　124
　　——の最高原則　58
　　——の生産性　59
　　——は不可能　64, 68
　陰伏的——　54, 69, 70
　収束・連続の——　49
　循環的——　215
　非可述的——　17, 201, 225
　文脈的——　17
　論理的——　8, 51, 53, 55, 59, 68
定理　149
『哲学と論理学』　28
『哲学の歴史 11——論理・数学・言語』　34
デデキントの切断　17, 210
『ドイツ社会民主主義』　19
同一性　102, 112, 114-116, 118, 119, 124, 202, 217
　　——基準　6, 9, 59, 65, 114, 115, 118-120, 123
動機　123
道具　68
統語論（シンタクス）　58, 69, 153
同数性　6
導入　57
　　——の経緯　122
と思う，と信じる，と命じる，と頼む　123
特定と呈示　232
独立性
　　——証明　54, 71
　　——のメタ的証明　70
ドメイン理論　65
トリノ学派　1

事項索引　335

な 行

内部主義　63
内包　41, 67, 113, 189, 195
　　──的意味論　41, 67
　　──的なパラドックス　193
　　──（的）論理（学）　3, 44, 67
内容　156
　　──線　98, 100, 103, 146
　　──的部分　94, 99, 108
「ナウシカアー」　120, 122
「名指しと必然性」　2
二次元的表記　58
二値原理　58
『人間の知識』　19
認識　57
　　──価値　8, 59, 113-115, 119-121, 123
　　──の拡張　8, 112
　　──論　51, 213
　　──論的正当化　54, 56
　　特別な──活動　8
認知的側面　59
に喜ぶ　123
のために　123

は 行

胚　68
背理法　57
パースペクティブ論　18
発語内行為　9
バート・クライネン　10, 37
『バートランド・ラッセルと論理学』　28
パラド（ッ）クス　9, 60, 65, 183, 215
　　素朴集合論の──　15
　　論理的──　221
『パラドックス』　29
反証可能　57
反戦平和運動　12
判断　54, 57, 143
　　──可能な内容　80, 81
　　──区分　52
　　──線　100, 145, 148
　　──・定理主張の「正当化」　53
　　──の内容　52

　　──の表明　56
　　──優位テーゼ　5, 55, 59
　　──論　21, 55, 56
　　悟性──　11
　　再認──　6
「判断対象の構成に就いて」　21
非可述性　62, 65
必然性　145
比喩　66, 68
　　──的解明　68
　　──的示唆　67
　　望遠鏡の──　68
ヒュームの原理　7, 59, 61, 62, 65
表現　67
　　──の意味　40
　　原初的──　69
表示　13, 237, 242-251, 253, 254
　　──意味論　65
　　──概念　13, 246, 247, 254, 260
　　──概念のパズル　13
　　──句　13, 243
　　──対象　13, 243, 246, 248, 257, 260-262, 270, 274
　　──的複合体　260-263, 265-275
　　──と意義の論理　67
　　不特定的に──する　244, 246, 248
「表示について」　13, 242-247, 254
表象　8, 54, 68
複合体　243, 246, 248, 249, 250
副文章　123
『物質の分析』　45
不定的拡張　61
普遍主義　63, 69
不変性　6, 59
プラトニズム（プラトン主義）　153, 181
ブール代数　69
「ブールの論理計算と概念記法」　93, 98, 103, 105
ブール派　5, 68, 103, 105, 109
フレーゲ　Frege, G.
　　──革命　37, 39, 41-43, 45, 47
　　──構造　65, 135
　　──算術　11, 61, 65

——的統語論　65
　　——的メタ理論　63, 71
　　——哲学　40, 44
　　「——」特集　33
　　——の言語哲学　44
　　——の原理　41
　　——の生涯と業績　3
　　——の定理　61
　　——復興　44
　　——・フッサール論争　30
　　——・ルネサンス　1-3, 37, 44
　　日本における——　1, 20, 296 f.
　　ネオ・——アン（新フレーゲ主義）　2, 11, 61, 65
『フレーゲ——言語哲学』　2
『フレーゲ著作集』　31, 34
『フレーゲ哲学の最新像』　34
『フレーゲ哲学論集』　30
『フレーゲ入門——生涯と哲学の形成』　32
『フレーゲの言語哲学』　30
「フレーゲの文脈原理について」　30
『フレーゲの論理哲学』　32
『フレーゲ・ルネサンス』　31
「フレーゲ論理哲学の形成」　30
「フレーゲ・ワークショップ」　31
文　13, 111, 143
　　——優位　58, 59
分岐　72
　　——型（タイプ）理論（分岐的階型論）　16, 201, 221
分析　64, 162
　　——性　58
　　——的　6, 8, 51, 57, 112
　　——的真理　53
　　——哲学　40
　　——哲学の誕生　i
　　論理——　46, 49, 68
『分析哲学研究論集』　25
『分析哲学の発展』　30
文脈原理　6, 54, 58, 59, 62
ペアノ算術　61
「ペアノ氏の概念記法と私自身のそれについて」　105

ベルリン　20
変換　6, 59
変項（数）　242, 246, 248-251, 253, 254
　　従属——　245, 247-250, 254
　　独立——　245-250, 254
方向　118
飽和／不飽和　68
「ホメーロス」　123
ポーランド学派　46, 47

ま　行

マテシス・ウニヴェルサリス　49
マトリックス（函数）　199
マールブルグ学派　21
右入れ　57
見知り　18
　　——による知識　18
ミュンスター　2, 44
『無限論の形成と構造』　24
無矛盾性　58, 65
命題　13, 14, 111, 112, 114, 115, 117, 118, 123, 143, 193, 201, 243-247, 250
　　——の形式　252
　　——変数　101, 102
　　——論　21
　　客観的——　258, 259, 270
　　第1次——　200
　　単称——　67, 257, 258, 261, 268-272
　　要素——　162, 200
命題関（函）数　14, 18, 24, 191, 194, 195, 198, 199, 222, 241, 244-247, 251, 253, 272
　　——の定義　192
　　——の不特定性　229
　　——の理論　217
命題論理　37
　　——・高階述語論理の公理体系　4
　　——の言語　101
メタ（的）　64, 66, 70
　　——理論　51, 63, 70, 71
　　——倫理　11
　　——論理的統語論・意味論　63
文字　91, 92, 96, 101, 102, 106, 108
　　ギリシア大——　96, 97, 99, 104, 108

ギリシア小―― 97
ドイツ―― 97, 100, 109
ラテン―― 97, 100, 101, 108, 109
「もっとも遅く収束する数列」 120
モデル 64, 69, 166
　　――（理）論 3, 47, 59, 63, 69, 70
　　――論的定義 55
　　ターム・―― 171
　　もの 13

や　行

唯名論 180, 195, 218, 213, 216
ユークリッド幾何学 69
要求 145
予備学 66

ら　行

裸眼 68
ラッセル　Russell, B.
　　――・アインシュタイン声明 19
　　――の生涯と業績 11
　　――（の）パラドクス 10, 12, 57, 135, 196
　　日本における―― 1, 20, 326 f.
ラムダ（λ）計算（論） 3, 58, 65, 133
量（化） 101, 102, 109
　　――記号（士）（限量詞） 38, 82, 195
　　――理論 55, 81, 82, 84
類似性 18
累積階層 213
列式 169
論議（談話）領域 68, 80, 83-86
論理（学） 53, 64
　　――化 51
　　――カテゴリー 66
　　――計算 84

――構造 49, 55, 150
――・算術の公理体系化 53, 55
――思想の革命 1, 4, 54, 55
――実証主義 12, 46, 47, 48
――主義 1, 5-7, 9-12, 15, 16, 21, 51, 53, 55, 77, 78, 96, 102, 105, 109, 118, 131, 143
――代数 55, 68
――探究 64
――中心主義の窮境 63
――的基礎連関 66
――的基本法則 58
――的原現象 68
――的原子論 15
――的構築物 40
――的シンタクス 165
――的フィクション 18
――的普遍者 18
――的文法 165
――に固有の語 72
――の基本法則 63
――の形式化 24
――枠組 137
新――主義 61
整合的で完全な――体系 9
『論理学研究』 42
『論理思想の革命――理性の分析』 29
『論理代数講義』 55
「論理哲学的探究」 54
『論理哲学論（考）』 10, 45, 63, 144

わ　行

『私の哲学的発展』 19
ワルシャワ大学 46
を非難する，を怖れる 123

責任編集者略歴

野本和幸（のもと　かずゆき）
　1939 年生まれ．創価大学文学部教授，東京都立大学名誉教授．著書に『フレーゲの言語哲学』『フレーゲ入門』（勁草書房），『現代の論理的意味論』（岩波書店）ほか，編訳書に『フレーゲ著作集』全 6 巻（勁草書房）ほか．

執筆者略歴

石本　新（いしもと　あらた）
　1917 年生まれ，2004 年没．東京工業大学名誉教授．共編著に『科学時代の哲学』（培風館），編訳書に『論理思想の革命』（東海大学出版会），訳書にノヴィコフ『記号論理学』（東京図書）ほか．

横田榮一（よこた　えいいち）
　1949 年生まれ．北海商科大学教授．著書に『市民的公共性の理念』（青弓社），共訳書にストローソン『意味の限界』（勁草書房）ほか．

飯田　隆（いいだ　たかし）
　1948 年生まれ．慶應義塾大学文学部教授．著書に『言語哲学大全』I〜IV（勁草書房）ほか．

土屋　俊（つちや　しゅん）
　1952 年生まれ．千葉大学文学部教授．著書に『心の科学は可能か』（東京大学出版会），共編著に『AI 事典』（共立出版），『情報倫理の構築』（新世社）ほか．

佐藤雅彦（さとう　まさひこ）
　1947 年生まれ．京都大学大学院情報学研究科教授．共著書に『プログラムの基礎理論』（岩波書店），論文に『Theory of judgments and derivations』Lecture Notes in Artificial Intelligence 2281（Springer）ほか．

岡本賢吾（おかもと　けんご）
　1957 年生まれ．首都大学東京大学院人文科学研究科教授．共著書に『哲学の歴史 11 ——論理・数学・言語』（中央公論社），『ゲームと計算』（岩波書店），共編訳書に『フレーゲ哲学の最新像』（勁草書房）．

吉田夏彦（よしだ　なつひこ）
　1928年生まれ．東京工業大学名誉教授．著書に『論理学』（培風館），『論理と哲学の世界』（新潮社），『相対主義の季節』（角川書店）ほか．

大出　晃（おおいで　あきら）
　1926年生まれ，2005年没．慶應義塾大学名誉教授，創価大学名誉教授．著書に『パラドックスへの挑戦』『知識革命の系譜学』（岩波書店）ほか，共訳書にクワイン『集合論とその論理』ほか．

戸田山和久（とだやま　かずひさ）
　1958年生まれ．名古屋大学大学院情報科学研究科教授．著書に『論理学をつくる』（名古屋大学出版会），『知識の哲学』（産業図書），『科学哲学の冒険』（日本放送出版協会）ほか．

中川　大（なかがわ　はじめ）
　1961年生まれ．北海道教育大学教育学部准教授．共著書に『言語哲学を学ぶ人のために』（世界思想社），共訳書にバーワイズ，エチメンディ『論理学の基礎と演習』（慶應義塾大学出版会），主論文に「論理的真理は総合的か――ラッセルの論理主義」（『思想』No.987）．

松阪陽一（まつさか　よういち）
　1964年生まれ．首都大学東京大学院人文科学研究科准教授．主論文に「規則の認識論――クリプキ以降のウィトゲンシュタイン解釈」（飯田隆編『ウィトゲンシュタイン読本』法政大学出版局），「メタ論理的言明は改訂不可能か」（『科学哲学』29），「真理・意味・規約 T」（『科学哲学』33-2）．

荒磯敏文（あらいそ　としふみ）
　1975年生まれ．東京都立大学大学院人文科学研究科博士課程在学中．主論文に「痕跡を通した指示をともなう確定記述の指示的用法について」（『科学哲学』38-1）．

四津雅英（よつ　まさひで）
　1973年生まれ．東京海洋大学非常勤講師．主論文に「固有名の多義性説と語の存在論」（『科学哲学』40-1）．

科学哲学の展開 1
分析哲学の誕生　フレーゲ・ラッセル

2008 年 2 月 20 日　第 1 版第 1 刷発行

編　者　日本科学哲学会

責任編集　野　本　和　幸
　　　　　（の）（もと）（かず）（ゆき）

発行者　井　村　寿　人

発行所　株式会社　勁　草　書　房
　　　　　　　　　（けい）（そう）

112-0005 東京都文京区水道2-1-1　振替 00150-2-175253
　　（編集）電話 03-3815-5277／FAX 03-3814-6968
　　（営業）電話 03-3814-6861／FAX 03-3814-6854
　　　　　　　　　日本フィニッシュ・青木製本

©NIHONKAGAKUTETSUGAKUKAI, NOMOTO Kazuyuki　2008

ISBN978-4-326-10177-1　Printed in Japan

JCLS　＜㈱日本著作出版権管理システム委託出版物＞
本書の無断複写は著作権法上での例外を除き禁じられています。
複写される場合は、そのつど事前に㈱日本著作出版権管理システム
（電話03-3817-5670、FAX03-3815-8199）の許諾を得てください。

＊落丁本・乱丁本はお取替いたします。
　　　　http://www.keisoshobo.co.jp

◆科学哲学の展開　　　　　　　　　　　　　　　　　　　　　[A5版・上製]

日本科学哲学会 編／野本和幸 責任編集
①分析哲学の誕生　　フレーゲ・ラッセル　　　　　　　　　　4095円

日本科学哲学会 編／石垣寿郎・横山輝雄 責任編集
②科学哲学の現在　　物理学の哲学・生物学の哲学(仮)　　　　[続刊]

▼双書 現代哲学　最近二〇年の分析的な哲学の古典を紹介する翻訳シリーズ
　　　　　　　　　　　　　　　　　　　　　　　　　　　[四六判・上製]

フレッド・ドレツキ／水本正晴訳
行動を説明する　　因果の世界における理由　　　　　　　　　3570円

柏端達也・青山拓央・谷川卓編訳
現代形而上学論文集　　　　　　　　　　　　　　　　　　　　3570円
(ルイス、メリックス、インワーゲン、キム、デイヴィドソン、
プライブほか、サイモンズ)

ジェグオン・キム／太田雅子訳
物理世界のなかの心　　心身問題と心的因果　　　　　　　　　3150円

スティーヴン・P・スティッチ／薄井尚樹訳
断片化する理性　　認識論的プラグマティズム　　　　　　　　3675円

岡本賢吾・金子洋之編
フレーゲ哲学の最新像　　　　　　　　　　　　　　　　　　　3990円
(ダメット、ブーロス、ライト、パーソンズ、ルフィーノ、ヘイル、
アクゼル、スントホルム)

デイヴィッド・ルイス／吉満昭宏訳
反事実的条件法　　　　　　　　　　　　　　　　　　　　　　3990円

　　　　　　　　　　＊表示価格は2008年2月現在。消費税は含まれております。